MIA KANKIMÄKI

DINGE, DIE DAS HERZ HÖHER SCHLAGEN LASSEN

Aus dem Finnischen
von Stefan Moster

btb

ICH BITTE EUCH, alle möglichen Bücher zu schreiben, bei keinem Thema zu zögern, wie gering oder umfassend es sein mag. Hoffentlich beschafft ihr euch, ob auf ehrliche Weise oder mit krummen Tricks, genügend Geld, um reisen und müßig sein zu können, um über die Zukunft und die Vergangenheit der Welt nachzudenken, um über Büchern zu träumen oder an Straßenecken herumzutrödeln und die Bahn eurer Gedanken im tiefen Strom nass werden zu lassen.

Virginia Woolf, Ein Zimmer für sich allein

Frage nie jemanden nach dem Weg, der ihn kennt. Du könntest in die Irre geführt werden.

Motto aus dem Buch *Pakomatkalla* (Auf der Flucht) von Kyllikki Villa

ICH HABE DIESE AUFZEICHNUNGEN zu Hause gemacht, weil ich Zeit hatte und mir vorstellte, dass niemand meinem Tun Beachtung schenken würde. Ich begann
mein Notizbuch mit Vermischtem zu füllen, mit Erzählungen über das Vergangene und allerlei anderen Dingen, oft
auch mit ganz alltäglichen. Ich habe über alles geschrieben, was ich gesehen und empfunden habe. Ich habe nur
zu meinem eigenen Vergnügen geschrieben und die Dinge
so notiert, wie sie mir in den Sinn kamen.

Sei Shōnagon

OKASHI = Der Wunsch, die Leser zu verzücken und sie mitzunehmen auf die Suche nach etwas Schönem, Herrlichem,
Exquisitem, manchmal sogar Seltsamem und Ungewöhn-
lichem.

Sei Shōnagons hauptsächliche Absicht,
laut Tzvetana Kristeva

Damit fängt es an.

Ich bin meines Lebens überdrüssig. Ich langweile mich so sehr, dass ich sterbe. Ich langweile mich so sehr, dass ich sterben könnte, wenn ich es über mich brächte und die Kraft dazu hätte.

Ich bin mittelalt, männerlos und kinderlos. Ich lebe allein. Ich mache seit zehn Jahren dieselbe Arbeit. Ich stehe morgens um 6.15 Uhr auf. Ich frühstücke, immer das Gleiche. Ich lese die Zeitung. Gehe unter die Dusche. Fahre zur Arbeit im Zentrum von Helsinki. Ich arbeite, sitze in Besprechungen. Ich nehme die Umstrukturierungen und die Unternehmensberater, die für mehr Effizienz sorgen sollen, von Jahr zu Jahr frustrierter zur Kenntnis. Ich fahre wieder nach Hause zurück. Ich sehe fern, zu viel. Ich gehe zum Yoga, manchmal. Aus Angst vor Kopfschmerzen vermeide ich es, Wein zu trinken. Ich gehe zeitig schlafen. Den größten Teil der Nacht liege ich wach. Am nächsten Morgen stehe ich um 6.15 auf.

Ich sterbe vor Langeweile. Ich sterbe vor Beklemmung. Ich sterbe, weil mich alles ankotzt. Ich muss mir etwas einfallen lassen.

Von einer Freundin ermuntert, lege ich eine Tafel der Träume an, obwohl ich den Verdacht habe, dass es Humbug ist. Ich nehme ein Stück Pappe, das im Ikebana-Kurs übriggeblieben ist, und klebe gelbe Post-it-Zettel darauf, auf die ich Dinge schreibe, die ich will. Ein Auto, das funktioniert. Eine Safari. Einen Mann (eventuell). Irgendein inspirierendes Projekt. Einen Grund, für einige Zeit in Japan zu leben.

Es ist überraschend schwer, sich Dinge auszudenken, die man will, wenn man seines Lebens überdrüssig ist. Das Ganze kommt mir immerhin idiotisch genug vor, dass ich die Tafel jedes Mal verstecke, wenn jemand zu Besuch kommt. Was nicht sehr oft der Fall ist.

Damit fängt es an.

An meinem Arbeitsplatz werden Verhandlungen über Stellenabbau angekündigt. Oder nein, es wird irgendwie anders ausgedrückt: Es wird davon gesprochen, dass man sich für die Zukunft präparieren, das Kerngeschäft stärken wolle. Das Resultat ist jedenfalls das gleiche: Fünfundzwanzig Menschen müssen gehen. Ich bin keine von ihnen, aber mein Arbeitsplatz ist nicht mehr der alte. Ich will hier nicht mehr sein. Ich beschließe zu gehen. Obwohl ich überhaupt nicht weiß, wohin, fühle ich mich sofort leichter.

Vor mehr als zehn Jahren fing ich an, Gedanken mit der japanischen Hofdame Sei Shōnagon, die im 10. Jahrhundert gelebt hat, auszutauschen. Ich las ihr Werk *Makura no Sōshi*, also *Das Kopfkissenbuch,* in einem Kurs über japanische Literatur an der Universität und verliebte mich sofort. (Also gut: Ich habe es nicht ganz gelesen, weil es stellenweise ziemlich schwer zu verstehen ist, aber ich vertiefte mich in ausgewählte Passagen der englischen Übersetzung.) Im Lauf der Jahre ließ ich mich dazu inspirieren, auf der Grundlage von Seis berühmten Listen mal dieses und mal jenes zu planen, manchmal mit mehr, oft mit weniger Erfolg. Einmal schickte ich ein zehnseitiges Manuskript an eine meiner Kolleginnen, die Lektorin war. Ihr Kommentar lautete: »Ganz spannend, aber was ist das?« Ich wusste es nicht.

Ach Sei, dich (mich) versteht man auch im 21. Jahrhundert noch nicht.

Ich komme auf die Idee, Jobsharing zu machen und mich für ein Jahr freistellen zu lassen. Ich komme auf die Idee, nach Japan zu gehen, um mich mit Sei Shōnagon zu beschäftigen, über sie und über mich zu schreiben, und was das Aberwitzigste ist, ich fange an, nach diesem vorerst fiktiven Dokumentationsprojekt zu leben. Ich habe keine Ahnung, ob die Möglichkeit besteht, mich für ein Jahr freistellen zu lassen, oder wovon ich leben soll, falls es gelingt. Ganz zu schweigen davon, ob ich ein Buch schreiben könnte, auch wenn ich jahrelang mit den Texten anderer gearbeitet habe.

Ich schlage das Notizbuch auf, das ich ein Jahr zuvor in Tokio gekauft habe und dessen Umschlag ein kleines wütendes Mädchen von Yoshitomo Naran zeigt. Dann schreibe ich – sicherheitshalber in Barbiesprache – die ersten Sätze:

Die da würde jetzt ein Jahr freinehmen. Sie würde nach Japan gehen und sich mit Sei Shōnagon beschäftigen. Sie würde irgendeine irre Geldsendung bekommen und davon das ganze Jahr leben. Danach würde sie, wer weiß wohin, reisen. Sie hätte ein tolles und spannendes Jahr, über das sie ein Buch schreiben würde. Dann wäre sie bis zum Ende ihres Lebens glücklich und würde sich überlegen, was für fantastische Sachen sie als Nächstes machen würde.

Es ist der 5.10.2009, ich bin 38 Jahre alt. Damit fängt es an. Ich weiß es.

In der Nacht schlafe ich seit Langem einmal gut und sehe im Traum mein neues Leben vor mir. Mit meiner Kampfesgenossin Ulla entdecke ich in der Granitburg, in der sich mein Arbeitsplatz befindet, einen neuen Flügel. Er besteht aus einem großen, fabrikhallenartigen Saal mit wandgroßen Fenstern, durch die man auf paradiesische Wiesen sieht, die bis zum Horizont reichen. Wildpferde weiden darauf.

So kann das Leben sein, denke ich.

. . .

[Sei Shōnagon schreibt]

Was angenehm ist

Wenn man einen großen Haufen Geschichten findet, die man noch nicht gelesen hat. Oder wenn man den zweiten Teil einer Geschichte in die Hände bekommt, deren erster Teil einem gefallen hat. Aber oft erweist sie sich als Enttäuschung.

Jemand hat einen Brief zerrissen und weggeworfen. Beim Einsammeln der Teile merkt man, dass man viele davon wieder zusammenfügen kann.

Ich freue mich sehr, wenn ich Michinoku-Papier in die Hände bekomme, oder weißes, verziertes

*Papier, oder auch ganz gewöhnliches Papier, wenn
es schön und weiß ist.*

. . .

Dinge, die ich über Sei Shōnagon weiß:

Ich weiß, dass Sei Shōnagon (ca. 966–1017) eine japanische Hofdame war, die vor tausend Jahren in der Heian-Zeit am Hof diente. Sie schrieb ein Buch namens *Makura no Sōshi*, in dem sie in tagebuchartigem Stil Anmerkungen zum Leben am Hof macht. Das Werk ist eine Sammlung von Listen, Gerüchten, Gedichten, ästhetischen Bewertungen und vermischten Beobachtungen, unter anderem über zwischenmenschliche Beziehungen und über die Natur – über alles, was die Verfasserin der Niederschrift wert fand. Ihr Stil bildet den Anfang einer Literaturgattung, die man *Zuihitsu* nennt (wörtlich »dem Pinsel folgend«), und in diesem Stil setzt sich das Buch aus den zufälligen, persönlichen Gedanken der Verfasserin zusammen. Über Sei Shōnagons Leben weiß man nicht viel mehr, als das, was sich aus ihren Texten schließen lässt, aber zur gleichen Zeit waren am Hof von Heian-kyō, dem heutigen Kyōto, auch viele andere schreibende Frauen tätig. So ist zum Beispiel das Buch *Die Geschichte vom Prinzen Genji* von Sei Shōnagons Konkurrentin Murasaki Shikibu als erster Roman der Welt in die Geschichte eingegangen und gilt immer noch als wichtigstes Werk der japanischen Literatur.

Ich weiß, dass *Makura no Shōshi* in der Übersetzung von Ivan Morris unter dem Titel *The Pillow Book of Sei Shōnagon* auf Englisch erschienen ist, denn diese Version habe ich mir, inspiriert von einem Kurs über japanische

Literatur, im Dezember 1995 für mein Bücherregal ange-schafft. Das Buch kennt hier so gut wie niemand, weil es nicht ins Finnische übersetzt worden ist, und man nennt es einfach das *Kopfkissenbuch*.

Sei, ich habe im Hinblick auf dich zwei undeutliche Ge-danken. Erstens: Viele deiner vor tausend Jahren gemach-ten Anmerkungen sind mir erstaunlich nah und kom-men mir so aktuell vor, als würdest du speziell zu mir sprechen. Zweitens: Die Gattung *Zuihitsu* erscheint mir irgendwie sehr modern und in ihrem persönlichen und fragmentarischen Charakter fast wie eine Vorfahrin des Blogs.

Ich weiß, dass ich dich, den Gedanken an dich, fast fünfzehn Jahre mit mir herumgetragen habe. Ich habe dich als Geheimnis gehütet, als Quelle meiner Inspiration, die mir aus der Vergangenheit von Jahrhunderten heraus im Beruf wie in der Freizeit beim Verfassen von Texten mit Rat und Tat zur Seite gestanden hat. Inspiriert von dir habe ich ein Manuskript für die Schublade geschrieben. Inspiriert von deinen Listen habe ich Bücher zum Aus-füllen erfunden, denn es ist erstaunlich, wie viel inter-essante Erkenntnisse über die Persönlichkeit eines Men-schen in Listen verdichtet werden können. Ich habe (für irgendein anderes Leben) eine kunsthandwerkliche Post-it-Zettel-Ausstellung auf der Grundlage deiner Schriften geplant.

Schon immer habe ich gewusst, dass ich eines Tages für dich Verwendung finden werde, und da nun der Augenblick gekommen ist, erscheint es mir ganz selbstverständlich, für ein Jahr wegzugehen, um nach dir zu suchen und da-rüber zu schreiben. Ich stelle mir vor, in dein Heimatland Japan zu reisen, mich in die unpraktischen Gewänder der

Heian-Zeit zu kleiden, mein Gesicht weiß anzumalen, in der Winterkälte Gedichte im Mondlicht zu schreiben, dich und mich zu finden.

Ich denke, dass ich der einzige Mensch auf der Welt bin, zu dem du sprichst. Ich bilde mir ein, erwählt zu sein, etwas zu sehen, was die anderen nicht sehen. Ich glaube, dass nur ich eine Verbindung zu dir habe, eine mindestens mystische, und dass darum nur ich etwas von dir verstehen kann, was niemand sonst je verstanden hat.

Dieses spärliche und falsche Wissen schreibe ich ohne die geringste Hemmung in einen Antrag auf ein Stipendium, das mir das Verfassen eines Sachbuchs ermöglichen soll, den ich an zahlreiche Institutionen schicke. Später wird sich herausstellen, dass ich an diesem Nachmittag im Oktober gar nichts weiß.

Auf der Arbeit ist es entsetzlich. Ich verbrenne Brücken hinter mir, streite mich mit meinen Vorgesetzten, benehme mich schlecht. Die Motivation ist weg, ich habe eine Grenze überschritten. (Burn-out, sagt meine Freundin Buz.) Zusammen mit meinen verbliebenen Kolleginnen versuche ich die Stimmung hochzuhalten, und so gehen wir, ausstaffiert mit Stulpen, geflochtenen Stirnbändern und zerschlissenen Sweatshirts, ins Kino, um uns *Fame – Der Weg zum Ruhm* anzusehen. Vor dem Film dehnen wir uns sachgemäß. Tiina verspricht, mir einen Schal im Stil der Achtziger zu stricken, und wir gehen ballettschuhfarbene Kaschmir-Seide-Wolle kaufen.

Nach Weihnachten kann ich mein Glück nicht fassen: Ich bekomme im Rahmen des Jobsharing-Programms ein Jahr frei! Alles geht unfassbar leicht über die Bühne, und obwohl ich glücklich bin, kann ich nicht anders, als mich zu fragen, ob wohl alle geradezu erleichtert sind, mich loszuwerden.

Dann schlägt die Panik zu. Die einjährige Freiheit beginnt Anfang August. Was mache ich dann eigentlich? Soll ich in dem einen Jahr all das tun, von dem ich schon immer geträumt habe? In einem Waisenhaus für Orang-Utans auf Borneo arbeiten? Das Eierlegen von Meeresschildkröten in der Karibik schützen? An der Wildtierzählung in einem afrikanischen Naturreservat teilnehmen? In Thailand tauchen lernen? Für einige Monate in Kyōto leben, was gerade noch eine Utopie war, auf einem Post-it-Zettel an die Traumtafel geklebt, wird bald Wahrheit sein. Ich muss langsam anfangen, meine Wünsche etwas vorsichtiger zu formulieren.

Aber zuerst muss ich an Geld kommen. Meine kleinen Ersparnisse und die Jobsharing-Entschädigung reichen ungefähr aus, um in dem einen Jahr mit Ach und Krach über die Runden zu kommen, sofern ich mich zur Obdachlosigkeit verurteile und meine Wohnung vermiete, aber viele Flugtickets kann man sich damit nicht leisten. Zum Glück habe ich bei der Vernissage einer Fotoausstellung meiner Freundin Susanna meine Ex-Professorin Anna getroffen und von ihr ein paar Tipps für das Beantragen von Stipendien (Stichwort »irre Geldsendungen«) bekommen. Ich fange an, ernsthafte Anträge an alle möglichen Stellen zu schicken, die mir einfallen, obwohl mir graut und ich mich schäme. Mit geschlossenen Augen drücke ich auf Senden und bete, dass in den Stipendienausschüssen niemand sitzt, der sich auch nur ein bisschen mit dem Thema auskennt, denn dann würde die Unbeholfenheit meines Plans sofort auffliegen. Ich bete, dass niemand der Tatsache Beachtung schenkt, dass ich kein einziges Wort über meine Japanisch-Kenntnisse verliere. Und somit begreift, dass es diese nicht gibt. Und dass das gesamte Projekt ohne Sprachkenntnisse die reine Utopie ist. Meine Stimmung schwankt zwischen Allmachts-Hybris und katatonischem Selbsthass.

Ich versuche mit dem Schreiben anzufangen, wenigstens Tagebuch, das Fundament von allem, aber ich merke, dass ich an Aphasie leide. Zehn Jahre in der Werbeabteilung eines Verlags haben meinen Wortschatz und meine Satzlänge so ausgezehrt, dass sie sich nur noch für den Marketinggebrauch eignen: »Ein herzzerreißendes Dokument.« »Eine wahre Geschichte, die jeden etwas angeht.« Wie kann ich mir nur einbilden, mit diesem Proviant ein Buch schreiben zu können?

Die Idee und die Form des Buches – Bericht und Tagebuch eines Forschungsjahres – hingegen sind eigentlich genial, wie ich bald begreife. Was immer mit meinem Plan auch passieren mag, das Ganze kann nicht schiefgehen: Denn dann schreibe ich einfach auf, was schiefgeht. Und wenn sich bei Sei Shōnagon nichts Erzählenswertes findet, erfinde ich es eben selbst.

Ich gehe mit meinem Ex-Kollegen Mikko Mittagessen und höre, dass es dem Dichter Pentti Saarikoski ungefähr so erging, als er sein Buch *Zeit in Prag* schrieb. Aus dem Tagebuch, das Saarikoski gleichzeitig führte, geht hervor, dass ein großer Teil der autobiografischen Reiseerzählung Fiktion ist, unter anderem die Geschichten über die Nachbarn. In Wirklichkeit war Saarikoski so schüchtern, dass er sich während der ganzen Zeit, die er in Prag verbrachte, in seiner Wohnung versteckte und sich nur mit der Fantasie des Schriftstellers alle möglichen spannenden Sachen ausmalte. Genau so kann es mir in Kyōto ergehen: Ich kann die Sprache nicht und bin so schüchtern, dass ich die ganze Zeit mit niemandem rede. Meine Stimmbänder verkümmern, ich bin nicht fähig, meinen Nachforschungen nachzugehen, von irgendwelchen bescheuerten Performances ganz abgesehen. Ich muss mir alles ausdenken.

Und wenn ich kein Geld bekomme, schaffe ich es nicht einmal bis nach Japan: Dann bin ich gezwungen, meine Wohnung aufzugeben und mir alles im ausgebauten Kuhstall meiner Eltern in Vihti auszudenken.

Aber die Stipendienanträge hält nichts auf, und ich warte bereits auf die Entscheidung des Finnischen Kulturfonds. Ich stelle Champagner kalt – der hilft auf jeden Fall, egal wie die Entscheidung ausfällt. In meinem Schrank steht noch eine Flasche rosa Moët & Chandon, die ich 2006 geschenkt bekommen habe. In vier Jahren ist mir kein einziger Grund eingefallen, sie aufzumachen, aber in diesem Frühling muss es einen geben, denke ich.

Bald werde ich merken, dass im Zusammenhang mit dem Kulturfonds noch kein Grund zum Feiern besteht. Auch nicht im Zusammenhang mit dem Stipendium für Sachbuchpublikationen. Nicht im Zusammenhang mit der Otava Buchstiftung, noch mit der WSOY Literaturstiftung. Auch nicht im Zusammenhang mit der Sasakawa Foundation. Frühling – die Zeit der nassen Lappen, die einem ins Gesicht geklatscht werden.

Aber Sei, wir geben noch nicht auf, denn ich habe da so ein Gefühl. Ich glaube, dass wir, du und ich, uns überraschend ähnlich sind. Ich habe das Gefühl, dass ich dich verstehe und dass du vielleicht sogar mich verstehen würdest, wenn du mich kennenlernen könntest. Ich glaube, dass auch meine Freunde dich mögen würden, und ziemlich viele ihrer Freunde ebenfalls, und wenn man dich hier bekannt machen würde, könntest du plötzlich der Liebling von allen sein, eine Person, die zum Mittagessen eingeladen wird, zu Mädchenabenden, Sommerhauswochenenden, Zugreisen, Buchmessen und zum Champagner-Brunch, falls jemand so etwas veranstalten würde. Ich glaube, alle würden sich gern mit dir abgeben, wenn sie nur etwas über dich wüssten. Aber es weiß niemand etwas.

Ich ahne durchaus, dass unsere Lebenswelten sich wie Tag und Nacht unterscheiden, dass sie so weit voneinander entfernt sind, wie es nur geht, zeitlich, geografisch und auch kulturell. Das Finnland des 21. Jahrhunderts ist weit weg vom Japan des 10. Jahrhunderts, und auch wenn ich mich jahrelang mit der Kultur deiner Heimat beschäftigt habe, verstehe ich von deiner Welt so gut wie nichts. Nichts von dem, was uns zu deinem Land als Erstes einfällt, hat es zu deiner Zeit schon gegeben. Es gab keine Geishas, keine Samurai oder Sushi, keine Haiku-Gedichte, kein Ikebana, keine Teezeremonie, keine Ukiyo-e-Holzschnitte, weder Kabuki- noch Nō-Theater. Es gab keine Tatami-Fußböden, Gemeinschaftsbäder oder Tokonoma-Alkoven, kein Zen, kein Bushido, keine Doppelselbstmorde aus Liebe. Ich weiß nur, dass die höfische Welt der Heian-Zeit ein der Schönheit geweihtes Universum war, das von Dichtung, Kalligrafie, Musik und Liebesbeziehungen beherrscht wurde und anders war als jede andere Kultur, die jemals irgendwo auf der Welt in Erscheinung getreten ist.

Sei, dies ist die Wahrheit: Ich habe nicht einmal dein Buch ganz gelesen. Das kommt daher, dass ich es zum größten Teil nicht verstehe. Wer sind all die Personen, über die du schreibst? Was waren das eigentlich für Leute? Alle möglichen Kanzler, rechts- und linksseitige Minister, Gouverneure, höhere und niedrigere Höflinge, Kronprinzessinnen, Priesterinnen, ihre Majestäten der Kaiser und die Kaiserin und, meine Güte, »die mittleren Hauptmänner des dritten Standes« – würdest du sie wenigstens bei ihren richtigen Namen nennen, könnte man vielleicht wenigstens hier und da kurz mitkommen. Obwohl ich auch bei den Namen durcheinandergerate: Es gibt Michitaka und Michinaga, Tadanobu und Nobutaka, Norimitsu und Yukinari, Fujiwara no so und so, und da ich nicht kapiere, wer sie sind und was sie mit den Titulierungspseudonymen zu tun haben, ist es tatsächlich nicht ganz leicht, dem Geschehen zu folgen.

Und was habt ihr da am Hof eigentlich die ganze Zeit gemacht? Wer waren die Herrscher, die du so bereitwillig preist? (Irgendwo ist übrigens immer von »zwei wetteifernden Höfen« die Rede – was, um Himmels willen, hat das denn zu bedeuten?) Ich verstehe auch nichts von euren höfischen Zeremonien – entschuldige bitte, aber deren Schilderungen sind ziemlich langweilig zu lesen. Und wie sahen alle die Umhänge, Hosenröcke und Kopfbedeckungen aus, die Wagen, die Wandschirme, die Veranden? Warum habt ihr ständig versteckt hinter einer Wand gekauert und die Ereignisse heimlich beobachtet? Und das ganze Gerede über Tage der Enthaltsamkeit und unglückliche Himmelsrichtungen? Außerdem hat das Buch nicht mal einen roten Faden, weil du ständig von einer Sache zur anderen springst und nichts in chronologischer Reihenfolge erzählst, und was du erzählst, gibt nicht annähernd ein erschöpfendes Bild der Geschehnisse. Was für einen Zweck hat das alles? Warum hast du so eine Sammlung von Texten geschrieben, die nur lose miteinander verbunden zu sein scheinen? Warum listest du Bücher, Blumen, Bäume, Vögel und Insekten auf? Ebenen, Berge, Poststationen? Buddhas, Priester, Aristokraten? Hosen, Jagdgewänder, chinesische Jacken? Fächerrahmen, Wandschirme, Instrumente, Spiele? Krankheiten, Sutras, Gouverneure? Nur um die Historiker zu erfreuen? (Die hast du allerdings tatsächlich erfreut.)

Aber dann, Sei, wenn ich die Geduld aufbringe, in deinem Buch weiterzublättern, die schwierigen Stellen zu überspringen, stoße ich immer wieder auf Abschnitte, in die ich mich einfach verlieben muss. Es sind Listen von Dingen, über die auch ich etwas weiß, erstaunlich genaue Beobachtungen über die Natur des Menschen und über zwischenmenschliche Beziehungen, über eine Welt, die wir ganz und gar gemeinsam haben und die offensichtlich unveränderlich ist. Du zählst bezaubernde Dinge auf, deprimierende Dinge, ärgerliche Dinge. Dinge, die das Herz höher schlagen lassen. Dinge, die einen kläglichen Eindruck machen. Dinge, die eine angenehme Erinnerung aus der Vergangenheit wecken. Dinge, die man nicht vergleichen kann. Dinge, bei denen einem heiß wird. Dinge, die ihre Kraft verloren haben. Dinge, die bewirken, dass man sich rein fühlt. Dinge, die fern sind, aber auch nah. Dinge, die nah sind, aber auch fern. Du schreibst darüber, was ein vollkommener Liebhaber ist und wie man sich ärgern muss, wenn es sich bei einem Mann nicht um einen solchen handelt. Du schreibst darüber, wo und wann es am angenehmsten ist, einen Liebhaber zu treffen, und warum du weißt, dass es ein Liebhaber ernst meint, wenn er bei starkem Wind kommt, um dich zu sehen. Diese Abschnitte sprechen mich direkt an, über die Jahrtausende, über die Sprach- und Kulturunterschiede, über den gesamten asiatischen Kontinent hinweg, vom alten Heian-kyō her ins Helsinki des 21. Jahrhunderts, und dann habe ich das Gefühl, einen Schatz entdeckt zu haben, der allen anderen verborgen geblieben ist.

Nächtelang liege ich wach und mache mir Sorgen um die Finanzen. Warum muss ich ausgerechnet auf Japan abfahren, das so ungefähr das teuerste Land der Welt ist? Warum kann ich mich nicht zum Beispiel für Albanien interessieren? Wird es dazu kommen, dass ich von einer Weltreise träume, aber in einem Kuhstall in Vihti lande?

Und dann wieder, sobald ich aufhöre, mir Sorgen zu machen, merke ich, wie sich die Veränderung, wie sich schon der Plan einer Veränderung auf vielfältige Weise auf mein Leben auswirkt. Ich stelle fest, dass ich in den Ikebana-Stunden andere Arbeiten mache als früher: mutigere, buntere, gewissere, solche, denen man ansieht, dass sich jemand etwas getraut hat.

Sei, Ikebana zu machen ist, als würde man in den Spiegel schauen.

Meine Ikebana-Lehrerin Liisa lädt zur Feier des Abschieds von Herrn Yasuda zu sich nach Hause ein. Ihr Freund Jouni wird eine Teezeremonie durchführen – derselbe Jouni, der sich neben allem anderen offenbar auch mit den Tagebüchern von Frauen aus der Heian-Zeit auskennt und in dessen Besitz sich möglicherweise Literatur zum Thema befindet. Ich müsste mein Gedächtnis in Sachen *Kopfkissenbuch* beleben, damit ich einen wenigstens einigermaßen glaubwürdigen Eindruck auf ihn mache. Und dann müsste ich noch wissen, wer Herr Yasuda ist.

Hilfe! Herr Yasuda ist der Kulturattaché der japanischen Botschaft. In die Nähe solcher Fachleute soll ich mich mit meinem Hirngespinstprojekt trauen?

Später verstehe ich, dass all diese Dinge, die mir als Erste eingefallen sind, nichts anderes als Fragen sind, auf die Wissenschaftler seit Jahrzehnten, ja sogar seit Jahrhunderten versuchen, Antworten zu finden. In vielen Fällen vergebens.

Die Abschiedsfeier von Herrn Yasuda. Ich machte mich unnötig verrückt – was dachte ich mir nur? Vor meinem inneren Auge sah ich förmliche, steife ältere Herren in dunklen Anzügen, Frauen in Kimonos, die Japanisch reden, mich, wie ich vollkommen im Wald stehe. In Wirklichkeit ist Heian-Jouni ungefähr so alt wie ich und richtig sympathisch. »Was ist denn der Grund, dass du auf Sei Shōnagon abfährst?«, fragt er mich, als wäre ich erst vorgestern in einem Manga-Comic voller Sex und Gewalt auf den Namen gestoßen. Ich unterstreiche die Wörter »Universität«, »Literaturwissenschaft« und »Anfang der 90er Jahre« – warum dieser ewige Drang, mein (hohes) Alter und meine Kompetenz hervorzuheben? Ich frage, ob Seis Texte zu ihrer Zeit öffentlich bekannt waren, aber die Antwort ist niederschmetternd: Angeblich ist es unmöglich, etwas darüber zu wissen. Außerdem sind die anderen Tagebücher jener Zeit angeblich wesentlich interessanter. Irgendwie bringt Jouni es fertig, Sei ein wenig gemein klingen zu lassen, und er scheint sich zu fragen, warum ich mich ausgerechnet für so ein Weibsstück mit spitzer Zunge interessiere.

Herr Yasuda und seine Frau gehören ebenfalls dem Volk der Vierzigjährigen in Jeans an – Gott sei Dank habe ich mich nicht in einen Kimono geworfen. Die Yasudas gehen nach Ungarn, weshalb ich gerade beschließe, ihnen nichts von meinem Projekt zu erzählen, als Liisa auch schon verkündet, ich würde »nach Japan ziehen und ein Buch über Sei schreiben«. Die Yasudas rufen im Chor *oh, really* und erkundigen sich nach meinem Plan (es gibt

24

keinen), wohin ich gehen werde (nach Kyōto), und ob an die Universität (nein, ich spreche kein Japanisch). *Oh, then you're in trouble, japanese don't speak English!* Der Hinweis auf ein englischsprachiges Forschungsinstitut in Kyōto, den ich von Jouni bekommen habe, beruhigt meine Nerven ein wenig, trotzdem begreife ich, dass ich mit einem Messer in der Hand zu einer Schießerei aufbreche. Keine Universitätskontakte, keine Sprachkenntnisse, nichts. Verrückt.

Zum Abschluss der Feier quetschen sich der Japanologe und der Kulturattaché mit seiner Frau zwischen die Langlaufskier auf der Rückbank meines Autos, und ich bringe sie zur Bahnstation.

Schale Dinge:
Das schmutzige Gefühl am Ende des Winters, das daher kommt, dass man monatelang denselben Wintermantel angehabt hat, dieselben Winterstiefel, Handschuhe, Mützen, Schals und Pullover. Ende des Sommers treten vergleichbare Phänomene nicht auf.

Dinge, die Eifersucht wecken:
Deine Listen, Sei. Ich liebe dich gerade ihretwegen, und ich stelle fest, dass ich nicht die Einzige bin. Liebe Sei, ich habe geglaubt, dass nur ich dich kenne, aber soeben habe ich erfahren, dass eine gewisse finnische Modekritikerin in ihrer Kolumne in der Zeitschrift *Gloria Daheim* über dich geschrieben hat, unter der Überschrift *Definition der Eleganz*. Angeblich liegt dein Buch auf dem Nachttisch eines jeden Menschen, der beruflich mit Mode zu tun hat, vielleicht sogar unter dem Kissen!

Wann bist du, Sei, ein Trend-Phänomen geworden? Tüfteln jetzt plötzlich alle heimlich still und leise an eigenen Kopfkissenbüchern?

. . .

[Sei Shōnagon schreibt]

Peinliche Dinge

Der Mann, den man liebt, wird betrunken und fängt an, sich zu wiederholen.
Wenn man über jemanden gesprochen hat, ohne zu wissen, dass dieser es womöglich hat hören können. Dies ist selbst dann peinlich, wenn es sich um einen Diener oder eine andere vollkommen unbedeutende Person handelt.
Ein Mann, der seine eigenen Gedichte vorträgt (nicht besonders gut) und erzählt, wie sie gepriesen worden sind – richtig peinlich.
Wenn man in der Nacht wach daliegt und etwas zu seinem Begleiter sagt, dieser aber eingeschlafen ist.

. . .

Ende März leide ich über eine Woche an einem Infekt. Das Gute am Betthüten, ist, dass in meinem Kopf ein Plan Gestalt annimmt. Mein freies Jahr beginnt im August, und ich beschließe, für September, Oktober und November nach Kyōto zu gehen. Zu Weihnachten komme ich nach Hause, und den März, April und Mai kann ich wieder in Kyōto verbringen, falls ich im Herbst nicht genug davon bekommen habe. Aus irgendeinem Grund scheinen mir drei Monate ziemlich kurz zu sein. (Erst nachdem ich mein Flugticket gekauft habe, erfahre ich, dass man sich, wenn man mit einem Touristenvisum einreist, ohnehin nur neunzig Tage am Stück in Japan aufhalten darf, was zufällig exakt der Dauer meiner Reise entspricht.)

Vom Krankenbett aus google ich nach Unterkünften und mache schließlich einen unwirklichen Fund: Das *Gajin House* an den östlichen Hügeln von Kyōto, Tatamizimmer mit Blick auf einen schönen Garten, ruhiges und idyllisches Milieu in der Nähe von Ginkaku-ji, dem Tempel des Silbernen Pavillons. Gemeinschaftsbäder, Münzwaschmaschine, Küche, Computerraum mit Internetanschluss, Fernsehzimmer und maximal acht Bewohner im Haus. Etwas karge Grundausstattung (sprich: das Zimmer ist leer), aber beim jetzigen Umtauschkurs für nur 360 Euro im Monat.

Ich schicke eine fiebrige Erkundigungsmail und bekomme flugs eine Antwort von Kim, dem australischen Eigentümer des Hauses: *I've loved the Pillow Book since I first read it, so it's great to hear your plans! There will be a room available – would you like me to hold it for you?*

Natürlich frage ich mich, was hinter der killerbilligen Miete stecken mag. Zumindest Putzschichten: Ich werde in Kyōto Klos schrubben, das verschimmelte Geschirr von anderen Leuten spülen, Haare aus Abflüssen ziehen, stinkende Mops schwingen müssen. Ich suche im Netz nach Kommentaren zu meiner Unterkunft, aber überall herrscht unheilschwangeres Schweigen. Schließlich finde ich zwei Sätze, bei denen mir die Haare zu Berge stehen: *It's a zoo. Too many people, freezing in the winter, cockroaches in the summer.* Über den Herbst wird nichts gesagt, vielleicht ist gerade dann alles super.

»Zu viele Leute« bedeutet natürlich eine Veränderung gegenüber meinem derzeitigen Nonnenklosterlebensstil. Und die Kälte? »Das Haus ist im Hinblick auf den Sommer erbaut worden«, konstatierte der Kyōtoer Mönch Yoshida Kenkō im 14. Jahrhundert in seinem Buch *Betrachtungen aus der Stille*. Und so ist es tatsächlich: Bei meiner letzten (und einzigen) Reise nach Kyōto fror ich mehr als je zuvor. In den alten Häusern gibt es kein anständiges Heizungssystem, und trotz eines Kerosinofens sank die Innentemperatur des *Ryokan* in einer Novembernacht auf fast null Grad. Ich schlief auf einer Heizdecke und hatte alle Kleidungsstücke an, die ich dabei hatte, Mütze und Handschuhe inklusive – auch eine Schlafbrille wärmt ein bisschen, stellte ich fest. Duschen konnte ich nicht, es fiel mir jedenfalls nicht ein, es zu versuchen. Das unwirkliche Gefühl wurde von dem morgendlichen Wecken durch das Tröten eines Elefanten gekrönt – tatsächlich befand sich in der Nähe ein Tierpark, wie ich später erfuhr.

Zum Glück habe ich Erfahrung im Zusammenleben mit Kakerlaken und vielen anderen Tieren. Vielleicht hat die Verfasserin des Kommentars noch nie im Garten Waschbärscheiße in einem Fass verbrannt, die Terrarien ihres Ex-Freundes gereinigt (mit Bewohnern wie: Echsen, Schlangen, Fröschen, Tarantellas, Skorpionen sowie zum Beispiel eine flügellose Schabe aus Madagaskar, eine Vertreterin der Art *Gromphardohina portentosa*), tiefgefrorene Mäuse in Wassergläsern aufgetaut oder versucht, einen Präriehund daran zu hindern, ein Schaumstoffsofa zu schreddern.

Vielleicht ist der Lieblingsplatz der Internet-Kommentar-Schreiberin auch keine schimmelnde und allmählich vermodernde Fischerhütte auf einer winzigen Felseninsel,

wo man sich angewöhnt, die grauen Punkte auf den Span-
platten nicht genauer unter die Lupe zu nehmen.

Gut möglich, dass ich mich in der Unterkunft wie zu
Hause fühle.

Buz erzählt, sie habe etwas über das Paris-Syndrom gelesen, unter dem besonders japanische Touristinnen leiden. Man erkrankt daran, wenn man mit dem Schmutz,
der Unfreundlichkeit der Menschen und dem unhöflichen
Service in Paris konfrontiert wird. Manche müssen danach in psychologische Behandlung, andere rutschen gar
in eine Psychose.

Buz hat den Verdacht, dass Menschen aus dem Westen in Japan am Tokio-Syndrom erkranken können, das
durch zu große Freundlichkeit und Höflichkeit ausgelöst
wird. Das Kyōto-Syndrom wiederum kommt wahrscheinlich von der Unfähigkeit, mit zu viel Schönheit umzuge-
hen, oder von dem Schock, dass man ausschließlich gutes
und schön angerichtetes Essen zu sich nimmt.

Ich versuche einen Mieter für meine Wohnung zu finden,
und meine Reisepläne werden öffentlich. Viele sind ver-
blüfft und wundern sich über meinen überraschenden
Mut – was ich verstehe, denn ich bin nicht unbedingt für
meine Verwegenheit berühmt. Manche versichern, dass
sie sich so etwas nie trauen würden. Beim Mittagessen
fragt auch der Geschäftsführer des Verlags, für den ich
arbeite, ob ich mir das auch gut überlegt hätte und ob ich
wisse, was ich tue.

In der Nacht wache ich mit einer Horrorattacke auf. Bin
ich am Ende doch im Begriff, den Fehler meines Lebens zu
machen? Warum treibe ich mich freiwillig in die einjäh-

rige Obdachlosigkeit und in eine unsinnig stressige Situation? Als ich endlich wieder einschlafe, habe ich einen Albtraum, in dem ich die Gefangene eines geisteskranken Killers bin.

Am nächsten Morgen ist die Panik der Nacht weit weg. Es geht ja nur um ein Jahr, danach kann ich nach Hause und zu meiner Arbeit mit dem monatlichen Einkommen zurückkehren. Mein Leben ändert sich nicht endgültig, wenn ich es nicht will. Das Schlimmste, das passieren kann, ist, dass ich ein Jahr Tagebuch schreibend im Dachzimmer meiner Eltern verbringe. Entsetzlich.

Ich melde mich an der Sommeruniversität Helsinki zu einem Japanischkurs für Anfänger an. Ich besorge mir Flugtickets nach Osaka und zurück. Eine Aschewolke hat den europäischen Luftraum eingenommen, und falls die Lage länger anhält – womöglich ein Jahr, wie es irgendwo prophezeit worden ist –, fahre ich eben mit dem Zug und schwimme den Rest der Strecke.

Und doch liegt eine kleine Krise in der Luft.

Der Geburtstag von A. Ich wusste schon auf dem Hinweg, dass ich unter zweihundert Gästen der einzige Single sein werde, und als ich um vier Uhr morgens nach Hause komme, erwischt es mich endgültig: Was für ein Freak ich bin! Eine alleinlebende, kinderlose Absonderlichkeit, die in die weite Welt verschwinden muss, um wenigstens irgendeinen jämmerlichen Inhalt für ihr Leben zu finden. Die ganze Buchidee kommt mir wie ein riesiges egoistisches Projekt vor. Wer interessiert sich dafür, zum Beispiel etwas von meinen Reisen nach Afrika zu hören, wenn gerade von den Vor- und Nachteilen eines

Familienbetts die Rede ist oder von dem herzzerreißenden Moment, wenn man sein Kind zum ersten Mal weinend bei der Tagesmutter zurücklässt? »Ich hätte von morgens bis abends heulen können, als ich die Savanne sah und kapierte, dass hier tatsächlich die ganzen wilden Tiere leben« – das bewegt schlicht und einfach niemanden.

Es kommt mir vor, als wären das Reisen und das Verschwinden, sei es nach Afrika oder nach Japan, die letzte Option für eine alte Jungfer mittleren Alters, eine Legitimation für ihr Dasein zu finden. Wenn man keinen Mann hat und somit auch keine Familie, bleibt einem gar nichts anderes übrig, als wegzufahren. Man muss mit seinem Leben wenigstens irgendetwas anfangen.

Dinge, die ich in diesem Frühling mit meinem Leben angefangen habe:

Ich bin mit einer Freundin nach London geflogen, um ihren Vater zu suchen, den sie nie kennengelernt hat. (Sie hatte ihren Vater im Internet ausfindig gemacht, nachdem sie einen Brief an drei Menschen gleichen Namens geschrieben hatte.) Die eine sucht nach einer uralten Hofdame, die andere nach ihrem von den Seychellen stammenden Vater – gleiche Krise, unterschiedliche Erscheinungsformen.

Ich habe an einen finnischen Wildtierforscher geschrieben und gefragt, ob ich mit ihm in die tansanische Savanne reisen könnte. (Leider nein, angeblich stehen zig promovierte Biologen auf der ganzen Welt mit dem gleichen Anliegen Schlange. Außerdem habe ich nach Meinung des Wildtierforschers mit meiner Hofdame genug zu tun.)

Ich habe eine Medaille in Empfang genommen. Für zehn Jahre Dienst im Wirtschaftsleben unseres Landes bekomme ich einen Verdienstorden und dank Jobsharing die Gelegenheit zu einem freien Jahr. Über was von beidem soll ich mich mehr freuen?

. . .

[Sei Shōnagon schreibt]

Abscheuliche Dinge

Der Gast müsste bereits eilends aufbrechen, aber er plaudert einfach immer weiter.

Wenn man merkt, dass ein Haar am Tintenstein haftengeblieben ist.

Alte Menschen, die, wenn sie zu Besuch kommen, zuerst mit ihrem Fächer den Staub vom Fußboden wischen, bevor sie sich setzen.

Andere zu beneiden und sein eigenes Schicksal zu beklagen. Schlecht über andere Menschen zu reden. Wie abscheulich!

Der Verehrer ist zu einem geheimen Besuch gekommen, da bemerkt ihn der Hund und fängt an zu bellen. Man möchte die Kreatur umbringen.

Man liegt im Bett und ist gerade am Einschlafen, da taucht eine Mücke auf, die mit sirrendem Geräusch von sich Mitteilung macht. Man spürt geradezu den von ihren Flügeln verursachten Luftstrom ...

Menschen, die sich in den Vordergrund drängen.
Neuankömmlinge, die so tun, als wüssten sie alles.

Ich kann Menschen nicht ertragen, die die Schie-
betür nicht hinter sich schließen.

. . .

Dinge, die ich in letzter Zeit verstanden habe:

Ins mittlere Alter zu kommen, heißt offenbar, dass man anstelle des *Wissens* etwas zu *verstehen* lernt. Generell hat man natürlich das Gefühl, ständig dümmer zu werden, aber gleichzeitig begreift man auch, wie blöd man zuvor gewesen ist. Ständig stößt man auf Dinge, die man schon lange *gewusst* hat, aber erst jetzt, plötzlich, kommt es einem so vor, als würde man endlich *verstehen*, was sie bedeuten. Auf Reisen erlebe ich aus irgendeinem Grund Verstehensanfälle in Sachen Kunst.

Vor zwei Jahren ging mir in der Normandie auf, dass der Impressionismus eigentlich ein Hyperrealismus ist. Zwar hatte ich gewusst, dass die Realisten die Dinge malen, wie sie sind, und die Impressionisten so, wie sie aussehen, aber erst in der Normandie verstand ich, was das tatsächlich bedeutet. Es war, als wäre ich in ein gigantisches impressionistisches Gemälde hineingetreten: Alles *sah* wirklich so aus, wie Monet und Kumpanen es dargestellt hatten. An den Ufern von Le Havre, Honfleur und Trouville glitzern das Meer und die Segelboote genau so, die Gezeitenwellen schlagen genau so auf den Strand, wenn der Wind bläst, haften die Kleider auf der einen Seite genau so platt und faltig am Körper und blähen sich auf der anderen Seite genau so auf. Die Sonne macht mit den Farben genau so etwas schwer Definierbares, wie auf den bekannten Werken der Meister, und die Kreidefelsen von Étretat sind auf den Gemälden von Monet nicht deshalb pastellrosa, weil Monet in Rosa verliebt gewesen wäre, sondern weil sie bei Sonnenuntergang genau so aussehen. Die Impressionisten haben »nur« die Wirklichkeit gemalt, wie sie sie sahen.

Das Gleiche passierte vor einem Jahr in China, am Gelben Berg. Ich hatte mich sehr wohl über die klassische chinesische Landschaftsmalerei kundig gemacht, ich konnte Bildrollen lesen, den Wanderern im Gebirge folgen und die Geschichte eines Gemäldes ungefähr so nachvollziehen, wie sie gedacht war. Die Landschaften nehmen sich darauf zwar fraglos ein wenig außergewöhnlich aus, dachte ich, aber das gehört wohl dazu, weil auf ihnen nun mal andere Gesetze gelten als in der westlichen Perspektivmalerei.

Am Gelben Berg begriff ich, dass eine klassische Landschaftsbildrolle das Gebirge äußerst realistisch darstellt. So verblüffend es ist, aber die Berge sehen bis hin zu den Farben und der grobrandigen Tintentechnik exakt so aus wie auf den Gemälden. Genau genommen hatte ich am Huang Shan das unwirkliche Gefühl, dass die Berge in die Landschaft *gemalt* waren. Zwischen ihnen schwebte der Nebel genau wie auf den Bildern, bei denen ich gedacht hatte, er solle die Mängel in der Perspektivtechnik vertuschen.

Die Landschaftsgemälde sehen also nicht so aus, weil sich den Chinesen noch nicht die Geheimnisse der abendländischen Meister offenbart hatten, sondern weil sich ihre Technik entwickelt hatte, um möglichst genau die in eben diesem Winkel der Welt vorherrschende Landschaft abzubilden. Mit den Mitteln des abendländischen Ölgemäldes würde man sie nie einfangen können.

Kann sein, dass alle anderen diese Dinge längst erkannt

haben. Vielleicht litt ich mein Leben lang unter ernsthaften Verständnisschwierigkeiten und bin bis jetzt nur mit irgendwelchen dubiosen Tricks durchgekommen, ohne in Wirklichkeit irgendetwas zu begreifen. Dennoch hoffte ich bereits: dass ich nur auch in Japan etwas verstehen würde.

Ende Mai bekomme ich vom Verband der Finnischen Sachbuchautoren ein Stipendium für das Schreiben meines Erstlingswerks. Unglaublich! Sämtliche Ausrufezeichen der ganzen Welt reichen nicht aus, um meine Stimmung zu beschreiben. Ich drehe die Musik so laut auf, wie es die Lautsprecher zulassen, und lege einen Siegestanz nach dem anderen hin, bis ich verschwitzt und außer Atem bin. Ich sollte mich beruhigen und die Freitags-Sushi, die ich mir gekauft habe, essen, bevor ich vor Hunger zusammenklappe, aber das Gefühl ist so groß und so selten, dass ich es einfach nicht schaffe.

Die mentalen Folgen, die das Stipendium auslöst, sind weitreichend. Ich fühle mich jetzt als echte Schriftstellerin, nicht mehr als Hochstaplerin, die nur ein bisschen Tagebuch schreibt. Vielleicht werde ich mich sogar trauen, auf Fachleute zuzugehen, weil mein Projekt nun offiziell anerkannt ist und ich sozusagen Arbeit habe.

Buz prophezeit, dass ich das Stipendium höchstens eine Stunde lang feiern werde: dann muss ich schlafen gehen, obwohl es nicht einmal sieben ist, denn Gefühlswallungen machen in diesem Alter einfach verdammt müde. Buz hat recht. Gute Nacht, Sei.

. . .

[Sei Shōnagon schreibt]

Seltene Dinge

Wenn es einem gelingt, keine Tintenflecken in dem Notizbuch zu machen, in das man Geschichten, Gedichte und dergleichen kopiert. Handelt es sich um ein feines Notizbuch, versucht man, besonders vorsichtig zu sein – dennoch scheint es nie zu gelingen.

Wenn man Seidenstoff zum Füttern wegge-schickt hat, und er, wenn man ihn wiederbe-kommt, so schön ist, dass man vor Bewunderung aufschreit.

Silberne Pinzetten, die gut sind, um die Augen-brauen zu zupfen.

Ein Diener, der nicht schlecht über seinen Herrn spricht.

. . .

Am 17. Juni begreife ich, dass ich morgen meinen letzten Arbeitstag habe. Die kommende Nacht ist für lange Zeit die letzte Nacht, in der ich bangen muss, ob ich Schlaf finde oder nicht. Ich begreife, dass ich zuletzt im Alter von sechs Jahren frei von allen Verpflichtungen gewesen bin.

Ich fühle mich glücklich, leicht, wehmütig und müde. Ich vermisse meine Kolleginnen und Kollegen schon jetzt ein bisschen.

Am ersten Tag meines so wahnsinnig ungezügelten und beneidenswerten Jahres liege ich mit quälenden Kopf-schmerzen und vollkommen erschöpft im Bett.

Anfang Juli verdichten sich die Dimensionen meines Lebens auf sonderbare Weise in einem Tag: Ich werde zum 85. Geburtstag meiner Oma eingeladen und erhalte fast zeitgleich eine Einladung, Ikebana für ein Mitglied der kaiserlichen Familie Japans zu machen, das nach Finnland kommt, für *her imperial highness*, also HIH Takamado. Sei, es ist schön, dass ihr bis hierher kommt, um mich abzuholen, aber das Timing ist zweifellos außergewöhnlich. *Hier* komme ich her, *dort* gehe ich hin, scheint das Oma-Prinzessin-Wochenende zu sagen.

Der Besuch der Prinzessin versetzt die Ikebanisten Finnlands in irrsinnige Aufregung – selbstverständlich, auch du, Sei, warst aufgeregt, als du zum ersten Mal die Kaiserin trafst. Vom Hof ist ein minutengenauer Zeitplan übermittelt worden, in dem festgelegt wird, wann ihre kaiserliche Hoheit das tropische Pflanzenhaus Gardenia in Helsinki betritt, wann sie einen Rundgang macht, um sich die Ikebana-Arrangements anzusehen, wann wir uns zu einem Gruppenfoto im Garten aufstellen sollen. Also schwitzten wir an einem Samstagmorgen in übernatürlicher Hitze in unseren protokollgemäßen Kostümen und geschlossenen Schuhen, unsicher, ob wir fähig wären, uns den Anforderungen gemäß zu benehmen.

Meine Oma wiederum wohnt in der Provinz Häme, in einer Gegend, die einmal zur schönsten Finnlands gewählt wurde. Sie hat ihr Leben lang in einem Radius von hundert Metern gelebt und sich, soweit ich weiß, nie anderswohin gesehnt. Dennoch ist meine Oma einer der fröhlichsten und aufgeschlossensten Menschen, denen ich je begegnet bin, und ihr lautes, sprudelndes Lachen erschallt fast am Ende jedes Satzes. Aber als ich ihr von meinem Plan erzähle, meinen Arbeitsplatz zu verlassen, nach Japan zu gehen und ein Buch über eine Hofdame von vor tausend Jahren zu schreiben, meint sie nur mit Nachdruck *jaha!*, was offen lässt, ob sie die Vorstellung besorgniserregend findet oder bloß unfassbar.

Es stellte sich heraus, dass Prinzessin HIH entspannt und humorvoll war und sich am meisten für die bäuerliche Landschaft mit ihren roten Scheunen interessierte, die sich neben dem Gardenia auftat. Hätte man die Prinzessin vielleicht zum Geburtstag meiner Oma einladen sollen? Vielleicht hätte den Leuten vom Hof die Feier sogar gefallen, der idyllische Abend auf dem Land, mit einem improvisierten Tanzboden am See, bei Tangos und Walzern, die die Band meines Bruders spielte. Es waren Männer und Frauen aus der Umgebung da, Kindheitsfreunde meiner Oma, die man aus Altersheimen angekarrt hatte, mit glühenden Wangen umher rennende Kinder und die Gemeinschaftskatze des Dorfes, die sich auf jedem Schoß wohlfühlte. Es war ein wolkenloser Sommertag, der See lag still da, und es gab warme Erdbeerbowle. Die Gäste trafen in gleich aussehenden Serien ein, und es waren Armeen von Mücken da.

Sei, das hier ist wohl meine Heimat, auch wenn es mir nicht immer so vorkommt.

Watashi wa Mia desu. Sei-san desu ka? Hajimemashite.
Ende Juli sitze ich endlich im Japanisch-Anfängerkurs an der Sommeruniversität. Das Lernen ist absurd und offen gesagt entmutigend, obwohl ich nicht einmal versuche, lesen und schreiben zu lernen. Das wäre auch eine ziemliche Aktion, denn von den auf das Chinesische zurückgehenden *Kanji*-Zeichen gibt es zigtausende, und von den *Hiragana*- und *Katakana*-Silbenzeichen noch jeweils an die fünftausend mehr.

Aber das sind nicht die einzigen Probleme. Die Sprache hat mehrere Höflichkeitsstufen, und die Sprache der Frauen ist zum Beispiel förmlicher als die der Männer. Würde eine Frau die Sprache von ihrem japanischen Ehemann lernen, würde sie so grob reden wie ein Flößer, und einen Mann, der die Sprache von seiner japanischen Freundin gelernt hat, würde man wahrscheinlich für schwul halten. Andererseits ist es praktisch, dass die Höflichkeitsvorstellungen den Gebrauch von Personalpronomina verhindern, weshalb man die nicht lernen muss. Das »Ich« lässt man auf jeden Fall im Satz weg, denn sich selbst hervorzuheben ist unhöflich, und das »Du« zu benutzen wäre erst recht unverschämt. Auch die Zahlwörter lösen Depressionen aus. Sie sind unterschiedlich, je nachdem, ob es sich bei den zu zählenden Objekten zum Beispiel um Menschen, Maschinen, kleine oder große Tiere oder flache, längliche, runde oder klumpenartige Gegenstände handelt.

Zum Glück werden die Momente der Verzweiflung durch die unfassbar ulkige und niedliche Form vieler Lehnwörter gemildert. *Aisukuriimu* (Eiskrem), *Appurupai* (Apfelkuchen), *Kurisumasu* (Weihnachten), *Boifurendo* (Freund) und *Rappurando* (Lappland) – *kawaii*!

Und anscheinend kommt man sowieso mit einem einzigen Wort ganz gut durch: *Sumimasen* bedeutet je nach Situation Danke und Verzeihung.

. . .

[Sei Shōnagon schreibt]

Dinge, die das Herz höher schlagen lassen

*Wenn man sieht, wie ein Herr seinen Wagen vor
der Tür anhalten lässt und die Diener anweist,
seine Ankunft zu melden.*

*Wenn man sich die Haare wäscht, sich zurecht-
macht und in parfümierte Gewänder kleidet –
selbst wenn einen keine Seele zu Gesicht bekommt,
verleiht es einem innere Befriedigung.*

*Es ist Nacht, und man wartet auf einen Besu-
cher. Plötzlich erschreckt man durch prasselnde
Regentropfen, die der Wind gegen den Fensterladen bläst.*

. . .

Freitag, 13. August. Zwei Wochen bis zur Abreise.

In der Nacht schlafe ich überhaupt nicht. Reise- und
Umzugspanik schlagen zu, und es gelingt mir nicht, die
galoppierenden Gedanken im Kopf zu stoppen. Am Morgen fange ich an, den Koffer zu packen und die Wohnung
für den Mieter leer zu räumen. Schon nach zwei Stunden
bin ich erschöpft, verschwitzt und verzweifelt.

Dinge, die einem beim Umziehen einfallen:

Warum hat der Mensch so viele Sachen? Wenn man
Sachen in ein Lager bringt, von denen man glaubt, dass
man sie ein Jahr lang nicht braucht, wie wahrscheinlich
ist es dann, dass man sie überhaupt je braucht?

Wenn man ein Regal ausdünnen möchte, wäre es dann

vernünftiger, die gelesenen oder die ungelesenen Bücher wegzuwerfen?

Ist es in diesem Stadium sinnvoll, zur Ruhe zu kommen und die Inhalte von angebrochenen Streichholzschachteln zusammenzulegen, damit die Schachteln weniger Raum einnehmen?

Warum zum Teufel ist der einzige Pornofilm im Regal nicht aufzufinden, wenn man seinen Vater zum Bücherpacken eingeladen hat?

Hx kommt die Echsen holen, die er in Pflege nimmt. Ich beklage mich über die Leiden, die die Umzugsarbeit mit sich bringen. »Dafür kriegst du 10 000 Euro«, stellt Hx fest. »Vielleicht kannst du für die Kohle mal ein bisschen schwitzen.«

Ich esse den Gefrierschrank leer, ebenso die Konservenvorräte. Die Bar könnte ich natürlich auch leer trinken, aber das könnte sich nachteilig auf andere Projekte auswirken.

Neben der Packerei schaue ich auch die Digibox leer, dann gibt es auch da weniger zu schleppen. Es ist wunderbar, sich zwischendurch auf die Couch zu werfen und einen Superfilm anzuschauen, den man sich für einen schlechten Tag aufgespart hat. Jetzt ist so ein schlechter Tag, einer, an dem ich mich nach Geborgenheit sehne.

Gestern wurde im Büro gefeiert – ich war begeistert a) von der Einladung (ein technischer Fehler?), b) von der Gelegenheit, vor der Abreise alle lieb gewordenen Menschen noch einmal zu sehen. Und es war auch schön – wir hingen bis spät in der Nacht vor einer Bar, betrunken wie *Hotogisu*-Kuckucke. Die unangenehme Seite war, dass meine kleine Erkältung im Lauf des Abends in einer heiseren Stimme kulminierte, bis die Stimme schließlich ganz weg war. Die »notwendigen« Dinge erklärte ich meinen Kollegen noch eine Stunde lang in Gebärdensprache und per SMS, bis ich endlich einsah, dass ich nach Hause gehen musste.

Heute habe ich den schlimmsten Kater der Weltgeschichte. Meine Eltern sollten kommen, um mir beim Packen zu helfen, aber wegen der Verfassung meines Halses wird das Ganze zum Glück abgesagt. Mein Vater befiehlt mir, zum Arzt zu gehen. »Wie soll ich einen Termin vereinbaren, wenn ich keine Stimme habe?«, simse ich. Es gelingt ihm, mir für den Nachmittag einen Termin zu besorgen.

Nichts ist demütigender, als mit offensichtlichem Kater zum Arzt zu gehen. Ich schäme mich auf der ganzen Hinfahrt. Ich habe eine Schilderung meines Falls auf ein Blatt Papier geschrieben, das ich dem streng blickenden Arzt überreiche. »Hallo, ich habe keine Stimme. In gut einer Woche fliege ich nach Japan, weswegen es prima wäre, möglichst schnell gesund zu werden. P.S.: Ich leide auch unter selbst verursachten Kopfschmerzen, auf die nicht näher eingegangen zu werden braucht.« Wir gehen in verschwörerischer Stimmung auseinander.

Drei Tage später bin ich noch immer völlig stimmlos, und am nächsten Tag soll der Umzug stattfinden. Die Medikamente machen mich zur Bettpatientin. Ich schreibe dem Arzt eine Mail, der daraufhin vorschlägt, dass ich zum Ohren-Arzt gehe, der meine Stimmbänder untersuchen solle. Ohren-Arzt? Also liegt der Fehler womöglich gar nicht im Hals, sondern in den Ohren, und ich höre bloß nichts? Mir fällt meine neunzigjährige andere Oma ein, die sich vor einigen Jahren darüber beklagte, dass sie ein Pfeifen in den Ohren habe. Mein Großvater sprang ihr bei: »Genau, ein Pfeifen, ich höre es auch!« Bei genauerer Untersuchung stellte sich heraus, dass die Batterie des Brandmelders leer war und mit einen Warngeräusch auf sich aufmerksam machte.

Auf jeden Fall ist das für diesen Tag geplante Packen verschoben, und der Plan lautet wie folgt: Morgen früh um zehn kommt eine Rettungspatrouille, bestehend aus Vater, kleinem Bruder und Ex, um zu packen und den Umzug zu machen.

Am nächsten Tag ist die Umzugs-Farce *Drei Männer und eine Stumme* angesagt. Ich führe per Pantomime Regie. Die Bücher in alphabetischer Reihenfolge in die Kartons, angefangen von oben links, zuerst die vordere Reihe, dann die hintere, ich gebe mit meinem ganzen Körper Anweisungen, wie eine Dirigentin. Das Geschirr in Zeitungspapier eingewickelt in die Kartons (mehr Papier, beim letzten Mal sind die Sektgläser kaputt gegangen, gestikuliere ich). Mit den Möbeln verfahrt ihr wie es auf den Post-it-Zetteln steht, die ich angeklebt habe, grimassiere ich, auf ihnen steht »bleibt«, »auf den Speicher« und »in den Keller«. Auf dem Balkon steht übrigens in einer Ecke noch unnützes und höllisch schweres Gartengerümpel – wenn ihr so nett wäret.

Neben dem Zeigen schreibe ich weitere Anweisungen auf einen Zettel, aber mein Vater, dem es sonst schwerfällt, sich anzuhören oder zu verstehen, was ich sage (meine Stimme liegt angeblich auf einer Frequenz, die er nicht hört), wird nun aus meiner »Klaue« nicht schlau und starrt nur stumm und kopfschüttelnd auf den Zettel. Aber der Umzug wird erledigt. Unfassbar effektiv, schnell und systematisch. Sechs Stunden später ist alles schon wieder ausgepackt, und wir essen in Vihti Burgunderbraten.

Irritierende Dinge:

Als 38-Jährige im Obergeschoss ihres Elternhauses in ein eigenes Zimmer zu ziehen.

Seinen 63-jährigen Vater in der ehemaligen eigenen Wohnung allein einen siebenstündigen, gründlichen Wohnungsübergabeputz durchführen zu lassen.

Zum Abschluss des Ganzen mit dem eigenen Vater per Zeichensprache zu streiten.

Das eigene Zimmer.

In diesem Zimmer wohnt mein ästhetisiertes Ideal-Ich. Nur die wichtigsten und am meisten inspirierenden Sachen habe ich mitgenommen, erlesene Delikatessen. Das Futon-Bett mit der weißen Bettwäsche, der chinesische antike Tisch, die Design-Lampe, die an den Kokon einer Seidenraupe erinnert. Die Tischkalender in der Form von Safari-Tieren. Der von meinem Onkel Eino geerbte Neo-Renaissancetisch, den ich jahrelang von meinem kleinen Bruder begehrt habe. Computer, WLAN, das Mousepad mit dem Bild einer schreibenden Frau aus der Heian-Zeit. Der Radiergummi in Nashornform: Besser keine Fehler machen, denn ich will es doch nicht etwa durch Radieren ausrotten? Auf dem Nachttisch ein Stein, den ich auf der Schäre Gåsgrund aufgehoben habe. Die Teile 2–4 der *Geschichte vom Prinzen Genji*, über die ich noch keine Notizen gemacht habe. Auf dem Fußboden das braune weiche Lammfell, mein geliebter Felltierersatz. Auf dem Ecktisch die von meiner Tante Rea handbemalte Porzellanlampe, die mir immer gefallen hat, obwohl ich Tante Rea nie begegnet bin (irgendwelche Verwandtschaftsstreitigkeiten, die erst bei Tante Reas Beerdigung beigelegt wurden). Im Regal nur die Bücher meiner Bibliothek, die mit Japan zu tun haben (sie füllen das gesamte Regal) sowie ein paar Romandelikatessen, die darauf warten, gelesen zu werden. Der fertig gepackte Japankoffer auf dem Fußboden. Im Gang vor dem Dachzimmer ein Rack und eine Kommode voller Kleider und Sachen, mit denen ich das ganze Jahr auszukommen glaube. Durchs Fenster die Aussicht auf ein Wäldchen in der Morgensonne.

Es hat etwas, sein Dasein auf das zu reduzieren, was man gerade jetzt am meisten mag.

Der letzte Tag. Das Mittagessen mit Buz ist abgesagt, ich habe noch immer keine Stimme. Verwandte und Freunde versuchen es im letzten Moment mit Unterstützungstelefonaten, aber ich kann nicht antworten. Ich breche also sozusagen still und leise auf, ausgerüstet mit Post-it-Zetteln.

Ich bin bereit. Ich bin überhaupt nicht bereit. Heian-kyō, ich komme. *Tadaima.*

. . .

[Sei Shōnagon schreibt]

Eine bezaubernde Frau, der die Haare frei in die Stirn fallen, hat im Dunkeln einen Brief erhalten. Offensichtlich ist sie zu ungeduldig, um auf eine Lampe zu warten – stattdessen greift sie zur Zange, nimmt damit ein Stück glühende Kohle aus der

Kohlenpfanne und liest mühsam in dessen blassen Licht. Das ist ein hinreißender Anblick.

Ich liebe es zu lauschen, wie seine Majestät der Kaiser mitten in der Nacht Flöte spielt.

. . .

Sei, schönen Gruß aus dem Flugzeug, ich befinde mich irgendwo über Sibirien, auf dem Weg nach Heian-kyō. Genau, nach Heian-kyō, nach Kyōto, tausend Jahre zurück, in deine Stadt. Die Reise ist lang, sodass ich Zeit habe, über dich nachzudenken.

Eigentlich denke ich an den morgigen Tag, an den zu erwartenden Jetlag, an den höllischen physischen und psychischen Zustand, in dem man sich nur wünscht, nie die heimische Couch verlassen zu haben. Widerlich. Ekelhaft. Man bereut die ganze Reise. Und beinahe auch, sich für dich zu interessieren. Und das geht tagelang so. Tagelang wünscht man sich, anderswo zu sein, weil die Seele und der Körper noch dort sind.

Obwohl du natürlich nichts von Jetlags weißt. Zu deiner Zeit wurde in Japan überhaupt nicht gereist, weil es extrem schwierig war. Selbst kurze Strecken innerhalb der Hauptstadt erforderten enorme Anstrengungen – die Reise zu einem nahe gelegenen Kloster hielt man für so schwierig, dass sie mehrere Tage der Vorbereitung, des Ausruhens und der Erholung bedurfte –, ganz zu schweigen von einer Fahrt etwa ins sechzehn Kilometer entfernte Uji, die man für eine nahezu übermenschliche Leistung hielt.

Sei, zu deiner Zeit waren die Straßen, sofern es sie überhaupt gab, in schlechtem Zustand und verwandelten sich in der Regenzeit in Schlammgrütze. Auf Pferden ritten nur die Boten und die Herren, die dringende Geschäfte zu erledigen hatten. Ihr Hofdamen hattet als einziges Fahrzeug einen von Ochsen gezogenen Wagen, der mühsam mit drei Kilometern pro Stunde vorankam, also deutlich langsamer als bei forschem Gehen in Ecco-Schuhen (ist euch, meine Güte, diese Langsamkeit nicht auf die Nerven gegangen?).

Allerdings liebtet ihr es so sehr, euch in euren Wagen zu zeigen, dass die Straßen der Stadt an Feiertagen und bei Zeremonien verstopft waren, weil alle versuchten, rechtzeitig an die besten Stellen zu kommen. Aber weil ihr die Hauptstadt so gut wie nie verließet, bestand der größte Schaden, der durch die Fortbewegung verursacht werden konnte, darin, dass die Hofdamen bei einer Bodenwelle mit den Köpfen zusammenstießen und dabei ihre Haarkämme brachen.

Eure Welt war langsam, so langsam wie nur etwas. Ihr hattet Zeit zu beobachten, Zeit, euch zu langweilen, Zeit, das Wesen der euch umgebenden Dinge gründlich in euch aufzunehmen.

Du würdest mir gewiss nicht glauben, wenn ich dir erzählte, was für schlimme Symptome ich bekomme, weil ich zu schnell zu dir reise.

Aber auf meinem engen Sitz im Flugzeug habe ich noch Zeit, mich zu langweilen und das Wesen der mich umgebenden Dinge gründlich in mich aufzunehmen. Ich frage mich, wie es dort war, in deinem Heian-kyō.

Sei, ich weiß, dass die Epoche, die man in Japan die

Heian-Zeit nennt, im Jahr 794 begann, ihre Blüte um das Jahr 1000 herum erlebte und bis ins Jahr 1185 andauerte. Man hält sie für das goldene Zeitalter der japanischen Literatur und höfischen Kultur und im Hinblick auf bestimmte Aspekte für eine Epoche, die vielleicht nie mehr irgendwo auf der Welt übertroffen werden kann.

Das reichste, einflussreichste und am meisten entwickelte Land in jenen Jahren war das China der Tang- und Sung-Dynastien, wo man in einer der größten Blütezeiten der Weltgeschichte lebte. Das riesige Land wurde mittels einer fortschrittlichen, auf Gelehrtheit beruhenden Bürokratie regiert, Handel, Malerei, Bildhauerei, Architektur und technische Erfindungen wie die Kunst des Buchdrucks blühten, während literarische Genies die Dichtung in neue Dimensionen erhoben. Chang'an, die Hauptstadt des Landes, war ein lebendiges, kosmopolitisches Zentrum.

Seit dem 7. Jahrhundert waren reichlich Einflüsse aus China auf die japanischen Inseln geströmt, und ihr habt euch mit Begeisterung alles Mögliche von eurem großen Nachbarn angeeignet. Das Verwaltungssystem und viele höfische Zeremonien sind von China geborgt, die schriftliche Amtssprache war Chinesisch, historische Werke wurden nach dem Vorbild chinesischer Chroniken erstellt, und das chinesische Schriftsystem wurde an die japanische Sprache angepasst, obschon es sich dafür überhaupt nicht eignete. Der Buddhismus aus China wurde neben dem heimischen Shintoismus eingeführt, und sein Einfluss erstreckte sich weit in die Architektur, die Bildhauerei und die Malerei hinein. Bei Hof bewunderte man alles Chinesische, ob es nun ein Stück übers Meer gebrachter bestickter Stoff war, eine neue chinesische Komposition oder ein richtig zitierter Vers der Tang-Dichtung. Als der Kaiser 794 den Befehl erteilte, die in Nara gelegene Hauptstadt an einen neuen Ort zu verlegen, wurde sie nach dem Vorbild des chinesischen Chang'an, dem heutigen Xian, erbaut. Die Stadt wurde Heian-kyō genannt, Stadt des Friedens und der Ruhe, und auch wenn der Name der Stadt später in Kyōto geändert wurde, blieb sie mehr als tausend Jahre lang die kaiserliche Hauptstadt.

Obwohl die chinesischen Einflüsse in Japan stark waren, beendete die Regierung Ende des 9. Jahrhunderts die Bildungsreisen zum Nachbarn, und das Land kehrte sich nach innen. Dadurch lebtest du, Sei, mit deinen Zeitgenossen Ende des 10. Jahrhunderts in einer abgeschlossenen Welt, die sich aus chinesischen Zutaten eine sehr eigenständige Kultur gebraut hatte. Aus dem Buddhismus waren neue japanische Formen entwickelt worden, und zum Beispiel die Emaki-Bildrollen in der Malerei waren vollkommen originell. Auch wenn als offizielle Schriftsprache weiterhin das Chinesische verwendet wurde, hatte sich parallel dazu ein neues, auf den Lauten der japanischen Sprache basierendes Schriftsystem herausgebildet.

Sei, bis zur Jahrtausendwende war Heian-kyō neben Chang'an zum blühendsten kulturellen Zentrum der Welt geworden. Dort war eine höfische Kultur entstanden, die Ästhetik und Schönheit atmete und sich vom europäischen Mittelalter unterschied wie der Tag von der Nacht. Europa wurde damals von Dänen, Sachsen und Normannen beherrscht, und aus den Geschichtsbüchern bekannte Namen wie Harald Blauzahn, Sven Gabelbart und Æthelred der Unberatene lassen die düstere Vorstellung von einem blutigen, hinterwäldlerischen, von Kriegen und Eroberungszügen geplagten Kontinent entstehen, auf dem eine verfeinerte Kultur schon als Gedanke absurd war. Die europäischen Gelehrten und Dichter des 10. Jahrhunderts kann man fast an einer Hand abzählen, und wenn man Leute vom Hofe Blauzahns nach Heian-kyō verschleppt hätte, wären sie dort auf eine Welt getroffen, die ihnen kulturell Jahrhunderte voraus war und von den Gebräuchen und den Überzeugungen her fremder als alles, was Gulliver auf seinen Reisen angetroffen hat. Allerdings wären die Europäer auch in vielen anderen Ecken der Welt aus dem Staunen nicht herausgekommen: In der arabischen Kultur wurde mit mathematischen Formeln jongliert und *Geschichten aus tausendundeiner Nacht* aufgezeichnet, und auf dem amerikanischen Kontinent blühte die Kultur der Maya.

Am Hof der Heian-Zeit hingegen lebte man in einer eigenen lyrischen Welt. Deren offizielle zentrale Figur war der Kaiser, aber die wahre Macht übten ganz andere aus. Der Fujiwara-Klan hatte durch seine geniale Ehe-Politik alle Fäden in die Hände bekommen, und der Kaiser besaß bei der Regierung kaum ein Mitspracherecht. Nicht dass die Aufgaben der anderen Beamten bei Hof unbedingt todernst gewirkt hätten: Die Aristokratie verbrachte ihre Zeit mit dem Schreiben von Gedichten, mit Musizieren, mit dem Nachdenken über die Kleiderwahl, mit dem Bestaunen von Gemälden, bei Wettkämpfen im Bogenschießen und beim Messen ihrer Künste in Liebesabenteuern. Dieser Eindruck entsteht zum Teil dadurch, dass alle bedeutenden zeitgenössischen Dokumente von Hofdamen geschrieben wurden, und die hatten nicht das Bedürfnis, die verwaltungstechnischen Betätigungen der Männer zu beschreiben, aber aus anderen Quellen lässt sich schließen, dass viele Männer auch nicht besonders daran interessiert waren. Interessanter war es, den Mond zu betrachten und darüber zu dichten, und eine gekonnte Musik- oder Tanzdarbietung war das effektivste Mittel eines Höflings, eine Beförderung zu ergattern. Auf dem Hochzeitsmarkt zählten die Kunst des Gedichteschreibens, die Handschrift und der Kleidergeschmack zu den wichtigsten Eigenschaften, und ein Mangel an künstlerischer Sensibilität war für einen Herrn am Heian-Hof ebenso schädlich wie es Feigheit oder die Unfähigkeit, reiten zu können, für einen europäischen Adligen des Mittelalters waren.

Bei Hof interessierte man sich auch nicht für die Angelegenheiten des gewöhnlichen Volks oder der Provinzen, und die Lebensumstände der Bevölkerung standen im grellen Gegensatz zur verfeinerten höfischen Kultur. Zwar lebten die Menschen vielleicht nicht direkt in Höhlen, aber ihr Leben war ungefähr so arm und primitiv wie das von Höhlenbewohnern. Ihr von Plackerei erfülltes Dasein wurde von Ängsten und Glaubensvorstellungen beherrscht, und nichts konnte davon weiter entfernt sein, als das Leben, das man am Hof führte. Es ist nicht besonders schwer nachzuvollziehen, warum die Heian-Kultur Ende des 12. Jahrhunderts ihrem Untergang entgegentrieb. Während sich die Aristokratie ihren künstlerischen Betätigungen widmete, erhoben sich die Soldatenklans in den Provinzen zum Aufstand und übernahmen die Macht. Damit begann die Epoche der Samurai-Kultur und der militärischen Ideale, die Jahrhunderte andauerte.

Aber die Aristokratie hinterließ den folgenden Generationen ein Erbe, das sich bis auf den heutigen Tag erhalten hat. In der höfischen Kultur der Heian-Zeit begann nämlich aus verschiedenen Gründen eine von Frauen geschriebene Literatur von hohem Niveau zu entstehen, mit Werken, die ihren unübertrefflichen Klassikerstatus durch die gesamte Geschichte der japanischen Literatur hinweg gewahrt haben. An jenem Hof schrieb auch eine Hofdame namens Sei Shōnagon ihr Buch.

Sei, hier auf meinem Platz im Flugzeug ahne ich bereits, was die häufigste Frage sein wird, die ich im Lauf des kommenden Jahres hören werde: Warum ausgerechnet Sei Shōnagon? Warum, um Himmels willen, interessierst du dich für die Heian-Zeit?

Nein, die Heian-Zeit nimmt tatsächlich keine Spitzenstellung im Interesse normaler, moderner Japanerinnen und Japaner ein. Der Geschichtsunterricht in der Schule beginnt frühestens mit der Edo-Zeit im 17. Jahrhundert, und die Heian-Zeit wird mit ein paar wenigen Erwähnungen abgetan. Murasaki Shikibus *Geschichte vom Prinzen Genji* ist immerhin bekannt, aber Sei beginnt man normalerweise schon in der Phase zu hassen, wenn man in der Schule gezwungen wird, Teile aus *Makura no Sōshi* in klassischem Japanisch zu lesen, das für heutige Leserinnen und Leser schwer zu verstehen ist. Vielleicht würde auch ich die Augenbrauen runzeln, wenn eine verrückte Japanerin nach Finnland käme und begeistert von der Frische unseres Nationalepos *Kalevala* oder von Aleksis Kivis Roman *Sieben Brüder* reden würde, und die wurden immerhin vor erst zweihundert Jahren geschrieben.

Das Ganze verlangt also nach einer Erklärung.

Sei, die beiden Dinge, die mich und viele Forscher, wie ich später feststellen werde, immer zu dir hingezogen haben, sind die bedeutsame Rolle der Frauen in der Literatur (darüber reden wir später noch) sowie die Tatsache, was für einen großen Stellenwert die Schönheit, die Kunst und die Literatur in eurer Welt hatten. Mancher mag eure Verehrung der Ästhetik für ein pathologisches Meiden der wirklichen Welt halten, aber dennoch ist es erstaunlich, sich vorzustellen, dass es einmal eine Kultur gab, in der die Handschrift der höchste Maßstab für den Wert eines Menschen darstellte. Die Kunst, Gedichte zu schreiben! Die Handschrift!

Sei, ihr habt durch die Dichtung gelebt: Euer Alltag war ausgefüllt vom Verfassen und Zitieren von Versen und vom Austausch von Gedichtbriefen. Gedichtwettbewerbe waren beliebte Arenen des politischen Machtkampfs, aber es wurden auch viele Gedichte für den privaten Gebrauch verfasst, etwa für Briefe. Erhielt man einen Brief in Gedichtform, musste möglichst bald ein Antwortgedicht geschickt werden, und zwar am liebsten eines, das die gleichen sprachlichen Bilder benutzte. Im Alltagsleben gab es außerdem mehrere Gelegenheiten – zum Beispiel eine Fahrt aufs Land oder der erste Schnee –, bei der die Unfähigkeit, ein angemessenes Gedicht über das Ereignis zu produzieren, einen schweren Etikettenfehler darstellte. Das Leben des Adels erhielt seinen Rhythmus durch Gedichte, ohne sie war kein einziges wichtiges Ereignis vollkommen. Offizielle Dinge der Verwaltung konnten in Nachrichtenketten in Gedichtform erledigt werden, sogar dergestalt, dass das ursprüngliche Anliegen im Rausch des Dichtens in Vergessenheit geriet. Die Fähigkeit, Gedichte zu verfassen war für jeden Mann und für jede Frau mit Selbstachtung eine Lebensbedingung, und überdies war ein gekonntes Gedicht oft der schnellste (oder zumindest der am meisten geschätzte) Weg zum Herzen einer Frau oder zur Beförderung.

Gedichte also, Gedichte von morgens bis abends. Falls das für einen Moment etwas fern wirken sollte, genügt es, das Wort »Gedicht« gegen Begriffe wie »Textnachricht«, »Tweet« oder »Facebook-Status« auszutauschen. Nach einer langen Phase der Texttrockenheit leben auch wir wieder in einer Textverführungskultur, in der die Kunst, eine SMS, eine Mail oder einen Post zu schreiben, entscheidend für die Entstehung einer Romanze und das Kreieren des öffentlichen Selbstbildes sein kann. Bekommt man eine gewitzte Textnachricht, muss auf jeden Fall so schnell wie möglich eine Antwort geschickt werden, am liebsten unter Verwendung der gleichen sprachlichen Bilder. Im Alltagsleben gibt es mehrere Gelegenheiten – zum Beispiel eine Fahrt aufs Land oder der erste Schnee –, bei denen die Fähigkeit, etwas Passendes auf Facebook zu posten, von erstrangiger Bedeutung ist. Ohne einen solchen Post ist kein wichtiges Ereignis vollkommen!

Ganz zu schweigen davon, was für ein Urteil den Schreibunfähigen zuteilwird. Im Leben der Finnen hat das Schreiben im Lauf der Geschichte wohl nie eine so große Rolle gespielt wie heute. Die Bevölkerung ist zweigeteilt: Wenn du nicht weißt, ob man bestimmte Wörter getrennt oder zusammenschreibt, fällst du aus dem Paarungs-Markt. Auch von dir, Sei, haben die Schreibunfähigen ein kaltes Urteil erhalten: Den armen Tachibana no Norimitsu hast du nur deshalb abblitzen lassen, weil er ein miserabler Dichter war und nichts von bildhafter Sprache verstand. Angeblich war der Mann für seine physische Tapferkeit bekannt, und später wurde aus ihm ein einflussreicher Provinzregent – aber nein, nichts kann für dich weniger sexy sein, als einer, der nicht mit Worten umgehen kann. Das verstehe ich sehr gut: Aus dem Pinselstrich lassen sich Schlussfolgerungen darüber ziehen, wie sich ein Mensch beispielsweise im Bett benimmt.

Ebenso wichtig wie die Kunst, Gedichte zu verfassen, war in der Heian-Zeit die Fähigkeit, chinesische und japanische Gedichte zu erkennen und zu zitieren. Die Sprache der Aristokratie war voller Anspielungen und Verweise, mit denen Gespräche, Briefe und die Literatur gewürzt wurden. Man musste von einem Gedicht nur zwei Wörter zitieren, und der Empfänger verstand bereits, worum es sich handelte. Es war stets schlechter, zu direkt als zu diffus zu sein: Je feinere Andeutungen man machen konnte und je dezenter es dem anderen gelang anzudeuten, dass er die Anspielung verstanden hatte, desto größer war die Achtung, die einem in dieser kleinen, kritischen Welt entgegengebracht wurde. Auch vieles von deinem sozialen und literarischen Erfolg, Sei, hatte mit deiner Fähigkeit zu tun, in der Welt der Wörter zu agieren: Deine Gelehrtheit (wenngleich unpassend für eine Frau!) wurde immer wieder von Neuem getestet, und ein ums andere Mal – so jedenfalls gibst du zu verstehen – hast du den Test bestanden.

Die mit der Dichtung wesentlich verbundene Kunstform war die Kalligrafie, also die Arbeit mit dem Pinsel, und einen großen Teil des Genusses, den man aus der Literatur bezog, transportierte die Handschrift. Man glaubte, dass die Handschrift mehr über einen Menschen verriet, als das, was er sagte oder schrieb. Darum erwarteten die Frauen den ersten Brief eines potenziellen Liebhabers mit bangen Gefühlen, und ein Mann konnte sich in die Handschrift einer Frau verlieben, bevor er sie zum ersten Mal traf.

Das Briefeschreiben war eine eigene Kunstgattung, in der sich Dichtung und Kalligrafie vereinten. Der Alltag der Aristokratie bot unendlich viele Anlässe zum Briefwechsel, und darin erfolgreich zu sein war von erstrangiger Bedeutung. Die Kommunikation zwischen Männern und Frauen fand oft per Brief statt, und die Botschaften in Gedichtform, die Handschrift, das Papier und die Blüte oder der Zweig, an der ein Brief befestigt war, bildeten ein Ganzes, aus dem man Schlussfolgerungen über den Charakter, die Sensibilität, den Grad der Bildung sowie über die allgemeine Attraktivität des anderen zog. Mit dem Verfertigen und Verschicken eines Briefes waren eine große Zahl künstlerischer Maßnahmen verbunden. Zunächst musste das Papier gewählt werden, dessen Stärke, Größe, Verzierung und Farbe dem Gefühlszustand entsprachen, den man vermitteln wollte, ebenso wie der Jahreszeit und sogar dem herrschenden Wetter. Ein fertiger Brief wurde auf passende Weise gefaltet, und danach suchte man einen Zweig oder eine Blume aus, woran man ihn befestigte. Dies hing von der Stimmung des Briefes, von den Bildern des Gedichtes und von der Farbe des Papiers ab: für blaues Papier einen Weidenzweig, für gelbes einen Eichenzweig, für purpurfarbenes Ahorn, für weißes eine Iriswurzel. Schließlich wählte die schreibende Person einen klugen und gutaussehenden Boten aus und gab ihm Anweisungen für die Zustellung des Briefs. Dann wartete man auf die Antwort und darauf, wie gekonnt die Gegenseite auf die Herausforderung reagierte. Die Schattenseite dieser Kunstform bestand darin, dass die Briefe nicht unbedingt für privat gehalten wurden – sie wurden unterschlagen, ohne Erlaubnis gelesen, manchmal sogar laut in Gesellschaft, und über die Antwort wurde kollektiv nachgedacht. Wollte man eine Botschaft geheim halten, bestand Anlass, sich ein poetisches Bild auszudenken, dessen Bedeutung nur der Empfänger der Nachricht verstand.

Damit waren die künstlerischen Betätigungen der Oberschicht noch nicht zu Ende. Musik zu hören und zu machen war beliebt, ebenso das Zeichnen und das Malen. Tanzen zu können war für einen Mann eine günstige Eigenschaft, und er hatte allen Grund, auch im Mischen von Düften geübt zu sein: Den Duft, den ein Herr benutzte, hielt man für bedeutsamer und entlarvender als seine Kleidung, und die Art, mit der er seine Düfte herstellte, war ein streng gehütetes Geheimnis. Auch der Geschmack in Sachen Farben war extrem entwickelt, und das Feilen an den Farbkombinationen eines zwölfschichtigen Winterkimonos einer Frau muss ermüdend gewesen sein.

In dieser Welt kam der Stil vor allem anderen. In dieser Welt mussten die Beamten des Hofs als Teil ihrer Amtstätigkeit Tänze aufführen, und den Leiter der kaiserlichen Polizei wählte man ebenso nach dem Aussehen wie nach den familiären Verhältnissen aus. Geschmacksregeln bestimmten, wie Liebende ihre Briefe verfertigen mussten, aber auch, wie ein Liebhaber sich am Morgen von einer Frau zu entfernen hatte.

Du, Sei, warst die scharfsichtigste Beobachterin der Stilfragen in dieser Welt.

. . .

[Sei Shōnagon schreibt]

Unpassende Dinge

Eine hässliche Handschrift auf rotem Papier.
Ein gutaussehender Mann mit einer hässlichen
Frau.

Deprimierende Dinge:

Schickt man einem Freund ein Gedicht, das ziem-
lich gut geworden ist, ist es deprimierend, wenn
man keine Antwort erhält! Auch im Fall von Liebes-
gedichten sollte der Empfänger wenigstens
erklären, dass er beim Erhalt der Botschaft gerührt
war, oder etwas in der Art, ansonsten verursacht er
die ernsthafteste Enttäuschung.

Dinge, durch die ein kläglicher Eindruck entsteht:

Die Miene einer Frau, wenn sie sich die Augen-
brauen zupft.

. . .

Sei, wenn man die Klassiker der japanischen und der finnischen Literatur vergleicht, dann haben wir dort, wo ihr
Murasaki Shikibus *Geschichte vom Prinzen Genji* und
dein Werk habt, *Sieben Brüder* und *Putkinotko*. Was die
Eleganz betrifft, dürften das Gegensätze sein. Wo man in
der Heian-Zeit die Schönheit über alle Maßen liebte, war
unser Ideal eher die Ästhetik des Lumpenproletariats gewesen. Für wichtiger als die Schönheit wurden stets Rea-
lismus und Pragmatismus gehalten.

Ich bin aus irgendeinem Grund immer aufs Ästheti-
sche fixiert gewesen. In der Familie liegt das nicht, und
ich habe diese Neigung auch nicht von meinen Großeltern
geerbt. Meine einen Großeltern wussten etwas Schönes
unter Umständen wegen seiner Vorzeigbarkeit zu schätzen: den elegantesten Anzug im Dorf, das neueste Auto

oder ein Stilmöbel, aber vermutlich nur, weil es dazuge-
hörte. Meine anderen Großeltern wiederum verkündeten
mit allem, was sie umgab: Bei uns wird nicht auf fein
gemacht! Darum wurde die Fassade des Hauses (selbst
gebaut) nie schön fertiggestellt (wie überflüssig, obwohl
mein Opa die Zierbretter am Holzhaus der Nachbarn so
restaurierte, dass es von der Museumsbehörde bewundert wurde). Darum wurde eine ersteigerte Kiste häss-
licher Gummistiefel, die niemandem passten (die man
aber billig bekam) aufgehoben. Man war emsig und ver-
nünftig, *so was bringt einem ja nix*, sagte man über das
Schöne.

Von einer Liebe zur Schönheit, die einem genuinen,
inneren Bedürfnis entspringt, ist in diesen Kreisen nichts
zu sehen, und vielleicht hat sie sich gerade deshalb in mir
eingenistet. Im Lauf der Jahre ist es so schlimm geworden, dass ich mich auch in die Heian-Zeit begeben konnte,
um vornehm zu tun. Ich ziehe Schlussfolgerungen über
den Charakter eines Menschen, je nachdem auf welchem
Papier, mit welcher Handschrift und mit welchen Wendungen er seine Botschaft festhält. Ich schätze Menschen,
die malen oder musizieren können oder sonst auf dem Gebiet der Kunst und Kultur Verdienste erworben haben. Ich
beurteile Menschen nach ihrem Kleidergeschmack. Ich
mag Männer, die tanzen können und sich stilvoll von einer
Verabredung zu entfernen wissen, so dass ein gutes Gefühl zurückbleibt. Ich bin äußerst kleinlich darin, wie die
Dinge in meiner Wohnung aussehen und welchen Blick ich
aus dem Fenster habe. Oft entscheide ich mich für etwas
wegen seines Aussehens und nicht wegen seiner techni-
schen Eigenschaften. Und ja, vor meiner Abreise habe ich
mir einen Mini-Laptop gekauft, auf den ich nach monate-

langem Quellenstudium und Sammeln von Tipps gekommen bin, weil er rot war.

Die japanische Stewardess von Finnair reicht mir mit überirdisch anmutigem Lächeln ein in Folie eingepacktes Tablett. Von Bewunderung erfüllt starre ich die himmlische Fee an. Diese schwarzhaarige, vollkommen schöne, duftende, höfliche und dienstbereite Erscheinung ist zweifellos die Verkörperung der perfekten Frau. Annehmbarer als sie kann eine Frau nicht sein.

Du, Sei, hättest als Stewardess nicht reüssiert. Ich stoße nämlich ständig auf Erwähnungen, dass du eine sehr untypische Frau gewesen seist, und nicht nur untypisch, sondern auch irgendwie ärgerlich und unannehmbar. Obwohl du schnell darin warst, auf die Stilfehler anderer hinzuweisen, hast du dich offenbar selbst überhaupt nicht so benommen, wie es sich gehört hätte. Du warst zu laut, zu begehrlich, zu aktiv, zu autonom, zu selbstsicher, zu schlagfertig. Du gabst mit deinen Chinesischkenntnissen und mit deiner Gelehrtheit an. Provoziertest Männer, die dir über den Weg liefen, machtest dich über sie lustig, bezogst Genuss daraus, deine intellektuelle Überlegenheit zu zeigen. Für dein Schlafzimmer waren dir die Männer freilich gut genug, jedenfalls wenn sie sich deinen Anforderungen entsprechend zu benehmen wussten – ziemlich viele Männer, offenbar mehr als schicklich gewesen wäre, wie in den Äußerungen über dich nie zu erwähnen vergessen wird.

Sei, in deinen Texten zeichnet sich das Bild einer eigenständigen, selbstsicheren und emanzipierten Frau ab, aber das war in der Heian-Welt nur für dich und vielleicht ein paar andere Ausnahmefrauen Realität. Für den größten Teil der Frauen aus der Oberschicht sah das Leben völlig anders aus, ganz zu schweigen von den gewöhnlichen Frauen, deren Schicksal darin bestand, ihr Leben lang auf dem Feld zu schuften, früh viele Kinder zu bekommen und jung zu sterben. Vom Leben dieser Frauen wissen wir nichts.

Vom Leben einer Frau aus der Oberschicht wissen wir, dass sie aufgrund der konfuzianischen und buddhistischen Lehren keinen besonderen Status hatte. Als junges Mädchen musste sie ihrem Vater gegenüber gehorsam sein, als Ehefrau ihrem Mann und als Witwe ihrem ältesten Sohn. Außerdem musste sie als Mann neu geboren werden, bevor sie ins Paradies vorrücken durfte – allerdings verhieß die beliebte Lotus-Sutra auch einer Frau das Erwachen schon in diesem Leben. Einige beachtliche Privilegien hatte eine Heian-Frau trotzdem, wie etwa das Recht auf Erbe und Besitz. Die Töchter von Gouverneuren konnten zum Beispiel Häuser erben und somit in einem Heim wohnen, das ihnen selbst gehörte – vielleicht hatte es mit dieser finanziellen Unabhängigkeit zu tun, dass viele Schriftstellerinnen dieser Gesellschaftsschicht angehörten.

Die Frauen beteiligten sich nicht an den Belangen des Staates, aber alle Frauen der Oberschicht konnten lesen und schreiben und waren literarisch gebildet – in kulturellen Kreisen also den Männern ebenbürtig. Gelehrtheit im eigentlichen Sinn schickte sich jedoch nicht, denn wer wollte schon eine Frau heiraten, die Chinesisch konnte. So hielt zum Beispiel Murasaki Shikibu ihre Kenntnis der chinesischen Klassiker wohlweislich geheim und kritisierte dich, Sei, dafür, dass du deine Chinesischkenntnisse öffentlich ausbreitest – wirklich geschmacklos.

Im Grunde sorgte die von der herrschenden Fujiwara-Sippe bevorzugte Ehepolitik dafür, dass weibliche Babys in der Heian-Zeit geradezu erwünscht waren – wenn man sie auch gleichzeitig als Spielsteine zur Festigung der politischen Position benutzte. Brachte nämlich die Frau eines Fujiwara-Oberhauptes einen Jungen zur Welt, stand fest, dass dieser niemals würde Kaiser werden können, ein entzückendes Mädchen hingegen hatte die Möglichkeit, einen Prinzen oder den Kaiser zu heiraten und somit den künftigen Kaiser zu gebären, der ein Fujiwara wäre und also von der Sippe kontrollierbar. In dieser Welt bekamen weibliche Babys nicht die Enttäuschung ihrer Eltern zu spüren.

Auf der Minusseite sei erwähnt, dass die Frauen der besseren Familien in der Heian-Zeit – falls sie nicht am Hof dienten – ihr Leben verborgen vor den Blicken der Männer führten wie muslimische Frauen. Das Gesicht zu zeigen bedeutete extreme Nähe, und es gehörte sich für eine Frau nicht, sich zeit ihres Lebens anderen Männern zu zeigen als ihrem Vater und ihrem Ehemann. Die Frauen entfernten sich so gut wie nie von zu Hause, Reisen wurden in von Ochsen gezogenen, mit dicken Vorhängen abgeschirmten Wagen absolviert. Im Halbdunkel des Hauses versteckten sie sich hinter Wandschirmen, Fächern und Kimonoärmeln, sodass sie für die Blicke der Männer nicht erreichbar waren. Das Einzige, was Frauen von sich zeigen durften, war ein Ärmel, der unter einem Wandschirm oder einer Wagentür aufblitzte, und in dem ihr künstlerischer Geschmack kulminierte. »Frauen und Gespenster bleiben am besten unsichtbar«, lautete eine typische Ansicht der damaligen Zeit.

Und so finden sich in der Literatur jener Zeit viele Beispiele dafür, dass ein Bruder nie das Gesicht seiner erwachsenen Schwester gesehen hat. Beispielsweise hat Yugiri in der *Geschichte vom Prinzen Genji* nie seine Stiefmutter Murasaki zu Gesicht bekommen, obwohl sie mindestens zehn Jahre lang in verschiedenen Flügeln eines Hauses gelebt haben. Im selben Roman möchte Prinz Niou (dessen erotisch aufgeladener Name »durchdringender Duft« bedeutet) leidenschaftlich gern wenigstens einmal das hinter dem Wandschirm hervorschimmernde Gesicht seiner Schwester sehen. Andererseits konnte man auch intime Liebesverhältnisse im Dunkeln pflegen, ohne dass der Mann jemals das Gesicht der Frau sah – manchmal sogar so, dass über die Identität des anderen keine vollkommene Gewissheit herrschte. Das Gesicht zu zeigen wurde sogar für intimer gehalten als Sexualverkehr: Es war durchaus okay, beim ersten Date Sex zu haben, bevor man mit der Gegenseite auch nur ein Wort gewechselt hatte, solange es im Dunkeln geschah. Und wenn die Neugier unerträglich wurde, verließ man sich auf Voyeurismus.

Eine gut erzogene Frau kommunizierte also am ehesten über Briefe und Boten. Gespräche führte sie unter Umständen lediglich mit ihren Eltern, ihrem Ehemann, ihren Dienern und ihren Gefährtinnen. Ihr Leben muss sich unglaublich monoton und langweilig angefühlt haben. Das Dienstpersonal erledigte die Haushaltsangelegenheiten und die Kinderpflege, und die Frauen saßen den ganzen Tag drinnen und warteten auf eine Gedichtbotschaft oder auf die Ankunft eines Besuchers. Immerhin wurde die Müßigkeit durch Spiele gelindert (zum Beispiel Gō oder ein Wurzelvergleichswettbewerb), durch Nähen, Stoffefärben und Besuche in weiter weg gelegenen Tempeln.

Wahrscheinlich wurden sie deshalb so gute, gnadenlos scharfsinnige Schreiberinnen und Analytikerinnen
des menschlichen Gemüts. Denn eine Art des Zeitvertreibs
stand über allen anderen: Unter Frauen, die vor Langeweile umkamen, wurden Männer und Liebesbeziehungen,
potenzielle und tatsächliche, zum wichtigsten Objekt des
Interesses. Die Briefe, die von Boten eilends von Haus zu
Haus gebracht wurden, brodelten vor werbenden Gedichten und Beziehungsspekulationen.

. . .

[Sei Shōnagon schreibt]

Wenn ich nur daran denke, wie es wäre, eine der
Frauen zu sein, die zu Hause wohnen und treu
ihren Männern dienen – eine der Frauen, die keine
einzige aufregende Zukunftsaussicht zu erwarten
haben und sich dennoch einbilden, ganz und gar
glücklich zu sein –, empfinde ich Verachtung. – –
Ich wünschte, sie könnten wenigstens kurz hier am
Hof leben, und sei es als Hofdamen, damit sie sehen
würden, welche Freuden ein solches Leben bietet.

. . .

Sei, man weiß es, du hast dich kein bisschen mit den
Frauen identifiziert, die in den dunklen Winkeln ihrer
Häuser ihre Gesichter verbargen. Bei Hof war das Leben
der Frauen ein ganz anderes, beschäftigungsreich und
wesentlich freier. Denn im Arbeitsleben konnte eine Frau
nach Lust und Laune leben und den Menschen gleichwer-

tig begegnen, wie du in deiner berühmten Verteidigung der Karrierefrau irgendwann vor tausend Jahren geschrieben hast. Anscheinend ist die Aufteilung in Karriere- und Hausfrauen bereits in der Heian-Zeit erfunden worden.

Und das Verhältnis zwischen Frauen und Männern?

Im Prinzip war es einer Frau möglich, ihr Leben zu führen, ohne jemals andere Männer zu sehen als ihren Vater, aber in der Praxis waren Jungfrauen und alte Jungfern in guten Familien selten. Tatsächlich glaubte man, dass ein Mädchen von einem bösen Geist besessen sein musste, wenn es lange Jungfrau blieb – es bestand also Anlass, sie möglichst bald zu verheiraten. Sei, es heißt, beim Lesen deiner Texte könnte das Trugbild entstehen, dass Männer und Frauen in einer allgemeinen Vielehe lebten, aber in Wirklichkeit wurden die Beziehungen von genauen Regeln bestimmt, die auf dem Klassensystem beruhten.

In der Oberschicht war die Vielehe üblich: In den literarischen Kreisen hatte etwa der Ehemann von Murasaki Shikibu bereits drei oder vier Frauen, Fujiwara no Kaneie, der Mann von Michitsunas Mutter, hatte acht. Einen Mann, der nur eine oder zwei Frauen hatte, hielt man für anormal oder asozial, aber es gab auch praktische Gründe für die Vielehe: Die Frauen starben oft jung, sodass mehrere fruchtbare Ehefrauen für die Männer etwas Kostbares waren. Obwohl die Vielehe an sich nicht in Frage gestellt wurde, wurde weitläufig unter Eifersucht und Verbitterung gelitten, wie man etwa in den Werken der oben genannten Schriftstellerinnen nachlesen kann. Es gehörte sich nicht, über Eifersucht zu reden, aber manchmal führte ihr Druck zu »hysterischen« Anfällen oder sogar zu Irrsinn. Obschon der soziale und wirtschaftliche

Status einer Frau aus der Oberschicht relativ gut war, trug die Vielehe Unsicherheit hinein: Eine Frau musste stets besorgt um ihre Zukunft sein, sie musste Gerüchte und Gerede und die Feindseligkeit der ersten Ehefrau ihres Mannes fürchten, sie musste fürchten, verlassen zu werden, und um das Schicksal ihrer Kinder bangen.

Offiziell ging das mit dem Heiraten so vonstatten: Interessierte sich ein Mann zum Beispiel für ein Mädchen, von dem er durch den Heiratsvermittler gehört hatte, verfasste er für die Betreffende ein 31-silbiges Gedicht, in dem er seinem Wunsch nach einem Treffen Ausdruck verlieh. Der Brief verlangte natürlich eine unverzügliche Antwort, die das Mädchen selbst oder ein Familienmitglied oder eine Dienerin formulierte. Bestand das Mädchen den Handschrifttest, wurde es von dem Mann »heimlich« in der Nacht besucht. Dem Brauch entsprechend »hielt« der Mann das Mädchen »die ganze Nacht wach«, kommentierte verdrossen den Kuckucksruf, der das Ende der Nacht verkündete, und schlüpfte im Morgengrauen aus dem Haus. Wieder zu Hause verfasste er einen sogenannten Nächsten-Morgen-Brief. Das Eintreffen dieses Briefes teilte der Familie des Mädchens mit, dass die Begegnung günstig verlaufen war, und sie belohnten den Boten mit Reiswein und Geschenken und schickten eine Gegenbotschaft. In der folgenden Nacht absolvierte der Mann einen zweiten »heimlichen« Besuch. Für die dritte Nacht bereitete die Familie die Reiskuchen der dritten Nacht zu, die das Paar im Zimmer verzehrte und die die Ehe besiegelten. Der Bund wurde bei einem für Verwandte und Freunde veranstalteten Fest bestätigt, und danach durfte der Mann das Mädchen wann immer er wollte offen zu Hause besuchen.

Die Hochzeit mit der ersten Ehefrau war die bedeutendste. Die Jungen aus der Oberschicht wurden schon mit 12 Jahren verheiratet, und weil das Mädchen oft älter als der Junge war, kam sie sich wahrscheinlich eher wie ein Kindermädchen vor. Die erste Ehefrau blieb auch nach der Hochzeit bei ihren Eltern wohnen, und der Mann besuchte sie nur, bis sein Vater in den Ruhestand ging oder starb und der Mann zum Familienoberhaupt wurde. Dann übernahm die erste Ehefrau den Haushalt des Mannes. Je mehr Kinder sie zur Welt brachte, desto stärker war ihre Position innerhalb der Familie.

Aber nicht alle Frauen konnten die ersten Ehefrauen sein. Die Ehen von Zweit- und Nebenfrauen begannen oft als heimliche Liebesgeschichten, die offiziell gemacht wurden, wenn sie herauskamen. Danach konnte der Mann die Frau in irgendeinem Flügel seines Hauses wohnen lassen, und die Konkurrenz mit den anderen Gefährtinnen konnte verbittert sein.

In der Heian-Zeit wurden auch reichlich »Gelegenheitsverhältnisse« unterhalten, überraschende Begegnungen, die man für vorherbestimmt hielt. Die Frau gehörte dann normalerweise einer unteren Schicht an oder war eine »Hofdame des Palastes«, und die Dunkelheit in den Häusern ermöglichte auch Begegnungen, bei denen die Beteiligten nicht einmal wussten, wer die andere Person war. Überhaupt verstand man Sex als umstandslosen, natürlichen Akt, und dem Ansehen eines Mannes bekam es gut, wenn er es so oft wie möglich tat. Dafür gibt es sogar wissenschaftliche Begründungen: Gemäß der taoistischen Medizin war es der Gesundheit des Mannes förderlich, möglichst oft Sex mit möglichst vielen verschiedenen Frauen zu praktizieren.

Bei Frauen war das natürlich etwas anderes. Die meisten Beziehungen hoben nicht ihr Ansehen, weshalb sie ihre Entdeckung und die dadurch ausgelösten Gerüchte zu vermeiden versuchten. Aber üblich waren sie trotzdem, und du, Sei, bist in die Geschichtsbücher eingegangen, weil du die Situation zu exemplifizieren verstandest. Dein Englisch-Übersetzer Ivan Morris, der auch über die Heian-Zeit geschrieben hat, stellt fest: »Ungebundene Frauen wie Sei Shōnagon schienen in sexueller Hinsicht sehr frei gewesen zu sein. Viele von ihnen besaßen eigene Häuser, und dank ihrer finanziellen Unabhängigkeit hatten sie die Möglichkeit, Verhältnisse zu unterhalten wie sie wollten und sie auch nach ihrem Geschmack zu beenden. Sie konnten einen Mann zurückweisen, sie konnten einen Mann warten lassen, einen Mann jederzeit davonschicken oder ihn durch einen anderen Liebhaber ersetzen. Sie konnten auch mehrere Liebhaber gleichzeitig haben; Dreiecksdramen waren typische Themen in der Literatur der damaligen Zeit.«

Die schlecht beleumdeten Hofdamen waren also nicht nur Karrierefrauen mit eigenen Häusern und finanzieller Unabhängigkeit, sondern führten überdies auch noch ein ausschweifendes Sexualleben. Echte *Sex and the City*-Girls also, und du, Sei, warst ganz vorne mit dabei!

Dieser Meinung ist jedenfalls Ivan Morris: »Für das Verständnis der Etikette und ästhetischen Genüsse von Liebesverhältnissen ist Sei Shōnagons Werk die ergiebigste Quelle. Sie schrieb über das Thema erkennbar auf der Grundlage umfassender Erfahrungen und auffällig emotionslos. Stellenweise wirkt ihre Annäherungsweise oberflächlich und kalt, aber wahrscheinlich erhalten wir durch sie mehr Informationen als von Izumi Shikibu und der Mutter von Michitsuna, die sich vollkommen in der Umgarnung ihrer Liebhaber befanden.«

Sei, es ist natürlich schön, dass man dich aus der Sicht der Historiker für eine zuverlässige Informantin mit klarem Verstand hält, doch deine Komödie scheint sehr vielen verborgen geblieben zu sein. Du bist nicht oberflächlich und kalt, du hast Humor! Aber offenbar kann man deinen Humor erst in der Epoche von Carrie, Samantha und Miranda verstehen.

. . .

[Sei Shōnagon schreibt]

Ärgerliche Dinge

Man hat jemandem ein Gedicht geschickt (oder eine Antwort auf ein Gedicht), und nachdem der Bote gegangen ist, fallen einem zwei Wörter ein, die man hätte austauschen müssen.

Der Mann schnappt sich den Brief, von dem man nicht will, dass er ihn sieht, und nimmt ihn mit in den Garten und fängt an zu lesen. Wütend rennt man dem Mann hinterher, kann aber nicht auf die andere Seite des Bambusgeländers gehen – man muss stehen bleiben und kann sich nur wünschen, sich auf den Mann stürzen zu können.

Eine Frau ist wegen einer Nichtigkeit böse auf ihren Liebhaber und weigert sich, sich neben ihn zu legen. Nachdem sie sich eine Zeitlang im Bett hin und her gedreht hat, beschließt die Frau aufzustehen. Der Mann versucht, sie zart wieder

an sich zu ziehen, aber die Frau ist immer noch
wütend. »Also gut«, sagt der Mann, in dem
Gedanken, dass die Frau zu weit gegangen ist.
»Tu, was du willst.« Verbittert vergräbt sich
der Mann unter den Decken und legt sich zum
Schlafen hin. Es ist eine kalte Nacht, und die
Frau hat nicht mehr an als einen ungefütterten
Umhang, und ihr ist bald unbehaglich. Alle
anderen im Haus schlafen, und auch sonst wäre es
unpassend, allein aufzustehen und umherzugehen.
Die Nacht vergeht, und die Frau liegt auf ihrer
Seite des Bettes, verärgert darüber, dass sie nicht
früher am Abend gestritten haben, als es leicht
gewesen wäre zu verschwinden. Dann hört man
draußen seltsame Stimmen. Erschrocken rückt sie
dichter an ihren Liebhaber heran, wobei sie an der
Decke zieht, aber der Mann stellt sich ärgerlicher-
weise schlafend. »Warum hältst du dich nicht noch
ein bisschen länger fern?«, sagt er schließlich.

. . .

Der Rotwein, der im Flugzeug serviert wird, löst der
neben mir sitzenden sechzigjährigen japanischen Hausfrau die Zunge. Sie ist auf der Rückreise von einem viertä-
gigen Individualurlaub in Finnland. Sie erzählt, sie habe
sich Helsinki und Rovaniemi angesehen und sich in der
Markthalle Leckereien gekauft und sie zu einer Flasche
Bier in ihrem Hotelzimmer verzehrt. Angeblich hat sie
drei erwachsene Söhne und einen Mann zu Hause, sodass
ihr Leben aus *cooking, cooking, cooking* bestehe. Darum
kocht sie zweimal im Jahr – gegen den Widerstand ihrer

Familie – für vier Tage vor und geht allein auf Reisen, zuletzt nach Ho-Chi-Minh-Stadt, diesmal nach Finnland, als Nächstes nach Casablanca. Ihre Verwandten hielten sie für total verrückt, lacht die Frau. Dann spricht sie lange über das Einzige, was sie bereits vermisst: die Rosen in ihrem Garten.

Hier kommt der endgültige Grund für meine Reise: Die Tatsache, dass die auf Japanisch geschriebenen Klassiker der Literatur, die aus dem 10. und 11. Jahrhundert überliefert sind, fast alle von Frauen geschrieben wurden. Es gibt das von Michitsunas Mutter verfasste *Kagerō Nikki* (»Poetisches Tagebuch einer Libelle«), *Makura no Sōshi* von dir, Sei, von Murasaki Shikibu das Tagebuch und *Die Geschichte vom Prinzen Genji,* Izumi Shikibus Tagebuch und poetische Werke sowie *Sarashina Nikki*, also *Das Tagebuch einer Hofdame der Kaiserin* von der Tochter von Sugawara Takasue. Der einzige von einem Mann geschriebene japanischsprachige Klassiker aus der Zeit ist Ki no Tyurayukis *Tosa Nikki* (»Tosas poetisches Tagebuch«), und auch das tut so, als stamme es aus der Feder einer Frau. Wir kennen nicht einmal die richtigen Namen jener Frauen, aber ihre Schöpfungen haben ihren Rang als wichtigste Werke der klassischen japanischen Literatur gewahrt, dennoch sind viele Menschen im Westen immer noch von der Information überrascht, dass das Werk *Die Geschichte vom Prinzen Genji,* das man für den ersten Roman der Welt hält, von einer Frau geschrieben wurde, und dies vor tausend Jahren, lange bevor in Europa auch nur ein Name für eine Literaturgattung wie den Roman erfunden worden war.

Bestimmt haben Frauen zu allen Zeiten überall geschrieben, aber aus verschiedenen Gründen haben sich

ihre Werke nicht erhalten oder sind nicht in die Literatur-
geschichte eingegangen. Sei, wenn ich wissen will, was
eine einzelne Frau auf dieser Welt vor tausend Jahren
dachte, gibt es so gut wie niemanden, an den ich mich
wenden könnte, als euch Heian-Frauen. Jane Austen, eine
Art Seelenverwandte von mir, schrieb erst um die Wende
vom 18. zum 19. Jahrhundert, und Virginia Woolf beklagte
sich noch in den Zwanzigerjahren des 20. Jahrhunderts
darüber, keine historischen Rollenvorbilder zu haben. In
Wahrheit wirkten auch in Europa des Mittelalters und in
der Renaissance mehrere schreibende Frauen, aber ihre
Texte hat man erst in den letzten Jahrzehnten entdeckt
und zu erforschen begonnen. Von den siebzig Frauen, die
das im Jahr 2000 erschienene Buch *Extraordinary Women
of the Medieval and Renaissance World* vorstellt, hatte
ich noch nie gehört, obwohl ich immerhin einen Magister
in Allgemeiner und Vergleichender Literaturwissenschaft
habe. Dass sich die Werke der Frauen aus der Heian-Zeit
erhalten haben, dass sie einen respektablen Platz im
Kanon einnehmen und immer noch lebendige und lesbare
Literatur sind, ist etwas sehr Seltenes.

Sei, wie konnte das zu deiner Zeit geschehen? Woher
kommt es, dass die Frauen einen so großen Anteil an der
Literatur der Heian-Zeit haben? Ist dir je in den Sinn gekommen, dass ihr etwas Historisches und Einzigartiges
getan habt?

Ein wichtiger Grund dafür, dass fast alle bedeutsamen
Schreibenden Frauen waren, lag in der Dominanz der chinesischen Sprache und des chinesischen Schriftsystems
in der Welt der Männer. Vor der Epoche der chinesischen
Einflüsse hatte es in Japan keine Schrift oder Literatur

gegeben, weshalb das Schriftsystem von China entlehnt wurde. Chinesisch blieb die offizielle Sprache der Gelehrten, des Klerus, der Verwaltung und unter anderem auch der Historiografie, sodass die Männer hauptsächlich Chinesisch und gemäß den chinesischen Traditionen schrieben. Für Frauen wiederum schickte es sich nicht, Chinesisch zu können, auch wenn viele Töchter von Beamten, so wie du, Sei, und Murasaki es halb heimlich gelernt hatten.

Anfang des 9. Jahrhunderts war damit begonnen worden, eine auf die japanische Sprache zugeschnittene, lautliche, auf Silben basierende Schrift zu entwickeln, die nun von Frauen in ihren Tagebüchern und sonstigen Texten verwendet wurde. Man nannte diese Schrift *Kana*, und die Frauen konnten mit ihrer Hilfe direkt und auf natürliche Weise die Umgangssprache festhalten, was mit chinesischen Schriftzeichen unmöglich war. Zugleich schufen die Frauen damit die geschriebene japanische Sprache. Die *Kana*-Schrift wurde auch *Onnade* genannt, weibliche Hand, und das verwies auf die weibliche fließende Schreibweise. Für Männer war ihr Gebrauch nicht angemessen, außer im Briefwechsel und in *Waka*-Gedichten, weshalb sie ihre Tagebücher auf Chinesisch schrieben. Weil das Schreiben von Fiktion noch für Frauenkram gehalten wurde – die volkssprachliche Fiktion war lediglich Unterhaltung für des Chinesischen unkundige Frauen und Kinder –, befand man sich Ende des 10. Jahrhunderts in einer Situation, in der die Prosa den Männern vollends entglitten und zu einer Sphäre der Frauen geworden war. In den folgenden 150 Jahren schrieben die Frauen unvergleichliche Prosa, und als sie schließlich im 12. Jahrhundert ihre literarische Vormachtstellung verloren, hatte das eher mit dem allgemeinen Niedergang der höfischen

Kultur und dem Aufstieg der Samuraikultur zu tun, als damit, dass die Männer die Frauen in deren eigener Gattung übertroffen hätten.

Die Entwicklung der Silbenschrift war jedoch nicht die einzige Voraussetzung für die Entstehung der weiblichen Literatur. Nötig waren auch Freizeit, Papier – ein bemerkenswert kostbares Gut – sowie eine soziale Umgebung, die zur Kreativität ermutigte. Die literarisch begabten Hofdamen hatten all das. Sie waren nicht an der Verwaltung beteiligt und hatten keine Macht, die Welt zu verändern, aber sie hatten ausgezeichnete Möglichkeiten zu beobachten und das, was sie sahen, zu deuten. Für diese Frauen war das Schreiben auch eine Arbeit.

Eine typische Tochter des Fujiwara-Adels, die in höfischen Kreisen lebte, verbrachte einen großen Teil ihrer Zeit mit Literatur. Sie studierte die Werke der Meisterdichter, verfertigte eigene Verse und war an romantischen Geschichten interessiert. Besonders schätzte sie jene Hofdamen, die ihr auf Bestellung neuen Lesestoff besorgen konnten: solche wie dich, Sei, wie Murasaki Shikibu und Izumi Shikibu. Wurde so ein Fujiwara-Mädchen zufällig auch noch Gattin des Kaisers, hatte es auch politische Bedeutung, welche Frauen zu ihrer Gesellschaft gehörten. Eine literarisch produktive Hofdame war eine gute Unterhalterin und brachte auch den Kaiser dazu, die betreffende Gattin zu bevorzugen. Je schönere, begabtere und intelligentere Hofdamen zum Gefolge der Kaiserin gehörten, desto mehr interessierte Höflinge scharten sich um sie – und desto sicherer war die Machtposition des Fujiwara-Vaters von besagtem Mädchen.

Diese Salons aus dreißig bis vierzig Hofdamen, die sich um die Kaiserin versammelt hatten, waren die gemeinsamen Räumlichkeiten der Frauen, die »Zimmer für sich allein«, um die Virginia Woolf sie beneidet hätte. Außer ihrer *Kana*-Sprache hatten die Frauen einen eigenen Raum, in dem sie ihre weiblichen *Kana*-Gespräche führen konnten. In dieser literarischen und wettbewerbsorientierten Umgebung schrieben die Frauen übereinander und füreinander, wobei sie zugleich bestrebt waren, den Status ihrer Herrin zu stärken.

Du, Sei, warst der Star eines solchen Salons.

. . .

[Sei Shōnagon schreibt]

Erfreuliche Dinge

Ein wunderbares, im weiblichen Stil angefertigtes Gemälde auf einer Bildrolle, und um es herum viel mit schöner Hand geschriebener Text.

Ein Ochsenwagen voller Frauen, der von einem Ausflug zurückkehrt. Ihre Ärmel quellen in großer Fülle aus dem Türschlitz des Wagens, und eine Schar Hilfsburschen rennt neben dem Wagen her, geschickt den Ochsen lenkend, während der Wagen voransaust.

Wenn etwas mit sehr eleganten Pinselstrichen auf entzückendes blütenweißes Michinoku-Papier geschrieben worden ist, wobei man nur die dünnste Spitze eines nahezu unmöglich dicken Pinsels benutzt hat.

. . .

Sei, bald sind wir da, allmählich bin ich bereit, in Kyōto zu landen. Oder in deinem Heian-kyō, in jener »Stadt der Purpurberge und Kristallflüsse«, die man an einer so schönen Stelle errichtet hat, dass es kein Wunder ist, wenn es zu deiner Zeit für eine mit dem Tod vergleichbare Strafe gehalten wurde, die Stadt verlassen zu müssen. Ich bin auf dem Weg irgendwohin in die Gegend zwischen Ichijō und Nijō, zwischen Erster und Zweiter Straße am Saum der östlichen Berge, zum Hügel Yoshidayama, eine Viertelstunde mit dem Fahrrad vom kaiserlichen Palast entfernt. Sei, ich komme, holst du mich ab?

Aber wie würde ich dich überhaupt erkennen – ich weiß ja nicht einmal, wie du aussiehst! Auch sonst weiß das niemand – alle, die dich gesehen haben, liegen seit tausend Jahren tot unter der Erde, und kein einziges Porträt einer Frau deiner Zeit ist erhalten geblieben. Sei, in den Texten von euch Hofdamen werden die Kleider sehr detailliert beschrieben, aber niemals das Gesicht oder der Körper einer Frau – wie faszinierend und erfrischend, dass dem Körper der Frau kein einziger Gedanke gewidmet ist! Deine Kollegin Murasaki erwähnt nur einmal nackte weibliche Körper und sagt, sie seien »unvergesslich entsetzlich und ohne den geringsten Reiz« gewesen, obwohl es mir schwerfällt zu glauben, dass die Lage dort unten, in den Schlafzimmern von Kyōto, so übel ist.

Sei, die einzige weibliche physische Eigenschaft, über die ihr schriebt, waren die Haare. Sie mussten glatt, glänzend und sehr lang sein. Das zum Mittelscheitel gekämmte Haar fiel über die Schultern und reichte im Idealfall, wenn ihr standet, bis zum Boden. Auch helle Haut war ein Zeichen der Schönheit, weshalb reichlich Puder benutzt wurde. Augenbrauen und Zähne hingegen hieltet ihr für hässlich. Ihr zupftet die Augenbrauen komplett aus und schwärztet euch alle drei Tage die Zähne mit einer übelriechenden Mischung, die hergestellt wurde, indem man Eisen und Eichelpulver in Weinessig, Sake oder Tee einweichte.

Und dann die Gewänder – bei förmlichen Anlässen legtet ihr Frauen zwölf ungefütterte Seidenkimonos an. Da das Präsentieren von Gesicht und Körper nicht in Frage kam, bestand die Kunst der Frau darin, für die an den Ärmeln und Säumen sichtbaren Kimono-Schichten die Farbkombinationen zu wählen, die am besten von ihrer Anziehungskraft kündeten.

Schwarzes wallendes Haar, seltsames Make-up, keine Zähne, Ärmel mit Farbencode. Ich werde versuchen, in meinem Jetlag Ausschau zu halten, Sei.

· · ·

[Sei Shōnagon schreibt]

Es war die Mitte des sechsten Mondes, und die Hitze schluckte alles. Die einzige Art, etwas Kühle zu fühlen, bestand darin, die Lotusblüten auf dem Teich zu betrachten.

Vielleicht weil das Gebäude sehr alt und mit Ziegeln verkleidet war, war es nachts unsagbar heiß, und wir schliefen außerhalb der Rollvorhänge. Den ganzen Tag fielen Tausendfüßler vom Dach, und große Schwärme Hornissen flogen ins Zimmer. Das fanden wir sehr beängstigend. – –
Der Herbst kam, aber unsere schäbige Herberge

*traf noch immer nicht der geringste kühlende Luft-
hauch. Stattdessen hörten wir die Stimmen der
Herbstinsekten.*

Dinge, durch die man sich schmutzig fühlt:

Ein Rattennest.
*Jemand, der sich die Hände erst spät am Abend
wäscht.*
*Geschirr, das zur Aufbewahrung von Öl benutzt
wird.*
*Durch alle verblichenen Kleider fühlt man sich
schmutzig, vor allem wenn sie von glänzender
Farbe sind.*

. . .

Kyōto, der zweite Tag.

Es ist heiß. Es herrscht eine entsetzliche Hitze, die alles schluckt. Es ist so heiß, dass ich an nichts anderes denken kann. Es ist so heiß, dass keine kühlenden Gedanken, Farben oder Vorstellungen etwas nützen, was immer Sei oder sonst jemand gesagt haben mag. Das hier ist ein Überlebenskampf, ich gegen die Hitze, aber es ist so heiß, dass ich nicht einmal daran denken mag.

Als ich mir im finnischen Sommer meinen Aufenthalt hier ausmalte, dachte ich, dass in Japan auch die Hitze irgendwie exquisiter sein würde. Ich dachte, ich würde endlich den seltsam anmutenden Brauch der Japaner verstehen, die *Illusion* der Kühle zu schätzen: Dinge, die kühl aussehen, kühl schmecken, sich kühl anfühlen und kühl anhören, diese Jahrhunderte alte *Ryo*-Kultur, deren Sinn darin besteht, die Hitze wenigstens in der Vorstellung zu lindern.

Ryo, das ist ein atmender *Yukata*-Sommerkimono aus Baumwolle. Das sind *Uchiwa*-Papierfächer. Gläserne *Furin*-Windglocken, die von jedem ersehnten Windhauch Mitteilung machen und deren scharfes, helles Klingeln eine kühlende Wirkung hat. Aus Bambus und Rattan geflochtene Kissen und Matten, die sich kühl anfühlen und die kühl aussehen. Fenster und Türen werden mit *Sudare*-Jalousien verhängt, durch die hindurch die äußere Welt ein wenig geheimnisvoller aussieht und deren bewegliche Schatten den Innenraum kühlen. Gespenster und Skelette auf *Ukiyo-e*-Holzschnitten, denn Angst kühlt bekanntermaßen. Die Geräusche von Insekten, sie bringen die Verheißung auf den Herbst. Ein mit Moos überzogener *Kokedama*-Ball, der an den Tau des Bergwalds erinnert. Eine Wassermelone.

Aber nein, das Betrachten von Skeletten nützt nichts. An Gespenster mag ich gar nicht erst denken.

Ich mag auch nicht daran denken, dass das Haus – mein Zuhause für die nächsten Monate – aussieht, als wäre darin nie saubergemacht worden (»Wir haben Probleme mit der Reinigungskraft«). Es ist am besten, die Hausschuhe anzubehalten und keine genaueren Untersuchungen anzustellen. Das Bad geht zum Glück einigermaßen, zumindest wenn man sich darin ohne Brille umsieht, für mein Zimmer gilt das Gleiche. Allerdings befindet sich in einer Ecke ein Loch, durch das eine Ratte passen würde, die Papiertüren des Schranks sind kaputt, und wenn man die Wände berührt, löst sich etwas Glitzerndes. In einer anderen Jahreszeit wäre es wahrscheinlich großartig, dass mein kleines Sechs-Tatami-Zimmer im ersten Stock des Hauses ein wandgroßes Fenster nach Süden und nach Westen hat und somit eine Aussicht über die ganze Stadt, aber gerade jetzt ist die Sonne meine schlimmste Feindin. Gleich am Morgen fange ich an, sie zu hassen, wenn sie ihre erstickenden Strahlen über den östlichen Berg schickt. Die ganze Nacht habe ich auf meinem Futon in Sturzbächen geschwitzt, ohne schlafen zu können, und früh am Morgen stehe ich auf, um dicke blaue Stoffe, die ich im Schrank gefunden habe, vor die Fenster zu hängen, aber auch das hilft nicht: Das Zimmer ist eine Sauna, nur die Pritschen fehlen.

Es ist so heiß, dass ich auch nicht daran denken mag, dass man in der erschreckend schmierigen Gemeinschaftsküche des Hauses sämtliche Lebensmittel mehrfach einpacken muss, denn außer Kakerlaken fühlen sich dort auch kleine weiße Ameisen, widerliche dicke Tausendfüßler, Spinnen, Geckos und Ratten wohl, jemand hat sogar eine Art Marder gesehen. Am sonderbarsten ist es, dass in der Küche alles ständig feucht ist: Hat jemand zufällig den Tisch mit einem feuchten Lappen abgewischt, wird der Tisch nie trocken – das ist die heiße Feuchtigkeit von Kyōto. Vielleicht ist der Fußboden aus demselben Grund so klebrig, dass die Füße daran kleben bleiben.

Aber es ist so heiß, dass ich daran nicht denken mag.

Trotz der Hitze muss ich mir etwas zu essen beschaffen und lande im Café des französisch-japanischen Instituts, denn es ist der erste Ort mit Klimaanlage, den ich finden kann. Es ist, als würde ich in eine Gefriertruhe hineinspazieren. Nach dem Mittagessen linse ich in die Institutsbibliothek und schlüpfe hinein, als die Dame am Empfang zum Händewaschen geht. Ich antworte den Menschen sachgerecht mit *bonjour*, hüstle, um Halsschmerzen anzudeuten (wie durch ein Wunder ist meine Stimme inzwischen zurückgekehrt) und hoffe, dass keine Nachfragen enthüllen, dass ich kein Französisch kann und hier einzig und allein wegen der Klimaanlage umhergeistere. Nachdem ich mich in die Bibliothek eingeschleust habe, gelingt es mir, mich abzukühlen. Es sind die herrlichsten zwei Stunden meiner bisherigen Reise. Hier komme ich wieder her.

In Erwartung dessen schleppe ich mich schweißüberströmt in meine heimische Höhle. Nach Einbruch der Dunkelheit hört das Bohren der Arbeiter auf, und das tropische Quaken und Sirren der Frösche und Zikaden setzt ein.

Sei, glaube bloß nicht, dass ich mich an deine Existenz auch nur erinnere.

Eigentümliche Beobachtungen über das Schwitzen:

Der selige Moment unter der kalten Dusche, wenn man sich das einzige Mal am ganzen Tag wie ein Mensch fühlt. Das komische Gefühl danach, wenn man sich nicht trocken bekommt: Das Handtuch trocknet das Wasser ab, aber gleichzeitig produziert die Haut schon wieder neuen Schweiß.

Der sonderbare, eiweißartige Geruch der durchgeschwitzten Kleider. Ich rieche so entsetzlich, dass ich endlich zu verstehen glaube, warum in Japan so viel Räucherwerk benutzt wird.

Später höre ich, dass der September dieses Jahr für Kyoto außergewöhnlich heiß ist. Die Temperatur schwankt um die 36 Grad, aber wegen der Feuchtigkeit kommt einem die Hitze viel schlimmer vor. Die Berge, die die Stadt von drei Seiten her schützen, sorgen dafür, dass die Glut, nachdem sie sich einmal eingenistet hat, wie in einem Topf unter dem Deckel gehalten wird und den Einwohnern nichts anderes übrigbleibt, als auf kleiner Flamme langsam dahinzusiechen.

Abraham Maslow hatte recht mit seinen Bedürfnishierarchien. Die Bedeutung der Ästhetik fällt schnell, wenn es darum geht, am Leben zu bleiben. Die Aussicht aus meinem Fenster im ersten Stock interessiert mich kein bisschen, als im Erdgeschoss ein Zimmer zu haben ist, von dem aus man auf die hässliche Wand des Nachbarhauses blickt, in dem es aber drei Grad kühler ist.

An den Fenstern des ebenfalls sechs Tatami-Matten großen Zimmers hängen Bambusvorhänge, der Schrank hat schöne Schiebetüren aus Papier. Vor der Schiebetür, die zum Gang führt, befindet sich eine Diele mit Holzfußboden, wo man die Hausschuhe hinstellt. Das Zimmer ist praktisch leer. Außer dem Futon, der auf einer Tatami liegt, gibt es nichts. Aber als die Sachen im Schrank und am Rack verstaut, die Bücher in einer Ecke auf dem Fußboden ausgerichtet sind, der Ventilator sich dreht und die Internetverbindung funktioniert, glaube ich endlich daran, am Leben zu bleiben.

Ich lerne, wie die einheimischen Frauen mit einem Regenschirm in der einen und einem kühlenden Fächer in der anderen Hand in die Sonne zu gehen. An vielen Tagen esse ich im klimatisierten Institut zu Mittag und sitze danach mit dir, Sei, in der kühlen Bibliothek. In deinem Buch lese ich das Kapitel mit der Überschrift »Es ist so erstickend heiß« und denke, nun werde ich erfahren, wie man am Heian-Hof mit diesem Menschengrill fertigwird.

In dem Kapitel ist aber überhaupt nicht die Rede von einer Hitze dieser Art, stattdessen werden erotisch aufgeladene frühe Morgenstunden beschrieben, in denen die von den Genüssen erschöpften Liebhaber im Schutz des Frühnebels nach Hause eilen. Eine Frau ist nach dem Aufbruch ihres Liebhabers gerade allein zurückgeblieben, sie liegt in Erwartung der Morgendämmerung auf ihrem Bett, die Schiebetüren sind wegen der Hitze offen. Zur gleichen Zeit entfernt sich in der Nähe ein anderer Mann von seiner nächtlichen Gefährtin, eilig, um der Frau den üblichen Brief des nächsten Morgens zu schreiben, in dem an den Zauber der Nacht zurückgedacht wird. Im Vorübergehen entdeckt er zufällig die offene Jalousie und kommt nicht gegen den Wunsch an hineinzuspähen. Er sieht eine Frau auf ihrem Bett, begreift, dass ihr Liebhaber gerade gegangen ist, kann der Verlockung der Situation nicht widerstehen und schlüpft hinein... Bald klopft der Bote an der Tür, der der Frau den von ihrem Liebhaber geschickten, mit einem Strauchnelkenzweig geschmückten Brief des nächsten Morgens bringt – zur gleichen Zeit wartet anderswo eine andere Frau vergeblich auf eine Botschaft ihres Liebhabers...

Eine Hitze dieser Art könnte mich, ehrlich gesagt, auch interessieren.

Am Abend schalte ich zum ersten Mal den Fernseher ein. Es kommt *Karate Kid*, japanisch synchronisiert.

Als Heian-kyō im Jahr 794 gegründet wurde, beschloss man, es in einer Ebene zu errichten, die im Norden, Osten und Westen von Bergen eingefasst wurde, die für das Yang stehen, und durch die zwei das Ying repräsentierende Flüsse flossen. In der Nordostecke wacht der beeindruckende Berg Hiei, der die Stadt vor bösen Kräften schützt. Heian-kyō wurde nach dem Hippodamischen Schema gebaut und der kaiserliche Palast in der Mitte des nördlichen Randes platziert. Die von Ost nach West verlaufenden Straßen wurden von Norden her mit den Ziffern eins bis neun bezeichnet und sind noch heute die wichtigsten Verkehrsadern Kyōtos.

Ich weiß, dass diese Stadt mit dem Hippodamischen Schema voller Tempel ist, einer herrlicher als der andere, voller Schreine und Gärten, aber bei dieser Hitze habe ich dort nichts verloren. Am Ende der Woche erweitere ich mein Revier immerhin über das klimatisierte Institut hinaus und fahre zehn Minuten mit einem klimatisierten Bus nach Gion. Ich mache einen Abstecher in ein klimatisiertes Starbucks und spaziere über die Brücke in das klimatisierte Kaufhaus Takashimaya, in dessen oberster Etage es eine Ikebana-Ausstellung einer traditionellen Schule gibt. Die Arbeiten des Meisters sind in einem gesonderten *Tokonoma*-Alkoven ausgestellt und aus den bescheidensten Blumen und Halmen arrangiert, echtes Understatement. Ich spaziere durch überdachte Ladengassen, in denen es einen Hauch von Klimatisierung gibt. In einem ultra-trendy Kleidergeschäft namens Urban Research scheint man tatsächlich finnische Seife der Marke Bliw und finnisches Shampoo zu verkaufen, zum Preis von 1680 Yen, also 16 Euro. S.O.S., mein Geld ist aus, schickt mir Bliw! In einem klimatisierten 100-Yen-Laden kaufe ich allerlei notwendigen Kram. Die Ladengassen im Zentrum sind die Hölle auf Erden, aber mitten in der Lawine von Schund und vor der irrsinnigen Geräuschkulisse der *Pachinko*-Hallen kommt plötzlich ein Tempel. Vor diesem Geschäft stehen die Menschen Schlange, um sich inneren Frieden zu kaufen.

Am Abend lasse ich mich an der Böschung des Kamo-Flusses nieder, die Sonne geht gerade unter, ein kühlender Windhauch weht am Flussufer. Das Wasser ist so flach, dass die Kraniche im ganzen Strom auf Steinen stehen. In den Terrassenrestaurants von Pontocho gehen die Lampen an, in der Ferne ragen die dunstverhangenen, rosa gefärbten Berge auf, die Menschen sitzen am Fluss, jemand klimpert auf einer Gitarre. Ich öffne die Flasche mit kaltem grünem Tee, die ich an einem Automaten gekauft habe, und begreife endlich, dass ich hier bin. Hier, Sei, in deiner Stadt, kannst du das glauben?

Hier werde ich die nächsten drei Monate meines Lebens verbringen. Nicht auf dem Weg von einer Besprechung zur nächsten, nicht im Stress, nicht unter dem Druck von ständigem Wachstum, Effizienzsteigerung und Umstrukturierung, nicht mit einem Mangel an Motivation, nicht angefressen von einem Job-aus-Berufung-Gehalt, nicht versklavt von einem Wecker, der um 6.15 Uhr klingelt, nicht frustriert davon, dass im Leben nichts passiert, nicht auf die nächste Folge einer Serie wartend, nicht zermalmt vom Gewicht des Andersseins – sondern hier, frei, selbstständig, allein, mit allen Möglichkeiten, frei, mich an jedem Morgen zu entscheiden, was ich tun will und was nicht.

Es schnürt mir die Kehle zusammen, das Glück schleicht sich ein.

Unerwartete Dinge:
Die Mücken. Sie sind lautlos und unsichtbar wie Ninjas, und genauso effektiv.

Die Preise für Nahrungsmittel. Ein Apfel kostet mindestens zwei Euro, zwei Tomaten kosten vier Euro. Ein Viertel Blumenkohl fünf Euro. Fünf einzeln verpackte Scheiben Frühstückskäse fünf Euro, ein Becher Feta neun Euro. Ein Glas Pesto kostet in einem speziellen Importlebensmittelladen zehn Euro und ein Stück Parmesan ebenso viel. Hundert Gramm Blauschimmelkäse kosten zwölf Euro.

Aber andere Dinge sind dann wieder unfassbar billig. Ein normales, gutes *Bento*-Mittagessen kann man für weniger als drei Euro bekommen. Eine Schachtel mit acht frisch gemachten Sushis für weniger als fünf Euro. Eine Vier-Liter-Plastikflasche Suntory-Whisky für fünfundzwanzig Euro.

Erledigte Dinge:
Die Miete bezahlt. Einen guten Lebensmittelladen gefunden. Ein gebrauchtes Fahrrad gekauft und auf den eigenen Namen registrieren lassen. Mit meinem Bruder und seiner Familie geskypt. Den Rest der Zeit unter der höllischen Hitze gelitten, geduscht und zweimal die Kleider gewechselt. Kopfschmerzen.

Dinge, die zu tun sind:
Katakana und *Hiragana* lernen, denn mit Hilfe der *Kana*-Schrift kann man angeblich die Speisekarten in den Restaurants lesen. Man behauptet mir gegenüber, die Silbenzeichen könne man leicht innerhalb von einer Woche lernen, aber nachdem sich der Saldo von einem Tag Pauken auf zwei Zeichen beschränkt, bin ich deprimiert und beschließe, die Zeichen nie zu lernen. Offenbar bin ich nicht begierig genug zu erfahren, was auf den Speisekarten steht.

Eines Morgens wache ich früh auf und fahre, der Hitze trotzend, mit dem Fahrrad zu dem nahe gelegenen Ginkaku-ji, dem Silbernen Tempel, der zum Weltkulturerbe gehört. Sein Garten ist ein Paradies. Der Sandgarten ist in Wellen gerecht worden, und am Rand dieses Meeres erhebt sich ein Fuji-Berg aus Sand. Die Hunderte kleinen Sträucher im Garten sind von Hand geformt, die runden

Nadelwolken der Kiefern so auf eine bestimmte Höhe geschnitten, dass sie einen harmonischen Anblick mit den geschwungenen Dächern des Tempels bilden. Der Pavillon selbst ist trotz seines Namens nicht versilbert, sondern aus dunklem Holz, sehr *Wabi-Sabi*.

Langsam fahre ich mit dem Rad auf dem Philosophenweg nach Süden und mache bei einem kleinen Teehaus Halt. An der Tür hängt eine Liste, auf die man als Kundin seinen Namen schreibt. Wenn es Platz gibt, wird man hereingebeten – eine Sitte, die in Kyōto üblich ist, wie ich feststelle. Die Fensterfront des Teehauses geht auf einen schönen Garten, und ich sitze davor auf einem kleinen Kissen auf dem Tatami-Fußboden, vor mir auf einem kleinen Tisch eine Tasse dicken, frühlingsgrünen *Matcha*-Tees und zwei kunstvoll geformte Teesüßigkeiten.

Ich gelange an den Tempel Nanzen-ji und finde in dessen Nähe das *Kyoto International Community House* KICH, das ich gesucht habe und das ich mir wegen der Klimaanlage und der angeblich so guten Bibliothek ansehen möchte. Ich bin irritiert: Fast alle zugänglichen Informationen sind auf Japanisch. Im angeschlossenen Restaurant spricht niemand Englisch, und die Speisekarte gibt es nur auf Japanisch. Der Großteil der Bücher in der Bibliothek ist auf Japanisch geschrieben. Überdies bin ich die einzige Ausländerin. (Später kapiere ich, dass all die japanisch aussehenden Leute Chinesen und Koreaner sind.) Irgendwie hätte ich, wenn man den Charakter des Ortes in Betracht zieht, eine etwas internationalere Atmosphäre erwartet.

Ich lese die einzige englischsprachige Zeitung in der Bibliothek, mache im ortsüblichen Stil mit dem Kopf auf dem Tisch ein Jetlag-Nickerchen und wache verwirrt auf.

Dann lese ich auf einer klimatisierten Couch meine tägliche Dosis von dir, Sei.

Ich frage mich, was dich eigentlich dazu gebracht hat, alle diese Listen zu schreiben. Man muss nämlich zugeben, dass einige davon wirklich seltsam sind. Was bringt einen Menschen dazu, die Bäume und Berge, die er kennt, aufzulisten und seine Meinung über sie zu äußern? Ist der Grund ein poetischer und meditativer oder ein besserwisserischer und belehrender? Wolltest du als Allwissende mitteilen, wie es sich mit den Dingen auf der Welt verhält? Hat es dich vielleicht genervt, dass es sich für Frauen nicht schickte, zu viel Wissen zu sammeln, und hast du deshalb aus Bosheit alle Dinge aufgelistet, die du wusstest? Oder war das Beobachten einfach dein Hobby?

Sei, es wird noch lange dauern, bis ich verstehe, was für unglaublich geniale Wortspiele und Bedeutungswelten du in deinen Listen eingebaut hast.

Dinge, die uns verbinden:
Mit dreißig beschreibst du dich selbst als alte Frau, die ihre besten Jahre hinter sich hat und deren Haar so kraus und struppig geworden ist, dass es nicht mehr wie dein eigenes aussieht. Als Achtunddreißigjährige teile ich zumindest die Haarprobleme: Nachdem ich mein Leben lang schlechtes Haar gehabt habe, bin ich nie auf die Idee gekommen, dass es noch viel schlechter werden könnte.

Trügerische Dinge:
Wenn man in einem klimatisierten Raum durchs Fenster auf eine etwas düstere Landschaft unter Wolken und Wind schaut, kann man glauben, dass es draußen herrlich abgekühlt hat. Wenn man aber nach draußen geht und

die feuchte Hitze, die man schon kennt, einem ins Gesicht schlägt und einem der Schweiß aus jeder Pore schießt, begreift man, dass sich nichts geändert hat.

Am Abend esse ich im Bizou an der nächsten Ecke, wo an der Tür ein einladender, von Hand geschriebener Zettel hängt: *Good food served here.* Das winzige Restaurant hat nur einen Tresen mit wenigen Plätzen, hinter dem zwei freundliche Frauen (vielleicht Mutter und Tochter oder Schwiegertochter) auf einer heißen Eisenplatte *Okonomiyaki* und *Yakisoba* braten. Dazu gibt es traditionelle Pickles, Miso-Suppe und Reis. Ehrlich gesagt weiß ich überhaupt nicht, was ich esse, aber gut ist es.

Nach dem Abendessen radle ich am kühlen Flussufer entlang und setze mich auf einen schildkrötenförmigen Stein mitten in der Strömung. Das kühlende Rieseln, der Tanz der Regentropfen auf dem Wasser, im Hintergrund die verhangenen Berge, rechts und links die systematisch aufgestellten, mit Blumentöpfen geschmückten Verschläge der Obdachlosen.

Wieder zu Hause finde ich einen Zettel von Kim, auf dem steht, dass ein Taifun im Anzug ist. »Lasst die Türen und Fenster einen Spaltbreit offen, damit der Druck im Haus ausgeglichen bleibt und es nicht davonfliegt.« Emma erzählt, sie warte schon seit einem Jahr inständig auf ein anständiges Erdbeben und einen Wirbelsturm, und glaubt, dass auch dies nicht mehr als ein gewöhnlicher Regen werden wird.

Ein neuer Bewohner ist im Haus eingetroffen, Marcos aus Spanien. Dieser süße Junge fragt mich in schlechtem Englisch nach meinem Alter und bittet mich, es dreimal zu wiederholen. *You mean three and eight?*, schreibt er ungläubig mit dem Finger in die Luft und kann einfach nicht fassen, dass ich so alt bin. Dann geht er seine Mutter anrufen, um ihr zu sagen, dass er gut angekommen ist. Vielleicht erwähnt er auch, dass im Haus ältere Frauen wohnen, die sich bei Bedarf um ihn kümmern.

. . .

[Sei Shōnagon schreibt]

Dinge, die ich nicht hören möchte

Die Stimme einer Person, die spricht, während sie sich die Zähne schwärzt.

. . .

Die Mitbewohner. Jene aus unterschiedlichen Gegenden der Welt an den Hang des Yoshidayama gekommenen fremden Menschen, die zu meiner Überraschung bald meine Freunde werden, meine Familienmitglieder. Es scheint, als wäre das Haus voller Geschwister, deren Eltern sich aus dem Staub gemacht und uns zurückgelassen haben, damit wir sehen, wie wir allein klarkommen. Die wichtigsten Gespräche werden entweder im Bad geführt, und zwar so, dass der eine Rasierschaum im Gesicht hat und die andere sich im Nachthemd die Haare föhnt, oder in der Küche, während der eine abspült und die andere am Kühlschrank hängt und sich über einen Mitbewohner beklagt, der wieder nicht seinen Abwasch gemacht hat und den darum auch kein anderer erledigen soll. Alle sind verschieden: Einer breitet seine Sachen

in allen Räumen aus, als würde er allein im Haus wohnen, die Zweite kriegt von Unordnung Beklemmungen, der
Dritte will sogar beim Fernsehen Gesellschaft, der Vierte
legt im Vertrauen Rechenschaft über die Ereignisse des
Tages ab, die Fünfte verschwindet plötzlich in ihr Zimmer,
um dort alleine vor sich hin zu schmollen, der Sechste
ist immer am Arbeiten oder in einer Bar. Es herrscht eine
warme, heimelige Atmosphäre.

Wir sind diejenigen, die in diesem Herbst hier wohnen:

Ich, 38 Jahre. Herkunftsland: Finnland. Grund für den
Aufenthalt in Kyōto sich herumtreiben und Forschungen
für ein Sei-Shōnagon-Buchprojekt anstellen. Dauer der
Reise: drei Monate. Japanischkenntnisse: keine.

Emma, 27. Herkunftsland: Schweden. Ist hergekommen,
um Japanisch zu studieren, besucht jeden Tag die Sprach-
schule. Hasst japanisches Essen und ist nicht besonders
an der Kultur interessiert. Ist hergekommen, weil sie nicht
wusste, was sie mit ihrem Leben anfangen sollte. Dauer
der Reise: ein Jahr, kehrt in wenigen Wochen nach Hause
zurück. Ihren eigenen Worten nach die Einzige, die den
Müll rausbringt. Kann jetzt sechshundert *Kanji*-Zeichen
lesen, sich aber noch immer nicht auf Japanisch unterhalten. Ist das ganze Jahr kein einziges Mal im Bad gewesen,
weil sie angeblich nicht mit ihrem Körper auf Du und Du
ist, obwohl ich sie schlank und schön finde. Isst schwedisches Hagebuttenkompott. Hält sich in ihrem Zimmer
versteckt.

Seb, 30. Herkunftsland: französische Alpen. Ist vor
einer Woche wegen seiner japanischen Freundin Reina
nach Kyōto gekommen und hat eventuell vor, ganz her-
zuziehen. Hat Reina im Frühling in Nepal kennengelernt
und, nachdem sie sich zwei Wochen kannten, seine Stelle

in Frankreich gekündigt, weil ihm die Büroarbeit angeblich sowieso nicht gefallen hat. Will seinen eigenen Weg finden und hat vor, Shiatsu zu lernen. Offen, hilfsbereit und sozial, und bald mein engster Freund im Haus.

Nino, 36. Herkunftsland: Italien. Physiker mit dem Forschungsgebiet Kosmologie. (In der ersten Woche habe ich geglaubt, dass *physicist* Arzt bedeutet, ihn zum Glück aber noch nicht nach Gesundheitstipps gefragt.) Wohnt seit sechs Jahren in Kyōto, war davor unter anderem in Barcelona und in Schottland. Zieht bald nach Lissabon um und wohnt hier, während er auf den Umzug wartet. Süß. Höflich. Sympathisch. Supersüß. Riecht gut. Arbeitet lange und verbringt die Abende außer Haus, sehr schwer anzutreffen.

Marcos, 27. Herkunftsland: spanische Sonnenküste. Ist für ein Jahr nach Kyōto gekommen, um Japanisch zu lernen. Spricht Englisch wie ein Spanier, wie es einem Serben zufolge in einer französischen Redensart heißt. Seine Hobbies sind: Gitarre spielen, Karate, Origami, Fotografie und Aquarellmalerei, außerdem unterhält er ein Blog, in dem er über seine Gefühle schreibt. Kommt zum ersten Mal im Leben mit Wäschewaschen, Abspülen und Saubermachen in Berührung, weil er bis jetzt bei seinen Eltern gewohnt hat. Fängt manchmal irgendwann nach Mitternacht an, sich im blauen Frotteebademantel sein Abendessen zuzubereiten und kann nicht fassen, dass ich so früh esse (um sieben), und dann auch noch Brokkoli. Langhaariges Maskottchen mit schwarzen Augen – ich prophezeie baldige Verpaarung mit niedlichem japanischem Mädchen.

Sonja, 27. Herkunftsland: Deutschland, Berlin. Kunsthistorikerin. Ist für drei Monate gekommen, um ihre Magisterarbeit über einen Nihonga-Künstler, der Anfang des

Jahrhunderts in Kyōto gewirkt hat, zu schreiben und hilft mir bei meinen Nachforschungen. Ist in Deutschland mit einem Japaner zusammen. Kann besser Japanisch lesen als sprechen. Später lerne ich, dass dies typisch für Wissenschaftler ist, die hierherkommen. Sie können das klassische Japanisch lesen, sich im Restaurant aber nichts zu essen bestellen.

Dom, 32. Herkunftsland: England. Doppelgänger von Orlando Bloom, Wurzeln zur Hälfte in Italien. Studiert Japanisch, hat Leidenschaften für Animes, Fotografie und Kaffee. Verdient das Geld für seine Reisen, indem er als Barista in London arbeitet. Ist ungefähr zum zehnten Mal für drei Monate in Kyōto, was ich für unsinnig halte, aber mit dem Bumerang-Effekt des Touristenvisums zu tun hat.

Im Oktober kommen noch Sayaka und Pierre ins Haus, ein dreißigjähriges japanisch-schweizer Pärchen. Sayaka ist Französisch-Dolmetscherin, Pierre forscht in Philosophie an der Universität. Sie strahlen so vor Glück und Ausgeglichenheit, dass es unweigerlich ihre Umgebung ansteckt.

Und dann natürlich meine wichtigste Mitbewohnerin: Sei, von der ich noch nichts weiß.

Am achten Tag schlägt die Panik zu. Schon eine Woche vorbei – was habe ich gemacht? Emma rät mir, sofort alles zu tun, was ich mir vorgenommen habe. Sie habe das ganze Jahr über gedacht, dass sie zu dem und dem auch später noch komme, und jetzt sei das Jahr um, und sie habe nichts getan.

Dinge, die zu tun sind: Abendspaziergang nach Gion. Der Fushimi Inari mit den tausend Toren, am liebsten im Dunkeln. Kabuki-Theater. Nō-Theater. Sentō-Bad. Das Meer. Onsen. Der Hiei-Berg. Tempelnacht auf dem Koya-Berg. Nara. Osaka. Uji. Tokio. Ikebana-Stunden. Bars. Tempelflohmärkte. Der kaiserliche Palast. Die Burg Nijō. Ein Heian-Gewand anlegen. Interviews mit Experten. Bibliotheken. Das Stadtmuseum. Das irgendwo gelegene, einzige kleine Stück Garten aus der Heian-Zeit. Abendessen auf einer Flussterrasse in Pontocho. Shisendō.

Weitere Dinge, die zu tun sind: Versuchen, den supersüßen Nachbarn abzupassen.

Ich unterhalte mich mit Emma über das *Kopfkissenbuch*. Emma hat noch nie davon gehört, nur von Murasaki Shikibu. Sie wirft einen Blick in das Buch und sagt, da sind aber viele Listen drin. Eben. »Nur Frauen machen Listen«, sagt Emma, »Männer nie. Warum? Und wie deprimierend, dass sich in tausend Jahren nichts daran geändert hat.« Emma findet Listen deprimierend.

Ich mache Listen. Ich schreibe Dinge auf, die gute Stimmung erzeugen (auf Anweisung des Arztes), und sonstige Dinge, mit deren Hilfe ich morgens aus dem Bett komme. Ich schreibe Budgets auf, mache Aufstellungen von Ausgaben, schreibe Einkaufslisten, Lektürelisten, Filmlisten. Ich liste die Plus- und Minuspunkte der Männer auf, mit denen ich zusammen war. Ich erstelle Listen mit Ländern, die ich bereisen und Listen mit sportlichen Leistungen, die ich wöchentlich erbringen will. Zu Beginn des Sommerurlaubs schreibe ich eine Liste mit Dingen, die ich während des Urlaubs tun möchte. Auf der Traumtafel füge ich Dinge hinzu, die ich im Lauf meines Lebens tun und erreichen will. Ich liste Menschen auf, mit denen ich mich zum Mittagessen treffen sollte. Ich liste Menschen auf, die ich gern einmal zu einem Abend unter Mädels einladen würde. Menschen, denen ich eine Postkarte schicken muss.

Meine Freundin Kristina ist eine Meisterin der Listen. In der schlimmsten Prüfungsphase waren Kristinas Tage bis auf die Minute genau verplant. Sämtliche Maßnahmen des Tages waren in einer Liste verzeichnet, bis hin zu Frühstück, Morgenwäsche und Pinkelpausen, ebenso wie die exakte Seitenzahl, die innerhalb von 24 Stunden im Prüfungsbuch bearbeitet werden musste.

Frauen denken, verarbeiten, planen, organisieren, interpretieren, berechnen mit Hilfe von Listen. Männer legen einfach los – die kommen gar nicht dazu, Listen zu schreiben. Ich weiß nicht, ob es so ist, und auch nicht, ob ich das deprimierend finde.

Emma sagt, sie versuche übrigens hin und wieder selbst etwas zu schreiben, Erzählungen und solche Sachen. Das Problem sei, dass sie nichts zu Ende bringe. Ich frage sie, warum nicht. Fällt ihr nichts ein, oder bekommt sie einfach nichts zustande? Oder hat sie Angst, dass der Text fertig wird? »Die Schlüsse, die mir einfallen, sind so falsch, dass man sie nicht schreiben kann«, sagt Emma.

Ich spüre eine eigentümliche Seelenverwandtschaft mit diesem verschlossenen schwedischen Mädchen, das für ein Jahr nach Kyōto gekommen ist, obwohl es sich nicht sonderlich für Japan interessiert, und das überhaupt nicht weiß, was es als Nächstes anfangen soll oder jedenfalls nicht, was für einen Nutzen die sechshundert *Kanji*-Zeichen jemals für sie haben sollten. Eines Tages wird sie verstehen, warum sie das alles getan hat.

Ich frage mich, was passieren würde, wenn sie es irgendwann wagen würde, den falschen Schluss zu schreiben.

Ich raffe mich auf und begebe mich in die Stadtbibliothek, obwohl ich nicht weiß, was ich dort zu finden glaube. In den Regalen stehen nur Bücher auf Japanisch, die englischsprachigen werden im Magazin aufbewahrt, aus dem man sie eigens bestellen muss. Man muss also wissen, was man sucht. Mittels einiger allgemeiner Suchbegriffe bleiben fünf Bücher im Kescher. Ich drucke die entsprechenden Bestellzettel aus, und eine Bibliothekarin holt die Bücher aus dem Magazin.

In den Büchern studiere ich Zeitleisten und Stammbäume, die von den Ereignissen am Heian-Hof erzählen, ich sammle mikroskopische Wissenssplitter wie Goldkörner und versuche darüber nachzudenken, was sich aus ihnen schließen ließe. So wenige gewisse Jahreszahlen – wie diffus und unsicher alles Wissen ist!

Kein Wunder, dass keiner von den Menschen, die ich bislang hier kennengelernt habe – abgesehen von meinem Vermieter –, je von dir gehört hat, Sei.

Dinge, die schläfrig machen:
Bibliotheken. Ein Mensch, der gerade noch absolut munter und begeistert von den Werken gewesen ist, die er eigens zur Ansicht erbeten hat und in deren Tiefen er bald auf einer faszinierenden Entdeckungsreise gelangen würde, merkt bald, nachdem er sich auf den plumpen Stuhl am unbequemen Tisch gesetzt und die Bücher aufgeschlagen hat, dass er von einer einfach unwiderstehlichen Erschöpfung erfasst wird und weder das Gähnen zurückhalten, noch die Augen am Zufallen hindern kann. Zu Hause passiert das nie, selbst wenn man in einem bequemen Sessel sitzt oder sich aufs weiche Sofa fläzt.

Dinge, die wirklich schläfrig machen:

Deine Schilderungen höfischer Zeremonien, Sei. Ich freue mich für dich, weil ich verstehe, dass förmliche Anlässe ein wichtiger Bestandteil im Leben des Adels waren und ihre detaillierte Niederschrift zu deinen Pflichten gehörte. Wie sonst hätten die Zeremonien jahrhundertelang unverändert erhalten bleiben können, wenn nicht du und Murasaki sie dokumentiert hätten? Ich bin erleichtert darüber, dass der Zweck der Schilderungen eher ein belehrender als ein unterhaltender ist, denn ich jedenfalls habe mich dabei nicht unterhalten gefühlt.

Etwas wird mir in der Bibliothek trotzdem deutlich, nämlich die Ahnung, dass es keine klaren Antworten auf meine Fragen gibt. Um die Wahrheit zu sagen, kommt allmählich ans Tageslicht, wie schrecklich die Lage ist. Sei, nach dieser schnellen Sichtung hat es den Eindruck, als hätte niemand eine sichere Vorstellung davon, *was* dein Werk eigentlich war, oder wenigstens davon, *welcher Art* es war. Ganz zu schweigen von solchen Kleinigkeiten wie *was dein Name war* oder *warum du dein Werk schriebst*. Es macht verdächtig den Eindruck, als wisse man von nichts etwas.

Es hat den Anschein, Sei, dass es bei dem Versuch, dein Werk zu definieren, fast leichter ist zu sagen, was es *nicht* ist. Es entspricht nämlich keiner der aus der Heian-Zeit bekannten Formen des Schreibens. Es ist kein *Monogatari*, wie Murasaki Shikibus *Geschichte vom Prinzen Genji*, das von den Abenteuern eines strahlenden Prinzen in der Frauenwelt erzählt. Es ist kein *Nikki*, also kein teilweise fiktives poetisches Tagebuch, das die Literaturgattung der meisten Frauen jener Zeit war. Es ist wahrlich keine

Waka-Dichtung, aber es ist auch keine Geschichtsschreibung, auch wenn dein Werk so detaillierte Beschreibungen vom Leben der Oberschicht in der Heian-Zeit enthält, dass man es als das wichtigste überlieferte Dokument der Epoche ansieht. Als japanische Wissenschaftler im 19. Jahrhundert endlich auf einen Gattungstyp namens *Zuihitsu* kamen, wurdest du postum zu dessen erster Vertreterin ernannt. Heute sehen dich manche Wissenschaftler als Essayistin oder Aphoristikerin, die kühnsten sogar als Prä-Kolumnistin oder Ur-Bloggerin. Sei, vielleicht handelt es sich um einen Gattungstyp, dem jedes Zeitalter einen eigenen Namen gibt, den es kennt: Anfang des 20. Jahrhunderts hielt man dich in Europa für eine Impressionistin, im 21. Jahrhundert eröffnet sich einem dein Text, wenn man sich ihn als Blog denkt.

Um die Situation in den Griff zu bekommen, kann man die etwa dreihundert gemischten Episoden deines Buchs in drei Gruppen aufteilen: Tagebuch, Essays und Listen. Die Abschnitte, die an ein Tagebuch erinnern, enthalten Erinnerungen an den Hof. Die essayistischen Passagen beinhalten unter anderem Bemerkungen und Beschreibungen über Menschen, Pflanzen, Jahreszeiten und das richtige Benehmen am Hof, und sie gehören zu dem Material deines Buches, das am besten bekannt ist. In den Listen wiederum listest du alles zwischen Erde und Himmel auf, und über ihre Bedeutung haben sich die Forscher am meisten gestritten. Die verschiedenen Abschnitte sind weder chronologisch geordnet, noch thematisch oder nach Kapiteltyp: Ein Thema und Stil folgt wie zufällig dem anderen, wie unverbundene Einzelteile eines Puzzles, aber doch in einer gewissen Ordnung.

Worum handelt es sich also? Manche haben gedacht,

der Name deines Buchs, *Makura no Sōshi*, also »Kissennotizen« wäre ein Oberbegriff gewesen, der auf lose Gedanken verweist, die man vor dem Schlafengehen aufschrieb, und dass ein solches »Kopfkissenbuch« neben dem Kissen oder in den hölzernen Kopfunterlagen aufbewahrt wurde. Wahrscheinlich ist es so jedoch nicht gewesen. Das *Sōshi* im Buchtitel könnte auch auf das Papierformat verweisen, falls du nämlich zum Heft zusammengenähtes Papier anstatt einer Papierrolle benutzt haben solltest. Wie auch immer es gewesen sein mag, so hast du dein Buch wahrscheinlich selbst nicht genannt.

Aber die eigentliche Bombe, Sei, kommt hier, und die macht mich in der verträumten Bibliothek endgültig wach:

Das Originalmanuskript deines Buches ist nicht erhalten geblieben.

Ich hole tief Luft und schreibe Forschungsfakt Nummer eins in mein Notizbuch.

1) Ich bin nach Kyōto gereist, um dein Buch zu erforschen, aber das Buch, das du geschrieben hast, existiert genau genommen gar nicht.

Wie kindisch es war, mir vorzustellen, die Worte, die ich in einem englischen Penguin-Taschenbuch gelesen habe, wären genau die, die du, Sei, aufgeschrieben hast. Das sind sie selbstverständlich nicht! Dies gehört zweifellos in die Liste der Dinge, die alle anderen schon immer gewusst haben, ich aber nie *verstanden* habe. Ich Idiotin.

In morgendlicher Verschlafenheit begegne ich Marcos, der mir flüsternd verbietet, in die Küche zu gehen. Er hat die Tür verrammelt, einen Warnzettel angeklebt und sie seit den frühen Morgenstunden im Auge behalten. Angeblich hält sich in der Küche eine riesige Spinne auf. Nichts Böses ahnend, war Marcos in der Nacht auf sie gestoßen – auf die größte Spinne, die er je gesehen hat –, versuchte sie mit dem Besenstiel zu töten und jagte sie durch die ganze Küche, aber die *fuckin' bitch* floh hinter den Kühlschrank, wo sie sich jetzt verborgen hält und Opfer fordert. Leicht ungläubig höre ich mir Marcos' Geschichte an – einschließlich der mit den Fingern demonstrierten Größe. Der Junge hat möglicherweise getrunken oder ist zumindest im Jetlag und verwechselt zum Beispiel eine gewöhnliche Küchenschabe mit einer Riesenspinne. Auf jeden Fall ist es irgendwie rührend, dass dieser Langhaarige aus Alicante, der aussieht wie ein Strandlöwe, wegen eines Gliederfüßers in Panik gerät. Als Beweismaterial hat er ein Foto, aber die Kamera befindet sich leider hinter den Barrikaden in der Küche. Ich lasse Marcos auf seinem Wachtposten zurück und gehe wieder schlafen, wobei ich mich amüsiert frage, was für ein Geschöpf seine Kamera am Ende wohl enthüllen mag.

Später ist die Küchentür offen, und Emma sitzt beim Frühstück, ohne sich um Marcos' Gefasel zu scheren. Möbel und Küchensachen befinden sich nach der nächtlichen Jagd im totalen Durcheinander. Aber als mir Marcos sein Foto zeigt, wünschte ich fast, ich hätte es nie gesehen. *Fuckin' Bitch* ist tatsächlich die größte Spinne, die ich je außerhalb eines Terrariums gesehen habe. Sie ist hellbraun, sie hat lange, haarige Beine und einen mit schwarzem Muster ausgerüsteten haarigen Rumpf von der Größe eines Augapfels. Hoffentlich werde ich nie die Ehre haben, ihr live zu begegnen.

Jedenfalls werde ich Marcos nie mehr um das zum Heulen schöne Zimmer direkt neben der Küche beneiden, dessen zwei Schiebetüren sich zur Veranda und zum Garten hin öffnen. Ich bin zufrieden mit meiner kleinen Zelle, die vier stabile Wände hat, ein kleines Fenster und eine Lage am Ende des Flurs, so weit wie möglich von der Küche entfernt.

Ich beschließe, vor dem Zoo zu einem Weltkulturerbe zu fliehen, möge es heute meinetwegen die Burg Nijō sein. Ich verliebe mich auf der Stelle in sie. Die Gemälde in den Tatamizimmern sind glanzvoll, die Tiger, Kiefern, Kraniche und Adler leuchten fast dreidimensional vor dem goldenen Hintergrund. Von hier stammen also all die ikonischen goldenen Gemälde. Ich lausche dem zarten Zwitschern des Nachtigallenbodens und warte beinahe darauf, dass Richard Chamberlain oder Toshiro Mifune um die Ecke spaziert kommen – ich muss mir in Erinnerung rufen, dass es sich hier wirklich um den Palast handelt, den Tokugawa Ieyasu im Jahr 1603 erbauen ließ, und nicht um die Kulissen der TV-Serie *Shogun*.

Ich mache auch einen Abstecher in den nahe gelegenen Shinsen-en-Garten, der angeblich das Einzige in Kyōto ist, was sich aus der Heian-Zeit erhalten hat. Sei, zu deiner Zeit war er Teil des kaiserlichen Gartens, in dessen Teich sich die Aristokraten erfrischten, aber jetzt befindet sich dort nur ein einigermaßen trostloser, halbwegs gepflegter, mit einem chinesischen Drachenboot und einer grellroten Brücke ausgerüsteter Tümpel, in dessen trübem Wasser ein paar Karpfen lauern.

Der Garten weckt keinerlei Gefühle der Rührung oder der mystischen Einheit, aber wie es sich für eine anständige Pilgerin gehört, hinterlasse ich dir trotzdem eine Nachricht, Sei. Denn wer weiß. Hallo Sei, *Mia was here*, steht auf dem Zettel, den ich zwischen die anderen Zettel mit Wünschen an der Tür des Schreins, der am Teich steht, festbinde.

Am Abend verirre ich mich auf dem Weg vom Einkaufen in den Gassen des Hügels, auf dem ich wohne. Ich frage einen jungen Mann nach dem Weg, der mir wenig später hinterherrennt und mir anbietet, mich ans Ziel zu bringen. *Your wife is walking here?*, fragt er. (Hmm?) *Your husband is walking here?*, versucht er es erneut. (*No.*) *You a tourist?* (Yes.) *Why then have those bags?*, fragt er und deutet auf meine Einkaufstaschen. Mystisch, diese Japaner.

Erst am Abend im Bett begreife ich die Bedeutung des Gesprächs. Der Junge verwechselte in klassischer Manier r und l und wollte wissen, ob mein Mann hier arbeite: *your husband is working here*? Würde mein Mann in Japan arbeiten, wäre ich vermutlich Hausfrau und das Schleppen der Einkäufe wäre verständlicher.

. . .

[Sei Shōnagon schreibt]

Briefe sind etwas Alltägliches, aber wie großartig sind sie doch! Wenn sich jemand in einer fernen Provinz aufhält, macht man sich Sorgen um ihn, aber wenn dann plötzlich ein Brief eintrifft, kommt es einem vor, als sähe man ihn von Angesicht zu Angesicht. Es ist auch tröstlich, wenn es einem gelungen ist, sein Gefühl in einem Brief auszudrücken, auch wenn man weiß, dass er noch nicht angekommen sein kann. In was für eine tiefe

Schwermut würde man fallen, wenn es keine Briefe gäbe! Wenn einen etwas bekümmert, und man will es einem bestimmten Menschen erzählen, was für eine Erleichterung ist es dann, in einem Brief sein Herz auszuschütten. Noch größer ist die Freude, wenn die Antwort kommt. Dann empfindet man den Brief tatsächlich als Lebenselixier.

. . .

Deprimierende Dinge:
Man wacht morgens auf, möchte im Grenzbereich zwischen Schlafen und Wachen eigentlich noch nicht in diese Welt zurückkehren, und tastet nach dem Computer, um nachzusehen, ob ein Freund oder eine Freundin in der Nacht eine lange, aufmunternde Mail geschrieben hat. Ist dann keine einzige Nachricht im Briefkasten, erfasst einen für einen Moment ein Gefühl der Leere und der Einsamkeit.

Ist hingegen wenigstens ein kurzer Facebook-Kommentar eingetroffen, hat man das Gefühl, immerhin auf derselben Welt zu sein, auf der man durchaus aufwachen kann, auch wenn auf der anderen Hälfte der Erdkugel alle anderen noch schlafen.

Sonderbare Dinge:
Reiseklamotten. Warum nimmt man auf Reisen immer vollkommen seltsame Kleider mit, solche, die man sonst nie in der Öffentlichkeit tragen würde, höchstens vielleicht im Sommerhaus oder bei den Eltern, wo es keine Rolle spielt, wie man aussieht? Warum gräbt man für eine Reise alte Klamotten aus, die man seit Jahren nicht getra-

gen hat, oder solche, die man eigentlich noch nie getragen hat, von denen man aber glaubt, dass sie genau für diese Reise geeignet sind? Warum, um Himmels willen, sollte das der Fall sein?

Reizende Dinge:
Die schmalen, gewundenen Gassen, darin die Reihen der traditionellen Machiya-Häuser, Fahrradfahren ohne Eile. Die heimelige, kleinformatige Atmosphäre, plötzlich Kanäle, die sich vor einem auftun. Das durch das eigene Fahrrad erzeugte Gefühl, kein Tourist zu sein. Die geheimen Gärten, die Miniaturuniversen mit ihren Wasserfällen und ihren Bächen, in denen Karpfen schwimmen. Die mystischen, hinter Vorhängen verborgenen Restaurants, die man inzwischen zu betreten wagt, obwohl man die Botschaft der Schriftzeichen nicht versteht. Die freundlichen Menschen, die dafür sorgen, dass man sich heimisch und willkommen fühlt. Der kühlende Wind. Das eigene Zuhause.

Ich fliehe vor dem heißen, sonnigen Tag ins Stadtmuseum, in der Absicht, mich mit der Geschichte Kyōtos vertraut zu machen. Das Museum ist eine Enttäuschung: Der größte Teil der Texte und Vorführungen ist nur auf Japanisch. Später werde ich merken, dass es überall das Gleiche ist: Die Geheimnisse Kyōtos sind nur für Japaner bestimmt, für Leute, die sie verstehen. Es wäre keine große Mühe, die kurzen Texte in den Museen ins Englische übersetzen zu lassen, aber so etwas wird einfach nicht für nötig gehalten. In gewissem Sinn ist Japan noch immer das in sich gekehrte, vollkommen selbstgenügsame Land, das kein Bedürfnis hat, irgendwelche Anstalten zu machen, um den Besuchern aus dem Ausland, diesen Barbaren, zu gefallen. Meine fehlenden Sprachkenntnisse frustrieren mich so, dass ich fast weinen muss. Ich kann nicht einmal wissen, was hinter den unbegreiflichen Zeichen im Dunkeln bleibt.

Ich versuche so viel wie möglich aus dem Museum herauszuholen. Zu sehen ist eine *Junihitoe*, also ein zwölfschichtiger Kimono, mit dem sich die Frauen am Heian-Hof, dich, Sei, eingeschlossen, kleideten. Es ist eine eindrucksvolle Erscheinung: Über dem Unterkimono neun Kimonos in unterschiedlichen Farben und darüber ein jackenartiger Umhang sowie eine sich verbreiternde Schleppe. In der Praxis variierte die Anzahl der Kimono-Schichten allerdings, je nach Gelegenheit und Jahreszeit. Im Juli, wenn es unerträglich heiß war, trugen die Frauen in der häuslichen Umgebung nur einen hauchdünnen, fast durchsichtigen Seidenschleier über ihren breiten Hakama-Hosenröcken, aber bei förmlichen Anlässen konnte die Anzahl der Schichten auf bis zu fünfzehn steigen. Im Jahr 1074 wurde die Zahl der Schichten per Gesetz auf fünf festgelegt, weil die Frauen angefangen hatten, sogar zwanzigschichtige Garderoben anzulegen, deren Säume von Dienern getragen werden mussten, und die Frauen nicht einmal die Kraft aufbrachten, die Hand so weit zu heben, dass sie den Fächer vors Gesicht führen konnten.

Das Hantieren mit den Kimonoschichten mag mühsam gewesen sein, aber ich verstehe, dass man darauf setzte, wenn man nun einmal sein Gesicht nicht zeigen durfte. Eine Heian-Frau konnte sich nur dadurch zeigen, dass sie »ihr Gewand ausstellte«, und die höchste Form der Präsentation ihrer Persönlichkeit waren die mehrschichtigen Ärmel und Kimono-Säume, die hinter

Bambusjalousien, einem Wandschirm oder unter einer Wagentür sichtbar wurden. Modewörter der damaligen Zeit waren *Oshidashi*, unter einem Wandschirm hervorlugende Ärmel, sowie *Idashiguruma*, eine Art, die mehrschichtigen Ärmel aus dem Wagen hängen zu lassen und damit die Blicke der Passanten zu fesseln, und für diesen Zweck wurde entweder der linke oder rechte Ärmel länger gehalten. (Irgendwie vornehmer als zum Beispiel »Proll-Strings«, Unterhosen, die über dem Bund der Jeans aufblitzen und zweifellos etwas sehr Bedeutungsvolles mitteilen.)

Die Zusammenstellung der Kimonoschichten war eine Kunst, in der die Farben und die Namen der farblichen Kombinationen einen Code symbolischer Bedeutungen bildeten. So waren zum Beispiel bei einer Gewandung namens *Unter dem Schnee* die zwei obersten Schichten weiß wie Schnee, darunter befanden sich drei Schichten in verschiedenen Pink-Tönen, die aufgehende Pflaumenblüten symbolisierten (die Intensivierung des Pinks von hell zu dunkel verwies auf den stärker werdenden Duft der Blüte), und zuunterst wurde ein blaugrünes Unterkleid getragen, wie die Stiele der Blüten.

Sei, wenn ich mir ein Bild mit einer Frau aus der Heian-Zeit ansehe, auf dem die Frau hinter einer leicht nach oben gezogenen Bambus-Jalousie auf der Veranda des Palastes sitzt, und zwar so, dass ihr Gesicht hinter der Jalousie verborgen bleibt und man nur den unteren Teil der Kleidung sieht, entsteht ein sonderbarer Eindruck. Bei einem Bild ohne Gesicht ist genau der Teil verdeckt, den wir für den wichtigsten halten – das Bild ist gewissermaßen falsch gerahmt. Und in diese Frauen ohne Kopf verliebten sich die Männer dann aufgrund der unteren Partien.

Wo könnte ich so ein Prachtstück einmal anziehen?

Schwitzend begebe ich mich anschließend noch zum Kleidermuseum, in dem das Leben der Heian-Zeit mit Hilfe von Puppen präsentiert wird. Sorgfältig gemachte Miniaturmodelle stellen Szenen aus der *Geschichte vom Prinzen Genji* nach, und es gibt tatsächlich auch eine Szene aus dem *Kopfkissenbuch*, in der du, Sei, in deinem Wagen versteckt, eine buddhistische Zeremonie verfolgst.

Am Abend gehen eine Finnin, ein Franzose, ein Italiener und ein Spanier in eine Bar. Die Finnin trinkt einen Cider, pumpt den Italiener um eine Zigarette an und freut sich, dass genau diese Typen aus ihren jeweils eigenen Gründen in der Bruchbude am Hang des Yoshidayama gelandet sind. Der Italiener erzählt, es gebe in der Nähe ein Gebiet, in dem viele kastenlose Burakumin lebten und in der Yakuzas ihre Quartiere hätten, und unsere Gegend habe auch ein bisschen etwas davon. Der Italiener ist eine hilfreiche Informationsquelle für uns drei Novizen. Für die japanische Kultur interessiert er sich allerdings nicht so sehr wie für schwedische Krimis und Bossa-Nova-Gitarre. Der verliebte Franzose sucht in Kyōto seinen eigenen Weg, er träumt davon, Taiko-Trommel zu spielen und ein einfaches Leben zu führen. Dem jugendlichen Eifer des Spaniers wiederum kann man nicht ohne zu lächeln lauschen: Er hat eine endlose Zahl von Geschäftsideen in petto, mit denen er vorhat, Japan zu erobern.

Bei der nächtlichen Fahrradfahrt nach Hause bläst ein warmer Wind, und die Finnin ist glücklich über diese Schar, über diese warme Solidarität.

Heute wollte ich mit einem Mitbewohner zum Kurama-Tempel hinaufsteigen, aber wir haben beschlossen, den Ausflug auf einen anderen Tag zu verschieben. Das Thermometer zeigt mehr als dreißig Grad, und der Himmel ist wolkenlos: Ich bekomme eine Hitzelähmung, wenn ich unter diesen Umständen versuche, einen Berg zu erklimmen.

Mit Mühe und Not würde ich es vielleicht schaffen, den heimischen Yoshidayama-Hügel zu besteigen, auf dem Nino ein in der Stille des Waldes vergessenes, traditionelles Teehaus entdeckt hat, von dessen Obergeschoss man einen Blick über die ganze Stadt hat, bis hin zu den westlichen Bergen. Mit Seb gehe ich auf verschlungenen Wegen durch den üppig grünen, schattigen Wald im Hinterland des verlassen wirkenden, verfallenen, von steinernen Füchsen bewachten Inari-Schreins und durch das nahe gelegene Shinnyo-dō-Tempelgebiet. Auf den Treppen des Tempels zieht man die Schuhe aus, und das glatt polierte Holz fühlt sich köstlich unter den nackten Füßen an: nicht kühl, aber auch nicht heiß, sondern sauber und richtig, wie Balsam für die Seele. Im Lotusteich ist die Zeit der Blüten vorbei, aber die braunen Samenkapseln sind noch da; auf dem Friedhof stehen hunderte längliche Namensschilder aus Holz neben den Steinen wie Skier.

Dieser Tag ist dem Überstehen der Hitze gewidmet. Im Haus sind alle in einem Zwischenzustand von Flüssigkeitsverlust und erschöpftem Stumpfsinn versunken: Sogar Marcos, der die Hitze Spaniens gewohnt ist, liegt apathisch in Embryonalstellung auf seinem Futon, das Gesicht auf den Ventilator gerichtet, und Seb döst im ersten Stock vor sich hin. Ich ergebe mich, indem ich mich auf der Ledercouch im Fernsehzimmer ausstrecke, den Ventilator so einstelle, dass er mich anbläst, mir ein nasses Handtuch auf die Stirn lege und auf die abendliche Kühle warte, auf eine bessere Zukunft.

Es ist 17.56, ich bin in Kyōto.

Ich würde gern für etwas Belebung meines Abends sorgen, indem ich per Internet finnisches Fernsehen schaue, aber das einzige Programm, das uns Ausländern gestattet wird, ist die *Plenarsitzung des Parlaments*.

. . .

[Sei Shōnagon schreibt]

Dinge, die eine angenehme Erinnerung an die Vergangenheit wecken

Wenn man ein Stückchen tief violetten oder traubenfarbenen Stoff entdeckt, den man zwischen den Seiten des Notizbuchs aufbewahrt hat.
   Es regnet, und man langweilt sich. Um sich die Zeit zu vertreiben, blättert man in alten Papieren. Dabei fallen einem die Briefe eines Mannes in die Hände, den man einmal geliebt hat.
   Der nächtliche Vollmond.

. . .

Am Morgen wache ich in düsterer Stimmung auf. Ich mache mir Sorgen und befürchte, das Heimweh könnte mich erwischen, aber dann nimmt der Tag eine völlig andere Gestalt an. Später werde ich merken, dass solche Tage, die düster beginnen, immer eine andere Gestalt annehmen.

   Ich beschließe, mit dem Fahrrad zu einer Wallfahrt nach Shisendō aufzubrechen, zu dem Ort, wegen dem ich mich einst in Japan verliebt habe. Mitte der 1990er Jahre verirrte ich mich an der Universität in einen Kurs über japanische Kulturgeschichte und bekam sonderbarerweise die Aufgabe, einen Essay über ein Buch zu schreiben, das sich mit Shisendō befasste. Das Haus und den Garten von Shisendō, dem heutigen Tempel, hat im 17. Jahrhundert der ehemalige Samurai Ishikawa Jozan erbauen lassen, der sich in die Berge zurückziehen wollte, um ein Eremitenleben mit Dichtung, Kalligrafie und Gartenpflege zu führen. Das Hauptzimmer des Hauses widmete er den 36 unsterblichen chinesischen Dichtern, deren Porträts und Gedichtkalligrafien die Wände bedeckten. *Die Halle der unsterblichen Dichter*, der überirdisch schöne und beruhigende Garten sowie eine Lebensweise, in der man bereit ist, für die Dichtung und die Ästhetik alles hinter sich zu lassen, versetzten mich in Verzückung. Nachdem ich den Essay geschrieben hatte, bestellte ich in der Akademischen Buchhandlung das Buch für mich selbst, obwohl es die für ein Studentenbudget unerhörte Summe von 600 Finnmark kostete, und fing an, es in Ehren zu halten wie die Bibel. Ich wagte nicht einmal davon zu träumen, Shisendō jemals zu besuchen. Allerdings dachte ich, dass ich, falls es aus einem unfassbaren Grund doch irgendwann so kommen und ich etwas so Schönes und Bedeutungsvolles zu Gesicht bekommen sollte, für den Rest meines Lebens glücklich sein würde. Noch immer gelingt es mir, mich selbst als Zwanzigjährige zu sehen, wie ich in meiner Einzimmerwohnung in der Laivanvarustajankatu in Helsinki mit Bleistift auf Karopapier den Essay schreibe (Es war noch nicht die Zeit der Computer!), voller Staunen und Ungläubigkeit. Es war unbeschreiblich zu begreifen, dass eine solche Welt – wie ein anderer, der

Schönheit, dem Frieden und den tiefen Gedanken gewidmeter Planet – irgendwo existierte, und dass ich in dieser geheimen Welt, jenseits von Jahrhunderten, Seelenverwandte finden würde, von denen ich nicht einmal zu träumen gewagt hatte. Ich war verliebt.

Beim Fahrradfahren zu jenem überirdischen Ort, der nur zwei Kilometer von meiner Kakerlakenhöhle am Yoshidayama entfernt liegt, bricht ein Sturzregen aus, und ich muss zum Mittagessen beim erstbesten Lokal anhalten. Irgendwie passt das jetzt nicht ganz zur Stimmung, denke ich, als ich bereits über eine Stunde im McDonald's sitze und warte, dass es aufhört zu regnen. Immerhin läuft hier moderner Jazz (die japanische Auffassung von entspannender Fahrstuhlmusik), und vor dem Panoramafenster liegt ein kleiner Steingarten, weshalb der Doppelcheeseburger vielleicht ein bisschen besser schmeckt als sonst. Außerdem: »Sitze bei McDonald's, auf dem Weg nach Shisendō« klingt nach einem Satz, mit dem du, Sei, einen deiner Einträge hättest beginnen können.

Es ist schwer, nach Shisendō zu finden. Meine Karte reicht nicht bis dorthin, nirgendwo sieht man englischsprachige Schilder, und ich muss dreimal nach dem Weg fragen. Mein Japanisch fließt bereits ausgezeichnet: *Shisendō doko?* wird verstanden, und die Antworten, von denen ich nichts verstehe, führen trotzdem auf den rechten Weg, immer weiter den Berghang hinauf.

Schließlich komme ich an. Der Taxifahrer, der vor dem düsteren Tor steht, will unbedingt mit seiner Kamera ein Foto von mir machen, als ich verschwitzt und außer Atem den Tempel meiner Träume betrete. Aber da ist er: intim, geheimnisvoll, poetisch, rustikal, seit Ewigkeiten kühlend. Dunkles Holz, weißer gerechter Sand, rund geschnittene

Azaleen, Kamelien, ein Wasserfall. Hier ist die Zeit stehengeblieben, an ihren Verlauf erinnert nur ein Bambusrohr, das sich regelmäßig mit Wasser füllt, ein Sōzu, klack. Das Universum erobert den Geist – nur dies ist wichtig, nur dies hier.

Werde ich nun bis zum Ende meines Lebens glücklich sein, nachdem ich es gesehen habe?

Dinge, die ich in Japan verstanden habe:
Die Bedeutung der kleinen Handtücher, die überall verkauft werden. Zwar habe ich mir bei meinen früheren Reisen welche gekauft, aber nie begriffen, wofür sie gedacht sind. Jetzt sind sie meine wichtigste Ausrüstung. Man muss mehrere davon bei sich haben, und eines liegt in meiner Tasche immer ganz oben, es muss schneller greifbar sein als das Geld für den Bus oder der Schlüssel.

Mit dem Tuch wischt man sich den Schweiß vom Gesicht, der pausenlos fließt. Außer mir hat auch jede herrlich frische japanische Schönheit ein zusammengefaltetes Handtuch in Reichweite, mit dem sie sich allerliebst die perlende Stirn und das Dekolleté abtupfen kann. Mit dem Tuch trocknet man sich auch die Hände in öffentlichen WCs, denn dort gibt es keine Papierhandtücher. Zu Hause sollte es ebenfalls mehrere davon geben: Eines kann man mit kaltem Wasser befeuchten und sich in den Nacken legen, das andere zum Trocknen des Schweißes benutzen. Nachts lege ich mir ein feuchtes Tuch auf die Stirn.

Auf den Straßen sieht man Männer, die sich ein weißes Frotteetuch um den Kopf geschlungen haben. Haben sie es mit kaltem Wasser nass gemacht? Kühlt wahrscheinlich herrlich. Leider habe ich keine einzige Frau mit

Handtuch um den Kopf gesehen – wir müssen mit einem Regenschirm auskommen, und mit einem Fächer, der also ebenfalls mehr als bloß ein unbrauchbares Souvenir ist.

Heute versuchte ich – wie gestern schon –, am Automaten Zigaretten für den nächsten Kneipenbesuch zu kaufen. Ich probierte alle möglichen Tricks aus, bis ich schließlich kapierte, warum ich keinen Erfolg hatte. Zigaretten darf man erst kaufen, wenn man über zwanzig ist, weshalb der Automat eine Art elektronischen Ausweis verlangt, den ich natürlich nicht habe. Von Emma höre ich, dass es sich um eine spezielle Identitätskarte zum Kauf von Zigaretten handelt. Wenn man sich die beschafft, wird man offenbar ins *staatliche Raucherregister* eingetragen.

Später höre ich von Nino, dass es in einer Straße in unserer Nähe einen Automaten gibt, der das Alter der Kunden am Gesicht erkennt. Ich kann nicht fassen, wie so etwas funktionieren kann – scannt da ein Computerprogramm meine Augen und misst die Ringe um sie herum wie die Jahresringe an einem Baumstamm? Nein, es ist noch unglaublicher. Irgendwo in Kyōto gibt es angeblich eine Zentrale, wo eine Amtsperson sitzt und über eine Überwachungskamera das Alter der Menschen, die an die Automaten kommen, schätzt. Diese ursprüngliche Praxis wird jetzt von den Identitätsausweisen abgelöst.

Ein seltsamer, aussterbender Beruf: Alterserkenner in der Zigarettenautomatenüberwachungskamerazentrale.

Den ganzen Tag mit Seb im heißen Nara (Seb hat tagsüber viel Zeit, weil Reina arbeitet, falls sich jemand wundern sollte). Die heiligen Rehe folgen uns, als wir einen Tempel nach dem anderen erklimmen. Seb fragt, ob ich irgendwann mit ihm per Anhalter nach Tokio fahre. Also, äh, nein, ich sehe mich nicht beim Trampen nach Tokio. Auch mein Mut hat seine Grenzen.

Am Abend treffe ich zufällig Nino, den ich seit einer Woche nicht mehr gesehen habe. Er fragt mich, ob wir am Wochenende essen gehen wollen, *maybe just you, or maybe everyone*? Es mag sein, dass dieses *just you* eine Art Zwischenhüsteln ist, das ich hoffnungsvoll falsch verstehe. Ich entscheide mich für *everyone*.

Heute ist ein Tag der merkwürdigen Zufälle. Oder was sagst du, Sei, hat es nicht den Anschein, als würde sich das Universum hier in Kyōto in einem winzigen Dorf verdichten?

Am Morgen gehe ich mit Seb ins KICH, Seb hat Japanischunterricht, ich will in die Bibliothek. Seb zeigt mir am Schwarzen Brett in der Eingangshalle eine Kontaktanzeige, in der ein japanisches Mädchen einen blonden Jungen mit grünen Augen sucht: *I want to make friend who speak english. The friend has blond hair and green eyes. Also the friend has a job. Upper 30 is best. Single male only. I really want to have green eyes friend.*

Wir lachen über die Anzeige, aber zwei Minuten später lache ich nicht mehr. In der Eingangshalle kommt ein japanisches Mädchen auf mich zu, das einen seltsam starren fanatischen Blick und zitternde Lippen hat. Sie will wissen, ob ich einen blonden, grünäugigen Jungen kenne. Oder, falls ich keinen kenne, ob ich einen Briefwechsel mit ihr anfangen will. (Verflixt, sieht sie, dass ich grüne Augen habe?)

Aber damit ist es mit den Zufällen noch nicht genug.

Nachdem ich mich aus der Brieffreundschaft herausgewunden habe, blättere ich in der Bibliothek in den Büchern, die ich gefunden habe, als ein Mädchen durch die Tür tritt und mich freundlich begrüßt: Sieh an, die Kellnerin im Café des französisch-japanischen Instituts, die mich letzte Woche bedient hat. Es stellt sich heraus, dass die Französin Olivia im Juni für ein Jahr nach Kyōto gekommen ist, um Japanisch zu lernen. »Was machst du übrigens morgen Nachmittag?«, fragt sie mich. »Willst du nicht mit mir nach Osaka fahren, ein Fernsehsender sucht ausländische Mädchen für sein Programm, um über Liebe und Boyfriends zu reden, und gedreht wird morgen?«

Letzen Endes fällt das Ganze in sich zusammen, als Olivia den Produzenten anruft, der meinen Verdacht bestätigt, dass die Teilnehmerinnen in der Lage sein müssen, auf Japanisch über die Liebe und über *Boiufurendos* zu sprechen. Trotzdem tauschen wir E-Mail-Adressen und vereinbaren, bald etwas trinken zu gehen.

Es regnet fürchterlich. Herrlich, kühl, heimelig, vertraut.

Ja, Sei, ich sitze in der Bibliothek und lese dich.

Ich lese in deinem Buch, wie du vom Leben der Hofdamen im Palast erzählst, über die Atmosphäre dort und über das nächtliche Klopfen an euren Türen.

Ich lese, wie ihr dem Hotogogisu-Kuckuck zuhören gingt, als es regnete, und niemand von euch Hofdamen ein Gedicht über das Ereignis zustande brachte.

Ich lese vom Besuch einer Bettelnonne im Palast und von einem Schneeberg, über dessen Schmelzen ihr Hofdamen Wetten abschlosst.

Ich lese, wie du dich über die Reisernte wunderst und von den Fertigkeiten der Arbeiter beeindruckt bist, aber die Behausungen der Bauern sehen deiner Meinung nach sonderbar aus.

Ich lese darüber, wie du an einem uninspirierenden Ort Enthaltsamkeit übst und schlechte Gedichte schreibst.

Ich lese, dass du zu Beginn deines Dienstes am Hof so schüchtern und scheu warst, dass du ständig rot wurdest und schwitztest, was allerdings schwer zu glauben ist.

Ich lese davon, dass der Bruder der Kaiserin eines Abends eine Vorlesung über Literatur hielt, die bis zum nächsten Morgen ging, und ihr Hofdamen einnicktet, weil ihr es nicht wagtet, schlafen zu gehen.

Ich lese deine Überlegungen darüber, was der beste Ort für das Empfangen nächtlichen Männerbesuchs ist. (Bei den Schwiegereltern oder beim Bruder ist es schwierig, weil man sich dann die ganze Zeit den Kopf darüber zerbrechen muss, was sie sich wohl denken.)

In einem Abschnitt beschränkst du dich nur darauf zu berichten, wie gut ein Höfling eines Tages roch und wie berauscht alle Hofdamen waren.

Ich lese, wie die Höflinge dich verehren, deine Gewitztheit und deine Schreibkunst: Die Männer finden, dass man bei solchen Gedichtbriefen eine Beförderung bekommen müsste!

Ich lese, dass dir die Augen wehtaten, weil du den ganzen Tag Zeremonien zugeschaut hattest.

Ich lese, dass der Kaiser eines Tages die Anweisung gab, Schnee auf ein Tablett zu häufen, in dem dann der blühende Zweig eines Pflaumenbaums arrangiert wurde.

Ich lese, wie du dasaßest und so konzentriert der Flötenmusik und dem Gesang lauschtest, dass dein Kimono gefroren und deine Hand mit dem Fächer ganz klamm war.

Ich lese, dass eines Wintermorgens die Eiszapfen für

dich aussahen, als wären sie mit Absicht in unterschiedlicher Länge an allen Traufen aufgehängt worden, so unglaublich schön waren sie, wie kristallene Wasserfälle.

Jedenfalls meine ich, das zu lesen. Denn woran soll ich eigentlich glauben, wenn dein Text nicht erhalten geblieben ist?

Sei, man geht davon aus, dass dein ursprüngliches Manuskript bereits vor dem Ende der Heian-Zeit verloren ging und schon im 12. Jahrhundert mehrere unterschiedliche Versionen deines Werks kursierten. Die frühesten Manuskripte, deren Herkunft nachvollzogen werden kann, wurden etwa 500 Jahre nach deinem Tod hergestellt, und eine gedruckte Fassung war nicht vor dem 17. Jahrhundert erhältlich. Die Situation ist also exakt die gleiche wie zum Beispiel bei der Bibel (an die, nebenbei bemerkt, auch ziemlich viele Leute glauben). In den hunderten Jahren dazwischen redigierten Gelehrte und Schreiber die Texte, die sie in die Hände bekamen: Sie rückten Abschnitte an andere Stellen, nahmen Korrekturen vor, ließen Wörter oder Sätze weg, die sie für Fälschungen hielten, und machten beim Kopieren Fehler. All das hat zu bedeutenden Unterschieden in den verschiedenen Fassungen geführt, die sich im Lauf der Zeiten in mehrere voneinander abweichende *Manuskriptlinien* geschieden haben. Sie unterscheiden sich außer auf der Satzebene auch in der Anordnung der Kapiteltypen. Bei manchen Abschnitten streitet man auch darüber, ob sie überhaupt zum Text gehören oder ob sie später von Schreibern hinzugefügt wurden.

Der größte Streit hat sich über Jahrhunderte hinweg darum gedreht, wie die ursprüngliche Anordnung der Textmasse aussah. Ist es die Absicht der verschiedenen

Kapitel – Listen, Tagebuchtexten und Essays – durcheinander zu sein oder sich in Reih und Glied zu befinden? Pingelige Forscher sind für eine nach Texttypen organisierte Struktur, für *Bunruiteki*, wie sie die Sakaibo-Manuskriptlinie sowie das Maedakebo-Manuskript repräsentieren. Die Freunde der zufällig wirkenden Anordnung wiederum glauben an *Zassanteki*, wofür die Noinbo- und Sankanbo-Maunskriptlinien stehen. Letztgenannte liegen derzeit vorn: Auf ihnen basieren die auf Englisch erhältlichen Übersetzungen und der größte Teil der aktuellen Forschung.

Für beide sind über die Jahre hinweg Beweise vorgelegt worden. So entwickelte zum Beispiel 1926 ein japanischer Wissenschaftler eine praxisnahe Theorie darüber, wie das ursprünglich »ordentliche« Manuskript »in Unordnung geraten« war. Falls das ursprüngliche Manuskript ein gebundenes Notizbuch, also ein Sōshi war (und keine Papierrolle, also kein Maki), hätte die Bindung sich irgendwann lösen können und die Seiten hätten durcheinandergeraten können. Falls das im Lauf der Zeit mehrmals passiert war, hatte sich die Vermischung vervielfacht, und niemand konnte die Seiten wieder in die richtige Reihenfolge bringen. Es ist klar, dass besagter Wissenschaftler ein Mann der Ordnung war: Ihm zufolge versteht jemand, der glaubt, Sei Shōnagons unbestreitbares, »wenngleich fragmentarisches Talent« habe ein solches Durcheinander zugelassen, nichts von Literatur.

Andere hingegen sind der Ansicht, dass gerade dieses »Durcheinander« der Kern und die attraktivste Eigenschaft des Werkes seien.

Sei, so ärgerlich wie das Fehlen des ursprünglichen Manuskriptes auch ist, verstehe ich doch, warum es dazu gekommen ist. Du schreibst darüber, wie Tsunefu dein Notizbuch von der Veranda stibitzte und deine Texte von da an am Hof gelesen wurden, und Murasaki beklagt sich in ihrem Tagebuch, weil ihr das »einzige gute Exemplar« der unvollständigen *Geschichte vom Prinzen Genji* aus ihrem Zimmer entwendet wurde und sie sich grämen musste, weil man es jetzt las. Ein Manuskript zu kopieren war eine Arbeit von Monaten, die Vorlagen konnten leicht verloren gehen, und viele der versehentlich in Umlauf geratenen Kopien sind nur Entwürfe, weshalb es geradezu unglaublich ist, dass deine und die Schriften anderer Heian-Frauen überhaupt in irgendeiner Form erhalten geblieben sind. Dass sie sich veränderten oder verschwanden, war beinahe unausweichlich.

Im Grunde könnte das auch mir passieren, noch im 21. Jahrhundert. Nämlich so:

Ich wäre jetzt du, Sei. Ich würde einen Stapel Papier mit Text füllen, beziehungsweise elektronisches Papier, auf dem Computer. Das würde dann eine Freundin von mir sehen, sie würde es lesen wollen und es anschließend an eine andere Person mailen. Es würde die Runde machen, und bald würden immer mehr Leute lesen, was ich geschrieben habe. Dann käme es in meinem Leben plötzlich zu einer entscheidenden Veränderung (ich würde den Hof verlassen, oder eben die Granitburg), das Buch bliebe unveröffentlicht, aber der Text würde weiter per E-Mail unter fernen Bekannten die Runde machen. Jemand würde aus Versehen eine halbe Fassung abspeichern, ein anderer den Text kommentieren, wieder ein anderer ihn – von Fremdscham ergriffen – unauffällig verbessern oder seltsame Stellen entfernen. So würde er seinen Weg machen, und plötzlich gäbe es den ursprünglichen Text nicht mehr, niemand würde mehr wissen, welche Version die erste war oder auch nur, wer sie geschrieben hatte, es würde ein herrenloser Text werden, der im Netzuniversum seine Bahnen zieht.

In der Zwischenzeit, im Zeitalter der gedruckten Bücher, war alles eindeutiger. Wenn ein Werk aus der Druckmaschine kam, war es vollkommen, komplett und unveränderlich wie eine in Beton gegossene Skulptur. Mit all seinen Fehlern, Unvollkommenheiten und Zufälligkeiten (wann der Verfasser beschlossen hatte aufzuhören, zu welchen Kompromissen mit dem Lektor er gelangt war, welche Schreibfehler übersehen wurden), es war das Wort Gottes, das endgültige Werk, das sein eigenes Leben unabhängig vom Schriftsteller oder der Schriftstellerin lebte. Man konnte jahrhundertelang neue Auflagen des Werks drucken, und immer blieb es dasselbe. Die Interpretationen änderten sich, aber das Werk blieb.

Zu deiner und meiner Zeit jedoch, Sei, in den Epochen der mit der Hand kopierenden Schreiber und der elektronischen, leicht zu modifizierenden Texte, sind Wesen und Bedeutung des vollkommenen Werks so flüchtig wie Nebel. Du und ich, wir wissen, dass es nicht nur eine Art gibt, eine Geschichte zu erzählen. Es gibt nicht nur eine Wahrheit. Es gibt nur endlose Entscheidungen, alternative Wege, menschliche Fehler und Deutungen.

Und dennoch, Sei, entspringt nicht wenigstens ein Teil der unter deinem Namen gedruckten Wörter, vielleicht sogar der bedeutsamste Teil, deinen Gedanken?

· · ·

[Sei Shōnagon schreibt]

Dünnes, verziertes Papier

Weiß. Violett. Rot. Strohgelb. Auch Grün ist gut.

Kästen mit Schreibzubehör

Ein Kasten mit zwei Etagen, dessen Zierlack mit Wolken und Vögeln versehen ist.

Schreibpinsel

Das Winterfell von Tieren ist im Gebrauch am besten und gefällt dem Auge. Kaninchenfellpinsel.

Tintensteine

Runde.

Auf den Charakter einer Frau lässt sich schließen, indem man auf ihre Spiegel, ihre Tintensteine oder jeden beliebigen anderen Gegenstand schaut. Für einen Mann ist es noch wichtiger, den Schreibtisch in vollkommener Ordnung zu halten. Borgt man sich den Tintenstein einer anderen Person, um Kalligrafie zu üben oder einen Brief zu schreiben, ist es wirklich unangenehm, wenn diese Person sagt: »Aber nicht diesen Pinsel benutzen.« Sitzt man vor einer Person, die schreibt, ist es ärgerlich, wenn diese sagt: »Es ist so dunkel, würdest du aus dem Licht gehen!« Peinlich ist es auch, dafür gerügt zu werden, dass man neugierig auf die Handschrift einer anderen Person geblickt hat. Bei einem Mann, den man liebt, passiert so etwas nie.

. . .

Ich bin völlig fertig. Zwei Wochen Sehenswürdig-keiten-Rumba haben mich ermüdet, ich kann nicht mehr, komme kaum noch aus dem Bett. Am liebsten würde ich nur herumliegen und lesen. Darf man so einen ganzen Tag verbringen? Zu Hause kommt es schon mal vor, dass ich so meinen Tag verbringe. Trotzdem fühle ich mich irgendwie schuldig. Das hier ist *mein freies Jahr, per definitionem* frei, und trotzdem frage ich mich, ob ich die Zeit gut genug nutze, damit auch ja keine freie Stunde ver-loren geht! Wenn ich schon einmal *hierhergekom-men* bin, um *frei* zu sein, sollte ich aus der Freiheit auch alles herausholen.

Ich liege also den ganzen Tag auf meinem Futon und starre die Wolken am Himmel über Kyōto an. Mehr gibt es in meinem leeren Zimmer auch nicht zu sehen. Aber Sei, ich wollte ja unbedingt in so einem alten, traditionellen Holzhaus und in einem leeren Zimmer wohnen, weil ich dachte, dir damit näherzukommen. Ich dachte, wenn ich drei Monate auf einem Tatamifußboden liege und sitze, mit schmerzendem Rücken und Nacken, verstehe ich bes-ser, wie du dich gefühlt hast. Auch wenn ich hier natür-lich vieles habe, von dem du nichts wusstest. Zunächst einmal den Tatamifußboden. Dann den Futon. Die weichen Decken und Kissen. Den Ventilator und die Elektroheizung. Die Deckenlampe. Die Taschenlampe für den Fall eines Erdbebens. Die Fenster mit Glasscheiben. Toilette und Dusche. Einen Spiegel, der ein exaktes Bild wiedergibt. Vom Computer ganz zu schweigen.

Sei, in was für einer Umgebung müsste ich mir dich eigentlich vorstellen? Was für Sachen hattest du? Wie hast du geschlafen?

Obwohl du über den Glanz des Hofes schreibst, war dieser, so wie du ihn meinst, wesentlich karger, als es sich moderne Leser vorstellen. Die kaiserliche Behausung war höchstwahrscheinlich einer der spartanischsten Paläste der Welt, und die *Shinden*-Wohnhäuser der Oberschicht waren ebenfalls von strenger Einfachheit, denn die Verschnörkelungen des chinesischen Stils .haben letzten Endes nie so richtig zum japanischen Geschmack gepasst. Die eingeschossigen Holzgebäude waren durch hölzerne Veranden und Gänge miteinander verbunden, und mehr Mühe als mit den nahezu leeren Innenräumen gab man sich mit den Gärten, mit Bäumen, Wegen, Teichen und Brücken. Wenn bei warmem Wetter die Fensterläden der Häuser entfernt wurden, verschmolz der paradiesische Garten mit dem Innenraum, der Mensch mit der Natur.

Innerhalb des Hauses war das Leben alles andere als paradiesisch. Es gab kein Fensterglas, und breite Traufen verschatteten die Fenster. War es also nicht warm genug, um die Läden entfernen zu können, herrschte drinnen Dämmerlicht, ja beinahe Dunkelheit. Abends konnte man die Räume mit Öllampen und Kerzen erleuchten, aber weil das Brandgefahr bedeutete, lebten vor allem die Frauen die meiste Zeit ihres Lebens im Halbdunkel. Die Winter waren natürlich besonders heikel, wenn die Kohlenpfannen die »für den Sommer gebauten« großen Räume und langen Gänge nicht zu wärmen vermochten.

Dort habt ihr Frauen dann Monat für Monat in Dunkelheit und Kälte gesessen und auf den Frühling gewartet. Ganz zu schweigen davon, wie umständlich ein Toilettenbesuch gewesen sein mochte, vor allem auf dem Palastgelände, wo es wegen der rituellen Reinheit überhaupt keine Abtritte gab. Die Diener kamen mit Töpfen dorthin gerannt, wo sich die Palastbewohnerinnen und Palastbewohner gerade aufhielten, und trugen den Inhalt aus dem Palast hinaus, und es musste für die Frauen eine Erleichterung gewesen sein, für die Dauer der Monatsregel evakuiert zu werden. *Es ist so dunkel und so kalt, und ich müsste auch noch einen Topf kommen lassen ...* Da nur Wandschirme und Stoffe die Räumlichkeiten trennten, war Privatsphäre ein unbekannter Begriff. Nein, Sei, du konntest nicht in dein »Zimmer für dich allein« gehen und hinter dir abschließen. Konntest du überhaupt jemals allein sein? Wusste der ganze Palast von jedem einzelnen Liebhaber, der nachts zu dir schlich? Konntest du auch nur einen einzigen Teil deines Lebens für dich behalten, in dieser Welt des heimlichen Lauschens und des Voyeurismus, in der auch die Privatsphäre des Kaisers nur von zart wispernden Nachtigallenböden bewacht wurde?

Und wie sahen sie aus, die halbdunklen Räume, in denen ihr eure Tage verbrachtet? Offen und fast leer. Alles Leben in den Innenräumen fand auf dem Fußboden statt, große, feste Möbel gab es nicht. Der Holzboden war blank, abgesehen von einzelnen, zum Sitzen bestimmten Strohmatten und Kissen. Durch die chinesischen Einflüsse waren zwar Stühle in Japan gestrandet, aber sie sind nie allgemein in Gebrauch genommen worden. Zu deiner Zeit,

Sei, gab es sie nur in Tempeln und im kaiserlichen Palast, wo auf ihnen höchstens die Kaiser, die Prinzen und die Oberhäupter der Fujiwaras saßen. Die größten Einrichtungselemente waren die Wandschirme, die Jalousien und die Vorhänge, die man benutzte, um die Räume zu teilen, Zugluft zu verhindern und die Privatheit zu schützen. Die Frauen der Oberschicht versteckten sich vor den Blicken fremder Männer hinter einem *Kicho*-Wandschirm. In dessen Rahmen wurden je nach Jahreszeit wechselnde durchsichtige, verzierte Stoffe eingespannt, und in einer unverhüllten Öffnung im unteren Teil konnte die nur in undeutlichen Umrissen erkennbare Frau für den Mann ihren Ärmel aufblitzen lassen.

In großen Wohnungen gab es auch ein *Chodai*, ein mit Vorhängen eingefasstes Podest, das als Schlafzimmer und Platz zum Sitzen diente, aber ansonsten konnte man *Yuka*, das Bett, überall im Raum aufschlagen. Also legtest du dich, Sei, mit anderen Hofdamen und Dienern in irgendeiner Ecke schlafen. Du legtest dich vollständig angezogen auf eine Strohmatte und decktest dich mit einer dünnen Seidendecke und bei kaltem Wetter mit dicken, schweren Kleidungsstücken zu. Unter den Kopf legtest du dir einen harten, rechteckigen Gegenstand, wie zum Beispiel dein Notizbuch oder den Kasten, in dem du dein Papier aufbewahrtest. Sei, müsste ich im Namen der Angleichung mit meinem Mini-Laptop unter dem Kopf auf dem bloßen Tatami-Fußboden schlafen, vollständig bekleidet, mit dem Morgenmantel als Zudecke, die Tür zum Flur sperrangelweit offen?

Neben Wandschirmen und Vorhängen konnten zur Einrichtung der Zimmer noch eine einzelne Truhe oder ein Schrank gehören, eine Kohlenpfanne, eine Öllampe und ein

Gō-Spieltisch. Meistens waren die Sachen aus lackiertem Holz gefertigt – die Lackierung war dekorativ und schützte vor Insekten und Vermorschung. Bei aller Einfachheit des Stils sahen die wenigen Dinge umso schöner aus. Die bemalten Wandschirme, Spiegel und Instrumente waren Kunstwerke an sich. Gegenstände, die mit dem Schreiben und künstlerischer Betätigung zu tun hatten, wurden in Ehren gehalten: Sutrarollen wurden in goldlackierten Kästen aufbewahrt, Gemälde in mit Perlen verzierten Kästen aus Sandelholz, und stets befand sich eine Sammlung exquisit verzierter Schreibpinsel, Tintensteine, Gedichtsammlungen und Bücher über Dichtung im Zimmer. Auch Männer hatten ihren Schminktisch, und auf demjenigen einer Frau konnte eine Perücke liegen, die aus den ausgefallenen Haaren ihrer Besitzerin bestand.

Sei, ich blicke auf die Taschenbücher in verschiedenen Sprachen, die in meinem kargen Zimmer auf dem Fußboden aufgereiht sind, auf die Notizbücher, Zettel, Stifte und auf den roten Computer, in dem die Dokumente thematisch in Ordnern sortiert sind. Ich blicke auf das Regal mit Feuchtigkeitscreme, Puder, Wimpernzange, Vitamin- und Schmerztablettenröhrchen, Münzen für die Waschmaschine und billigen Kleidern aus Massenproduktion, auf den an der Wand hängenden Ein-Euro-Spiegel, auf den neben dem Bett liegenden Schokoriegel, auf Handy, Wasserflasche, Bildschirmreinigungstuch aus Mikrofaser und auf die vor dem Fenster trocknende, nach Kamille duftende Wäsche.

Ich liege auf meinem Futon und denke an dich.

Aus dem geplanten gemeinsamen Abendessen mit den Mitbewohnern wird wieder nichts; es ist die reinste Stille

Post. Wir warten bis halb zehn auf Nino, dann fällt Seb plötzlich ein, dass Nino die Nachricht hinterlassen hat, er könne doch nicht. Weil ich, Marcos und Emma uns am Rande des Hungertodes befinden, gehen wir zu dritt essen.

Wir landen in einem nahe gelegenen, durch und durch japanischen *Izakaya* und versuchen etwas zu bestellen, obwohl es nur japanische Speisekarten gibt. Wahrscheinlich sind wir die einzigen Ausländer, die man in der Bar je gesehen hat, denn eine Schar angeheiterter Zwanzigjähriger drängt sich um uns, um kichernd zu beobachten, wie wir essen. Auch Plauderversuche werden unternommen, obwohl keiner mehr als ein paar Worte Englisch kann. Ein Mädchen will von mir wissen, wie alt ich bin, und als ich es sage, fällt sie auf die Knie und fängt an sich zu verbeugen und immer wieder *sumimasen* zu sagen – offensichtlich ist es megapeinlich, dass sie, eine 21-Jährige, lauthals mit mir geredet hat, ohne zu kapieren, wie *respektvoll* sie mit mir hätte sprechen müssen! Zwei Jungen erklären hysterisch kichernd, sie seien *Bankers* – was ich ein wenig besorgniserregend finde. Einer tut mit einem Stock so, als würde er Harakiri begehen. Sie wollen wissen, was *Kampai* in unserer Sprache heißt und ersticken fast vor Lachen, als Marcos *Chin-Chin* sagt, denn das heißt auf Japanisch Pimmel.

Als wir nach Hause kommen, kauert eine große Ratte auf der Eingangstreppe.

* · · ·

Ja, ja, Sei, zu deiner Zeit gab es noch kein Kabuki-Theater, und du wusstest davon nichts, aber was würdest du zu Folgendem sagen?

Ich breche am Morgen zu einem kostenlosen Konzert mit traditioneller Musik im Kunst- und Kulturzentrum auf, höre mir fast drei Stunden lang zufrieden Koto-, Flöten- und Shamisen-Musik an und stelle mir vor, einer authentischen, wenn auch leicht einschläfernden Erfahrung ausgesetzt zu sein. Danach fahre ich mit dem Rad nach Gion. Als ich am Minamiza-Kabuki-Theater vorbeikomme, stelle ich fest, dass dort gerade eine Vorstellung beginnt, und beschließe spontan, nach Karten zu fragen, obwohl ich schon weiß, dass die superbeliebten Vorstellungen des im September aufgeführten klassischen Stücks *Yoshitsune Senbon Zakura*, also »Yoshizunes tausend Kirschblüten«, allesamt ausverkauft sind. Es stellt sich heraus, dass aus irgendeinem Grund für diesen Abend (in der ganzen Spielzeit nur für diesen Abend) noch eine einzige Karte übrig ist (unglaublich) und dass diese einzige Karte 17 000 Yen, also beim derzeitigen Wechselkurs 170 Euro kostet (ebenfalls unglaublich). Ich denke, dass ich niemals einen solchen Preis für eine Vorstellung bezahlen kann, von der ich wahrscheinlich so gut wie nichts verstehe, und auch wenn mir die eifrige junge Kartenverkäuferin auseinandersetzt, dass es sich um ein *Ereignis* handle, um eine Vorstellung der Spitzenklasse von einer äußerst bekannten Kabuki-Truppe, deren Star absolut irrsinnig berühmt sei, beschließe ich am Ende, die Karte nicht zu kaufen, *natürlich* nicht, schließlich wäre es für eine Touristin, die von einem Kabuki nichts versteht, absolut wahnsinnig, einen so absurden Preis für eine Karte zu bezahlen.

Ich gehe in den nächsten Mac, um einen Hamburger zu essen (warum wird der Prolog aller großen Ereignisse bei McDonald's aufgeführt?), weil ich so hungrig bin, dass ich nicht mehr denken kann. Beim Essen überlege ich, ob ich hätte fragen sollen, ob man für die Karte eine Ermäßigung bekommen könnte, falls sie nicht verkauft würde und ich zum Beispiel erst in zwei Stunden hineingehen könnte, um mir den letzten Akt anzusehen. Ich kehre zum Kartenschalter zurück und bekomme zu hören, dass keinerlei Ermäßigung gewährt werden kann (es war schon ziemlich peinlich, danach zu fragen), aber erfreut von meiner Rückkehr ruft das Mädchen einen Jungen herbei, der ein bisschen Englisch spricht und in voller Ekstase anfängt, die Geheimnisse des Stücks vorzustellen, die Schauspieler zu erklären und in jeder Hinsicht zu bezeugen, dass ich mich vor einer ganz und gar einzigartigen Gelegenheit befinde. Angeblich macht es überhaupt nichts, dass die Vorstellung vor bereits 45 Minuten begonnen hat, weil die besten vier Stunden ja noch kommen. Der Junge zeigt mir ein Programmheft, in dem tatsächlich eine Handlungsbeschreibung auf Englisch steht, und das Mädchen zeigt mir die Farbfotos von der Vorstellung, und plötzlich überkommt mich eine Fiebrigkeit, das Gefühl, unbedingt hineinzumüssen, schnell, so schnell wie möglich, koste es, was es wolle, und sei es das Essensgeld für einen Monat oder einen schockierend großen Teil meines mickrigen Monatsbudgets. Überglücklich zeigt mir der Junge, wann die Pausen sind und wie lange sie dauern, beschwört mich, die Vorstellung nicht vorzeitig zu verlassen, denn dann müsse er sich die Haare ausreißen (so deutet er es mit Gesten an), und führt mich dann auf meinen Platz: Auf den besten Sitz im ganzen Saal, erster Rang Mitte, auf den einzigen Platz, der bei sämtlichen Vorstellungen im ganzen Herbst freigeblieben ist und nach dem ich zufällig gefragt habe.

Während des ersten Aktes bestaune ich die Kulissen, die prächtigen Gewänder, die frische, pastellfarbene Harmonie der Farben und lausche der magischen Klangwelt von Musikern und Sänger-Erzähler. Beim Studium des Programmhefts beginne ich allmählich zu verstehen, worum es geht und wer wer ist, und indem ich dem Applaus und den Anfeuerungsrufen des Publikums folge, komme ich dieser fremden, aber letztlich dann doch nicht allzu fremden, eigentlich auf einfache menschliche Art zu begreifenden Welt auf die Spur. Bis zur zweiten Pause bin ich bereits ziemlich in die Vorstellung vertieft, in der Pause folge ich dem Beispiel der anderen und genieße auf einer Bank ein himmlisches Bento-Abendessen und kehre zu den letzten zwei Akten mit angenehmer Erwartung auf meinen Platz zurück, jedoch noch keineswegs in Ekstase.

Kaum ist es wieder losgegangen, passiert etwas mit mir. Ohne jede Vorwarnung werde ich mit dem ganzen Körper von einer Szene mitgerissen, in der der junge Ichikawa Ebizo, Kabuki-Star in der elften Generation, ganz und gar fantastisch einen Fuchs spielt (tatsächlich: einen Fuchs!). Ich weine, lache und schnappe mit den anderen nach Luft, erwische mich dabei, wie ich genau so die Hände schwenke wie Ebizo seine Fuchspfoten (der vor mir sitzenden alten Dame scheint es ebenso zu ergehen), kurzum, ich gerate in überirdische Ekstase, denn wie kann sich jemand nur so bewegen, so gelenkig, schwerelos, durch und durch fuchsartig, und gleichzeitig alle nur vorstellbaren Gefühle mit einer solchen Intensität und einem solchen Charisma ausdrücken, Empathie, Mitleid, Freude, Trauer, Liebe! Und als der wunderbare Ebizo (an der Stelle bin ich bereits bis in die Herzwurzeln verliebt, wie alle anderen im Zuschauerraum auch) in Windeseile in die Figur des Samurai Tadanobu schlüpft und alles zeigt, was es auf dem Feld des traditionellen Kabuki-Tanzes, der Akrobatik, der übertriebenen *Aragoto*-Mimik, der Gebärden und extrem aufgeladenen Haltungen gibt, ist das Publikum so weit zu johlen, sich die Hände blutig zu klatschen, vor Glück zu ersticken.

Als die Vorstellung endlich zu Ende ist (ich wünschte, sie würde ewig weitergehen), mag ich mich nicht vom Theater trennen, sondern mache endlos Bilder vom Gebäude und den Werbeplakaten, treibe mich auf der Straße herum, bis keine Menschen mehr da sind, mit allen Mitteln versuche ich an der Verdichtung von Souveränität, Schönheit, Harmonie und Energie, die man offenbar Kabuki nennt, festzuhalten. Schließlich radle, nein schwebe ich nach Hause, glücklich, etwas so Einzigartiges erlebt zu haben.

Denke ich kummervoll an die (große?) Summe, die ich für die Karte bezahlt und somit verloren habe? Nein. Ich denke, wie wundersam der Zufall einem Augenblicke bescheren kann, die einem später so vollkommen unausweichlich erscheinen, als hätte die ganze Reise ohne sie keinen Sinn gehabt.

Später erfahre ich, dass Ichikawa Ebizo XI. ein 33-jähriger Superpromi des Kabuki ist und *in natura* und ohne Fuchskostüm absolut unverschämt gut aussieht. Ich erfahre, dass Ebizo, geborener Horikoshi Takatoshi, in direkter Folge der elfte Träger des Bühnennamens Ebizo in einem Klan von Kabuki-Darstellern ist, der seit dem 17. Jahrhundert wirkt und außerdem der Sohn und Ehrentitelerbe von Ichikawa Danjuro XII., dem derzeit berühmtesten und einflussreichsten Star der Welt des Kabuki. Ich lerne, dass Ichikawa Ebizo ein Ehrenname ist, der in einer feierlichen Zeremonie verliehen wird, und dass die Wurzeln der Träger dieses Namens – entweder durch Blutsbande oder durch Adoption – bis zu Ichikawa Danjuro I. reichen, der im 17. Jahrhundert der fantastischste, stolzeste und am besten bezahlte Schauspieler von Edo, dem damaligen Tokio war. Ich erfahre, dass Ichikawa Ebizo XI. seine Karriere als 5-Jähriger begann und später auch als Fernseh- und Filmschauspieler phänomenale Beliebtheit gewonnen hat. Ich erfahre, dass Ebizo Sternzeichen Schütze ist, dass er 1,77 m misst, dass er Blutgruppe 0 hat und dass durch seinen Einfluss Kabuki unter den jungen Leuten so beliebt ist wie noch nie. Außerdem lese ich, dass der (hier liegt bestimmt ein Missverständnis vor) *als Playboy titulierte*, göttlich schöne Ebizo, der früher mit zahlreichen jungen Promi-Frauen in Verbindung gebracht worden sei, im Juli die Nachrichtensprecherin Mao Kobayashi geheiratet habe, dass die Hochzeit hundert Millionen Yen gekostet habe, dass die Hochzeitstorte zwei Meter hoch gewesen sei und dass an der Hochzeit neben der gesamten Kabuki-Prominenz und Crème-de-la-Crème des Landes auch der japanische Ministerpräsident teilgenommen habe.

Sei, ich glaube, diesen Fuchs würdest auch du für eine ziemliche Schnitte halten.

Das Kabuki hat mich total gepackt, und ich hole mir an den nächsten Tagen in der Bibliothek sämtliche illustrierten Bücher über diese wundersame Welt, die ich kriegen kann. Es sieht so aus, als wäre ich nicht die einzige Begeisterte. Angeblich drehte Greta Garbo ihrerzeit wegen des Darstellers einer Frauenrolle derart durch, dass sie an der Tür von dessen Garderobe lauerte und rief, sie wolle seinen Schweiß sehen!

Ich erfahre, dass Kabuki im Jahr 1603 in der Edo-Zeit 135

seinen Anfang nahm, als eine Tempeltänzerin namens Okuni mit ihrer Frauentruppe am Ufer des Flusses Kamo in Kyōto auftrat. Die erregenden, burlesken, erotischen Aufführungen lösten in der Bevölkerung ein Kabuki-Fieber aus, das sich im ganzen Reich verbreitete. Bald verbot das Shogunat allerdings das Auftreten von Frauen, weil es unmoralisch war, und Kabuki wurde zum Privileg der Männer. Es entstand ein von Akrobatik beschleunigtes Drama auf hohem Niveau, das *Ukiy-e* darstellte, also eine fließende Welt, das Leben in den höfischen Vierteln der Städte mit seinen Kurtisanen und Kabuki-Schauspielern. Die Frauenrollen wurden von übertrieben weiblichen *Onnagatas* gespielt, die im Falsett sprachen und mit gekrümmten Beinen zierlich trippelten. Die Stimmung bei Kabuki-Aufführungen war ausgelassen: Die Zuschauer kamen und gingen mitten in der Vorstellung, Teehäuser brachten Speisen und Getränke auf spezielle Zuschauertribünen, wo das Publikum während des Stücks sein Abendessen zu sich nahm.

Ende des 17. Jahrhunderts wurden die Kabuki-Darsteller allmählich große Stars, und der beliebteste Schauspieler von Edo war Ichikawa Danjuro I., ein Vorfahre des jungen Ebizo, den ich gesehen hatte. Er entwickelte den pompösen *Aragoto*-Stil, den Stil des wilden Kriegers, der im gemeinen Volk superpopulär wurde. Zu dem Stil gehörten fantastische Kostüme, breite rotschwarze Linien in der Gesichtsbemalung sowie übertriebene Bewegungen mit Stimmeinsatz, die in stark aufgeladenen, schiefäugigen *Mie*-Posen gipfelten. Der Aragoto-Stil wurde zur Spezialität der Sippe, die nur von Mitgliedern des Ichikawa-Klans angewandt werden durfte, und ihre Beliebtheit weckte offensichtlich auch Neid: Ein konkurrierender

Schauspieler erstach den erst 44-jährigen Danjuro I. mitten in einer Kampfszene auf offener Bühne.

Heute hat das Kabuki-Theater absurde Dimensionen angenommen: Die Herstellung eines Kostüms kann so viel wie ein Luxus-Auto kosten, und für die Kostümausstattung eines Stücks kann ein Budget von vier Millionen Euro veranschlagt werden. Dennoch bleibt von jeder einzigartigen Aufführung nur dies übrig: Der *Oshiguma*-Stoff. Nach der Vorstellung drückt der Star-Schauspieler sein Gesicht in den Seidenstoff, an dem daraufhin die Gesichtsbemalung haften bleibt. Von der Verdichtung all der Kunst, Kraft und Energie von Jahrhunderten bleiben lediglich auf Seide gedrückte vergängliche und lautlose, unermesslich kostbare Zeichen übrig.

. . .

[Sei Shōnagon schreibt]

Dinge, die in der Nacht besser sind

Der Glanz tiefvioletter Seide. Jemand, der nicht besonders gut aussieht, aber einen angenehmen Charakter hat. Ein Hototogisu-Kuckuck. Das Geräusch eines Wasserfalls.

. . .

Ein Tag zu Hause. Saubermachen, umräumen, faulenzen, Mittagessen mit Emma in einem vegetarischen Bio-Restaurant. Emma fliegt am Abend nach Schweden zurück. Alles, was sie mir angeboten hat, habe ich genommen:

Käse, Gewürze, schwedisches Hagebuttenkompott, deutschen Kräutertee, der bei Magenbeschwerden hilft, Nudelsuppe, Backpulver (als würde ich jemals backen), Wandhaken, die Visitenkarte eines Friseurs, der Englisch spricht, Rabattkupons für einen *Washi*-Papierladen, eine Haarmaske, ein Gästefahrrad… Den größten Teil der Sachen hat Emma von einer früheren Bewohnerin geerbt, und wahrscheinlich reiche ich sie in zwei Monaten weiter.

Zusammenwohnen hat etwas Seltsames an sich. Man lernt jemanden ziemlich gut kennen, hängt im Nachthemd herum, teilt Toilette und Dusche, bespricht am Küchentisch tiefsinnige Dinge, dann reist die andere Person ab, und wahrscheinlich werdet ihr euch nie wiedersehen. Nächste Woche kommen drei neue Mitbewohner. Ich möchte das nicht, und Marcos beklagt das Gleiche. Ich weiß nicht, ob es damit zu tun hat, dass wir eifersüchtig auf unsere Freunde sind, oder damit, dass wir keine Lust haben, neue Leute kennenzulernen, oder einfach damit, dass wir noch nicht wissen, wie die Neuen sind. Später merke ich, dass sich immer vor der Ankunft neuer Mitbewohner Widerwille einstellt und dass wir jedes Mal positiv überrascht werden.

Ich bin nicht einmal seit einem Monat hier und plane bereits die nächste Reise. Ich frage Kim, ob ich das Zimmer für nächsten Frühling reservieren kann, von Anfang März bis Ende Mai. Angeblich kann ich es gern haben.

Ich bringe Emma mit ihrem Gepäck zum Taxistand. Als ich zurückkomme, leuchtet der Vollmond am Himmel, dünne graue Wolken gleiten an ihm vorbei und verstärken die wehmütige Stimmung. Ja, Sei, ich weiß, was du meintest, als du schriebst, der Vollmond bringe einen dazu, an die Vergangenheit zu denken, er lasse alles ein wenig trauriger, bedeutsamer, stärker erscheinen.

. . .

[Sei Shōnagon schreibt]

Dinge, die fern sind, obschon nahe

Das Verhältnis von Brüdern, Geschwistern und anderen Familienmitgliedern, wenn sie sich nicht lieben.
   Der Serpentinenweg, der zum Tempelberg Kurama führt.
   Der letzte Tag im Dezember und der erste im Januar.

Dinge, die nahe sind, obschon weit weg

Das Paradies.
Das Verhältnis zwischen Mann und Frau.

. . .

Am Abend nehme ich per Skype am vierten Geburtstag meiner Nichte Lili teil. Es ist eine besondere Erfahrung. Weil es schon Mitternacht ist, sitze ich mit gewaschenem Gesicht und im Nachthemd am Bildschirm – ohne zu kapieren, dass sich die Leute am anderen Ende in Festtagsklamotten geschmissen haben. Mein Bruder stellt den Computer auf einen Ecktisch, und da hocke ich dann allein und sehe mir die Feier an. Lili kommt hin und wieder zu mir, um mit mir zu plaudern und ihren kleinen Freundinnen, die erstaunt auf den Bildschirm starren, ihre Tante vorzustellen. Auch die anderen kommen auf einen Plausch, aber ich fühle mich verpflichtet, sie ziemlich bald zu befreien, damit sie sich Kuchen holen und all das tun können, was man bei solchen Feiern nun einmal tut. Als der Moment des Kerzenausblasens kommt, steht der Kuchen ärgerlicherweise knapp außerhalb meines Sichtfeldes – ich rufe, sie sollen die Kamera drehen, aber keiner hört mich. Ich komme mir vor wie eine in der Ecke geparkte Querschnittsgelähmte, die sich nicht bewegen und keinen Einfluss darauf nehmen kann, was sie sieht. Als es auf ein Uhr zugeht, würde ich mich am liebsten hinlegen, aber die Feier befindet sich auf ihrem Höhepunkt, niemand hört meine Abschiedsrufe, und ich bringe es nicht übers Herz, einfach aufzulegen. Schließlich kommt Lili an den Bildschirm. Ich kann gerade noch sagen, dass ich bald schlafen gehe, da ruft Lili mit ihrem schnellen Verstand auch schon Tschüss und knallt den Deckel des Laptops zu. Na, dann tschüss, und alles Gute zum Geburtstag!

Sei, ich weiß nicht, ob meine Skype-Lähmung in irgendeiner Weise an die Situation erinnert, in der ihr Heian-Frauen hinter einem Wandschirm saßt und euch unterhieltet, ohne euch bewegen oder mehr sehen zu können als den schmalen Streifen Welt, der gerade an der Stelle sichtbar war. Aber eines weiß ich, nämlich dass du dir Folgendes auf keinen Fall hättest vorstellen können: Dass ich, die ich tausend Jahre nach dir in deinem Heian-kyō sitze und deine Worte lese und meine Vorstellungen von dir in diesen kleinen roten Apparat tippe, einen auf dem

Bildschirm sichtbaren grünen, bananenförmigen Knopf drücken und auf der anderen Seite der Welt die Gesichter meiner Nichten sehen und ihre geliebten Stimmen hören kann, als wären sie im selben Raum, und dabei trennt uns nicht einmal der Wandschirm, hinter dem du dich mit deinen Nächsten unterhalten musstest.

Ihr wart so weit weg voneinander: so nah, aber doch unsichtbar – wir wiederum sind so nah: so fern, aber dennoch sichtbar. Wie gleich und wie anders doch alles ist, Sei.

. . .

Beglückende Dinge:
Nachdem man drei Wochen lang jede Nacht bloß auf einem über den Futon gebreiteten dünnen, durch die vom Körper abgegebene Feuchtigkeit faltigen Laken geschwitzt hat, das an eine Zelle erinnert, an eine vorübergehende Gemeinschaftsunterkunft oder an die trostlos graue Ruheliege am Arbeitsplatz, über dem der Geruch von Kopfschmerz, Schwindelgefühl und Stressbeklemmung liegt, ist es wunderbar festzustellen, dass es nun abends so kühl ist, dass man die dicke weiße Decke aus der hinteren Schrankecke kramen und beziehen muss, worauf das Bett auf ganz andere Art verlockend wirkt, doppelt so dick, weich und flaumig. Und wenn man sich dann zum Schlafen hinlegt und die schwere, kühle Decke bis ans Kinn heranzieht, fühlt man sich geborgen wie die Raupe eines Seidenspinners in ihrem Kokon und spürt bereits sanfte Träume heranschweben. Man dreht sich ein paar Mal von einer Seite auf die andere, um sich mit seinem neuen Daseinszustand und den Bewegungen der

Bettdecke vertraut zu machen, probiert aus, wie es ist, die Temperatur zu ändern, indem man einen Arm oder ein Bein unter der Decke hervorstreckt, genießt die Kühle der Nasenspitze (gibt es ein anderes kleines Detail, abgesehen von Schlaftabletten und Ohrstöpseln, die einen Menschen besser als seit Wochen schlafen lassen) – gibt es etwas, das mehr beglücken würde?

Ich bin hier so etwas wie eine verdammte Hausmeisterin. Stets habe ich im Auge, ob noch genügend Klopapier, Küchenpapier, Spülmittel, Waschmittel, Spüllappen und Mülltüten da sind und kaufe aufmerksam nach, bevor die Katastrophe da ist. Heute habe ich neue Batterien für die Zündung der Gastherme in der Küche gekauft und gegen die alten ausgetauscht (ich glaube nicht, dass den Männern im Haus überhaupt aufgefallen ist, dass nur kaltes Wasser aus dem Hahn kommt – und tatsächlich, als Marcos später fragt, ob es wirklich nötig ist, dass aus dem Hahn in der Küche heißes Wasser kommt, verstehe ich, warum er so miserabel abspült). Ich gehe auch zur Post, um am Automaten Geld abzuheben und erfolgreich eine *O-fuku Hagaki* zu kaufen, eine Doppelpostkarte für die Anmeldung zum Moosgarten von Saihō-ji.

Was man nicht alles kann. Ich beschließe, nie mehr vor irgendetwas Angst zu haben.

Am Abend gehe ich mit Olivia, Seb und Olivias Freund Takeshi zum Picknick auf einem Stein mitten im Kamo-Fluss. Takeshi liefert eine Kostprobe dafür, wie ein Japaner sich mit einem einzigen Bier in einen hysterischen Kicherrausch trinken kann, aber noch besser ist, dass er erzählt, er wohne nur zwanzig Meter von Murasaki Shikibus Grab entfernt! Ich bin begeistert und frage immer wieder nach der Lage des Friedhofs – der arme Takeshi, der immer betrunkener wird, schüttelt den Kopf und kapiert nicht, warum ich so auf dem Thema herumreite.

Der nächste Tag ist der Inbegriff des perfekten Tages. Am Morgen wühle ich auf dem Tempelmarkt von Kitano Tenmangu in Haufen alter Kimonos und Wannen mit staubigen Teetassen. Ich bekomme zwei Tassen im Hagi-Stil in den Kescher, eine *Haori*-Jacke für 500 Yen und – *oops* – eine furchtbar teure, aber fantastische, hundert Jahre alte Seiden-Haori, der ich nicht widerstehen kann, als ich sie einfach zum Spaß anprobiere und vorbeigehende alte Frauen stehen bleiben, um zu loben, wie gut sie mir angeblich steht. Was Teetassen betrifft, entwickelt sich mein Spürsinn allmählich, und ich weiß schon, dass alles, worauf ich ein Auge werfe, mindestens 30 000 Yen kostet, also 300 Euro. Ich finde auch eine Nō-Maske aus der Edo-Zeit, die genauso viel kostet, und setze sie auf die Liste mit der Überschrift »Kaufen bei Lottogewinn«. Zum Mittagessen lasse ich mir auf dem Markt gebratene Nudeln, *Takoyaki-*Tintenfischbällchen und süße *Mochi*-Würfel mit Sojamehl schmecken. Der Tempel ist schön und die Temperatur auf perfekte 25 Grad heruntergegangen.

Vom Flohmarkt gehe ich weiter zur nahe gelegenen Zen-Tempelgegend, wo ich mich in den Garten des Daisen-in-Tempels verirre. Ich werde erleuchtet, verliebe mich und meine endlich zu verstehen, was es mit diesen Steingärten auf sich hat.

Der Steingarten des Daisen-in wurde im Jahr 1509 angelegt und ist seitdem unverändert geblieben. Seine zwei Teile stellen die Herausforderungen des irdischen Lebens und den Zustand der Erleuchtung dar. Der gerechte Sand gleicht dem Strom des Lebens, und die Steine sind die verschiedenen Stadien des Lebens. Ein Tigerkopfstein symbolisiert das Stadium, in dem wir überlegen, wer wir sind und was das Leben ist. Dann stoßen wir auf die Mauer des Zweifels: Das Vergehen der Zeit muss akzeptiert, die Jugend hergegeben, eine Lebensphilosophie gefunden werden. Wir tragen unsere Erfahrungen mit uns – der Kranich steht für die Freuden, die Schildkröte für Enttäuschungen –, und sie sind auf das Schatzschiff geladen, das uns auf dem Strom des Lebens zum Meer der Erleuchtung befördert. Neben dem Schatzschiff schwimmt eine Schildkröte gegen den Strom: Sie versucht sich an die Jugend zu klammern, aber das Leben kann nicht rückwärtslaufen, man muss zulassen, dass einen der Strom dem großen Meer, der Ewigkeit, dem Universum entgegenführt... Dort gibt es keine Steine mehr, keine Herausforderungen des irdischen Lebens, und unsere Lust und Gier sind zu zwei Sandbergen gesiebt worden. Am Rand des großen Meeres wächst ein Baum, der nur an einem Tag im Jahr blüht: wie das Menschenleben im Verhältnis zur Ewigkeit.

Das spricht mich an. Ich weiß sofort, welche Dinge in meinem Leben die verschiedenen Steine und die Schildkröte bedeuten, aber am tröstlichsten ist, dass der Mönch, der im 16. Jahrhundert den Garten plante, allem Anschein nach genauso empfand. Ich begreife, dass diese Fragen für alle gleich sind. Überdies verstehe ich, dass der Steingarten den Zweck hat, wie die Kohlezeichnung einer Landschaft mit Bergen, Wasserfall, Fluss und Meer auszusehen. Sein Zweck besteht *nicht* darin, direkt wie die Landschaft selbst auszusehen, sondern wie eine Zeichnung von ihr!

Anzunehmen ist, dass auch Sen no Rikyu, der Vater der Teekunst, hier etwas begriff, denn er hielt Daisen-in für seinen wichtigsten Meditationsort und nahm für seine Teezeremonie Einflüsse von genau diesem Steingarten auf. Er diente dem Kriegslord Toyotomi Hideyoshi und reichte diesem hier oft den Tee. Schließlich zerstritten sich die beiden Männer, und Hideyoshi wies den Teemeister an, Selbstmord zu begehen. Zu den Stammgästen von Daisen-in gehörte auch Musashi, ein berühmter Samurai und Ronin, der so geschickt mit dem Schwert umgehen konnte, dass er am Ende ganz darauf verzichtete: Auch mit nur einem Stock als Waffe war er unbesiegbar.

Ich stelle fest, dass der Tempel offene *Zazen*-Meditationen anbietet, von denen eine am selben Abend stattfindet, und beschließe, daran teilzunehmen. Als die Veranstaltung beginnt, sitzen wir im großen Saal im Lotussitz auf dem Tatami, dann läutet ein Mönch eine Glocke und schlägt zwei Holzklötze gegeneinander. Wir sitzen still da. Zu meinem Entsetzen merke ich, dass der Mönch mit einem Stock in der Hand im Saal umhergeht, um die Meditierenden zu schlagen. Offenbar soll man sich tief verbeugen, wenn der Mönch zu einem kommt, und sich dann zweimal den Stock auf den Rücken klatschen lassen. Nach dem Schlagen muss man dem Mönch danken. Das Geräusch der Schläge ist laut und beängstigend, es klingt, als müsse es wirklich wehtun. Bald weiß ich, dass es tatsächlich wehtut, aber nicht so sehr, dass man es nicht ohne zu schreien aushielte. Eigentlich hinterlässt der Schlag ein angenehmes Brennen auf dem Rücken, das einem hilft, sich zu konzentrieren. Eine halbe Stunde später verkündet das Klacken der Holzklötze eine Pause zum Dehnen und Strecken, dann machen wir eine halbe Stunde weiter. Durch Verbeugen kann man den Mönch bitten, dass er weitere Schläge verabreicht, oder aber er gibt sie einem ungebeten, wenn er merkt, dass es nicht läuft. Ich bekomme keine weiteren, viele andere jedoch durchaus, aber ich kann nicht erkennen, ob sie darum bitten oder sie ungebeten bekommen. Meine Gedanken irren umher, und ich kann mich nicht konzentrieren, fast wünsche ich mir den Stock, aber ich wage es nicht, darum zu bitten. Schließlich stehen wir mit tauben Beinen auf, und der Mönch mit dem Stock reicht Tee und plaudert angenehm nett – jedenfalls nehme ich das an, denn ich verstehe natürlich kein Wort.

Ich beschließe, den Tag mit dem nicht weit entfernten Funaoka Onsen zu krönen, einem *Sentō*, also einem Stadtbad, das seit den 1920er Jahren in Betrieb ist und als das beste der Stadt beworben wird. Auf dem Weg dorthin suche ich ein Lokal und stoße auf ein kleines Bio-Restaurant. Ich setze mich an die Bar und bekomme sechs kleine Schalen: gedämpftes Huhn mit Sesamsoße, Pickels, Tofusalat, dunkler Reis, Misosuppe sowie etwas, das ich nicht identifizieren kann. Es handelt sich um eine der besten Mahlzeiten, die ich je zu mir genommen habe, und der Preis liegt bei schlappen 1000 Yen, also 10 Euro. Als ich mir dann auch noch im Funaoka Onsen den Staub des Tages im Außenbecken (ohne meine Brille wäre ich zunächst fast in den Karpfenteich gegangen, aber Gott sei Dank habe ich es noch rechtzeitig gemerkt), im Massagebecken sowie im duftenden Kräuterbecken mit seinem dunklen Wasser abwasche, bin ich vollends in Entzückung versetzt.

Was für ein herrlicher Tag. Ich bin zufrieden mit mir – ich bin geradezu neidisch auf mich! Ich hätte nie geglaubt, dass ich einmal allein in einer fremden Stadt so glückliche, erfüllte Tage des vollkommenen Genusses erleben würde. Wo ist mein früheres Angsthasen-Ich, das sich, wenn es allein war, nie traute, eine Gelegenheit beim Schopf zu packen, sondern gewissermaßen nur an ihren Säumen hing? Nein, ich vermisse dieses Ich kein bisschen, es ist mir nur gerade eingefallen.

Am nächsten Tag hungere ich im Nō-Theater.

Ich könnte jetzt natürlich lange und ausführlich über diese älteste Form des japanischen Theaters und diesen kulturellen Schatz berichten, dessen historischer Maßstab schwer zu erfassen ist. Ich könnte von seinem Gründer Zeami erzählen, dessen im 14. Jahrhundert geschriebenen Stücke noch immer unverändert aufgeführt werden, so, wie es die von Generation zu Generation weitergegebenen Geheimnisse verlangen. Ich könnte von der geisterhaften Hauptfigur *Shite* erzählen, die mit leuchtendem, goldverzierten Kimono und weißer Holzmaske auf eine von Kiefer und Bambus eingefasste Bühne aus Zypressenholz gleitet und mit bebendem langem schwarzem Haar aufstampft, den Fächer öffnet und schließt, dann den langen Ärmel um die Hand schwingt. Ich könnte von den Zwischenrufen des Trommlers erzählen, die wie Wolfsgeheul klingen, und vom grellen Klacken der Holzklötze, die die düstere Stimmung noch steigern. Oder vom endlosen Rezitieren des *Shiten*, dessen mittelalterliches Japanisch auch die Einheimischen nicht verstehen.

Ich könnte vom Zuschauerraum berichten, der beim zweiten Stück voller Menschen ist, die mit offenem Mund schlafen. Von den Stücken, die aufeinander folgen, von den *Kyogen*-Possen, die die Zuschauer in den Pausen aufwecken, von den Stunden, die vergehen, und davon, wie sich herausstellt, dass die übliche Dauer einer Vorstellung tatsächlich sechs Stunden beträgt. Davon, wie das Hinterteil brennt, oder davon, wie alle anderen nach vier Stunden ihr Benton-Mittagessen auspacken, aber Unterzeichnende nichts dabeihat außer zwei Nüssen, die am Boden der Handtasche hin und her rollen, und einen halben, zerschmolzenen Energieriegel.

Aber ich erzähle es nicht. Euch, die ihr diese visuell glanzvolle, aber ansonsten unbegreifliche Welt genießen wollt, sage ich nur: Sucht euch ein Theater aus, dessen Zuschauerraum Stühle hat, schlaft euch vorher aus, und nehmt genug Proviant mit!

Geburtstag – und Kopfschmerzen. Olivia wollte unbedingt ein Geburtstagsabendessen für mich ausrichten, also treffe ich sie, Seb und Takeshi in einem kahlen Lokal für einfache Leute, wo das Essen gut und vor allem billig ist. Wir setzen den Abend am Fluss fort, und es gibt einen italienischen Kuchen, den Olivia von einem Freund bekommen hat, französischen Rotwein, den Seb gekauft hat, und einen Blumenstrauß, den Takeshi bei Family Mart gekauft hat.

Neben uns an der Flussböschung lärmt eine Gruppe Jugendlicher, und ein Mädchen ist begeistert, als sie hört, dass ich aus Finnland komme. Für sie ist Finnland das interessanteste Land der Welt, vor allem wegen der Mumins und des Weihnachtsmannes. Sie erzählt, sie habe zweimal an den Weihnachtsmann geschrieben und beide Male eine Antwort erhalten, was lückenlos die Existenz des Weihnachtsmannes beweise. Ich erzähle ihr, der Weihnachtsmann wohne am Berg Korvatunturi, und als sie fragt, ob dort auch normale Menschen leben, weiß ich keine Antwort. Wohnen dort welche?

Nach dem Kopfschmerzgeburtstag beschließe ich, mich mit einem weiteren besonders herrlichen Bonustag zu belohnen. Ich radle zum Mittagessen nach Pontocho, denn morgen werden die einladenden, auf Pfählen stehenden Terrassen der Restaurants am Fluss zum Zeichen des beginnenden Herbstes abgebaut. Heute ist noch ein vollkommener Sommertag. Ich sitze im Restaurant Yamatomi auf einem *Yuka*-Tatami unter einem Bambusdach vor einer *Sashimi*-Mahlzeit und betrachte die Kraniche, die sich am Fluss räkeln, und das kühle fließende Wasser.

Ich weiß, dass ich hier ständig Gründe erfinde, in deren Schatten ich mir »verdientermaßen« solche Genüsse gönnen darf. Ich habe sogar schon darüber nachgedacht, ob ich eventuell mit dem Ausdenken »verdienter Gründe« aufhören und stattdessen nur genießen könnte. Könnte das Leben nicht schlicht und einfach wunderbar sein? Als ich dann zwei Tage später ausrechne, wie viel ich in einem Monat für Essen ausgegeben habe – 92 440 Yen, also 900 Euro, und diese Summe habe ich dreimal überprüft –, trifft mich der Schlag. Mit dem Essen muss ein für alle Mal Schluss sein! (Vielleicht hatte Emma recht, als sie jedes Mal, wenn ich Sushi und Sashimi in mich hineinschlang, feststellte, ich äße das, was reiche Leute essen.)

Aber am 29. September genieße ich noch mit unverdorbenem Glück mein Luxuslunch für 13 Euro. Als es dunkel wird, gehe ich in die verwinkelten Gassen von Gion, in der Absicht, mich in die Geisha-Viertel zu verirren und vielleicht eine *Maiko* zu sehen, eine Geisha-Schülerin, oder eine *Geiko*, eine Kyōtoer Geisha, auf dem Weg zum Teehaus, um ihre Gäste zu unterhalten.

Es ist erstaunlich, dass diese jahrhundertealte, abgeschlossene Welt hier noch existiert: versteckt, aber doch absolut sichtbar. Zu einer Geishaveranstaltung kommt man unmöglich ohne die Einladung eines Stammgastes, aber ihre mit roten Lichtern gekennzeichneten Wohnhäuser sind für alle sichtbar. Ich kann durch diese Straßen gehen und die hölzernen Namensschilder an den Türen berühren, die in Altersreihenfolge mitteilen, welche Geikos und Maikos im Haus wohnen. Ich kann darüber Vermutungen anstellen, wie reich die *Mama-san* des Hauses sein mag, ich kann in der Abenddämmerung eine mit glanzvollem Kimono und üppigem, auf dem Boden schleifendem *Obi*-Gürtel gekleidete Maiko mit weißem Gesicht oder eine etwas bescheidenere Geiko zu Fuß oder auf der Rückbank eines Taxis zur Arbeit eilen sehen. Ich kann durch die Ritzen der Bambusvorhänge einen Schimmer von den Feierlichkeiten im Obergeschoss eines Teehauses erkennen oder über das im Kanal rauschende Wasser hinweg das Zupfen auf einer Shamisen hören. Das hier ist ihr wirklicher Lebenskreis, dort ist ihre Schule, dort das Theater, wo sie jährlich ihre Künste einem großen Publikum präsentieren, dort ihr Friseur, dort das Geschäft, in dem sie den Haarschmuck kaufen, den sie in diesem Monat benutzen. Hierher kommen die Mädchen, die Geishas werden wollen, als 15-Jährige, um das Tanzen, das Singen, das Shamisen-Spiel und die Kunst der Konversation zu lernen, all die Fertigkeiten, die eine ideale Frau braucht. Über fünf Jahre hinweg schuften die Maikos neben ihren Lehrstunden bis spät in die Nacht bei Veranstaltungen und schlafen nur wenige Stunden mit dem Kopf auf einem Nackenkissen aus Holz, damit die Frisur, die einmal die Woche gemacht wird, nicht kaputtgeht (wenn man Geiko wird, besteht die größte Freude angeblich darin, dass man eine Perücke benutzen und richtig schlafen darf). Nach ihrem Abschluss fangen sie an, mit ihrer Arbeit ihre Ausbildung und die Millionen Yen, also zigtausend Euro teuren Kimonos abzubezahlen, die ihnen das Geisha-Haus finanziert hat.

Diese magische Welt widmet sich dem Hüten von Traditionen, die in der japanischen Kultur am Schwinden sind. Wie lange darf sie noch existieren? Von Staunen ergriffen starre ich auf die hölzernen Namensschilder an den Häusern.

. . .

Kabuki, Nō, Geishas, die Eremiten-Dichter der Edo-Zeit und die Zen-Gärten – Sei, das Problem ist, dass es nichts davon zu deiner Zeit bereits gab. So sehr sie mich auch interessieren, müsste ich noch viel weiter vordringen, deinen Worten bis in die seltsame Epoche folgen, die man Heian-Zeit nennt.

Sei, hier bin ich, in Kyōto, in deiner Gegend. Wie geht's dir? Hast du viel zu tun? Könnten wir uns mal sehen? Ich wohne mit sympathischen Mitbewohnern am Hang des Yoshidaya, aber da du nun einmal meine Mitbewohnerin Nummer eins bist, wäre es schön, dich ein bisschen näher kennenzulernen. Ich möchte etwas über dich herausfinden, und ich bilde mir ein, dass es hier gelingen könnte. Was war dein Buch letztes Endes? Warum hast du es geschrieben? Würdest du mir helfen, Sei?

Ich gebe sofort zu: Ich bin vollkommen von Kyōto gebannt. Ich lasse mich voll und ganz von dieser Reiseerfahrung vereinnahmen, ich verschlinge neue Dinge, Erfahrungen, Orte, Essen, Stimmungen. Ich versuche alles zu verstehen – den Alltag, die Sprache, die Religionen, die Bedeutungen, die visuellen Anspielungen. Für dich bleibt nur wenig Zeit, aber ich habe das Gefühl, all das andere verstehen zu müssen, um dich verstehen zu können. Siehst du mir das nach? Immerhin bin ich deinetwegen gekommen.

Heute möchte ich von Kyōto aus für eine Weile nach Heian-kyō aufbrechen, in deine Welt. Könnte die Zeitpforte dorthin im Kaiserlichen Palast liegen? Ich weiß, es ist ganz und gar nicht derselbe Palast wie zu deiner Zeit, und er steht auch nicht am selben Ort, aber die Gebäude sind immer wieder nach dem Muster der bei Bränden zerstörten Vorgänger gebaut worden – zuletzt 1854 –, weshalb durchaus noch etwas vom Geist deiner Zeit vorhanden ist. Eigentlich stand an der Stelle des heutigen Palastes früher ein Nebenpalast, ein *Sato-dairi* der Heian-Zeit, in den der Kaiser und die Kaiserin jedes Mal umzogen, wenn der eigentliche Palast brannte. Es ist also absolut möglich, dass du, Sei, doch durch diese Höfe und Gänge gegangen bist.

Der von einer Mauer eingefasste Bereich, der *Daidairi*, des Kaiserlichen Palastes, liegt im nördlichen Teil von Heiankyō, von dessen zahlreichen Toren aus die Hauptstraßen durch die Stadt verlaufen. Auf dem Gelände stehen Dutzende Regierungsgebäude, und in seinem Herzen befindet sich der von den inneren Mauern umgebene kaiserliche Wohnbereich *Dairi*. In dessen Mitte stand die Shishinden-Halle, die die Throne des Kaisers und der Kaiserin barg, und davor wuchsen ein Mandarinenbaum und ein Kirschbaum. Der Kaiser selbst wohnte im Seiryoden hinter dem Thronsaal, und seine Gattinnen hatten je eigene Wohnbereiche. Kaiserin Teishi, der du dientest, Sei, wohnte hauptsächlich im Umetsubo, also am Hof des Pflaumengartens, der stolz auf die rot und weiß blühenden Pflaumenbäume seines Gartens war. Kaiserin Shōshi wiederum, der Murasaki Shikibu später diente, wohnte in Fujisubo, also im Blauregengarten, in den Gäste zu prunkvollen Blauregen- und Chrysanthemenfesten kamen. Zwischen diesen Höfen fand ein harter Wettstreit um die Gunst des Kaisers statt: Ob dabei auch du, Sei, deine Finger im Spiel hattest?

Im weiteren Palastbereich befinden sich die Gebäude und Gärten, die für Zeremonien und Feste genutzt wurden, die Wohnräume des Kronprinzen sowie die Ämter des Hofes und acht Ministerien, in denen Höflinge und Hofdamen ihre Ämter ausübten. Dort bewegten sich Minister, Berater, Sekretäre, Schreiber und Kammerherren, die Verwalter des Kleiderlagers, die fürs Nähen Zuständigen, Ying-Yang-Fachleute, die Verantwortlichen für die kaiserlichen Grabhügel, Musikbeamte, Doktoren der Literatur und der Kalligrafie, buddhistische Mönche, Falkner, Tänzer, die Verwalter der Wein-, Wasser- und Reisvorräte, Tischler und Gärtner. Auf dem Gelände standen auch Gebäude für die links- und rechtsseitigen Leib- und Militärwachen, für die kaiserlichen Stallungen sowie eine Halle des reichlichen Genusses, in der förmliche Jahreszeitenfeste veranstaltet wurden.

Tagsüber erinnerte der Palastbereich an einen Park: Gewaltige Prozessionen zogen über das Gelände, die die Minister zu ihren Aufgaben geleiteten, doch es wurde auch von spielenden Kindern, Katzen und Hunden bevölkert sowie von Rehen, Wildschweinen, Füchsen und Fasanen, die zwischen Bäumen, Bächen und Bauten ihren Unterschlupf fanden. Viele Holzgebäude auf dem Palastgelände befanden sich in miserablem Zustand, weil sie dem Alter, den

Taifunen und Erdbeben ausgesetzt waren. Aufgrund von Bränden mussten Gebäude oft ganz neu errichtet werden, aber weil man zum Beispiel weiß, dass der Seiryoden, das Wohnhaus des Kaisers, mehrere Male von selbst einstürzte, ist es wahrscheinlich, dass man die weniger wichtigen Bauten in wirklich schlechten Zustand gerieten ließ. Viele Teile des Palastbereichs waren zu deiner Zeit, Sei, geradezu verwaist, und einmal wurdest du ja auch zusammen mit Kaiserin Teishi in einem halb verlassenen Gebäude untergebracht, von dessen Decke den lieben langen Tag lang Tausendfüßler fielen.

Mochte das Leben im Palast tagsüber eine Kombination aus vornehmer Eleganz und bäuerlicher Schäbigkeit gewesen sein, so herrschte nachts auf dem Gelände eine unheimliche Atmosphäre, die nichts für Leute mit schwachen Nerven war. In deinen Berichten, Sei, und denen deiner konkurrierenden Schwester Murasaki, wirkt das nächtliche Palastgelände freilich wie eine aufregende Bühne für romantische Abenteuer, auf der es vor wohlriechenden Herren wimmelt, die sich im matten Schein des Mondlichts heimlich in die Betten der hinter Wandschirmen wartenden Frauen schleichen, aber die Wirklichkeit war rauer und ließ die Herzen aus ganz anderen Gründen höherschlagen. Die Palastbewohner mieden die unbewohnten Gebäude und abgelegenen Winkel, und am Hof wurde die Geschichte eines Beamten erzählt, der allein in ein leeres Gebäude ging und Opfer eines Menschenfresserdämons wurde. Überhaupt dürfte man am Hof mehr Angst vor Gespenstern als vor menschlichen Eindringlingen gehabt haben, denn die Sicherheitsmaßnahmen waren aus finanziellen Gründen und wegen allgemeiner Ineffizienz reduziert worden, und nur eines der Palasttore wurde nachts bewacht. Als die Lebensumstände in der Stadt miserabler wurden, nahmen Diebstähle und Gewalt zu. Stoffe waren kostbare Tauschware und die feinen Umhänge der Hofdamen nach dem Geschmack der Räuber. Auch Murasaki berichtet von Fällen, in denen jemandem gnadenlos die Kleider vom Leib gerissen wurden – manchmal wurden die Opfer auch getötet –, und in einem Fall gelang es sogar, eine Hofdame im Seiryoden, also im Innersten der kaiserlichen Wohnräume, zu entkleiden.

Dennoch stellten Brände die weitaus größte Gefahr für den Palast dar, und auch du, Sei, musstest mit deiner Kaiserin mehrfach wegen Feuers aus dem Palast ausziehen. Als die wirtschaftliche Not und die Gesetzlosigkeiten im Heian-kyō des 11. Jahrhunderts zunahmen, brannte auch der Palast immer öfter. Da der Hof unter finanziellen Problemen litt, wurde der Wiederaufbau immer schwieriger, und nach der sechzehnten Katastrophe gab man den Kampf auf. Ab dem Jahr 1227 war der kaiserliche Palast Geschichte, und an seinen Standort, zwei Kilometer vom heutigen entfernt, erinnert nur noch der Name des Stadtteils Uchino, der Palastgelände bedeutet.

Sei, ich werde also einen Rundgang in dem kaiserlichen Palast unternehmen, der heute besichtigt werden kann. Der Kaiser hat sich hier seit Ewigkeiten nicht mehr einquartiert, nicht einmal wenn er in Kyōto zu Besuch war (viel zu unkomfortabel), aber das Publikum kann sich das Gelände ansehen, wenn es eine Genehmigung im Büro des kaiserlichen Hofes beantragt. Ich fürchte, die Erfahrung wird ebenso hohl und steril sein wie beim letzten Mal vor einigen Jahren. Die Touristen werden von einem Guide wie eine Viehherde hindurchgetrieben, der weiße Sand blendet die Augen, die riesigen Gebäude, die man nur von außen betrachten darf, ermüden. Aber ich gehe trotzdem hin. Ich hoffe, hier wenigstens eine Ahnung von dir zu erhaschen, Sei.

Diesmal ist der Eintritt aufs Palastgelände ausnahmsweise frei, also stelle ich mich mit den japanischen Touristen an, um durch eines der Tore zu gelangen. Es sind auch keine Guides da, die in Mikrofone plärren, nur drängelnde Einheimische, zwischen denen ich mich hindurchzuschlängeln versuche, ohne der unendlichen Zahl von Fotografierenden durchs Bild zu laufen. Überall posieren lächelnd erstarrte Bürgerinnen und Bürger mit einem Gesichtsausdruck, der so lange unbeweglich bleibt, bis das perfekte Bild geschossen ist. Das Moos neben dem Tor mit dem Dach aus Zypressenrinde strahlt smaragdgrün unter den in vollkommene Formen geschnittenen Kiefern, deren Stämme mit ihren Schatten den Moosteppich mit Streifen mustern. Die Kiefern – sie habe ich vom Palastgelände am besten in Erinnerung, erinnerst du dich, Sei? Der Ast einer Kiefer schlingt sich schützend um das Stützholz, das ihn trägt, als würde er seine Krücke liebkosen. Ich ziehe mich unter ihn zurück, schließe die Augen und folge der Fantasie.

Wenn die Höflinge morgens mit ihren Ochsenkarren zur Arbeit kamen, betraten sie den Palast durch dieses Tor. Besucher wurden in die drei Warteräume des Gebäudes nebenan geleitet: ins Kirschenzimmer, ins Kranichzimmer und ins Tigerzimmer, je nachdem, wozu ihr Hofstatus sie berechtigte. Unmittelbar um die Ecke fasst ein chinaroter Gang den Zeremonienhof ein, und wenn ich am Tor in dessen Mitte stehen bleibe, das zu benutzen nur der Kaiser die Erlaubnis hat, blicke ich an den Palastmauern und den Kiefern vorbei bis auf den Berg, der hinter meinem heimischen Hügel Yoshidayama aufragt. Ich denke: Würdest du hier stehen, Sei, könntest du fast in mein Fenster schauen.

Ich sehe mir die beeindruckende Shishinden-Halle an, die sich hinter einem Sandplatz erhebt, in der sich die Throne von Kaiser und Kaiserin befinden und vor der vielleicht auch du standst und zahlreichen Zeremonien beiwohntest. Ich denke über den weißen Kies nach, der in der Sonne blendet, über den unangenehm trockenen, heißen und staubigen Sand, von dem man einen rauen Hals bekommt und durch den einem die Erschöpfung unter die Haut kriecht, obwohl es nicht einmal heißer Sommer ist – war das zu deiner Zeit auch so unangenehm? Und all die wandgroßen, schweren Fensterläden aus Holz, die im 90-Grad-Winkel nach oben gestemmt worden sind, damit sich eine Wand des Gebäudes komplett zum Garten hin öffnet: Sie anzuheben und herabzulassen dürfte für euch Hofdamen eine schweißtreibende Angelegenheit gewesen sein.

Sei, wenn es hier sonst nichts aus deiner Zeit gibt, dann doch wenigstens die Wolken und die krächzenden Krähen.

Dann stelle ich fest, dass es in der Broschüre heißt, der Seiryoden, der sich hinter dem Thronsaal befindet, in einem angenehm schattigen Hof, sehe genauso aus, wie er vom Ende des 8. Jahrhunderts bis ins 11. Jahrhundert gewesen sei. Endlich bekomme ich etwas zu Gesicht, das du mit Sicherheit auch gesehen hast.

Der Seiryoden, der dem Kaiser als Wohnung diente, wird in den Texten der Hofdamen oft erwähnt, auch in deinen. Diese »lichtdurchlässige kühle Halle« öffnet sich nach Osten, in Richtung der kühlenden Winde, und in dem kleinen Kanal davor plätschert belebendes Wasser. Mitten im Raum liegt eine dicke Tatamimatte, auf der der Kaiser saß, und dahinter steht ein von Vorhängen umgebener Stuhl, auf dem er sich »entspannte«, wie es in der Broschüre heißt. Hierher ließ er zu seiner Gesellschaft die Kaiserin mit ihren Hofdamen kommen, damit sie Gedichte aufsagten oder sich geistreich unterhielten, hier saß er in sommerlichen Vollmondnächten und spielte auf seiner Flöte, während im Hintergrund zart der Bach rieselte.

Ich setze den Rundgang zur letzten Abteilung fort. Die schattigen Gärten, Teiche und Teezimmer im nördlichen Teil des Palastgeländes sind intim und bilden einen jähen Kontrast zu der ermüdenden Steifheit der zeremoniellen Teile. Sei, noch ein Stück weiter von hier befanden sich die privaten Gemächer der Kaiserin, der Frauenpalast, der sogenannte hintere Palast, aber dort lässt man die Viehherde nicht hin. Ich sehe nur einen flüchtigen Schimmer deines Kimonosaums, als du um die Ecke verschwindest.

. . .

[Sei Shōnagon schreibt]

Unser Zimmer im Palast ist ein entzückender Ort. Wenn die oberen Fensterläden geöffnet sind, geht ein angenehmer Luftzug, und im Sommer ist es herrlich kühl. Auch im Winter ist es herrlich, wenn ein Windstoß Schnee oder Hagelkörner hereinweht. Die Zimmer sind klein, was schwierig ist, wenn Kinder hier sind, aber wenn man sie hinter einem Wandschirm versteckt, können sie zumindest nicht so laut lachen oder sonstigen Lärm machen wie anderswo. Es gefällt mir, dass wir tagsüber stets in

Bereitschaft sein müssen und wir uns auch nachts nicht eigentlich entspannen können.

Wenn des Nachts von den pausenlos hörbaren Schritten welche anhalten und die Frau jemanden mit einem Finger anklopfen hört, weiß sie sofort, wer es ist. Der Mann klopft ziemlich lang, und von drinnen hört man keinen Laut, aber schließlich bekommt die Frau Angst, der Mann glaube vielleicht, sie schlafe schon, weshalb sie sich ein klein wenig bewegt, sodass das Rascheln ihrer Kleider ans Ohr des Mannes dringt. Wenn Winter ist, klopft die Frau womöglich leicht mit der Kohlenzange – ein heimlicher, kleiner Laut, der nicht die Aufmerksamkeit anderer auf sich zieht –, aber wenn der Mann weiter anklopft, sagt die Frau schließlich etwas – was dann doch eine außenstehende Person hört, die sich leise anschleicht, um zu lauschen ...

. . .

Ich versuche mir diesen Palast der Frauen vorzustellen, der eine Art kaiserlicher Harem war. Die nördlichen Pavillons der kaiserlichen Wohnung – alles in allem zwölf Gebäude – bildeten die Hauptbühne der höfischen Kultur, die Welt, über die du, Sei, schreibst. Dort wohnten die kaiserlichen Frauen und Nebenfrauen, ebenso wie deren Dienerinnen, die aus den Provinzen stammenden Kammerjungfern, die Ammen und die weiblichen Beamten des Hofs, solche wie du, Sei, die ihr zu dem sorgfältig ausgewählten Gefolge von etwa vierzig Frauen gehörtet, das von Fujiwara no Michitaki, dem Vater der Kaiserin, angestellt worden war und als Mitgift an den Hof kam.

Auch wenn der hintere Palast nicht allen offen stand, so war er doch auch kein von Eunuchen bewachtes Gefängnis, wie viele orientalische Harems. Ihr lebtet nicht in Isolation, sondern hattet zum Beispiel freie Tage, die ihr außerhalb des Palastes verbringen durftet. Ihr kehrtet zu Besuch oder um zu gebären in die Häuser eurer Eltern oder anderer Verwandter zurück, und die Verwandten konnten euch frei am Hof besuchen. Der größte Teil der adligen Männer hatte Zugang zu den Räumlichkeiten der Frauen, und sie waren dort auch fleißig zu Besuch. Der Frauenpalast war ein eleganter Gesellschaftssalon, ein Zentrum der Musik, der literarischen und künstlerischen Betätigung, auch der romantischen. Und Kinder gab es dort in der Tat: So nahm etwa die Dichterin Izumi Shikibu ihre kleine Tochter mit zum Dienst bei Hof und ließ das Mädchen sogar am Hof zurück, als sie mit ihrem zweiten Ehemann in die Provinz zog.

Dort hingst du, Sei, mit deiner jungen Kaiserin ab. Dort brachtest du Teishis literarische Bildung voran, last mit ihr chinesische Klassiker und berietest sie in der Kunst des Briefwechsels. (Manchmal kämmtest du auch ihr Haar, ihr wart euch ziemlich nah.) Dort, in den kleinen, mit Wandschirmen abgetrennten Kammern auf dem Gang, der das Zimmer der Kaiserin einfasste, schliefst und aßest du. Du nähtest. Du tratschtest mit anderen Hofdamen. Zogst die auf der Veranda lauernden Höflinge auf. Ließest sie in dein Bett.

Und dort schriebst du dein Buch. Dort schrieb ihr Hofdamen eure Texte und last sie gegenseitig. Viele Bücher entstanden praktisch als Fortsetzungsgeschichten, und zum Beispiel Murasakis *Geschichte vom Prinzen Genji* wurde gelesen, sowie ein Kapitel fertig gestellt war.

Papier und das Kopieren der Texte waren teuer, und es befanden sich nur wenige Manuskripte im Umlauf, also gingen sie von Hand zu Hand, und oft wurden sie einer größeren Gruppe laut vorgelesen. Wenn gleichzeitig noch Emaki-Bildrollen betrachtet wurden, die das Erzählte illustrierten, erinnerte das audiovisuelle Erlebnis ans Fernsehen. Vielleicht glich euer Salon einem Lesekreis, der rund um die Uhr stattfand: Zuerst wurde gelesen und dann geredet.

Du, Sei, sagst allerdings, du hättest nur für dich selbst geschrieben, wie ein geheimes Tagebuch, aber irgendwie sind deine Seiten dann doch für alle zugänglich geworden. Vielleicht unterhieltest du am Ende die Kaiserin hier im Frauenpalast, indem du ihr deine frisch geschriebenen Texte vorlasest, solche, in denen du deine Ansichten über Kleider, Stil, Feste, das Wetter und die Männer äußerst. Und dein Stil war dabei so provozierend, dass die Zuhörerinnen sich kaum ihrer Kommentare enthalten konnten.

Sei, auf mich wirkt eine solche Gemeinschaft von Frauen geradezu beneidenswert. Und sie kommt mir vage bekannt vor.

Als ich den Palast verlasse, schaue ich noch einmal auf die Kiefern, darauf, wie ihr rundes Grün vor dem blauen Himmel hervorgehoben wird. Die Kiefern, kannst du dich an sie erinnern, Sei?

Als ich am Abend mit den Mitbewohnern im Fernsehzimmer sitze, zeigt uns Marcos seinen Blog, ist aber nicht bereit zu sagen, ob er darin etwas über uns geschrieben hat.

. . .

[Sei Shōnagon schreibt]

*Ich erinnere mich an einen klaren Morgen im
Oktober, nachdem es die ganze Nacht geregnet
hatte. Trotz der Sonne tropfte noch immer Tau von
den Chrysanthemen im Garten. Ich sah Fetzen
eines Spinnennetzes im Bambuszaun – an den
Stellen, wo die Fäden gerissen waren, hingen die
Regentropfen wie weiße Perlenbänder. Ich war
sehr gerührt und erfreut. Als es sonniger wurde,
verschwand der Tau allmählich von den Klee-
blättern und den anderen Pflanzen, auf denen er
schwer geruht hatte – die Zweige fingen an sich zu
bewegen, und dann schnellten sie plötzlich wie
durch eigenen Willen nach oben. Später beschrieb
ich den anderen, wie schön das war. Am meisten
war ich davon beeindruckt, dass sie überhaupt
nicht beeindruckt waren.*

. . .

Schöne, interessante und geheimnisvolle Dinge:
Die Tempel.
Die Schreine.
Die Paläste.
Die kaiserlichen Villen.
Die Gärten (die gestalteten, die üppigen, die steinigen).
Der Duft von Räucherwerk auf den Tempelbergen.
Das Rezitieren der Mönche.
Der Vollmond.
Die ganz schmalen Gassen.
Die Bambusvorhänge, die vor den Fenstern der Machiya-Häuser hängen.
Die vergessenen Hinterhöfe und Anbauflächen.
Die sich wirr kreuzenden Stromleitungen am Himmel.
Der Fluss Kamo. Die Geiger, Trompeter und Gitarristen, die an seiner Böschung üben.
Die Bio-Bentō-Kästchen.
Die Abendessen, die aus vielen kleinen Schälchen bestehen.
Die klebrigen Mochi-Kugeln.
Fließbandsushi.
Die riesigen, zig Euro teuren Geschenkfrüchte.

Die Tofuhersteller.

Die Fächermacher.

Die Sakefässer.

Die Teezimmer mit Tatamifußboden.

Die von papierenen Schiebetüren eingerahmten Blicke in den Garten.

Die Schuhreihen vor den Tempeln.

Die Kalligrafien. Stehend, gehend, laufend.

Die von einsamen Männern bevölkerten Kantinen.

Die Hamburgerbars, in denen sich die Studenten verschanzen, um zu büffeln.

Die neongrelle Einkaufshölle im Stadtzentrum.

Die unglaublich kurzen Miniröcke. Die Röcke mit Spitze und Rüschen. Alles Mögliche mit Spitze und Rüschen.

Die Kniestrümpfe mit allen nur denkbaren Mustern. Die ulkigen Strümpfe.

Die im Marschrhythmus schallenden *Irasshaimase*-Willkommenslieder der Geschäfte.

Die Verkäuferinnen, die sich verbeugen, winken und einen bis zur Tür begleiten.

Die unendlich langen Höflichkeitsfloskeln.

Die Putzkräfte, die sich vor den Zügen verbeugen.

Die mit unbegreiflichen Zeichen beschrifteten Straßenschilder.

Die Kreuzungen, deren Namen einen Kilometer lang sind.

Die Buddha-Statuen, die mit einem Lätzchen um den Hals dahocken.

Die Füchse, die Schlüssel bewachen.

Die Holzverzierungen an den Traufen der Tempel.

Die roten Ahornblätter und *Torii*-Tore.

Die faltigen, dicht grün bewachsenen Berge.

Die sonnenuntergangroten Berge.

Die blaudunstigen Berge.

Die auf die Berge steigenden uralten Frauen und Mädchen mit hohen Absätzen.

Das Smaragdmoos.

Die Bambuswälder.

Die Dschungelwälder.

Die unwahrscheinlich langen Kiefernnadeln.

Die Wolken. (Aller Art.)

Die um die heiligen Bäume gebundenen Seile.

Die golden leuchtenden Gingkobäume.

Die lauten *Matsuri*-Festivals.

Die Taiko-Trommler mit den nackten Oberkörpern, deren Trommeln bis in die Eingeweide hinein zu spüren sind.

Matcha-Tee.

Die Trittsteine, die über einen Seerosenteich führen.

Die herabgefallenen Kamelienblüten.

Die Lampions.

Die Tempelmärkte.

Die Ausflüge mit dem Fahrrad.

Die auf die Berge hinauffahrenden Seilbahnen.

Die kühlen Bergpfade.

Die Flüsse. Die sich schlängelnden Bäche. Die Wasserfälle. Die Kanäle, vor allem im Mondschein.

Die Riesenzedern.

Die Trauerweiden.

DIE GÄRTEN.

Die ganze Nacht und den ganzen Morgen regnet es in Strömen, aber ich breche tapfer zur kaiserlichen Villa Shugakuin auf, die sich ein Kaiser Mitte des 17. Jahrhunderts an den östlichen Bergen erbauen ließ. Es ist schwer, eine Besuchserlaubnis für die Villa zu erhalten – man beantragt sie beim Büro des kaiserlichen Hofs –, sodass man, wenn man eine bekommen hat, auch hingehen sollte, ganz gleich, wie das Wetter ist. Und zum Glück gehe ich hin: Ich bekomme einen Verständnisanfall in Sachen japanische Gärten.

Ich habe immer die dreidimensionale Wirkung der Gärten bewundert und bin frustriert gewesen, sie nicht mit meiner schlechten Kamera einfangen zu können, aber erst jetzt begreife ich, dass das Dreidimensionale und die Mehrschichtigkeit den Kern der ganzen Gartenkunst bilden und ihr mit viel Mühe erreichtes Ziel sind. Im Garten von Shugakuin wird der Wechsel von Nähe und Abstand durch die harmonisch im Hintergrund aufragenden dunstverhüllten östlichen Berge und den Hiei-Berg betont. Diesen Kontrast, bei dem die Gartenkunst sich die natürliche Landschaft im Hintergrund zunutze macht, nennt man *Shakkei*, geborgte Landschaft, und der Garten der kaiserlichen Villa Shugakuin wird eben wegen seiner beeindruckenden Shakkei-Schichten für besonders schön gehalten.

Der gleiche Wechsel von Entfernung und Nähe und die gleiche Schichtung wiederholen sich in jedem Teil des Gartens in kleinerem Maßstab. Über dem Bach, der sich in der dunstigen Berglandschaft verliert, wölbt sich eine Brücke, und vor der Brücke biegen sich Ahornäste, deren Laubwolken in schöner Weise so geschnitten sind, dass sie eine vollkommene, reizende mehrschichtige Reihe von unterschiedlich geformten Zweigen und Blättern bilden, die sich im Wasser spiegelt, über dessen Steinen sich wiederum diverse Gräser biegen… Vielleicht ist die Gartenkunst eine Art Ikebana in Groß. Zumindest die Regeln des Raums, des Rhythmus' und der Asymmetrie scheinen die gleichen zu sein.

Ich verstehe auch, dass die Gärten nicht nur zum Anschauen gedacht sind. So hat etwa der Gestalter dieses Gartens das Rieseln des Wassers – mal gedämpfter, mal stärker – als Teil der Gesamterfahrung mitgedacht. Und die daunenweiche Kiefernallee, die sich inmitten der Reisfelder bis in die Unendlichkeit fortsetzt? Die sich atemberaubend über der Stadt auftuende Landschaft, die, wenn man den Weg hinaufsteigt, hinter Bäumen und Büschen versteckt ist, damit der Wanderer sie, wenn er oben angelangt ist, umso beeindruckender erlebt? Das Rauschen des Gebirgsfalls, dessen Zweck darin besteht, die Gedanken desjenigen, der ihm lauscht, in kristallklare Haiku zu verwandeln? Die von den hochgezogenen Holzjalousien des Teehauses freigegebene Aussicht an Ahornzweigen vorbei über den Garten und den Teich hinweg, über die ganze Stadt Kyōto hinweg auf die im Hintergrund aufragenden fernen Berge – ein Ort, wo der seinen Ruhestand genießende Kaiser sich in der Arbeit mit dem Pinsel übte?

Hai, wakarimashita. Ich verstehe.

UJI.

Heian-kyō ist aufgrund von Bränden, Erdbeben und Kriegen vollkommener vom Erdboden verschwunden als das
antike Rom, aber ein Bau aus jener Zeit ist erhalten: die
Phönix-Halle des Tempels Byōdō-in in Uji, südlich von
Kyōto. Das Ufer des Teichs, der sie umgibt, ist nach Art der
Heian-Zeit mit faustgroßen Steinen gepflastert, und im
Museum des Tempels kann man Wandgemälde in ihrem
ursprünglichen Gewand gesehen: hellrot, goldverziert
und verblüffend bunt.

Sei, der mächtige Fujiwara no Michinaga, baute Byōdō-in
im Jahr 998 als Landhaus für sich, weshalb du, falls du
nach Uji gereist wärst, ihn theoretisch hättest sehen können. Ich vermute jedoch, dass Michinaga dich nicht eingeladen hat. Deine Kollegin Murasaki lud er allerdings ein,
und heute ist Uji vor allem ihre Stadt, ist sie doch der *Geschichte vom Prinzen Genji* gewidmet, deren letzten Kapitel an den Ufern des Uji schäumend durchströmenden
Flusses spielen. In der Stadt gibt es ein Genji-Museum
und neben der Brücke auch eine Statue von Murasaki
Shikibu – entschuldige, aber ich bin nun gezwungen, so
wie es auch zahllose Male später der Fall sein wird, deiner Kollegin nachzureisen, weil von dir selbst nicht so viel
erhalten ist.

Außer für Genji ist Uji berühmt für seinen Tee, und ich
nehme an einer kleinen Teezeremonie im Teehaus Taihoan
teil. Ich kaufe auch Teezubehör: Matcha-Teepulver, einen
Bambuslöffel, einen Bambusquirl und eine Halterung aus
Keramik für den Quirl – Teetassen kann ich mir nicht leisten, sie kosten Hunderte Euro.

Im Café des Genji-Museums wartet der absolute Höhepunkt des Ausflugs: Für hundert Yen kann ich per Compu-

ter ein Bild von mir knipsen, das in eine Figur in Heian-Tracht eingefügt wird, welche an der Brücke über den Uji-Fluss lehnt. Kann sein, dass ich auf dieser Reise nicht näher an das Anprobieren eines Heian-Gewandes herankomme, aber weißt du was, Sei, ich sehe mit schwarzen langen Haaren eigentlich ganz gut aus.

In der Nacht träume ich, dass mich der finnische Dichter Tommy Tabermann bittet, ein Buch über das Werk meines Lieblingsschriftstellers Stephen King zu schreiben. Ich führe Tommy das komplett weiße Kostüm vor, das ich im Schrank meiner Mama gefunden habe und das ich für die perfekte Garderobe zum Blaubeerpflücken halte.

DER HIEI-ZAN.

Ich fahre mit dem Zug zum Berg Hiei, der die nordöstliche Ecke von Kyōto schützt – also gut, ich verirre mich unterwegs ein bisschen, denn ich habe die Warnung des Reiseführers, nicht den falschen Zug zu nehmen, mit Überheblichkeit zur Kenntnis genommen –, und fahre zuerst mit der Schienen- und dann mit der Luftseilbahn hinauf. Oben blicke ich – weiterhin überheblich – auf die Busse und gehe auf einem verlassenen und steinigen Pfad in die Richtung, wo ich den Tempel Enryaku-ji vermute. Mir ist ein bisschen mulmig zumute, denn es ist weit und breit niemand zu sehen, ich habe keine Karte, und die Hinweisschilder am Weg sind nur auf Japanisch. Aber die Stille der Berge ist groß. Die Aussicht über die Berglandschaft bis hin zum Biwa-See ist berauschend, und in die Bäume bin ich schon jetzt ganz verliebt: in die riesigen, rundlichen und weichen Fichten, die dicht an dicht entlang der Seilbahn wachsen, wie auch in die unfassbar großen

Zedern, deren gerader, borkiger, manchmal von feuchtem Moos überzogener Stamm sich ins Unermessliche fortsetzt, bis er schließlich in einer grünen Wolke aufgeht.

Aus dem Tempel Enryaku-ji stammen sämtliche *Tendai*-buddhistische Schulen Japans. Einst war die Macht der hier ausgebildeten Kriegermönche so groß, dass sogar der Kaiser vor ihnen Angst hatte – es heißt, Kaiser Shirakawa, der im 11. Jahrhundert die Macht innehatte, habe konstatiert, die einzigen Dinge auf Erden, die er nicht beherrschen könne, seien der Würfelwurf, der Fluss Kamo und die Mönche von Enryaku-ji. So mächtig waren die Kriegermönche, dass es das Shogunat im 16. Jahrhundert für nötig hielt, sie bis auf den letzten Mann umzubringen.

Ich verliebe mich in Konpon chudo, den wichtigsten Tempel des Hiei-zan, in dessen Lampions noch immer das im Jahr 788 entzündete Feuer brennt (unfassbar diese Jahreszahlen). Die hölzernen Gänge führen um einen schönen hellroten Tempel herum, das drinnen duftende Räucherwerk beruhigt das Gemüt, gibt einem das Gefühl, am richtigen Ort zu sein, jetzt und im Leben allgemein. Ich knie mich auf die Schwelle, von wo ich die in der Dunkelheit des Tempels schwebenden, von Kerzen erleuchteten Altäre sehe, die Jahrhunderte alten Schätze und einen Buddha, der wie in einer Gebärmutter schwimmt, in der Kammer der Geheimnisse, als Wächter aller Erkenntnis. Der Ort ist voller heiliger Kraft und beeindruckender Stille.

Nachdem ich stundenlang durch Tempel gegangen bin, stelle ich fest, dass keine Busse mehr zur Seilbahn fahren, also bleibt mir nichts anderes übrig, als denselben steinernen Pfad am Berghang zu nehmen, auf dem ich gekommen bin. Das ist jetzt ein bisschen unnötig anstrengend, denke ich, während ich erschöpft dahintrotte, aber dann bewege ich mich eben auf die Weise voran, wie es sich für den Hiei-zan gehört, auf Pilgerart, denn es ist nicht Sinn der Sache, dass man solche Orte allzu mühelos zu Gesicht bekommt. Außerdem bist auch du, Sei, auf eigenen Füßen hier heraufgeklettert, und zwar mit wesentlich schlechteren Schuhen.

Sei, in der heiligen Atmosphäre des Hiei-zan muss man unweigerlich an den Status der Religion zu eurer Zeit denken. Nicht dass du ein sonderlich tiefes Verhältnis zum Glauben gehabt hättest, aber Buddhismus, Shintoismus und Konfuzianismus hatten beträchtlichen Einfluss auf euer tägliches Dasein. Im höfischen Leben sah man den Buddhismus in Zeremonien und in der Kunst, andererseits machten sich die shintoistischen Sauberkeitsregeln dadurch bemerkbar, dass viele gewöhnliche, aber »schmutzige« körperliche Vorgänge – Menstruation, Schwangerschaft, Geburt, Krankheit, Tod und Toilettenangelegenheiten – außerhalb des Palastes stattfinden mussten.

Der aus China eingeführte Buddhismus spielte zu eurer Zeit eine wichtige Rolle in allen Lebensbereichen – ein bisschen wie die katholische Kirche im Europa des Mittelalters –, und fast alle erhaltenen Kunstwerke, abgesehen von der Literatur, sind buddhistische Kunst. Die einflussreichste Schule war *Tendai-shu*, die am Hiei-zan ihr Hauptquartier hatte, aber auch die von dem Mönch Kukai gegründete *Shingon-shu* war eine bedeutende Schulrichtung. Auch der Amidismus war beliebt, denn jedem, der an Amida-Buddha glaubte, wurde versprochen, ins Paradies zu gelangen, wenn er nur sein Leben auf die richtige Wellenlänge brachte, indem er *Namu Amida Butsu* deklamierte, unter anderen glaubten Michinaga, Kaiser Ichijō und Murasaki Shikibu an die belebende Kraft dieser Worte.

Stattdessen schriebst du, Sei, in deinem Buch, »ein Priester soll gut aussehen«, und stempeltest dich selbst zur ewig oberflächlich Glaubenden ab, die nicht einmal die von dir aufgelisteten Lieblingstempel und -sutras retten können.

Aber Wallfahrten mochtest du: Die Wege zu den Tempeln boten Frauen nämlich die seltene Gelegenheit, etwas von der Welt zu sehen. Oft lagen die Tempel an schönen Stellen, und ihr konntet gleichzeitig etwa die Kirschblüten am Hiei-zan oder den Vollmond über dem Biwa-See bewundern – von romantischen Abenteuern ganz zu schweigen.

Selbst wenn die Religion bloß ein Schauspiel gewesen wäre, so war in eurer Welt der Kerngedanke des Buddhismus von der Vergänglichkeit aller Dinge stets präsent. Das Leben war kurz und vergänglich wie Kirschblüten. Wehmütige Gedanken über die Veränderlichkeit der Welt wurden von welkenden Blumen, fallenden Blättern oder dem Ruf eines Zugvogels inspiriert, und das zeitweilige Versinken in Weltschmerz war für empfindsame Heian-Adlige geradezu unvermeidlich. Diese melancholische *Mono-no-aware*-Stimmung beherrscht die gesamte Literatur jener Zeit – abgesehen von dir, Sei, der Abtrünnigen der oberflächlichen Freuden. Aber ans Schicksal glaubtest auch du, daran, dass alles die vorausbestimmte Folge der menschlichen Taten im hiesigen und vorigen Leben war. Daran, dass der Grund nicht bei dir lag, wenn bei einem Ausflug zum Kuckuckhören kein Gedicht entstand, sondern darin bestand, dass die Dichtung am betreffenden Tag ein schlechtes Karma hatte.

Vielleicht hatte es gerade mit der allgemeinen melancholischen Stimmung zu tun, dass der Gedanke, sich aus der Welt zurückzuziehen – als Nonne oder als Mönch – den Heian-Adeligen immer dann als verlockende Lösung erschien, wenn sie der Geschehnisse dieser Welt durch und durch überdrüssig waren. (Im Grunde verstehe auch ich das Gefühl sehr gut.) Für Männer war es einzig und allein erhebend, sich aus der Welt zurückzuziehen, und hinderte sie zum Beispiel nicht an Abenteuern mit Frauen, aber wenn eine Frau Nonne wurde, war das eine karge, nach dem Tod des Ehemannes aber oft die einzige Alternative. Wenn die bis zum Boden reichenden Haare einer Frau mit dem Nonnenversprechen auf Schulterhöhe abgeschnitten wurden, weinten die Zuschauerinnen. Das Leben im Nonnenkloster war hart, freudlos und arm. Man bemitleidete die Nonnen, und in der Volksüberlieferung ist dein Schicksal als bettelarme Nonne, die ihre Knochen verkauft, deprimierend, Sei.

In praktischen Dingen dürftet ihr trotzdem anderen Instanzen mehr vertraut haben als der Religion. Die Weissagungsbehörde war verantwortlich für die Astrologie und Prophezeiungen, die mit dem Kalender zu tun hatten, für Wahrscheinlichkeitsrechnungen und für die Deutung von guten und schlechten Omen. So hatten zum Beispiel die mit den Himmelsrichtungen verbundenen Tabus eine große Bedeutung für euren Alltag: Das Leben inmitten von kosmologischen Energieströmen verlangsamte den ohnehin schon gemächlichen Lebensrhythmus, und es wurden sogar wichtige Staatsangelegenheiten aufgeschoben, wenn der Kalender ungünstig aussah. Der Nordwesten war dauerhaft und universell eine Richtung des Unglücks, und die Tempel am Hiei-Berg waren erbaut worden, um die Hauptstadt eben vor dem Bösen zu schützen, das aus dem Nordosten kam. Auf das tägliche Leben wirkten sich am meisten die momentanen Unglücksrichtungen aus, die mit dem Standort bestimmter Gottheiten zu tun hatten, und es konnte zum Beispiel passieren, dass ein Herr nicht direkt von einem nächtlichen Abenteuer mit einer Frau nach Hause zurückkehren konnte, wenn sich sein Haus in einer verbotenen Richtung befand.

Auch andere Tabus gab es reichlich. Die Fingernägel durfte man nur am Tag des Ochsen schneiden und die Fußnägel nur am Tag des Tigers. Für das Anknüpfen eines Liebesverhältnisses eigneten sich nur bestimmte Tage. Baden durfte man nur jeden fünften Tag, und auch dann nur, wenn der betreffende Tag ein günstiger war. Für das Haarewaschen, das bei Frauen ein zeitraubendes Projekt darstellte, gab es unter Umständen über mehrere Monate hinweg nur einige wenige geeignete Tage.

Die Weissager begründeten ihre Aussagen mit den Bewegungen der Planeten, mit Himmelsphänomenen und Vorzeichen, wie etwa dem Fund einer außergewöhnlich großen Schildkröte. Auch ungewöhnliches Wetter wie Platzregen oder seltsam geformte Wolken hielt man für warnende Omen. Träume waren eine probate Prophezeiungsmethode, und wenn man gute Träume mit Vorbedeutung haben wollte, musste man mit auf links gedrehten Kleidern schlafen gehen. Außerdem dachte man, dass die Nähe von Chrysanthemen das Leben verlängerte und dass die schwierigsten Erfahrungen stets auf den Herbst fielen, aber dass der Herbst dennoch eine bessere Jahreszeit zum Freien war als der Frühling. Niesen verhieß nichts Gutes: Wenn jemand nieste, während ein anderer sprach, bedeutete das, dass der Sprecher log. Man wusste, dass sich in den Wäldern und Bergen langnasige, rotgesichtige *Tengu*-Dämonen bewegten und dass Füchse einen Menschen verzaubern und dessen Gestalt annehmen konnten. Man dachte, dass Krankheiten von bösen Geistern rührten, die einen Menschen in ihre Gewalt gebracht hatten, und das Verarzten übernahmen buddhistische Exorzisten. Sorge zog Krankheiten an, weil sie dem *Mononoke*, dem bösen Geist, einen Weg ins Innere bot.

Außerdem war allgemein bekannt, dass eine Frau mit 36 Jahren am verwundbarsten ist, anfällig dafür, ihr physisches und geistiges Gleichgewicht zu verlieren.

Woran glaube ich, Sei? Zumindest glaube ich nicht an die Geschichten, die von dir als arme, ihre Knochen verkaufende Nonne erzählen.

[Sei Shōnagon schreibt]

Dinge, die zu sehen unangenehm sind

Jungen, die hohe Holzschuhe zu ihren Hosenröcken tragen. Ich verstehe ja, dass das Mode ist, aber es gefällt mir trotzdem nicht.
Frauen in Reisekleidern, die sehr schnell gehen.

. . .

EINKÄUFE.

Ich mache einen fünfstündigen Rundgang mit einem einheimischen Guide. Dabei lerne ich von ihm das eine und andere über die Religionen, aber auch über die Kyōtoer Heimindustrie, die noch immer vital ist.

175

Ich erfahre, dass zum Beispiel sämtliche buddhistischen Gebetsketten in Kyōto hergestellt werden. Familien fertigen sie zu Hause an und bringen die Ketten dann zu Großhändlern, die sie weiterverkaufen. Ich sehe ein Haus, in dem ein Mann wohnt, dessen Sippe seit vierhundert Jahren, also seit siebzehn Generationen Gebetsketten herstellt. Ich lerne auch eine Familie kennen, die seit sechs Generationen Teedosen anfertigt. Ein Lampionmacher erzählt, die Lampions seien heute so teuer, dass sie nur noch auf Bestellung von Tempeln und Schreinen gemacht würden. Diejenigen, die bei Tatamimatten die Auflagen wechseln, haben hingegen genug zu tun: Die Auflagen werden einmal im Jahr gewechselt, und man sagt, ein neuer Tatami sei so wunderbar wie eine neue Frau.

Auch Tofuhersteller gibt es viele, denn das gute Wasser von Kyōto macht den hiesigen Tofu besonders gut. Nebenbei bemerkt, sprengt diese Stadt das Bewusstsein davon, was man aus Tofu alles machen kann: Hier kann man ganze Mahlzeiten verspeisen, bei denen die einzige Zutat in zahlreichen kleinen Portionen Tofu ist. In den Tempeln stellen die Mönche sogar Produkte aus Tofu her, die täuschend ähnlich nach Huhn, Fisch, Fleisch oder Wurst aussehen und an deren Geschmack man nicht erkennen kann, dass sie nicht das sind, wonach sie aussehen. Manchmal wiederum wird dem Gast in einem Restaurant ein kleiner Kocher hingestellt, auf dem man seinen Tofu selbst herstellen und vor allem von der geronnenen Sojamilch die besonders köstliche Haut abschälen kann…

In der Straße, die sich auf die Herstellung von Fächern konzentriert, wohnen Familien, die seit Generationen auf das Falten von Papier spezialisiert sind – die anderen Sippen sind auf andere Arbeitsschritte spezialisiert. Die

Preise dieser Fächer sind schwindelerregend hoch, 100 bis 400 Euro das Stück, und ich begnüge mich damit, sie zu bewundern. Eine gewöhnlich aussehende Amerikanerin fragt, ob man hier mit Kreditkarte bezahlen könne, und ich lache, weil ich glaube, sie mache Witze. Ohne mit der Wimper zu zucken, sucht sie sich als Mitbringsel sechs Fächer aus. Ihr Mann lamentiert und lacht laut über ihren Kaufrausch – *oh, now she's shopping* –, aber seine Absicht besteht nicht darin, seine Missbilligung zu äußern, sondern alle Aufmerksamkeit auf die Tatsache zu lenken, dass er es sich leisten kann, die Fächerrechnung von fast 2000 Euro zu begleichen, ohne dass seine Frau auch nur nach den Preisen zu fragen braucht. Oder kann es sein, dass der Kurs des Dollar so viel besser ist als der des Euro?

Ich kaufe mir auf dem Heimweg eine Kakerlakenfalle, die man *Gokiburi hoi-hoi* nennt, denn die Riesenschabe, die ich gestern durch die Küche fliegen gesehen habe, war zu viel. In den Fenstern des wohnlich wirkenden Häuschens aus Pappe wimmelt es vor fröhlichen gezeichneten Schaben, die ihre nichts ahnenden Genossen hereinlocken, wo sie mit ihren armen Beinchen dann am Bodenkleister hängen bleiben und verenden.

Leider findet keine der Kakerlaken das Häuschen so anziehend wie ich.

VÖLLEREI.

Ich bin berauscht vom Essen in Kyōto. Ich verschlinge Sushi und Sashimi, Bio-Bentōs, Luxus-Bentōs und Kiosk-Bentōs, die überall angebotenen *Teishoku*, mehrgängige Mahlzeiten, billige und feinere. Ich nehme Mahlzeiten zu mir, die sich aus zig kleinen Bestandteilen zusammensetzen und die so schön sind, dass man es fast nicht übers Herz bringt, sie aufzuessen. Ich esse die billigen und einfachen, aber köstlichen Sachen der kleinen Lokale. Ich sitze in Kantinen, in denen alle anderen Gäste pickelige Studenten oder ältere Männer sind, deren Frauen heute nicht zu Hause kochen. Ich esse Fließbandsushi, aber mein Magen ist lange vor dem der neben mir sitzenden *Mama-sans* voll, deren schwankende Tellerstapel in unglaubliche Höhen aufragen. Ich esse Donburi, Yakisoba und Okonomiyaka, Omuraisu, Yudofu, Yakiniku, Nabe-Eintöpfe und okinawanisches Essen. Ich esse Miso-Suppe, Reis, Pickels, Gyoz, Tofu und Algen. Meistens nehme ich Mahlzeiten zu mir, bei denen ich keine Ahnung habe, worum es sich handelt. Manchmal esse ich, wenn ich mich nach westlichem Essen sehne, einen Hamburger oder eine Pizza, obwohl vor allem Letztgenannte mit dem Original nichts zu tun hat.

In den Geschäften sind Nahrungsmittel teuer, zumindest diejenigen, die ich zu kaufen und zu verarbeiten verstehe. Die Gemüse- und Obstsorten, die ich kenne, kosten so viel, dass Marcos feuchte Augen bekommt, wenn er daran denkt, wie wenig bei ihm zu Hause in Spanien eine ganze Kiste Tomaten kosten würde. In einem gewöhnlichen Restaurant um die Ecke, wie es sie überall gibt, kann man sich zum Glück für wenig Geld den Bauch vollschlagen, sofern es einem nichts ausmacht, dass man nicht weiß, was man bestellt oder isst. Die Speisekarten sind meistens nur auf Japanisch und die Zutaten unbekannt.

Ich merke, dass ich am meisten Käse vermisse, der hier ein nahezu völlig unbekannter Begriff zu sein scheint. In den kleinen Läden werden nur einzeln verpackte Scheiben Schmelzkäse verkauft, die als Käse zu bezeichnen einer

Lästerung gleichkommt. In großen Kaufhäusern gibt es durchaus gute Käsetheken, aber das Preisniveau ist von der Sorte, dass ich es nicht wage, mehr als etwas Manchego zu kaufen, wenn schon die Verkäuferin um Verzeihung für den Preis des winzigen Stückchens bittet.

Seb teilt meine Leidenschaft für Käse, und wir reden oft träumerisch darüber. Weil ich mir immer mal wieder in einem Spezialgeschäft eine winzige Scheibe anständigen Käse zu einem schockierenden Preis hole, sieht sich Seb oft veranlasst, mich um einen Käsekredit anzuflehen. Hände reibend lasse ich seine Schulden wachsen, denn je größer der Käsekredit ist, desto genussvoller ist es, im richtigen Moment zuzuschlagen. Ich beabsichtige abzuwarten, bis Seb seinen Plan in die Tat umsetzt und seine Eltern bittet, ihm aus dem heimischen Dorf einen ganzen, reifen, triefenden, übel riechenden französischen Bergkäse zu schicken. Wenn das Paket eintrifft, werde ich bereit sein.

Sei, welches Essen mochtest du? Konntest du kochen, wenigstens in dem Maße, wie ich es kann? Oder einkaufen, dir ausdenken, was es heute zu essen gibt? Wohl kaum. Bei euch konnte eine Frau nicht mal so eben mit dem Portemonnaie in den Laden gehen und entscheiden, ob sie Zutaten kauft oder ein Fertiggericht oder ob sie doch lieber im Restaurant isst. Auch wenn ich herausgefunden habe, dass es in Heian-kyō zwei Märkte gab, auf denen außer Stoffen, Färbemitteln, Kämmen, Pferden, Ochsen, Perlen- und Jadeschmuck, Arzneien und Kräutern auch Lebensmittel verkauft wurden: Reis, Salz, Bohnenpüree, Obst und Algen. Vermutlich schicktet ihr eure Diener mit einer Tüte Reis dorthin, um ein Tauschgeschäft zu machen.

Über eure Ernährung weiß man nicht viel, denn Essen hielt man für ein so vulgäres Thema, dass es sich nicht schickte, es zu beschreiben. Du, Sei, erwähnst das Essen dreimal und lässt dabei nicht andeutungsweise eine Vergötterung guten Essens erkennen, wie ich sie pflege. Das Essen schien wie der Besuch auf der Toilette eher etwas zu sein, was man ganz privat erledigte. Dem Kaiser wurden zeremonielle Mahlzeiten im Speisesaal serviert, aber eigentlich aß er heimlich in einem anderen Raum.

Sei, an einer Stelle schreibst du, ihr Hofdamen wäret bei einem Ausflug Gast eines Beamten niederen Ranges gewesen, der euch irrtümlich etwas zu essen angeboten habe. Ihr lehntet natürlich ab – schließlich wäre es viel zu dreist gewesen, in der Gegenwart anderer zu essen.

Beim zweiten Mal nimmst du die Essenssitten der Zimmerleute, die den Palast reparieren, in Augenschein, und deren Schlingen gefällt dir gar nicht. Der Stil der Zimmermänner, die Schalen einzeln leerzuessen, ist dir fremd. »Sie benahmen sich alle auf die genau gleiche Weise, sodass dies wohl ein Brauch der Zimmerleute ist«, stellst du fest.

Aber richtig eklig ist es für dich erst, einem Mann etwas zu essen anzubieten.

· · ·

[Sei Shōnagon schreibt]

Ich kann es nicht ertragen, wenn Männer essen, wenn sie in den Palast kommen, um Hofdamen zu treffen. Ich verstehe auch die Frauen nicht, die ihren männlichen Besuchern etwas zu essen

*anbieten. Manchmal sind diese Frauen stur und
sagen, sie lassen sich auf nichts ein, bevor der
Mann gegessen hat. In solchen Fällen muss der
Mann nachgeben – ich kann ja nicht die Hand vor
den Mund halten oder mit Widerwillen den Kopf
abwenden. Ich für meinen Teil würde keinem
Mann auch nur eine Schale wässrigen Reis
anbieten, ganz gleich wie spät oder wie betrunken
er eintrifft. Sollte ich dann seiner Ansicht nach
herzlos sein und er beschließen, kein zweites Mal
zu kommen – dann soll es so sein, dann soll er eben
wegbleiben!*

. . .

Sei, aufgrund des Wenigen, was wir über eure Ernährung wissen, war diese so anämisch, dass ich mich kein bisschen darüber wundere, dass du keine Zeit dafür verschwendest, darüber zu schwärmen. Auf das Essen und erst recht auf seinen Geschmack achtete man so gut wie gar nicht, und der größte Teil eurer Ernährung bestand aus Reis: Er wurde gekocht gegessen, als Reiseproviant gedämpft und getrocknet, mit Gemüse zu Kuchen gebacken, mit Wasser zu Brei verdünnt. Das Standardfestessen war Süßkartoffelbrei, der gekochten Reis und dünne Süßkartoffelscheiben enthielt. Außerdem wurde Gemüse gegessen – Auberginen, Bambussprossen, Zwiebeln und Rettich – und manchmal Muscheln und getrockneter oder eingelegter Fisch. Der Kaiser hatte den Hofaristokraten den Verzehr von Fleisch verboten, aber manchmal ließet ihr euch zu einem Fasan oder einer Wachtel hinreißen.

Was das Essen betraf, war das Leben am Hof leicht,

denn es wurde euch um zehn Uhr morgens und um vier Uhr nachmittags fertig hingestellt. Der Reis war in Pyramidenform auf dem Teller drapiert, und dazu gab es Algen und Rettich. Als Zwischenmahlzeit konntet ihr unter Umständen getrockneten Tintenfisch oder einen Reiskeks vertilgen (die Tintenfisch-Snacks, die hier verkauft werden, mag ich übrigens auch). Bei den Getränken bestanden die Alternativen aus Wasser und Sake – die Mönche des Hiei-Bergs bauten zwar aus China eingeführten Tee an, aber ihr fandet, er schmecke seltsam und eigne sich nur zu medizinischen Zwecken. Bei Festen verzehrtet ihr Kuchen aus Früchten und Nüssen, aber Zucker hattet ihr nicht. Im Sommer verwöhntet ihr euch mit im Keller aufbewahrtem zerstoßenem Eis, das mit viel Fantasie als Sorbet durchgehen mochte.

Ich frage mich, wie ihr mit so weniger und einseitiger Kost überhaupt auskommen konntet – hattet ihr nicht ständig Kopfschmerzen und ein flaues Gefühl im Magen? Wissenschaftler sind zu dem Schluss gekommen, dass die magere Kost chronische Mangelerscheinungen und Unterernährung bewirkte, und manche sind der Ansicht, dass euch genau das so deprimiert und antriebslos gemacht habe, irgendwie ätherisch melancholisch.

Sei, vielleicht kommt euer ganzer erhabener Weltschmerz, all euer Nachdenken über die Vergänglichkeit und die Erfahrung, die man *Mono no aware* nennt, daher, dass ihr ständig höllischen Hunger hattet.

Angenehme Dinge:
An einem verregneten Samstag, wenn man zuerst sein Zimmer aufgeräumt, die Wäsche gewaschen und sich eine Minipediküre von eigener Hand gegönnt hat, gibt es nichts

Besseres, als zu beschließen, den Tag auf dem Bett liegend zu verbringen, dem Prasseln, Plätschern und Glucksen des Regens zu lauschen und in Sei Shōnagons Tagebuch zu lesen.

Peinliche Dinge:
Wenn man sich fünf Wochen lang das Gesicht mit kaltem Wasser gewaschen hat und dann kapiert, dass aus dem Hahn am Waschbecken auch heißes bekommt, indem man den mit Gas betriebenen Boiler der Dusche einschaltet.

Vereinfachte Dinge:
Die Waschmaschine. Klappe öffnen, Wäsche reinwerfen. Waschpulver darüber schütten. Klappe schließen, 200 Yen in den Schlitz stecken. Mehr nicht. Eine halbe Stunde später ist der Fall erledigt, und du kannst ein mit kaltem Wasser gewaschenes, von brutalem Schleudern verzogenes und verknotetes Bündel Kleider aus der Maschine nehmen. Keine Programme, keine Wassertemperaturen, keine Hähne, keine einzige Wahlmöglichkeit, kein Knopf zum Drücken und keiner zum Drehen. Das soll das Wunderland der futuristischen Technik sein?

Dinge, die seltsam aussehen, wenn man sie auf die Einkaufsliste schreibt:
Batterie für die Maus.

Dinge, an denen man merkt, dass man sich angepasst hat:
Wenn man am einem verregneten Samstagabend mit seinem italienischen und seinem französischen Mitbewohner am Küchentisch sitzt und billigen Rotwein von Family Mart trinkt und eine rötliche Riesenkakerlake über den

Fußboden spaziert und alle nur halb bewusst die Füße heben, ohne auch nur das Gespräch zu unterbrechen.

Dinge, die angenehmer sind als irgendwo sonst:
In Kyōto unterwegs sein. Die Stadt liegt in einem Kessel zwischen Bergen und ist in beide Richtungen etwa zehn Kilometer breit. Die Straßen verlaufen im Karomuster von Ost nach West und Nord nach Süd, und fast überall ist es eben. In gut einer halben Stunde kommt man mit dem Fahrrad überallhin, und die Orientierung ist nie ein Problem, denn auch auf der anderen Seite der Stadt liegt die eigene Straße immer um die nächste Ecke. Wenn man den ganzen Tag an den westlichen Berghängen von Kyōto durch eine andere Welt gewandert ist, Bergaffen gefüttert, Häuser mit Schilfdächern bewundert und im Flussboot durch eine unvergesslich schöne Klamm gefahren ist, muss man anschließend nur seine Straße suchen und kann dann ohne weiter nachzudenken auf geradem Weg quer durch die Stadt nach Hause fahren.

Himmlische Dinge:
Sich im Paradies der Teeliebhaber zu befinden. Hier gerät man nicht ständig in Situationen, in denen man erklären muss, dass man keinen Kaffee trinkt, jetzt nicht und auch sonst nie, *überhaupt* keinen, dass man »noch immer nicht gelernt« hat, ihn zu trinken, wie meine Oma es formuliert, und somit, wie gewisse andere Leute gern in Erinnerung rufen, »eine von den Teetrinkern ist, die den ganzen Tag nicht richtig wachwerden«. Oder in Situationen, in denen man nicht sagen *kann*, dass man keinen Kaffee trinkt, wie etwa, als mich mein achtzigjähriger, inzwischen verstorbener Onkel Eino zu sich nach Hause einlud und bei

meiner Ankunft schon der pechschwarze, schön im Kessel gekochte Kaffee randvoll eingegossen war, wonach ich bis zum Abend des nächsten Tages ein zitterndes Nervenwrack war, das unter Übelkeit litt.

Nein, hier dürfen endlich einmal die Kaffeetrinkerinnen leiden und sich ihren Kaffee aus dem Automaten suchen. Hier wird überall Tee angeboten, meistens kostenlos, er wird so sehr geschätzt, dass sich um ihn herum eine ganze Kultur entwickelt hat und es die natürlichste Sache der Welt ist, ihn zu trinken.

Ärgerliche Dinge:
Nach einem ganztägigen Ausflug in die Berge sein Fahrrad, das man am Fluss – an einer verbotenen Stelle – zurückgelassen hat, mit leeren Reifen und gestohlenen Ventilen vorzufinden. Noch ärgerlicher wird es, wenn man hört, dass noch nie jemand so etwas erlebt hat.

Überraschend schöne Dinge:
Schön sind natürlich die Tempel, die Gärten, die Machiya-Gassen, die Berge, die Flüsse und die an den Flüssen stehenden Kraniche, ebenso die Frauen, die Essensportionen und die Etiketten der Sake-Flaschen. Aber auch die Plastiktüten und alle möglichen Eintrittskarten sind so schön, dass ich es nicht übers Herz bringe, sie wegzuwerfen. In meiner Kamera sammeln sich Fotos von Kanaldeckeln, Straßenschildern, Süßigkeitendosen und Snacktüten von Kiosken an. Und von Wänden: Meine Kamera quillt über von Fotos mit Bretterwänden!

GELDFÜCHSE.

Am Abend gehe ich zum Essen zu Sebs Freundin Reina. Reina wohnt in der unmittelbaren Nachbarschaft und kocht himmlisches *Tempura*. Anwesend ist auch ihre Freundin Akiko. Ich mag beide: Endlich einmal normale, entspannte Japanerinnen, bei denen man sich nicht den Kopf über Höflichkeitsregeln zerbrechen muss, sondern einen normalen, angenehmen Abend verbringen kann. Es stellt sich heraus, dass Reina geglaubt hat, mein Nachname sei *Kamimaki*, was Papierrolle bedeutet, und ich fange sofort an, über eine Namensänderung nachzudenken. Akiko besitzt ein kleines Teehaus in Gion, steht aber kurz davor, mit ihrem Freund nach Australien zu ziehen. Reina wiederum ist eine strahlende Person: schön, intelligent, tiefsinnig, charismatisch, öko, die traditionelle Kultur liebend. Sie hat gerade ihre Stelle in einem Hotel gekündigt und plant, aufs Land zu ziehen, ein Leben im Kleinen zu beginnen, eine Teezucht zu gründen oder vielleicht ein Bio-Café. Es scheint, als befände sich alle Welt in der gleichen Situation: Alle haben es satt, wollen raus aus dem Hamsterrad, treffen seltsame und unheimliche Entscheidungen, aber trauen sich, es zu tun, weil sie so frustriert sind, dass sie gar keine Wahl haben.

Als es Zeit ist, nach Hause zu gehen, begleiten wir Akiko auf ihrem Weg vorbei am Inari-Schrein am Yoshidayama, weil sie sich nicht traut, das Areal im Dunkeln allein zu durchqueren. Beide sind der Meinung, dass die starke Energie der großen Inari-Schreine beängstigend ist. Reina hält sowohl den Schrein am Yoshidayama als auch Fushimi Inari, den Schrein der Tausend Tore, für Monumente der menschlichen Habgier. Weil Hunderttausende Menschen über Jahrhunderte hinweg dort gewesen

sind, um Geld, Besitz und Businessglück für sich zu erbitten, haben die Schreine negative, von Egoismus gesät-
tigte Energie aufgesaugt. Vielleicht hat Reina recht: Der
Blick der ins Dunkle starrenden Füchse aus Stein ist gemein. Sie halten den Schlüssel zum Reislager im Maul,
und sie verfügen angeblich über die Fähigkeit, sich eines
Menschen zu bemächtigen – der Geist des Fuchses kann
unter den Fingernägeln hindurch in den Menschen ein-
dringen…

Trotzdem beschließe ich, einmal bei Tag hierher zurückzukommen und um Geld zu bitten.

Dinge, die man nur lieben kann:
Die Bambuswälder. Die Glätte, die Kühle, die Luftigkeit,
das frische junge Grün, das Gerade, die riesige Höhe und
gleichzeitige Leichtigkeit des Bambus. Es kommt einem
vor, als wäre der Bambuswald ein Ort, an dem sich Geister
bewegen. Natürlich sehe ich vor meinem inneren Auge
auch fliegende, langhaarige Krieger.

Die grünen Moosteppiche in den geheimen Gärten und
die Nadelwolken der Kiefern, die man in Ruhe streicheln
kann, wenn niemand es sieht.

Eine Tasse Matcha und eine Teesüßigkeit mit Blick auf
Bambus.

Bin ich schon an diesem Punkt angelangt? Ich schreibe
an Buz: »Was habe ich denn in letzter Zeit getan? Nichts
Besonderes, scheint mir. Allmählich kommt mir alles normal vor. Es ist ganz normal, in Kyōto zu sein. Es ist ganz
normal, dass ich nicht zur Arbeit gehe. Es ist ganz normal,
dass ich jeden Morgen überlegen kann, was ich heute Tolles mache oder ob ich überhaupt etwas tue. Es ist ganz

normal, zweitausend Tempel mit dem Fahrrad erreichen zu können, einer älter und schöner als der andere, Hunderte Gärten und siebzehn Objekte, die zum Weltkulturerbe gehören. Es ist ganz normal, dass es auch an einem Regentag im Oktober 25 Grad warm ist. Es ist ganz normal, dass jedes beliebige billige Essen gut und schön angerichtet ist und dass man es überall bekommt. Es ist ganz normal, dass der Nebel von den Berghängen aufsteigt wie Rauch und dass die Berge, die die Stadt einfassen, bei Sonnenaufgang in einem rosa Schleier zu versinken scheinen. Alles ist ganz normal, es gibt nichts zu berichten!«

Ich verstehe nicht, was die Leute nur meinen, wenn sie sagen, sie würden sich nie trauen, so etwas zu tun. So etwas völlig Normales.

DAS BADEHAUS IM WOHNVIERTEL.

Am Abend gehe ich ins nächste Sentō. In dem kleinen Alltagsbadehaus gibt es zahlreiche verschiedene Becken, Whirpools, Massagebecken, Becken mit Stromdurchfluss und eine Art Sauna – für nur 400 Yen kann ich das alles genießen. Die Atmosphäre ist freilich nicht unbedingt die freundlichste: Der Kerl am Empfang ist mürrisch, und eine Alte drückt mir ohne jedes Lächeln die Waschschüssel in die Hand – zweifellos befürchtet sie das Durcheinander, das die Ausländerin anrichtet, falls sie in ihrer Dummheit zum Beispiel nicht kapiert, dass man sich vor dem Baden waschen muss. Die übrigen Badenden sind uralte Frauen aus den umliegenden Wohnvierteln, krumm, bucklig, säbelbeinig, manche in der Hüfte in einen Neunzig-Grad-Winkel geknickt, die Körper wie urzeitliche

Krüppelkiefern, alle suchen sie hier die gesundheitsfördernde Berührung des Wassers. Jede sitzt auf einem Hocker vor dem Wasserhahn, der Raum ist voller dichtem Dampf, während die alten Frauen mit den Waschlappen ihre Glieder schrubben, jede in ihr eigenes Universum versunken. Nach dem Bad ziehen sich die Frauen Lama-Hemden, große Baumwollschlüpfer, ausgeleierte lange rosa Unterhosen, Wollhosen mit hohem Bund an. Alte Omas: überall auf der Welt gleich.

Als ich im warmen Regen des dunklen Abends mit nassen Haaren die zwei Minuten nach Hause gehe, kommt mir das Holzhaus in Suvisaaristo in den Sinn, ich muss daran denken, was es für ein Gefühl war, samstagabends Shampoo, Cremes und Handtücher in den Korb zu packen, um durch den Garten zur Sauna zu gehen, und nachdem man geschwitzt und sich gründlich abgerieben hatte, mit einer gekühlten, beschlagenen Flasche in der Hand, von der Sauna zum Haus zurückzukehren, mit Nachschweiß auf der Stirn, dem im Dunkeln leuchtenden warmen Licht in den Fenstern entgegen, ringsum das Sirren der nächtlichen Insekten, in den Gliedern Mattigkeit, eine Müdigkeit, von der man wusste, dass sie sich ganz bald zu einem tiefen Schlaf verdichten würde, sobald man unter die Decke gekrochen war, nachdem man zuvor die nackte Haut von der kühlen Luft im Zimmer hatte trocknen lassen.

WENN EINEN ALLES ANKOTZT.

Ich leide unter hormonalen Kopfschmerzen, Sei, die auch dir bekannt gewesen sein dürften. Ihr Hofdamen wurdet für die entsprechenden Tage aus dem Palast fortgeschickt – bluten in der Nähe des Kaisers schickte sich nicht –, sicherlich auch, damit ihr den anderen nicht auf die Nerven fielt. Für dich war das vielleicht ein willkommener Urlaub, denn sonst hattet ihr so gut wie keine Ferien. Oder nervte es dich, außen vor sein zu müssen, weg vom Mittelpunkt des Geschehens – wer weiß, was die Hofdamen hinter deinem Rücken tuschelten, sobald du zur Tür hinaus warst? Oder wart ihr womöglich alle zur gleichen Zeit fort – nahm der Zyklus der Frauen, die in denselben Räumlichkeiten lebten, den gleichen Rhythmus an, wie behauptet wird, und wenn ja, wer blieb dann bei der Kaiserin? Vielleicht gingt ihr alle zusammen, auch die Kaiserin, irgendwohin, um unter euren Beschwerden zu leiden – dort dürfte dann eine verdammt gereizte Stimmung geherrscht haben.

Aber wo seid ihr hingegangen? Vielleicht nach Hause, falls du so etwas hattest, manchmal vielleicht zu Verwandten oder Freunden. Wenn sich eine durch Krankheit oder Tod verursachte Unreinheit so sehr auf den Haushalt auswirkte, dass man an den Fensterläden des in den Bann geratenen Hauses ein Zeichen anbrachte, um Besucher fernzuhalten, fragt sich, ob das auch für Frauenbeschwerden galt. Saßest du einmal im Monat in einem rot markierten Haus wie eine Pestpatientin, die alles ankotzt?

Zumindest scheinst du dich bei diesen Anlässen zu Tode gelangweilt zu haben.

Ich gammle den ganzen Tag in meinem Zimmer herum, denn ich will wirklich niemanden sehen.

GELDFÜCHSE II.

Unter finanziellem Druck bin ich zu den Furcht erregenden Inari-Füchsen am Yoshidayama gegangen, um mehr Geld zu erbitten, und so unglaublich wie es ist, scheint es zu funktionieren. Im Internet lese ich, dass ich ein Stipendium der Jenny und Antti Wihuri-Stiftung bekomme! Es schnürt mir die Kehle zusammen und raubt mir den Atem – das ist zu erstaunlich, um wahr zu sein. Ich taumle in die Küche, um die Neuigkeit zu erzählen, aber Seb und Nino bekommen es bei meinem weißen Gesicht mit der Angst zu tun und glauben, es sei jemand gestorben.

Als Nächstes schlägt die Panik zu: Falls das stimmt, stellt sich die Frage, was davon zu halten ist, dass ich es mir sechs Wochen lang habe gut gehen lassen wie ein Grashüpfer, mich in allen möglichen Gärten und Tempeln herumgetrieben und mich hauptsächlich für den nächsten kulinarischen Genuss interessiert habe. Über Sei weiß weiterhin niemand etwas, weder ich noch sonst jemand.

Ich schreibe sofort eine Mail an die Bibliothek des Nichibunken, also des Internationalen Forschungszentrums für japanische Kultur (Warum, Herrschaftszeiten, habe ich das nicht früher erledigt?), und frage, ob ich dort forschen kann, obwohl ich kein einziges Empfehlungsschreiben der Universität vorweisen kann, wie es verlangt wird, sondern nur mein eigenes Freelance-Projekt, zwei Stipendien und (vorläufig noch) eine Arbeitsstelle in einem Verlag.

Dann steige ich zum Mo'a-Teehaus hinauf, das oben auf meinem heimischen Hügel, dem Yoshidayama liegt, um den Nachmittag mit grünem Tee und Eis zu begehen. Von meinem Panoramatisch aus sehe ich unter mir den ganzen sonnenbeschienen Kessel von Kyōto, in der Ferne zeichnen sich die westlichen Berge ab.

Ich denke: Diese Stadt, Sei, diese Berge, dieser Sonnenuntergang, die lärmende-träumende Stadt mit ihren rechtwinkligen Straßen zwischen den Bergen, die roten Torii-Tore in den Schreinen, die Füchse, die sie bewachen – hier warst du, umgeben von diesen Bergen, auch wenn sich keine Spur mehr von dir findet, auch wenn sich niemand mehr an dich erinnert, an deinen Namen ja, aber nicht an deine Schriften, an deine Witze, an deinen Scharfsinn (Ich begreife nicht, warum sich niemand erinnert, warum du hier nicht so lebendig bist, wie du es bist), der berauschende Duft des Matcha-Tees, das Eis, die nackten Füße auf dem glatten, kühlen Holzboden, bald das Sirren der Grillen, bald zuerst das Purpur, dann die Dunkelheit, auch du sitzt und schreibst, solange es noch Licht gibt (im Halbdunkel deines Zimmers), hast die gleichen Gedanken, zerbrichst dir den Kopf darüber, ob du gut genug bist, um das zu schreiben, interessant genug (oder zu selbstbezogen), hast du die Füchse um Erfolg gebeten, ich habe es getan, du hast den Erfolg schließlich gehabt, auch wenn sich niemand mehr daran erinnert, wie alles endete, das Matcha-Pulver auf dem Eis, hast du es gekostet, so wie ich es hier tue, während ich an dich denke und zu Ehren der Tatsache, dass heute an dich geglaubt wurde, und an mich, hörst du, sie wollen etwas über dich wissen, sie dürsten geradezu danach, sie geben mir Geld dafür, damit sie dein Geheimnis erfahren, auch wenn sich gerade jetzt niemand erinnert, nicht hier, diese Stadt hat dich vergessen, aber ich habe vor, ihnen von dir zu erzählen, hörst du, wenn du mir nur erzählst, wie alles endete (und begann), ob es so war, wie ich es mir vorstelle, das Eis schmilzt im Mund, vermischt sich mit dem Matcha, dem herrlichen, bitteren, den Kopf verwirrenden Matcha (ich werde wohl den Wein gegen Matcha eintauschen – derselbe Genuss ohne Kater), die Schichtungen der Berge in der Abendsonne, wie behutsam übereinander drapiert, hast du darüber nachgedacht, oder war es für dich nur der immer gleiche Hintergrund, die unveränderlichen ewigen Berge (das glaube ich nicht, du schreibst auch über die Berge so viele Listen, ich könnte schwören, dass du dir auch jetzt ihre veränderlichen Schatten ansiehst, die der Berge wie die der Wolken), und bist du jemals allein in die Berge gegangen, wolltest du ohne die umständlichen Kimono-Schichten gehen, barfuß, allein, um zu schauen, um ihre Schichten zu sehen (wie übereinanderliegende Ärmel von sorgsam ausgewählten Kimonos in verschiedenen Farben oder wie Seidenpapier), damit du das Gefühl hattest, die Einzige zu sein, die sie sieht (denn ich glaube, dass du oft dachtest, die Einzige zu sein, speziell zu sein, aber das warst du nicht, denn ich bin jetzt hier und sehe das Gleiche), dann denke ich urplötzlich an Gotan Project, oder höre ich etwas in der Art, ich denke, wie erfüllt das Leben sein kann, gefüllt – mit was? –, einfach erfüllt, und dass es jetzt stattfindet, gerade jetzt, und damals, vor tausend Jahren.

Dann gehe ich nach Hause und mache mich an die Arbeit.

Sei, wo soll ich anfangen? Damit, was man über dich weiß? Das ist nicht viel. Ich habe insgeheim gehofft, auf ein vergessenes Quellenwerk zu stoßen, das doch etwas Wichtiges über dich zu erzählen gewusst hätte (auf Englisch!), aber ich weiß schon, dass das nicht passieren wird.

Überhaupt wird wenig über dich geschrieben. In den allgemeinen Werken wirst zu zwar immer unter den Klassikern genannt, aber der Raum, den man dir opfert, ist ausnahmslos geringer als der, der für die Darstellung von Murasaki Shikibu verwendet wird. Ich habe bald genug von diesen allgemeinen Sätzen, auch wenn es mich amüsiert, wie je nach Zeitpunkt der Niederschrift und nach Geschlecht des Verfassers die Beurteilungen deiner Person schwanken, von lobend bis moralisierend.

Vielleicht würde das auch dich amüsieren? Sei, willst du wissen, was man über dich denkt? Wie Wissenschaftler dein Buch charakterisiert haben und wie man sich dich auf dieser Basis vorgestellt hat? Sei, so eine bist du auf den ehrwürdigen Seiten der japanischen Kulturgeschichte:

Zunächst einmal analysiert dich dein Übersetzer Ivan Morris ausführlich im Vorwort zu deinem Buch. Ihm zufolge bist du »intelligent, gebildet, schnell, kompliziert, ungeduldig, leidenschaftlich auf Details achtend, stolz, mutig, scharfsinnig und von Konkurrenzdenken geprägt«. Du bist »empfänglich für die reizenden, schönen und bewegenden Seiten der Welt, andererseits intolerant und kalt gegenüber denjenigen, die du in sozialer und intellektueller Hinsicht für minderwertiger hältst«. Wie deine Kolleginnen »liebtest du Pracht, Feierlichkeiten und Poesie und schriebst naiv und feinsinnig zugleich«, aber in deinem Werk gibt es auch bedeutsame Unterschiede zu den anderen. »Deine Überheblichkeit gegenüber unteren Klassen« hat einen Wissenschaftler dazu veranlasst, dich »geistig verstümmelt« zu nennen, und deine Bewunderung für die kaiserliche Familie ist »so übertrieben, dass sie geradezu pathologisch wirkt«. Deine Haltung gegenüber Männern, auch solchen, die über dir stehen, ist »derart von Konkurrenzdenken getragen, dass es gehässig wirkt«. Und vielleicht fehlt deinem Text gerade deshalb »der klagende, jammernde Ton, der die Schilderungen anderer Frauen der Zeit prägt, wenn sie über ihre Beziehungen zu Männern schreiben.«

Alles klar.

Eine Wissenschaftlerin namens Helen Craig McCullough ist wiederum zu dem Schluss gekommen, dass du deine junge Kaiserin »achtest, bewunderst und liebst, alles Ordinäre, Dumme und Hässliche verabscheust und intelligent, unterhaltsam und unkonventionell« bist. Ihrer Meinung nach steckt in dir »eine explosive Vitalität, die sich auffällig von der nachdenklichen Melancholie unterscheidet, mit der die anderen Schriftstellerinnen der Zeit in Verbindung gebracht werden«.

Einem anderen Werk zufolge ist deine Erzählweise selbstsicher, sogar angeberisch.

Ein Wissenschaftler lenkt unser Augenmerk darauf, wie stolz du auf deine Gelehrtheit bist sowie auf deine Fähigkeit, die Männer, die sich in dein Quartier verirrt haben, zu behandeln, ja zu demütigen.

Das ehrwürdig klingende Werk *The Princeton Companion to Classical Japanese Literature* definiert dich als einzige Frau der Heian-Zeit, die nicht ihre Lage in den halbdunklen Ecken bejammerte: »Der Leser kann auf den Gedanken kommen, dass ihre Augen die einzigen trockenen Augen im Heian-Japan waren, oder zumindest ihre Ärmel die einzigen trockenen. Hätte es Sei Shōnagon nicht gegeben, wäre niemand dagewesen, der sie hätte erfinden können.«

A Reader's Guide to Japanese Literature wiederum klärt auf, dass du aufgrund deiner »Prahlerei Objekt mehrerer Legenden« wurdest. Dein Verstand glich angeblich deinen Mangel an Schönheit aus und entlarvte die Blödheit und das Getue der anderen. Du warst die »Verkörperung einer gebildeten, lustigen und intelligenten Frau, die cleverer war als jeder Mann«.

Japanese Literature, New and Old konstatiert, du hättest »schon im Teenageralter Zeichen von Genialität an den Tag gelegt«, aber ich bin nicht sicher, wie der Verfasser das herausgefunden hat (vielleicht verwechselt er dich mit Murasaki Shikibu). Du wirst als sensible und intelligente Realistin dargestellt, die das Leben und die menschliche Natur geliebt und diese über alltägliche Ereignisse geschildert habe. Du warst direkt, ehrlich und deiner Zeit voraus.

Dein früher Übersetzer Arthur Waley meint, dein Charakter mache einen widersprüchlichen Eindruck. Ihm zufolge vermitteln sich von deiner Persönlichkeit am stärksten »Mäkelei und Gereiztheit, weshalb du eine beängstigende Gesellschaft« gewesen sein musst. Waley ist trotzdem von deinem Scharfsinn beeindruckt: Deine »feinsinnige Genauigkeit lässt Tagebuchschreiberinnen wie Lady Anne Clifford wie halb blinde Hottentotten von langsamem Verstand erscheinen«. Ach, Arthur.

Laut einer Quelle beruht ein großer Teil der Attraktivität deines Buches auf deiner Persönlichkeit und deinem starken Charakter.

Einem Wissenschaftler nach hat deine Anziehungskraft mit deinem selbstsicheren Stil zu tun, der so anders sei als in den anderen Werken jener Zeit.

Im Vorwort einer 1952 erschienenen deutschen Übersetzung wird erwähnt, dass du nicht wegen deiner Schönheit, sondern wegen deiner literarischen Bildung und wegen deiner Intelligenz an den Hof gekommen seist. (Ich verstehe nicht ganz, warum du außer gebildet und intelligent nicht auch schön gewesen sein konntest, aber vielleicht waren das in den 1950er-Jahren noch große Entscheidungen im Leben einer Frau.) Man erzählt, du hättest damit angegeben, wie viele Männer dich liebten, dass du selbst aber niemanden liebtest. Du warst »nie so sehr gerührt«, dass du deine »Wahrnehmungsfähigkeit verloren« hättest, sondern beurteiltest »die Dinge selbstständig, anders als es bei den Frauen der damaligen Zeit üblicherweise der Fall war«. In deinem Herzen »lag dennoch auch Wärme«, und »trotz allen Scharfsinns und schamloser Überheblichkeit« warst du »von der Seele her eine wirkliche Frau«, denn du hast »die Natur und die Menschen mit einer Sensibilität beobachtet, die nur einer Frau eigen sein kann«. Amen.

Aber jetzt, Sei, mach dich bereit zu lachen. Im Jahr 1930 wurde in der Buchreihe *The Wisdom oft the East* ein kleines Werk namens *The Sketch Book of the Lady Sei Shōnagon* publiziert. Sein Vorwort trieft nur so vor unbestreitbarer Weisheit. Sei, das betreffende Werk

1) präsentiert ohne rot zu werden deine Gemeinheit, deine Eitelkeit, deine Selbstsucht und dein Interesse an sexuellen Erwägungen,

2) zeigt deine vollkommene Hartherzigkeit und Kälte in Bezug auf physische Leidenschaft und deine Gleichgültigkeit für deren geistige Seite.

3) Überdies könne niemand unmoralischer sein als diese antike japanische Frau aus alten Zeiten, und daran wird das ganze Buch hindurch kein Zweifel gelassen.

4) Du bist nämlich nicht aufrichtig, fair und ehrlich,
5) stattdessen strahlst du kalt und hart wie ein Diamant, dessen Sinn darin besteht, sich auf Kosten anderer bewundern zu lassen,
6) du liebst nicht und wirst nicht geliebt, und darum
7) kann man prophezeien, dass dir eine bittere und einsame Zukunft bevorstehen wird.
8) Ferner enthält dein Buch einen Mangel: Ihm fehlt der Humor.

Später freue ich mich, als ich merke, dass für einen Wissenschaftler dein Werk dasjenige sei, das in der japanischen Literatur die größte Nähe zu einer satirischen, pfiffigen Komödie im britischen Stil aufweise.

Viel später finde ich noch Armando Martins Janeiras 1979 erschienenes Buch *Japanese and Western Literature: A Comparative Study.* Der Verfasser hebt mit der schmeichlerischen Feststellung an, von allen japanischen Tagebuchschreiberinnen seist du die bedeutendste, aber schon beim nächsten Satz möchte ich das Opus in den Keller zurückbringen, damit es dort verstaube: »Sei Shōnagon beginnt ihr Werk, indem sie feststellt, sie schreibe nur für sich selbst. Dies ist eindeutig nicht wahr, denn ihr Text ist viel zu gekünstelt, als dass wir das glauben könnten. Seit Rousseaus *Bekenntnissen* wissen wir, dass der Ehrlichkeit von Tagebuchschreibern mit Vorsicht zu begegnen ist. *Wenn wir uns nicht darauf verlassen können, dass Männer die Wahrheit berichten, wie könnten wir dann einer Frau vertrauen?*« Dann konstatiert das Kerlchen, die Intelligenz deines Textes sei »eine Seltenheit für eine Frau«.

Sei, auch wenn man solche Hottentotten mit langsamem Verstand außer Acht lässt, wird ziemlich bald deutlich, dass sich die Wissenschaftler über die Jahrhunderte hinweg geteilt haben in diejenigen, die du ärgerst, und in diejenigen, die von dir begeistert sind. Die vermutlich am häufigsten über dich benutzten Adjektive sind überheblich, selbstsicher und intelligent, und wenn ich in meinen Nachforschungen auch nur ein bisschen weniger »wirr und unbestimmt« wäre, würde ich vielleicht zählen und tabellarisch erfassen, wie oft du als hochmütig und kalt bezeichnet wirst, und wie oft das mit deinem Humor verwechselt wird.

Deine jüngste Übersetzerin Meredith McKinney schreibt außerdem von etwas, das mir schon lange aufgefallen ist: Auch wenn dein Werk immer im Zusammenhang mit den Klassikern der Heian-Zeit genannt wird, wendet sich die Rede doch jedes Mal bald der *Geschichte vom Prinzen Genji* oder anderen, melancholischeren und konventionelleren Tagebüchern von Frauen zu. Du bist irgendwie schwierig. Man geht dir aus dem Weg. McKinney glaubt, dass deine vermeintliche »Leichtsinnigkeit« dich zur Marginalität verurteilt habe, und für engstirnige Wissenschaftler sei in Wahrheit nicht die »hohle« Ästhetik deines Werks oder seine »wirre« Spontaneität der größte Anlass zum Widerspruch gewesen, sondern es sei deine Persönlichkeit, die sie nerve. Du. Du nerviges Weibsstück. Du nervst sie, Sei, hörst du!

Andere hingegen nervst du überhaupt nicht. Du bringst sie zum Lachen, begeisterst, berührst, verblüffst sie. Sie bewundern dich, verstehen dich. Für sie bist du erfrischend und belebend wie eine frisch gepflückte Erdbeere, aber selbstverständlich wesentlich gewitzter. Für sie ist es erstaunlich, dass vor tausend Jahren irgendwo eine Frau wie du gelebt hat, und noch erstaunlicher ist es, dass es möglich ist, dich kennenzulernen. Für sie ist deine Stimme auch heute noch so lebendig, dass sie dich erkennen, wie sie eine Freundin erkennen würden.

. . .

[Sei Shōnagon schreibt]

Dinge ohne Verdienste

Eine hässliche Person, die einen unangenehmen Charakter hat.

. . .

EISENBAHNABENTEUER.

Seb überredet mich, ihn auf einer einwöchigen Zugreise nach Kyūshū, auf die südlichste Insel Japans, zu begleiten. Er will sich mit Reina treffen, die dort gerade auf einer Teeplantage arbeitet, und sich unterwegs auch ein paar andere Dinge ansehen. Die Abfahrt ist übermorgen. Kein Plan, sondern ein spontaner Trip. Ich sage ja. Ich erkenne mich selbst nicht wieder.

Am nächsten Tag hebe ich am Automaten Geld ab, fahre zum Bahnhof von Kyōto, um meinen Eisenbahnpass abzuholen, mit dem ich sieben Tage lang aus voller Seele herumfahren kann, und um einen Platz für den Hochgeschwindigkeitszug nach Hiroshima zu reservieren. Am Abend packe ich, und es gelingt mir, meine Sachen in einer relativ kleinen Tasche und einem Tagesrucksack zu verstauen – ein Fortschritt, denn dieses Gepäck kann ich tragen. Tschüss, Sei, wir sehen uns in einer Woche!

Am nächsten Morgen Aufstehen um sechs, um acht mit dem *Shinkansen* nach Hiroshima. Der gestrige Tag war voller Beklommenheit, wie immer an Reiseorganisationstagen, aber wenn man endlich mit gepackten Koffern im Zug oder im Flugzeug sitzt, begreift man, wie toll es dann doch ist. Ich treffe Seb, der mit dem Nachtbus gefahren ist, im Backpackers-Hostel am Fährufer von Miyajima. Seb will unbedingt auf die billigst mögliche Art reisen, auch wenn ich ein bisschen zu alt sein dürfte für Orte, an denen alle drinnen eine Mütze tragen und die Hosen so weit hängen lassen, dass man die Unterhosen sieht. Im Hostel ist alles einfach total *cool*, Graffiti an den Wänden und Bier im Kühlschrank, *in case you wanna get drunk*. Die Leute chillen mit ihren Laptops, im Hintergrund läuft Reggea. Äh.

Aber die heilige Insel Miyajima ist beeindruckend. Das im Wasser stehende rote Torii-Tor, der über dem Wasser erbaute Schrein, die Nō-Theaterbühne. Ich fahre mit der Seilbahn den Berg hinauf, Seb will zu Fuß gehen. Die Aussicht auf die Inlandsee ist atemberaubend, die Inseln treiben im wasserblauen Dunst wie Wolken. An einem Aussichtspunkt lasse ich mir ein Bentō schmecken. Ich wandere noch zum Schrein hinauf, der Weg ist überraschend steil und schwer, und ich bin ganz verschwitzt, als ich schließlich ankomme. Seb sitzt auf einem Riesenstein, er wartet schon seit einer Ewigkeit auf dem Gipfel.

Unten, als ich nun auf Seb warte, vergesse ich die Warnungen des Reiseführers vor einer Besonderheit der Insel, den heiligen Rehen, die gierig nach Papier sind. Ich vergesse das Foto, das ich kurz zuvor gemacht habe, auf dem ein Reh einem *Salaryman* eine Reisebroschüre aus der Tasche klaut, während er gerade woanders hinschaut. Es macht nicht klick, obwohl ich gerade gesehen habe, wie ein Mädchen neben mir ein Reh mit Papiertaschentüchern gefüttert hat. Als sich das Reh mir nähert, schiebe ich automatisch meinen Proviant zur Seite und kapiere nicht, dass es das Tier in Wirklichkeit auf meinen prallen, tausendseitigen Lonely-Planet-Reiseführer abgesehen hat! Ehe ich es mich versehe, hat es sich das Buch von der Bank geschnappt, und als ich es nach einem wütenden Kampf zurückbekomme, fehlt ein Stück vom Umschlag in Rehgebissform.

Bei Sonnenuntergang fahren wir aufs Festland zurück, essen bei einem Chinesen in der Nähe des Ufers zu Abend und gehen schlafen, ohne uns betrunken zu haben. Als ich die Stöpsel in die Ohren stecke und die Schlafbrille aufsetze, erklärt Seb, von nun an werde er mich *Granny* nennen, und das tut er dann auch.

Am nächsten Morgen steuern wir das Hiroshima Peace Memorial-Museum an. Aus irgendeinem Grund erschüttert mich am meisten die Information, dass man beschlossen hatte, die Atombombe auf Hiroshima abzuwerfen, weil es in der Nähe keine westlichen Stützpunkte gab und *weil dort am Morgen des 6. August 1945 sonniges Wetter herrschte.* Das plötzliche Ende von 75 000 Leben hing vom Zufall ab.

In dem eindrucksvollen Museum sind Dinge versammelt, die von den Bombenopfern hinterlassen wurden. Eine Mutter hatte nur noch die Proviantdose ihres Sohnes gefunden, das Essen darin war schwarz verkohlt. Eine andere Frau hatte sich zur Erinnerung das von der Asche grau gefärbte Haar abgeschnitten. Der Schatten eines Menschen hatte sich in der Treppe eines Gebäudes eingebrannt.

Kurzfristig haben wir entschieden, nach Yakushima zu fahren, auf eine isolierte Insel, die südlich von Kyūshū liegt und berühmt für ihren tausende Jahre alten Urwald ist sowie für die Riesenbäume, die unter anderen den Zeichner des Films *Prinzessin Mononoke* inspiriert haben. Mit dem Hochgeschwindigkeitszug rasen wir in die Stadt Kagoshima, wo wir mit dem Hahnenschrei aufstehen, damit wir es zur Fähre nach Yakushia schaffen. Von deren Deck aus öffnet sich ein großartiger Blick auf den Vulkan Sakurajima im Morgendunst. Die Touristen benutzen eindeutig schnellere und teurere Verbindungsschiffe, denn diese Milchfähre, die vier Stunden lang vor sich hin tuckert, ist fast völlig leer, abgesehen von den Arbeitern, die im Ruheraum auf dem Tatamiboden dösen.

Am Ziel beschließen wir, uns in einem Jugendhotel in Hirauchi einzuquartieren, denn in dessen Nähe liegt ein fantastischer Natur-*Onsen*. Wir mieten bei dem Kerl vom Hostel Fahrräder und strampeln bei Sonnenuntergang die zwei Kilometer zum Onsen-Ufer. Zu dieser heißen Quelle, die sich im Ufergestein befindet, gelangt man nur bei Ebbe, heute Abend zwischen sechs und acht Uhr.

Ich wusste, dass es sich um ein sogenanntes gemischtes Bad handelt, aber dennoch bin ich leicht schockiert über das, was ich dort sehe. Vielleicht hatte ich mir vorgestellt, es wäre größer, und ich könnte mich unauffällig ausziehen und hinter einer Ecke ins Wasser gleiten, aber vor mir lag ein Steinbecken, das kaum größer als eine normale Badewanne war und in dem sich bereits fünf einheimische Männer Schulter an Schulter einweichten. Die hundert Yen Eintritt wirft man in einen Kasten, der auf dem Felsen steht, die Schuhe zieht man hinter einer auf den Felsen gemalten Linie aus (Typisch, dass es sogar an einem gewöhnlichen Felsufer Schuhdirektiven gibt!), die Kleider muss man vor aller Augen auf dem Felsen ausziehen wie auf einer Bühne, und danach nichts wie ins Becken. Ich höre zu spät, dass Frauen mit einem umgeschlungenen Handtuch baden dürfen – mein Handtuch ist lächerlich winzig und bedeckt so gut wie nichts. Die alten Männer sind mit ihrem Abend gewiss zufrieden. Wir sitzen abwechselnd in der heißen Quelle und in einem anderen, vom Meerwasser gekühlten Becken. Die Sonne geht unter, und allmählich wird es ganz dunkel. Als wir gehen, ist es schwer, auf dem Felsen die Stelle zu finden, an der wir die Kleider ausgezogen haben.

Am nächsten Tag geht Seb in das Gebirge, das sich in der Mitte der Insel erhebt, mit der Absicht, zwei Nächte im Schutz des Riesenwaldes unter freiem Himmel zu schlafen. Meine Knie und meine Kondition haben auf so einer Tour nichts verloren, weshalb ich mit dem Bus zu meiner nächsten Unterkunft am Schildkrötenufer Nagata weiterfahre.

. . .

[Sei Shōnagon schreibt]

Ende Oktober brach ich zu einer Pilgerreise zum Hase-dera-Tempel auf und übernachtete in einer sehr einfachen Herberge. Ich war so erschöpft, dass ich sofort in tiefen Schlaf versank. Als ich spät in

der Nacht aufwachte, strömte das Mondlicht durch
das Fenster und leuchtete auf der Bettwäsche der
anderen, die sich im Zimmer befanden. Sein heller
weißer Glanz rührte mich sehr. In solchen Stunden
schreiben Menschen Gedichte.

. . .

Gelber, von Bergen eingefasster Sandstrand, der Pazifik, im Hintergrund die dunstverhangenen, gewaltigen Berge von Yakushima. Heute ist am Horizont nicht die Vulkaninsel zu erkennen, die gestern aus ihren Tiefen Rauch zum Himmel emporschießen ließ. Am Strand halten sich ein paar einzelne Ausflügler auf, in meiner Unterkunft vermutlich niemand außer mir. Der Wirt hat vorhin gefragt: *Nanji, baasu?* Wir haben vereinbart, dass ich um sechs ins Bad gehe, so wie gestern.

Ich kam gestern Nachmittag hier an, bat den Busfahrer, mir die Haltestelle Inakahama zu zeigen, wo meine Unterkunft sein sollte. Der Fahrer war ein wenig zu freundlich, er stellte sich vor, ich wolle mir nur den Strand ansehen, und ließ mich an dessen einem Ende aussteigen, mitten im Nichts, wobei er mir die Haltestelle zeigte, von der aus ich mit dem nächsten Bus zurück nach Miyanoura käme. In der brennend heißen Sonne lauschte ich kurz dem Sirren der Grillen, betrachtete die Buschpfade, die in die Berge hinaufführten, nirgendwo ein Mensch, nur ich mit meinem Gepäck am Straßenrand, wie in einem Film, und ich fragte mich, wie das hatte passieren können, und ob meine Unterkunft überhaupt existierte.

Am anderen Ende des Strands fand ich eine interessante Ansammlung von Gebäuden, die sich in dem Moment als Soyotei, meine Unterkunft, herausstellte, als ein junger Mann vom Balkon aus meinen Namen rief. Er zeigte mir freundlich das Haus, das sein Vater mit eigenen Händen erbaut hatte. Die dunklen oder schwarzen Holzgebäude im Samuraistil balancieren am Berghang, die Dächer sind wegen der Taifune mit runden Flusssteinen bedeckt. In meinem Quartier gibt es ein Tatamizimmer, ein kleines Teezimmer und eine riesige Terrasse zum Meer hin. Im Ufergestein sind zwei idyllische Außenbäder installiert worden, von denen aus ich der Brandung zusehen kann. Alles ist einfach, sauber und schön – diese auf Holz, glattem Stein und dem Meer beruhende Ästhetik hat etwas von den finnischen Schären an sich.

Ich gehe am Strand spazieren und warte, dass die Sonne hinter den Bergen untergeht – das Meer und seine Geräusche sind so ewig unerschütterlich wie immer. Von Meeresschildkröten ist nichts zu sehen, denn die Legezeit war bereits im Juli und August, aber ich finde weiße weichledrige Eierschalen, die von den Kleinen zurückgelassen wurden. In der Dämmerstunde gehe ich ins Bad, von wo aus man auch im Dunkeln einen Blick über beleuchtete Ufersteine hinweg auf die Wellen hat, die gegen den Felsen schlagen. Den Yukata ablegen, sich waschen, mit gelbem durchsichtigen, die Haut weich machendem Sulfitwasser, nicht zu heiß. Wenn man sich mit den Ellbogen auf den Beckenrand stützt, hat man das Gefühl, über dem Meer zu baden.

Das Abendessen nehme ich wie gestern auf einer Terrasse ein, die als Restaurant dient. Das Menü, das die Mutter der Familie kocht und serviert, ist unglaublich: Als Vorspeise gibt es Sashimi, dann eine riesige Schüssel Muscheln, Riesengarnelen, kleine Fische und Tintenfisch samt Tentakeln – all das gare ich mir selbst auf einem

Gasgrill auf dem Tisch. Als ich bereits absolut voll bin, tauchen noch Reis und Misosuppe vor mir auf, in der ein Fliegender Fisch schwimmt sowie ein etwas unheimlich aussehender brauner Klumpen, bei dem ich befürchte, es könnte sich um ein Stück verfaulten Fisch handeln, das man ein halbes Jahrzehnt lang in Miso hat gären lassen, weil man das trotz des Geschmacks für außerordentlich gesund hält. Die Mutter wuselt geschäftig umher und hält zwischendurch an meinem Tisch inne, um sich mit mir zu unterhalten. Wie üblich antworte ich mit *Hai*, *Arigato* und *Oishii* – immer wieder erstaunt es mich, wie problemlos man mit einem Wortschatz von zehn Vokabeln operieren kann. Der braune Klumpen ist übrigens Zucker.

Nach der Mahlzeit kommt der Vater mit zwei warmen Grogs an meinen Tisch (*Japanese whiskey*!). Wir versuchen uns zu unterhalten, aber es ist schwierig, denn der Mann spricht überhaupt kein Englisch. In Gebärdensprache erzählt er, er sei 70 Jahre alt, und er will wissen, wie alt ich bin. Ich schreibe es auf einen Zettel, worauf er begeistert seine Frau herbeiruft und ihr triumphierend mitteilt, ich sei 39. Offenbar ist mein Alter das Objekt umfassender Spekulationen gewesen. Zum Schluss fotografieren wir uns alle gegenseitig, und ich ziehe mich mit meinem Grogkopf zum Schlafen zurück.

Eine Weile sitze ich noch im Dunkeln auf meiner Terrasse: vor mir das Tosen der Wellen, hinter mir das Rieseln eines Wasserfalls, über mir der von einem Wolkenschleier übermalte Halbmond. Ich schlafe wie ein Stein.

Ich wache zu einem frühen Frühstück auf, das mir die Mutter der Familie drinnen hingestellt hat, denn auf der Terrasse bläst ein ungemütlicher Wind. Der Vater verabschiedet sich herzlich mit Händedruck von mir, und die Mutter packt mir als Proviant eine Tüte braunen Zucker ein. Wir trennen uns gerührt.

Ich habe mir in Miyanoura Wanderschuhe geliehen, denn ich habe vor, mich noch zu einer Tour in den Riesenwald Shiratani aufzumachen. Die Busfahrt ins Gebirge hinauf dauert eine halbe Stunde, und unterwegs sind Affen und Steinböcke zu sehen. In Shiratani regnet es wie aus Kübeln, aber nicht einmal das stört: Der alte jungfräuliche Wald ist atemberaubend, er ist wie ein Traum. Die Landschaft überzieht ein vor Feuchtigkeit tropfender smaragdgrüner Moosteppich. Der steile, miserable und durch den Regen rutschige Pfad, der in den Wald hineinführt, ist steinig und voller uralter, glatt geschliffener Wurzeln. Überall stehen riesige, mit Moos verkleidete Bäume, man sieht dicke grüne Steine und Riesenbaumstümpfe, umgestürzte, verbogene Stämme, kleine Wasserfälle, Bartflechten. In die Zedern mit ihren absurden Ausmaßen kann man hineingehen, ihre glatten Flanken möchte man tätscheln wie Pferde. Bäume, die über dreitausend Jahre alt sind, müssen einen Geist haben, zumindest haben sie einen Charakter und einen Namen. Manchmal, wenn ich kurz innehalte und stillstehe, kommen Steinböcke auf mich zu.

Sei, als du weit weg in Heian-kyō zu Pinsel und Tintenstein griffst, standen diese Bäume bereits seit *zweitausend* Jahren, vollkommen gleichgültig gegenüber den Sorgen und Bemühungen der Menschen.

Plötzlich kommen mir die Jahre, die dich und mich trennen, bedeutungslos vor.

. . .

[Sei Shōnagon schreibt]

Ein Palmblätterwagen sollte sich gemächlich
vorwärtsbewegen. Ein Korbgeflechtwagen sollte
sich in tüchtigem Tempo fortbewegen.

. . .

BEIM FRISEUR.

Wieder zu Hause vereinbare ich einen Termin bei der Englisch sprechenden Friseurin, die mir Emma empfohlen
hat. Ich bin gespannt, wie eine Friseurin, die die hiesigen dicken Pferdemähnen gewohnt ist, mit meinen dünnen, spärlichen Flaumhaaren fertig wird, wahrscheinlich
stirbt sie vor Lachen, wenn sie mich sieht. Aber überraschenderweise werden Farbe und Schnitt richtig gut. Ich
habe eine Stammfriseurin in Kyōto!

Während mir die Haare geschnitten werden, habe ich
Zeit, an dich zu denken, Sei. Das Ganze ist auch hier kompliziert – all die Teetabletts, die Miniduschhauben, die
man sich über die Ohren ziehen muss, die heißen Handtücher, die wärmenden Decken, die schwarzen und weißen
Umhänge, je nachdem, ob geschnitten oder gefärbt wird,
und die zahlreichen Prozeduren, die sicherstellen, dass es
zu keinen Komplikationen kommt –, aber doch kein Vergleich zu dem, was Haarpflege zu deiner Zeit bedeutete.

Japanische Frauen sind zu allen Zeiten auf ihre Haare
fixiert gewesen. In dieser Stadt gibt es Friseure an jeder
Ecke, und sie haben jeden Tag von früh am Morgen bis
spät am Abend geöffnet. In den Drogerien gibt es regal-
weise Haarpflegeprodukte, und zusammen mit den gewal-

tigen Packungen voller künstlicher Wimpern nehmen sie so viel Raum ein, dass es fast unmöglich ist, Deos und Feuchtigkeitscremes zu finden. (Namen der Wimpernserie Dolly Wink: Natural Dolly, Baby Cute, Pure Sweet, Feminine Girl, Vivid Pop, Sweet Cat.) Und die Haare der Mädchen sind tatsächlich toll: In dunkler seidiger Fülle rahmen sie das Gesicht ein, man möchte sie anfassen, und ständig wird ihre Vollkommenheit mit kleinen Spiegeln überprüft.

Sei, in deiner Welt waren die Haare die wichtigste Eigenschaft einer Frau. Sie mussten lang und glatt sein und beiderseits des Gesichts bis auf den Boden fallen, und es wurde immer auf sie Bezug genommen, wenn man etwas über die Anmut einer Person sagen wollte. (Von deinen Haaren weiß man, dass sie nicht mehr im prachtvollsten Zustand waren und dass du Haarverlängerungen benutztest.) Und wie umständlich alles war! Das Waschen von anderthalb Meter langen Haaren war eine gewaltige Operation, und im schlimmsten Fall gab es nur alle zwei Monate einen Tag, der als geeignet dafür galt.

Ein Teil der Haarverehrung kommt daher, dass das Wort, das Haare bedeutet, *kami* ausgesprochen wird, also genauso wie Götter und Geister – und wie Papier. Man dachte, der Geist eines Menschen wohne in seinen Haaren, man hielt sie für die Quelle seiner Lebenskraft und darum für seine wichtigste Eigenschaft. Wenn eine ehemalige Hofdame Nonne wurde, schnitt sie sich die Haare auf halbe Länge ab, zum Zeichen, dass sie sich aus der Welt zurückgezogen hatte, dass sie sich nun jenseits des Sinnlichen befand. Sahen die Menschen solche nur bis auf die Schultern reichenden Haare, weinten sie.

Als die Friseurin meinen unwahrscheinlich kurzen

Nonnenflaum fertig hat, bittet sie mich, ein Foto von mir
für ihre Homepage machen zu dürfen. Womöglich als Warnung für andere.

BARS.

Ich habe Nino, der sich ewig in Kneipen herumtreibt,
engagiert, mir seine Lieblingsorte zu zeigen, denn in dieser Stadt ist es nicht leicht, eine Bar zu finden: Sie befinden sich oft in den oberen Stockwerken hinter namenlosen
Türen, oder in Gebäuden, an deren Wänden zig Schilder
hängen, die ich nicht lesen kann. Meistens sind es winzige
Verschläge für ein paar Gäste, und Fenster oder Terrassen
gibt es nicht. Wie soll man da, wenn man sich nicht auskennt, jemals die Richtige finden?

Unser Guide führt uns – mit dabei sind Ninos Freundin
Miro, Sonja, Ninos italienischer Freund Stefano und ein japanischer Kumpel, den wir zufällig auf der Straße getroffen haben – zuerst in die kleine, stimmungsvolle Caamm
Bar, in der es eine telefonbuchdicke Liste mit Drinks und
einen Barkeeper gibt, der auf Whiskys spezialisiert ist.
Ich verliebe mich sofort in die lasterhafte, träge-exklu-
sive Atmosphäre jener fensterlosen Orte in den oberen
Stockwerken, von der gefangen man am liebsten Opium
rauchen möchte, um nie mehr in die wirkliche Welt zurückzukehren. Aber wir ziehen in eine noch viel, viel kleinere Bar weiter, in die außer uns niemand mehr hineinpassen würde – hier bekommt man angeblich den besten
Dry Martini der Stadt. Wir essen in einem Izakaya namens
Apollo, wo auf unserem verrauchten Tisch immer neue
kleine Schälchen mit Sashimi, Seeigel, in Salz gebackene
kleine Fische und Hähnchenhalsspieße erscheinen, sobald

die Gefäße leer sind. Zum Schluss nimmt uns Nino in eine winzige namenlose, stockfinstere, tief in einer schmutzigen Gasse gelegenen Bar mit, zu der man auf einer Stahltreppe hinaufsteigt und in der eine Atmosphäre herrscht wie in einer zerbombten deutschen Stadt. Wie soll man diesen Ort je wiederfinden?

KARELISCHE PIROGGEN.

Am nächsten Morgen beschließe ich, eine Kuriosität zu suchen, von der ich durch Ninos japanischen Kumpel erfahren habe: eine finnische Bäckerei namens Kiitos, mitten in Kyōto. Sie sollte in einer Nebengasse unweit des Bahnhofs Omiya liegen, aber der Stadtplan scheint überhaupt nicht zu stimmen. Durch Fragen finde ich schließlich eine Bäckerei und glaube, mich auch tatsächlich der richtigen zu nähern, als ich einen Dekorationsweihnachtsmann aus dem Hinterfenster eines Hauses klettern sehe. Vor der winzigen Bäckerei steht ein blauweißes Schild und drinnen ein älterer japanischer Mann, der etwas Finnisch spricht. Er erzählt, er habe einmal in Lahti gelebt und die Geheimnisse des Backens dort gelernt. Verkauft werden Roggenbrote in verschiedenen Formen sowie einzeln verpackte Karelische Piroggen. Ich betrachte es als meine Pflicht, von beidem etwas zu hamstern.

Auf dem Nachhauseweg fragen mich japanische Touristen schon zum zweiten Mal an diesem Tag nach dem Weg, und ich frage mich, ob ich trotz der Karelischen Piroggen eine lokale Grenze überschritten habe.

DER MOOSGARTEN.

Am Sonntag gehe ich mit Nino in den Moosgarten von Saihō-ji. Man musste im Voraus um Zugang zu dem Tempel bitten, und ich habe den Mönchen zweimal eine Antwortpostkarte geschickt, auf der ich meinen Namen, mein Alter, meine Nationalität und meinen Beruf angegeben und um Besuchserlaubnis für mich, Marcos und Seb gebeten habe.

Bevor sie den legendären Moosgarten kennenlernen, müssen die Besucher am Kopieren von Sutras teilnehmen. Für jeden steht auf einem Tatami ein kleiner Tisch bereit, mit Tintenstein, Pinsel und Papier, das matt mit einer Sutra in chinesischen Schriftzeichen bedruckt ist. Die muss der Besucher nachschreiben. Zuerst kommt einem die Aufgabe unmöglich vor, aber ich bin überrascht, wie schnell das Schreiben nach kurzer Zeit von der Hand geht. Natürlich kenne ich nicht die richtige Reihenfolge der Pinselstriche, aber ich improvisiere nach Möglichkeit von links oben nach rechts unten. Ich stümpere nicht herum, wie es meine Art ist, sondern versuche in einen Flow zu kommen, die Erfahrung zu machen, was es für ein Gefühl ist, wenn der Pinsel über das Papier gleitet und diese für mich unbegreiflichen Zeichen malt. Es ist wunderbar meditativ, ich könnte ewig weitermachen. Später erklärt Nino, er habe nie etwas Schrecklicheres erlebt.

Im Fersensitz werden die Beine taub, aber ich denke, dass ich auf dieser Reise nicht näher an dich herankomme, Sei, an dich, wie du dein *Kopfkissenbuch* schreibst. Dort auf dem Fußboden im großen Saal von Saihō-ji, inmitten der nach dem weichen grünen Moosgarten begierigen Touristen, stelle ich mir vor, an diesem kühlen Oktobertag allein in meinem Schlafgemach zu sein, am niedrigen Tisch zu sitzen, während die Schichten meines Kimonos sich um mich her ausbreiten und mein Haar bis auf den Boden fällt, den Tintenstein auf der Unterlage zu reiben, wie du, den Pinsel in die Tinte zu tauchen, ihn übers Papier gleiten zu lassen, denn die Worte und Gedanken kommen schneller, wenn die Hand sich bewegt, und darum muss man sich beeilen... Natürlich stimmt die ganze Sache schon insofern nicht, als dass du, Sei, keineswegs in chinesischen *Kanji*-Zeichen geschrieben hast, so wie ich es hier tue, sondern in der *Kana*-Schrift, die ihr Frauen damals benutzt habt. Wahrscheinlich glitt deine Hand also viel schneller dahin, sie rannte geradezu übers Papier, von oben nach unten, von rechts nach links, vielleicht war die Schrift eine Linie, die einem nahezu einheitlichen, rhythmisch auf und ab wogenden Gedanken folgte.

Deine Handschrift – nicht einmal darüber ist etwas bekannt. Aber zweifellos war sie schön, sie muss es gewesen sein, da dem Schreiben mit der Hand doch so viel Wert beigemessen wurde. Wichtig waren natürlich auch die Kunst des Dichtens und die Fähigkeit, für das Gedicht das passende Papier zu wählen, und manchmal frage ich mich, ob eure Fixierungen in Fragen des Stils nicht geradezu lächerlich waren. Ob ihr, du und Murasaki, wirklich *so* überheblich und grausam gegenüber all den stillosen armen Tröpfen sein musstet. Gibt es auf der Welt denn nicht Wichtigeres als die Handschrift?

Wenn ich es dann genauer bedenke, wird mir klar, dass ich nicht den ersten Stein werfen sollte. Eigentlich bin ich immer nur mit Männern zusammen gewesen, die eine gute oder äußerst gute Handschrift haben, und weil ich in meinen Beziehungen vielleicht ungewöhnlich viel per Brief kommuniziere, sind die Handschrift und die Kunst des

Schreibens ziemlich bedeutsam für mich – nicht unbedingt als Auswahlkriterium eines Partners, aber immerhin als großes Plus im Hinblick auf die Dauer der Beziehung. Hand aufs Herz: Könnte ich mich wirklich in einen Mann verlieben, dessen Handschrift hilflos wäre, der sich nicht schriftlich ausdrücken könnte und dem – großer Gott! – Fehler beim Schreiben von Komposita unterliefen?

Ich bin nach wie vor ohne jede Mühe in der Lage, mir die Handschrift aller meiner Freunde ins Gedächtnis zu rufen. Unabhängig von der Qualität der Beziehung wecken sie noch immer liebe Erinnerungen in mir. Mein erster Freund lebte in einer anderen Stadt, weshalb unsere ganze Liebesgeschichte auf Briefen beruhte (das ist typisch für mich: aus von Briefen geschaffenen Vorstellungen einen Fantasiefreund entstehen zu lassen, der nicht unbedingt viel mit der Wirklichkeit zu tun hat). Mein zweiter Freund hatte eine ausgesprochen schöne, sogar leicht weibliche Handschrift, und die damit geschriebenen Botschaften waren stets sanft, jedenfalls habe ich es so in Erinnerung. Mein dritter Freund und ich schrieben uns viele Briefe und was nicht alles für Bekenntnisse – sogar Scheintagebücher –, an deren Inhalt ich mich nicht unbedingt in allen Einzelheiten erinnern möchte, aber seine gleichmäßige Handschrift hat sich mir untilgbar eingebrannt. Mein vierter Freund hatte eine Architektenhandschrift, so schön, kompakt und viereckig, dass man seine natürlich auch in vollkommener Schönheit angeordneten Texte am liebsten wie kostbare Kalligrafien eingerahmt hätte.

Bei meinem vierten Freund war die globale Entwicklung allerdings schon so weit fortgeschritten, dass wir uns hauptsächlich Kurzmitteilungen schrieben, was im besten Fall das perfekte Pendant zu einer poetischen *Waka*-Beziehung der Heian-Zeit ist. Anstatt einer vorgegebenen Silbenzahl musste die Kurznachricht in 160 Zeichen passen und die gewünschte Information so beinhalten, dass die Form trotzdem das Wichtigste war: Diese sollte die Intelligenz, den Scharfsinn und den Humor des Verfassers unter Beweis stellen, die Mitteilungskette auf immer mehrdeutigere Ebenen bringen und die Gegenseite zu einer noch ekstatischeren Leistung inspirieren. War das nicht auch das Ziel der *Waka*-Gedichte? Denn SMS und *Waka*-Gedicht sind, wenn es gut geht, in einer Beziehung das Vorspiel, mit dem gemessen wird, ob man sich in intellektueller wie erotischer Hinsicht auf einer Wellenlänge bewegt. Genau wie damals, Sei, in der klaren Vollmondnacht, als der Bote dir einen Brief brachte, auf dessen purpurrotem Papier nur die Worte standen: »Es ist nichts«. Die Botschaft wollte sagen, dass der Mann kein besonderes Anliegen hatte, außer zu fragen, ob du dich am Vollmond freust, und du wusstest, wovon er sprach. Eine solche Kommunikation, Sei, schlägt bei mir ein wie tausend Volt.

Ich muss auch zugeben, dass ich nicht nur auf die Handschrift meiner Freunde fixiert gewesen bin, sondern auch auf meine eigene, wie auch auf die Frage, auf welchem Papier ich meine Mitteilungen festhalte. Meine Schwägerin erzählte mir, sie habe aufgrund der selbstgebastelten Geburtstagskarten, auf die sie in der Wohnung meines Bruders gestoßen war, schon lange vor unserer ersten Begegnung einen guten Eindruck von meinem Charakter gehabt. Die »Schwester« war gleichbedeutend mit feinem, handgemachtem Papier, in das getrocknete Gräser oder gar Goldstaub eingebacken waren, sowie mit einer unverkennbaren Handschrift, ausgeführt mit Filzschreibern, die eine abgeschrägte Spitze hatten, und nie mit Kugelschreiber, denn damit konnte man unmöglich elegant schreiben.

Ja, sie zog Schlussfolgerungen über meinen Charakter aufgrund meiner Handschrift und des von mir gewählten Papiers.

. . .

Sei, vielleicht gelingt es der Sutra, die ich im Moosgarten geschrieben habe, auf eigentümliche Weise, dich zu erreichen, denn eine Woche später habe ich endlich Glück. Ich sehe dich! In einer Parade, mitten im Volk!

Es ist *Jidai Matsuri*, das Festival der Zeiten. Die Polizei sperrt Straßen, der Verkehr ist angehalten worden, entlang der Straßen verlaufen rotweiße Bänder. Einige alte Männer haben sich mit ihren Kameras auf einem Kreis verschanzt, um besser zu sehen, und die sich verbeugenden Polizisten nehmen sogar die Mützen ab, als sie höflich versuchen, die Männer ins Gedränge am Straßenrand zu bekommen. Mir tut der Rücken weh, denn ich stehe schon seit zwei Stunden hier und warte auf dich. An mir sind Samurais der Edo-Zeit vorbeimarschiert und Frauen aus dem Gebirgsdorf Ohara, die Tücher auf dem Kopf tragen und Gemüse feilbieten, auf prächtig geschmückten Warmblutpferden reitende, stolze Kriegsherren und von Ochsen gezogene Wagen des Adels, von denen der pastellene, frische Glanz aufblitzender Kleider in Orange, Grün, Violett und Himmelblau strahlte. An mir sind Hunderte in verschiedene Gewänder gehüllte gewöhnliche Bürger in Bastsandalen vorbeigezogen, welche so unbequem aussehen, dass ich einfach nicht verstehe, wie mit einem Schuhwerk ganze Nationen errichtet und Kriege gewonnen werden konnten, mit dem ich nicht mal bis zum nächsten Family Mart gehen könnte. Die Mädchen, die die gewaltigen Pferde führen, gehen praktisch auf Strümpfen – ich frage mich, wie viele von ihnen den Huf eines scheuenden Pferdes auf die Zehen bekommen.

Kurz vor deiner Ankunft machen die vor mir stehenden Zuschauer schlapp, und ich gelange in die erste Reihe. Ich überlege mir schon vorab, worauf ich setzen soll: darauf, dich anzuschauen, die Einzelheiten aufzusaugen, oder aufs Fotografieren, damit die Einzelheiten nicht nur in meinem schwankenden Gedächtnis gespeichert sind. Die Sonne kommt genau in dem Moment hinter den Wolken hervor, als du endlich zusammen mit Murasaki Shikibu in deinem Wagen herangleitest. Ono no Komachi, die berühmte Dichterschönheit, und Kin o Tsurayukis Tochter folgen in eurem Fahrwasser. Es ist der 22. Oktober, 14.29 Uhr, da ziehst du – ich glaub es nicht – vom kaiserlichen Palast her dem Kamo entgegen, um deinen Weg über den Fluss zum Heian-Schrein fortzusetzen, unter zweitausend anderen, während Tausende dir am Straßenrand zuwinken.

Aber woran erkenne ich dich eigentlich, woher weiß ich, wer von euch welche ist? (Warum, um Himmels willen habe ich mir nicht eingeprägt, wie man deinen Namen in Kanji-Zeichen schreibt?) Du bist bestimmt die Stolze, Murasaki wiederum die Schüchterne (sie hasste es ja, an solchen Veranstaltungen teilzunehmen und im Mittelpunkt zu stehen, im Gegensatz zu dir), aber leider glaube ich, dass deine Kollegin diejenige ist, die den ersten Platz im Wagen bekommen hat, weil sie auch in der Broschüre des Touristenbüros als Erste genannt wird. (Mach dir nichts draus, du bist hinter ihr gut zu sehen.) Die Polizei sagt lautstark etwas durch, irgendeine Störung, ich verstehe es ja nicht, selbst wenn sie den Weltuntergang verkünden. Ich überlege, ob ich durch das Gedränge stürmen und trotz der Polizisten versuchen soll, dich anzufassen, da ich dich endlich zu Gesicht bekomme, oder dich um ein Autogramm bitten soll. (Welchen Namen würdest du dann eigentlich schreiben? Dachtest du dich selbst als Sei Shōnagon? Hast du Tintenstein und Pinsel dabei, findet sich etwas Wasserfestes, ich werde meine Hände nie mehr waschen!) Würde die Polizei es schaffen, mich rechtzeitig aufzuhalten? Ob sie wohl Tränengas einsetzen würden? Oder ist man hier in friedlicher Absicht unterwegs? Zumindest kann ich mit tränendurchsetzter, vor Aufregung brechender Stimme aus der Menge heraus *Ai rabu yuu, Sei Shōnagon!* rufen, denn näher werde ich auf diesen Straßen nicht mehr an dich herankommen.

Dann ist nach dem langen Warten alles im Nu vorbei. Innerhalb weniger Sekunden bist du an mir vorübergezogen, ich schaue dich und Murasaki an, unbewegliche Figuren wie Puppen, eure langen, glatten, bis auf den Boden wallenden Haare, versteinert, wie als Monumente hingestellt. Bist du das, oder bist du es nicht?

Sei, wenn du sonst nichts bist, dann wenigstens ein Name beim Festival der Zeiten, ein Name auf dem wehenden Wimpel eines langsam dahingleitenden Wagens, an einem Tag im Jahr.

Am Abend gehe ich mit meinen Mitbewohnern spontan zum Essen in ein Restaurant in der Nähe. Überraschenderweise sind außer Marcos alle anwesend. Es herrscht eine warme, ausgelassene Stimmung, und ich unterhalte mich mit Sayaka über dich, Sei. Sie erzählt, sie haben dein Buch als Teenagerin in der Schule gelesen, und sie ist der Meinung, du seist vor allem dafür berühmt, dass du mehrere Liebhaber hattest. Sei, dies ist die Wahrheit: Das Erste – und Einzige –, was den Menschen zu dir in den Sinn kommt, ist Sex.

Sayaka erzählt auch, sie habe in Frankreich mit japanischen Frauen gearbeitet, die am Paris-Syndrom erkrankt waren. Es stimmt also: Japanische Frauen lieben Paris, ihre eleganten Vorstellungen vom Eiffelturm, von frischen Baguettes und Spitzenmode, und sind schockiert, wenn die Realität ihren Träumen nicht entspricht. In Paris ist es schmutzig, laut und beängstigend, und dann die Toiletten! Eine Bekannte von Sayaka konnte ihre Wohnung nur verlassen, wenn es hell war, obwohl sie sich bereits seit Monaten in Paris aufhielt. In der Nähe von Notre Dame schiebt angeblich ein japanischer Arzt Dienst, der auf touristische Notfälle spezialisiert ist.

Ich hingegen müsste bügeln und packen und nach Tokio fahren. Ich habe nicht die geringste Lust dazu, denn es hat schon so viel auf meinem Programm gestanden. Wie wäre es, wenn ich versuchte, die Wochen in Tokio ruhig angehen zu lassen und nur dorthin zu gehen, wo mich meine Nase hinführt? In Tokio wartet meine liebe Freundin Riia, die dort an einer Ausstellung finnischer Designer teilnimmt, außerdem sind Liisa, Tuula, Helena und weitere Ikebana-Freundinnen da, um nur einige zu nennen. Es kommt mir vor, als hätte sich ganz Finnland genau in diesen Wochen nach Tokio aufgemacht.

Und du, Sei, kommst du mit? Sollen wir zuvor ein bisschen darüber reden, wer du eigentlich bist? In Tokio werden garantiert alle nach dir fragen, und dann ist es peinlich, wenn ich nichts zu berichten habe.

. . .

Sei Shōnagon (fl. 10th c.), essayist, poet. Real name: undetermined. Der Eingangssatz des für seine Genauigkeit berühmten Quellenwerks *Japanese Women Writers – A Bio-Critical Sourcebook* ist deprimierend. Keine Lebensdaten, nicht einmal ein richtiger Name.

Sei, ich muss mich gleich in den Sumpf der Spekulationen begeben, mich an jeden Strohhalm klammern, der mir aus dem Dunkel der Geschichte hingehalten wird. Fakten gibt es nicht, man muss einfach an etwas glauben, sich etwas vorstellen. Extrapolieren, wie Mathematiker, die versuchen, approximative Lösungen für Probleme zu finden, für die es keine exakten Lösungen gibt.

Sei, ist es das, was wir über dich »wissen«?

Du wurdest wahrscheinlich um das Jahr 965 geboren – wo, ist nicht bekannt. Über deine Mutter weiß man nichts, aber väterlicherseits gehörtest du einer literarisch begabten Sippe an, deren Geschichte sich bis ins 7. Jahrhundert zurückverfolgen lässt. Dein Vater Kiyowara no Motosuke (908–990) war unter anderem in der Provinz Higo als niedriger Beamter tätig, aber man kannte ihn auch als geachteten Waka-Dichter und gelehrten Kenner chinesischer Texte und der Gedichtsammlung *Manyoshu.* Auch dein Großvater (oder noch wahrscheinlicher dein Urgroßvater) Kiyowara no Fukayabu war Dichter, und siebzehn seiner Gedichte sind in der kaiserlichen *Kokin-wakashū*-Anthologie erhalten geblieben. Die kaiserlichen Anthologien enthalten insgesamt 106 Gedichte deines Vaters und

41 Gedichte deines Großvaters, was man für eine Errungenschaft halten muss.

Sei, es ist möglich, dass du eine Zeitlang mit einem Beamten namens Tachibana no Norimitsu verheiratet warst? Manche glauben, dein Vater hätte dich im Jahr 981 mit Norimitsu verheiratet, im Alter von 16 Jahren. Du selbst verweist auf Norimitsu als »älteren Bruder«, also mit einer Bezeichnung, die oft für den Ehemann benutzt wurde, und manche haben daraus den Schluss gezogen, du wärst die Mutter seines Sohnes Norinaga (982–1034). Falls es so war, brachtest du deinen Sohn mit 17 zur Welt. In deinem Buch beschreibst du Norimitsu als Banausen, der nichts von Dichtung verstand, sodass er mir ein ziemlich unwahrscheinlicher Gatte für eine Frau wie dich zu sein scheint, aber vielleicht hatte dein Vater ja andere nützliche Gesichtspunkte im Sinn, was eure Ehe betraf. Falls ihr tatsächlich verheiratet wart, glaubt man, dass eure Ehe schon vor deinen Jahren am Hof auf Grund lief, spätestens im Jahr 993.

Mit Sicherheit weiß man, dass dein Vater im sechsten Monat des Jahres 990 im Alter von 82 in Higo starb. Man glaubt, dass du im selben Jahr oder spätestens 993 – also entweder mit 25 oder 28 – an den Hof gegangen und in den Dienst von Kaiserin Teishi getreten bist. Sowohl der Tod deines Vaters, als auch die Scheidung wären hervorragende Gründe für die Wahl deiner Laufbahn gewesen: Eine fast dreißigjährige Frau hatte in einer solchen Situation kaum andere Möglichkeiten, als sich einen neuen Mann zu suchen, Nonne zu werden oder zum Arbeiten an den Hof zu gehen. Der Dienst im Salon von Teishi bot wirtschaftliche Sicherheit, und auf der anderen Seite suchte der Hof Frauen wie dich, die aus gelehrten Dichterfamilien stammten. Vielleicht nahmst du poetische Wörterbücher, die als Erbstücke in deiner Familie weitergereicht wurden, mit, oder geheime Lehren, die im Alltag am Hof wie bei der Unterweisung der Kaiserin von Nutzen waren.

Du selbst erwähnst mit keinem Wort, warum oder wie du am Hof gelandet bist, aber die Anfangszeit dort schilderst du auf unvergessliche Weise. Deiner Meinung nach passte deine Berufswahl überhaupt nicht zu deiner Natur (hier täuschtest du dich ausnahmsweise): Du warst so schüchtern und so verwirrt von all der Pracht, dass du ständig kurz vorm Heulen warst und aus schierer Aufregung schwitztest wie ein Wasserfall. Du berichtest, wie Teishis Bruder, der göttliche Korechika, dich einmal hinter einem Wandschirm entdeckte und alle möglichen Fragen stellte – ob gewisse Gerüchte über dein Leben vor dem Dienst bei Hofe zutrafen –, aber du starrtest den Mann nur verlegen und von Bewunderung ergriffen an und warst nicht fähig, etwas zu sagen. Sei, es ist absolut unerträglich zu hören, dass Korechika genau nach dem gefragt hat, was auch ich wissen möchte (welche Gerüchte?), und dann fast sehen zu können, wie du die Lippen bewegst, stumm, wie hinter Glas, ohne etwas zu verraten.

Auch wenn du viel über Männer und Liebhaber schreibst, nennst du kein einziges Mal den Namen eines potenziellen Ehemanns oder Freundes. Die Forscher haben geradezu zwanghaft versucht, etwas über deine Männer herauszufinden, und es scheint von höchster Wichtigkeit für sie zu sein zu erfahren, mit wem du *es getan* hast – gerade so, als käme dir keinerlei Bedeutung zu, bevor man weiß, wer die betreffenden Männer waren. Einer, auf den die Forscher gekommen sind, ist Fujiwara no Tadanobu (967–1035), Dichter und höherer Beamter am Hof. Du erwähnst ihn oft, und es scheint wahrscheinlich, dass ihr während deiner Jahre am Hof Liebende wart – manche denken sogar, ihr hättet später geheiratet.

Mehr als über die Männer ärgere ich mich ehrlich gesagt über die Tatsache, dass über deinen wirklichen Namen keine Gewissheit besteht. »Sei« deutet auf die Kiyowara-Sippe hin und entspricht der chinesischen Aussprache des *Kyo*, des ersten Schriftzeichens des Namens. Im Palast wurdest du »Shōnagon« genannt, was »untere Ratgeberin« bedeutet. Frauen wurden oft mit den Titeln ihrer Väter, Brüder oder Ehemänner gerufen, mit geliehenen Namensschildern, und Informationen über ihre persönlichen Namen sind bei den meisten Frauen nicht überliefert. Deine begabten Schriftstellerkolleginnen kennt man unter Namen wie »Michitsunas Mutter« und »Tochter von Sugawara no Takasue«, und auch der Name Murasaki Shikibu war nicht »echt«, falls es einen solchen Begriff zur Heian-Zeit überhaupt gab. Murasaki hatte ihren Kosenamen nach der weiblichen Hauptfigur der *Geschichte vom Prinzen Genji* bekommen, und der Namensteil Shikibu verwies auf das Zeremonienministerium, in dem ihr Vater einst gearbeitet hatte. Auch in der Literatur jener Zeit wurden Eigennamen nur selten benutzt: Auf Menschen wurde mit ihrem Titel oder ihrer Stellung angespielt, und den amtlichen Titel konnte der Name der Straße, in der man wohnte, oder des Landguts ergänzen. (Die Namenspraxis zeigt, wie fern die Vorstellung eines Individuums zu eurer Zeit lag: Ihr existiertet nur als Teil eines Ganzen, wart nur als Mitglieder einer Gemeinschaft von Bedeutung.) Auf die Gegenwart übertragen wäre das so, als würde in Texten über mich nur von »der Werbetexterin« die Rede sein, und als wäre mein Nachname mit dem ehemaligen

Arbeitsplatz, dem Titel oder dem Wohnort meines Vaters identisch – die Verfasserin dieser Zeilen könnte demnach etwa »Unternehmer Kankimäkis Tochter« oder »Werbetexterin aus Kotojärvi« heißen. Mein Bruder hieße »Der Bassist«, meine Freundinnen firmierten unter anderem unter »Die Schriftstellerin«, »Die Chefredakteurin«, »Die Kunsthistorikerin«, »Die Designerin«, »Die Immobilienmaklerin« und »Die Grafikerin«. Einige von ihnen wären auch als Tochter oder Enkeltochter des Professors aus der und der Straße bekannt.

Diese Logik trifft jedoch nicht auf dich zu, Sei: Keiner deiner männlichen Angehörigen ist ein Shōnagon gewesen, ein unterer Ratgeber, und wir wissen nicht, woher du deinen Namen hast. Ich komme nicht um den Gedanken herum, dass deine Allwissenheit womöglich so männlicher Natur war, dass sie zu einem solchen Spitznamen inspirierte. Wie auch immer, nach einigen Untersuchungen der jüngsten Zeit könnte dein richtiger Vorname Nagiko gewesen sein. In dem Fall hätte dein wahrer Name Kiyowara no Nagiko gelautet. Äh, irgendwie zu prosaisch. Wärst du mit einem solchen Namen in die Geschichte eingegangen?

Sei, Nagiko, Shōnagon, mit welchem Namen soll ich dich nun anreden? Shōnagon, unterer Ratgeber, hätte etwas für sich – schließlich hast du mich jahrelang geleitet, zum Schluss bis an den Punkt, an dem ich jetzt im Computerraum einer Kakerlakenhöhle am Yoshidayama sitze und über dich schreibe, während die Putzfrau den Flur saugt (Es ist eine Putzfrau gefunden worden!). Nagiko wäre unter Freundinnen natürlich besser, aber ich käme mir wie eine Idiotin vor, wenn das dann doch nicht dein richtiger Name wäre. Außerdem klingt es irgendwie zu scharf und ätzend – eigentlich exakt nach dem, wofür dich viele halten. Sei wiederum ist gewissermaßen dein Nachname, den man dir gegeben hat, damit du dich von den anderen Shōnagons am Hof unterscheidest – *die Kiyowaran Shōnagon* –, und ich mag es nicht besonders, Menschen mit ihrem Nachnamen anzusprechen. Dennoch glaube ich, dass ich dich schon viel zu lange Sei nenne, um daran noch etwas ändern zu können – ursprünglich wohl, weil ich es für deinen Vornamen gehalten hatte. Wie auch immer, für mich bist du Sei.

Sei, man vermutet, dass dein Job am Hof Anfang 1001 mit dem Tod der Kaiserin Teishi endete. Damals hattest du ungefähr zehn Jahre am Hof gedient. Von deinem Leben danach weiß man nichts. Wir haben keine Ahnung, wie und wo du gelebt hast oder wann und wo du gestorben bist. Ein Teil deines Buches ist freilich erst nach Teishis Tod geschrieben worden, also hast du dich wenigstens für gewisse Zeit irgendwo im Umkreis der Bildung bewegt.

Diese Unwissenheit, dein Verschwinden im Nichts, hat im Lauf der Jahrhunderte außer mir viele andere geärgert, weshalb an Theorien kein Mangel herrscht.

Manche schlagen vor, dass du noch eine Zeitlang als Hofdame von Teishis jüngerer Schwester, also der Frau Genshis, des Kronprinzen, am Hof warst. Falls das den Tatsachen entspricht, hielt dein Glück nicht lange an. Von Genshi heißt es, er sei irgendwie verwirrt gewesen und 1002 im Alter von 22 gestorben, spätestens dann hättest du den Hof verlassen müssen. Manche Wissenschaftler mutmaßen, du hättest noch den vier Töchtern Michitakas oder sogar der Kaiserin Shōshi gedient, aber Beweise dafür gibt es nicht.

Eine Überlieferung besagt, du hättest einen Mann namens Fujiwara no Muneyo geheiratet, seist diesem in die Provinz Settsu gefolgt, wo er zum Gouverneur ernannt worden sei, und hättest mit ihm eine Tochter namens Koma no Myobu bekommen, die später Dichterin geworden sei. Andere sind der Meinung, du seist nach Muneyos Tod in seine Bergvilla am Rand der Hauptstadt zurückgekehrt. Das wäre natürlich ein schönes Szenario, finde ich.

Anderen Geschichten zufolge endetest du nach dem Dienst am Hof (oder vielleicht nach dem Tod deines Mannes, falls du tatsächlich geheiratet hattest) als buddhistische Nonne und lebtest für den Rest deiner Tage arm und einsam und sammeltest Almosen. Du bekamst sozusagen, was du verdientest.

Laut einer Quelle wirst du zum letzten Mal im Jahr 1017 erwähnt, als du 52 warst. Andere Quellen vermuten, du seist erst 1024 gestorben, im Alter von etwa 60.

Wie wir merken, sind über Frauen, auch über bedeutende, in der Geschichtsschreibung jener Zeit so gut wie keine Fakten erhalten. Bezeichnend ist, dass man den Todeszeitpunkt deines Vaters genau kennt, aber von dir, seiner wesentlich berühmteren Tochter, nicht einmal den Namen weiß. Fast alle Informationen über dich und dein Leben beruhen auf dem, was man aus deinem Buch schließen kann, und auch das ist nicht immer eine zuverlässige Quelle. Die nahezu einzige Erwähnung über dich außerhalb deines Buches findet sich im Tagebuch deiner Kollegin Murasaki Shikibu, von dem man annimmt, es sei zwischen 1008 und 1010 geschrieben worden, also wahrscheinlich mehrere Jahre nachdem du den Hof verlassen hattest. Murasakis Schilderung von dir ist nicht schmeichelhaft, aber in einer Hinsicht ist sie von erstrangiger Bedeutung: Sie beweist, dass es dich gegeben hat.

Sei, ob du wohl der Liebling deines alten Vaters warst, Papas Mädchen? Du hast von ihm die Poetik und die Leidenschaft für das Schreiben geerbt, aber hast du von ihm auch dein gutes Selbstwertgefühl, mit dem du es wagtest, jeden Mann, der dir bei Hof begegnete, herauszufordern und mit deinen Chinesischkenntnissen zu kokettieren? Oder war dir dein Vater doch so fern, geistig und physisch, dass du alles daran setztest, auf dem Weg über andere Männer seine Akzeptanz zu erwerben? War es für dich jedes Mal ein Sieg, wenn Männer voller Bewunderung die Unvergleichlichkeit deiner Intelligenz, deines Scharfsinns, deiner Kenntnisse, deines Humors und deiner Anziehungskraft anerkennen mussten? Oder sind solche Freudschen Analysen so weit weg von deiner Welt, dass du einer Person, die dir damit käme, ins Gesicht lachen würdest?

Sei, das ist jetzt alles so schwammig, könntest du nicht noch etwas in mein Freundschaftsbuch eintragen? Das würde ich dann in Tokio als Beweis vorlegen. Sag mir, was ich schreiben soll!

MEIN NAME: *Sei Shōnagon. Eigtl. evtl. Nagiko Kiyowara.*
MEIN SELBSTPORTRÄT: *Sorry, es gibt keins.*
DATUM: *Irgendwann im Chrysanthemenmonat.*
TELEFON: *Habe ich nicht. Schreib mir einen Brief!*
MEIN VERHÄLTNIS ZUR BESITZERIN DIESES BUCHES: *Idol-Fan-Verhältnis. Kollegin. Frau.*
GEBURTSDATUM: *Etwa im Jahr 965. Ich bin 1006 Jahre älter als du.*
ICH BIN JETZT: *1046 Jahre alt, falls ich nicht gestorben bin.*

MEIN TOTEMTIER: *Der Kranich. (Würde ich alle meine Gedanken über den Kranich aufschreiben, würde mich das sehr müde machen. Wie großartig ist es, den Ruf des Vogels zu hören, der bis in den Himmel schallt!)*

MEINE WELTANSCHAUUNG: *In der Theorie buddhistisch und shintoistisch.*

MEIN MOTTO: *Priester sollen gutaussehend sein.*

ICH WOHNE: *Im kaiserlichen Palast von Heian-kyō. Manchmal auch anderswo, bei Verwandten und Freunden.*

ZU MEINER FAMILIE GEHÖREN: *Ich bin eine geschiedene, freie Frau. Kann sein, dass ich ein Kind habe, aber es lebt nicht bei mir.*

MEIN TRAUMBERUF ALS KIND: *Schriftstellerin.*

MEIN JETZIGER BERUF: *Hofdame und Schriftstellerin.*

ICH MAG/HASSE MEINE ARBEIT, WEIL: *ich bei Kaiserin Teishi sein und schreiben darf. Ich liebe die Pracht des Hofes, die vornehmen Sitten und Menschen und die Tatsache, dass das Leben einer Frau dort freier ist, als das der Hausfrauen, die ihren Männern dienen und sich hinter Fächern und Wandschirmen in den hintersten Ecken ihrer Häuser verstecken müssen.*

IN MEINEM NÄCHSTEN LEBEN BIN ICH: *Wenn es nach den buddhistischen Moralisten geht, bin ich in der Hölle.*

MEINE HOBBIES: *Alle möglichen Wettbewerbe.*

EINE BESONDERE FÄHIGKEIT VON MIR: *Listen schreiben.*

ICH KANN NICHT: *Männern nachweinen. Mein Licht unter den Scheffel stellen.*

ICH SAMMLE: *Verehrer.*

MEINE BESTEN SEITEN: *Mein schnell schaltender Kopf.*

MEIN GRÖSSTES PROBLEM LAUT MEINEM PARTNER/MEINEN ELTERN/MEINEM THERAPEUTEN *(der Kaiserin/*

meiner Kolleginnen/meiner Leserinnen): Schwache Fä-higkeiten beim Schreiben von Gedichten. Hochmut. Zu viele Liebhaber.

MEINE IDEALFRAU/MEIN IDEALMANN: *Wie viel Platz habe ich? So verhält sich ein perfekter Liebhaber:*

Der junge, abenteuerbereite Junggeselle kommt im Morgengrauen nach Hause, nachdem er eine romantische Nacht verbracht hat. Obwohl er schläfrig aussieht, nimmt er sofort seinen Tintenstein zur Hand, und nachdem er ihn sorgfältig gerieben hat, fängt er an, seinen Brief des nächsten Morgens zu schreiben. Sein Pinsel bewegt sich nicht mit sorglosem Gekritzel voran, vielmehr legt er seine ganze Seele und sein ganzes Herz in seine Handschrift. Wie entzückend er aussieht, wie er allein in entspannter Haltung dasitzt, den Umhang leicht offen! Der weiße Umhang ist schlicht und nicht gefüttert, und darüber trägt er einen rosengelben oder violetten Mantel. Als er den Brief fertig hat, stellt er fest, dass der weiße Umhang noch feucht ist vom Tau, und er betrachtet ihn eine Weile zärtlich.

Dann veranlasst er die Überbringung des Briefs. Statt eine der Hofdamen zu rufen, macht er sich die Mühe, einen Dienstboten auszusuchen, der ihm für den Auftrag geeignet zu sein scheint. Er ruft den Jungen zu sich, flüstert ihm die Anweisungen zu und gibt ihm den Brief. Der Dienstbote macht sich auf den Weg zu dem Haus der Frau, und der Mann sieht zu, wie der Junge in der Ferne verschwindet. Während er dasitzt, murmelt er leise die Verse einer passenden Sutra vor sich hin.

Nun erscheint einer seiner Diener, um ihm mitzuteilen, dass im Nachbarflügel sein Waschwasser und sein Morgenbrei bereitstehen. Der Mann begibt sich dorthin und stützt sich bald auf seinen Schreibtisch, um chinesische Gedichte durchzublättern, von denen er hin und wieder einzelne Verse, die ihm besonders gut gefallen, laut liest – alles in allem ein bezaubernder Anblick.

Dann wäscht er sich und zieht seinen weißen Hofumhang an, zu dem er keine Hosen trägt. Nachdem er sich angekleidet hat, zitiert er auswendig die sechste Rolle der Lotus-Sutra. Ein wirklich frommer Herr – so könnte man glauben, wenn nicht gerade in diesem Moment der Bote einträfe (er kann nicht weit weg gewesen sein) und seinem Herrn zunickte, der unverzüglich seine Sutrarezitation abbricht und eilends – geradezu sündhaft eilends, könnte jemand denken – seine Aufmerksamkeit auf die Antwort der Frau richtet.

DIE STERNSTUNDE MEINES BISHERIGEN LEBENS: *Immer wenn ich der Mittelpunkt der Aufmerksamkeit bin. Wenn ich zur Kaiserin komme und die Hofdamen sich dicht um sie geschart haben, gehe ich zu einer Säule etwas abseits von dort, wo sie sitzt. Was für eine Freude, wenn die Kaiserin mich dann zu sich befiehlt, sodass alle anderen zur Seite treten müssen.*

DAS SELTSAMSTE, WAS ICH JE GETAN HABE: *Mittagsschlaf gehalten und mich dabei in leicht nach Schweiß riechende Umhänge gewickelt.*

WOHIN ICH REISEN MÖCHTE: *Zu einer Pilgerfahrt.*

ALLES WÄRE GUT, WENN: *immer genug Schreibpapier da wäre. Wenn man in deprimiertem Zustand sehr gutes Papier in die Hände bekommt, hat man doch Lust, noch ein wenig zu leben!*

WENN ICH FÜR EINEN TAG EIN MANN/EINE FRAU SEIN DÜRFTE: *Würde ich mit meinen Chinesischkenntnis-*

sen angeben! *Dann dürfte ich endlich einmal auf Chinesisch schreiben, ohne die ewigen Vorwürfe, das gehöre sich nicht für eine Frau.*

ICH SCHÄME MICH, ES ZUZUGEBEN, ABER: *Ich habe gemein und erniedrigend über das einfache Volk gesprochen. Am meisten schäme ich mich, einmal einen Mann verspottet zu haben, der sein gesamtes Eigentum bei einem Brand verloren hatte: Ich gab ihm einen Zettel mit einem Spottgedicht, von dem der des Lesens unkundige arme Mann glaubte, es sei ein Scheck, der zu einer Portion Reis berechtigte.*

WÄRE ICH EINE HISTORISCHE PERSON, WÄRE ICH: *Wieso wäre ich? Das kapiere ich nicht. Ich bin eine historische Person.*

WÄRE ICH EINE WETTERLAGE, WÄRE ICH: *Im Frühling die Morgendämmerung. Im Sommer die Nächte. Im Herbst die Abende. Im Winter die frühen Morgen.* [Das sind keine Wetterlagen, Sei.] *Stimmt.*

WÄRE ICH EINE COMICHELDIN, WÄRE ICH: *Ich selbst, mein Buch in der Mangaversion.*

DAS BESTE BUCH ZURZEIT: *Meine eigenen Aufzeichnungen. Ein Brief des Geliebten.*

DER BESTE FILM/DIE BESTE TV-SENDUNG ZURZEIT: *Die Hofzeremonien der Saison.*

DIE BESTE MUSIK ZURZEIT: *Ich liebe es zu lauschen, wenn seine Majestät mitten in der Nacht Flöte spielt.*

WAS ICH DER BESITZERIN DIESES BUCHES SAGEN MÖCHTE: *Nichts ist so ärgerlich wie jemand, der in einem schäbigen, schlecht geschmückten Wagen zu einer Zeremonie kommt!*

Okay, Sei, ich versuche, dich nicht zu beschämen. Ich werde meine saubersten Kleider anziehen und mit dem ultramodernen Hochgeschwindigkeitszug nach Tokio fahren. *Bai bai*, Freundin! Oder kommst du mit? Die Kimonos in den Koffer und los geht's, wenn du willst!

. . .

[Sei Shōnagon schreibt]

Es ist erfreulich, wenn ein Mann auf einem Pferd im Morgengrauen ein Gedicht aufsagt.

. . .

TOKIO.

In Tokio geschieht alles im Schnelldurchlauf. Plötzlich sind 13 Millionen Menschen um mich herum, plus zehn Leute aus Finnland, die ich kenne und die ich an verschiedenen Ecken der Riesenstadt treffen soll. Die Menschenströme sind endlos, und der Kontrast zu Kyōto ist irre – alles ist schneller, lauter, größer und blinkender. Als mir bewusst wird, wie gewaltig die Ausmaße dieser Stadt sind, wie groß die Entfernungen, wie zeitraubend es ist, von einem Ort zum anderen zu kommen und wie verschlungen das U-Bahn-Netz, frage ich mich schon am ersten Tag, wie ich diese Hektik und Informationsflut zwei Wochen lang aushalten soll. Ja, Kyōto ist ein still vor sich hin träumendes Dorf und hat auch nur anderthalb Millionen Einwohner.

Dennoch bin ich berauscht. Ich spaziere am Abend durch Shinjuku, als die Lichter an den Wolkenkratzern angehen und Millionen blinkende Neonlampen und Bildschirme über den Geschäften, Kaufhäusern, Restaurants, Karaoke- und Mädchenbars aufleuchten. Schwarzhaarige Menschenmassen überfluten die Plätze. Hier hat man wirklich das Gefühl, in Tokio zu sein. Oder in einem *Blade-Runner*-Film.

Die Tage vergehen mit den Vorbereitungen von Riias Ausstellung, mit der Vernissage und einer mit der Schau verbundenen Feier im Park Tower, in den verrauchten Izakayas von Shinjuku, in der Panoramabar des Hyatt und in Roppongi, bei Spaziergängen durch die Warenhöllen von Shibuya und Harajuku (*Harashuku, harashuku* – wie liebe ich diese herrlich flüsternde Art, mit der im Yamanote-Zug der Namen der Station durchgesagt wird), in den traditionellen kleinen Gassen von Asakusa, in Ausstellungen moderner Kunst, in Museen, in denen ich versuche, Informationen für mein Buch zu sammeln, dann in Ikebana-Stunden und bei einer großen Ikebana-Ausstellung der Sogetsu-Schule, die im Kaufhaus Takashimaya in Ginza stattfindet, und an der Liisa und Helena teilnehmen.

An Halloween (auch: Tag des Taifuns) gehen wir zu einer Design-Party im 52. Stock des Mori Towers, wo finnische DJs und Bands die Crème de la Crème der finnischen Film- und Designbranche unterhalten. Absurd. Noch absurder sind die Halloween feiernden Leute aus der Bar nebenan, die irgendwann hinzukommen: Krankenschwestern, Vampire, Taucher, Darth Vaders und Puh-Bären. Mein Favorit ist ein Rettich. Was für ein Mensch verkleidet sich freiwillig als Rettich?

Leidet man unter dem Tokio-Syndrom, wenn man vom Bett seines Zimmers im 17. Stock einen so fantastischen Ausblick auf die in der Abenddunkelheit pulsierende Lichterstadt und am Morgen auf den goldumrandeten Fuji-san hat, dass man das Zimmer eigentlich gar nicht verlassen möchte?

Sei, hier bist du so weit weg, wie in einer anderen Welt. Bei mir habe ich das Tagebuch deiner Kollegin Murasaki, aber es kommt mir unpassend vor, in dieser riesigen Neonlichterstadt darin zu lesen. Die Bewunderung der Stille, des Mondes oder von Gedichtversen erscheint einem hier absurd, aber vielleicht hat das nur damit zu tun, dass ich es nicht gewohnt bin. Denn war Heian-kyō etwa nicht die ereignisreichste Großstadt eurer Zeit, das Zentrum von allem, in dem während der Zeremonien Verkehrsstaus die Straßen verstopften und wo die modischsten Adligen mit ihren prächtigen Gewändern um Aufmerksamkeit buhlten? Hattet ihr das Gefühl, dass eure Stadt (mit weniger als hunderttausend Einwohnern!) überbevölkert war, dass es so viele Ereignisse gab, dass man beim besten Willen nicht an allen teilnehmen konnte? Dass es von allem zu viel gab und dass alles zu schnell geschah? Dass die Seele sich nach Leere sehnte, nach dem Nichts, nach vollkommener Stille, Reglosigkeit, Ereignislosigkeit – nach einem Zustand, in dem man den ganzen Tag nicht aus dem Bett kommt und sich nicht die Haare wäscht, sondern ohne sich mit jemandem zu treffen oder mit jemandem zu reden zu Hause herumhängt? (Ich glaube allerdings nicht, dass du während deines Lebens am Hof die Gelegenheit dazu hattest.)

Hier ist viel zu wenig freier Raum zwischen den Ereignissen. Freier Raum, in dem Spannung entsteht, der das Interessante an der ganzen Sache ist, wie beim Ikebana. Der entsteht, wenn der Pianist die Hände von den Tasten nimmt und den Genuss der Lautlosigkeit noch für den Bruchteil einer Sekunde hinauszögert, bevor er sie für das nächste Stück wieder sinken lässt. *Ma*. Der Zwischenraum. In dem alles passiert.

Zwei Tage später sind mir in meiner Eile sogar die Satzzeichen und Großbuchstaben abhandengekommen. Ich
schreibe: liebe sei ich bin total kaputt diese großstadt
laugt mich aus die fahrerei die u-bahn-stationen die endlosen schlangen in den gängen die buchstaben und zahlen an den ausgängen die orientierung im dschungel von
namenlosen straßen und häusern die alle gleich aussehen während man über blindenzeichen stolpert der menschenstrom auf den straßen unter der erde auf den über-
führungen und ich die ich seit wochen allein mit meinen
gedanken und mit dir lebe gerate auf einmal ins kreuz-
feuer von all den freunden und freundinnen von freunden
und lehrerinnen und kollegen die ich vor zehn jahren zum
letzten mal gesehen habe es wimmelt vor sms wo sehen
wir uns ich bin jetzt in iidabashi an ausgang C3 ich wiederum warte an A1 dann sehen wir uns am tor zum garten
nein warte wo du bist ich bin jetzt auf einer überführung
über straßen die in richtung fünf uhr rasen ich winke dir
zu oder wir sehen uns gleich im hyatt nein ich gehe erst
noch nach shinagawa kein stress aber ich bin schon hier
soll ich warten komm halt mit dem zug nach meguro ich
bin in einer viertelstunde dort alles klar und was ist mit
morgen wir sollten das jetzt entscheiden weil sms nicht
funktionieren das gehirn wie die u-bahn-karte von tokio
nirgendwo eine direkte route wenn ich dann am abend
schließlich fix und fertig in mein hotelzimmer komme
kurz in der klarheit von weißem bademantel und weißer
bettwäsche durchatme weiß ich schon dass dieser friede
nur kurz andauern wird es gibt hier einfach zu viele dinge
riia esko inni anu santtu emilia liisa helena tuula finnish
design ikebana museen geschäfte orte lunchs drinks dates
sms mails anrufe im hotelzimmer wäsche stadtplan geld

fotos ladegeräte streit um preise weil ich seit wochen mit niemandem zusammengewesen bin und es ist toll aber ich verkrafte nur so wenig auf einmal ich bin müde ich kann nicht schlafen meine stimme ist heiser zwischendurch weiß ich nicht einmal wo ich bin ich fange an in die falschen u-bahnen zu steigen und durch die falschen straßen zu gehen obwohl ich dieselbe strecke schon oft genommen habe ich erschlaffe die wörter kommen mir abhanden ich vergesse die geheimzahl meiner kreditkarte sehe die namen der mitbewohner in kyōto im kalender und kurz setzt es aus was sind das für leute aber das ist eben der puls dieser stadt sei aber ich bin langsamer langsam er und dann sehe ich beim aufwachen am morgen den schneebedeckten fuji vorm fenster

Sei, das Nationalmuseum in Tokio ist wunderbar, aber für meine Forschungen eine Enttäuschung: Es wird fast nichts aus eurer Zeit ausgestellt, nur ein paar Schriftrollen, Schmuckkästchen und ein Wassergefäß. Aber interessant ist, dass das Papier, das ihr benutzt habt, sehr stark verziert war. Papier war teuer, das wusste ich schon, aber dass man es unterschiedlich färbte und mit goldenem *Mica*-Puder oder mit *Kumogami*-Wolkenmustern dekorierte – wie zart und romantisch, und was für ein Gegensatz zu den komplizierten, vollgestopften Verzierungen in Grundfarben in den Texten des europäischen Mittelalters! Eure Ästhetik war leicht, luftig und pastellfarben, man gab den Texten Raum, auch wenn Papier viel kostete, denn der Wert des leeren Raums war unermesslich. Obwohl die Papierstapel, die du zu deiner Verwendung bekamst, Sei, natürlich nicht solche waren – feines und teures Papier durchaus, aber reinweißes Michinoku, glaube ich.

Sei, wieder einmal folge ich den Spuren deiner Kollegin Murasaki, weil es solche nun einmal gibt. Du bist mir doch nicht böse – ich tue es nur deinetwegen: Vielleicht kann ich mit Hilfe der *Geschichte vom Prinzen Genji* etwas über die Welt herausfinden, in der ihr beide gelebt habt. Im Tokioer Goto-Museum sind die ältesten, seit dem 12. Jahrhundert erhaltenen und zu nationalen Schätzen erklärten Genji-Bildrollen ausgestellt, und die muss ich unbedingt sehen. Natürlich sind alle Informationen in der Ausstellung nur auf Japanisch, und ich verstehe noch nicht viel von diesen Bildrollen, aber meine Fixierung ist erst in den Anfängen, wie ich später feststellen werde.

Ich gehe mit den anderen in einer Schlange durch den halb dunklen Ausstellungsraum, an den Wänden stehen matt beleuchtete Vitrinen, in denen die Wertgegenstände ruhen. Neben den Bildern liegen computergestützte Schätzungen darüber, wie die Farben ursprünglich ausgesehen haben. Die jetzt braunen, beigen und rosa-rötlichen Töne waren verblüffend klares starkes Blau, Eisenrot, Malachitgrün, Muschelschalenweiß und Schwarz, die Hintergründe Silber und Gold. Die Welt der Heian-Zeit war nämlich voller Farben, und es wundert mich nicht mehr, dass ihr in euren Texten so oft Kleider beschreibt, denn sie strahlten geradezu.

Die Bilder sind sehr detailliert: Die Ahornblätter sind exakt gezeichnet, ebenso die Pfeile und Bögen der Reiter, die von Ochsen gezogenen Wagen, die stolzen Pferde, die auf Wandschirme gemalten Landschaften, die Herbstgräser, die Blumen vor der Veranda, die mit verziertem Seidenstoff besetzten Bambusjalousien, die rieselnden Kirschblüten, der Vollmond, der Nebel, die Instrumente, die Gebetsketten, die exklusiv gemusterten Kimonostoffe.

Die Menschen haben die Augen geschlossen, oder sehen sie nur so aus, die zu Boden gerichteten, schamhaften Blicke? Die Frauen tragen mehrschichtige Kimonos, sie verhüllen ihr Gesicht mit dem Ärmel, sitzen eng beieinander hinter Wandschirmen, während die Männer Brettspiele machen oder sich in großzügigen Räumen miteinander abgeben. Die wogenden Kimono-Massen der sitzenden Frauen schaffen um sie herum einen weiten persönlichen Raum, sie definieren ihren Ort. Die Bilder vermitteln eine Atmosphäre des Müßiggangs – vielleicht hattet ihr Hofdamen letztlich nicht viel anderes zu tun, als Gesellschaft zu leisten. Wie anstrengend, jeden Tag gesellig sein zu müssen, rund um die Uhr, denke ich mir – schon das bisschen hier bereitet mir Schwierigkeiten.

Die Kalligrafie ist im Braunton auf nachgedunkeltes, mit Goldkörnchen verziertem Papier geschrieben. Die Handschrift wirkt fließend, geschmeidig, fliegend – ein Text wie Wolkenschrift, zerbrechlich, leicht und schwebend wie die helle Stimme einer Erzählerin … In der Ausstellung sind die mit Texten und Bildern gefüllten Seiten auf Metallplatten geklebt, das Papier ist so dünn und empfindlich, dass es sich sonst auflösen würde. Im Grunde ist es erstaunlich, dass sich diese Seiten überhaupt erhalten haben. Ich frage mich, wo und wie man sie aufbewahrt hat – und wie die anderen verschwunden oder vernichtet worden sind. Gewiss bei Bränden, in Kriegen und bei Erdbeben, schnell und gewaltsam. Aber vielleicht gehen Texte manchmal auch wie Menschen verloren – vermodern in stillem Vergessen, werden immer dünner und flockenartiger, die Wörter verblassen und kommen abhanden, sodass am Ende nur noch Erde übrigbleibt. Und dennoch hält sich ein Wort länger als ein Mensch, der nicht einmal als verblasster Schatten von einer Generation zur nächsten weitergereicht werden kann. Und auf eine Metallplatte kann man ihn auch nicht kleben.

Später erfahre ich, dass erhaltene Fragmente der Bildrolle von *Genji Monogatari*, also der *Geschichte vom Prinzen Genji*, normalerweise, außer im Tokioer Goto-Museum, auch im Tokioer Nationalmuseum, im Tokugawa-Museum von Nagoya sowie in verschiedenen Privatsammlungen aufbewahrt werden, sodass es mir gelungen ist, den seltenen Fall einer Ausstellung zu sehen, in der alle Teile versammelt sind. Die meisten Bildrollen sind verschollen, aber man glaubt, dass es illustrierte Teile von allen vierundfünfzig Kapiteln der *Geschichte vom Prinzen Genji* gab. Jeder Teil einer Rolle enthält ein Kalligrafiefragment über einen Teil der Geschichte sowie dessen bildhafte Deutung.

Höchstwahrscheinlich hatten die Bildrollen nicht nur einen Autor, sondern für das Ganze waren die Künstler, Kalligrafen und Papiermacher verantwortlich, die um das Jahr 1150 im kaiserlichen Malereiamt arbeiteten. Die Tätigkeit des kaiserlichen Malereiamtes erinnert ans Filmemachen, bei dem Fachleute aus verschiedenen Sparten ihren Anteil am Endergebnis haben. Die Leiter der Behörde suchten die unterhaltsamsten und poetischsten Teile aus einem Buch aus, zu denen der Hauptkünstler dann die Illustration entwarf. Anschließend fügten die Maler Farben zu der Schwarz-Weiß-Zeichnung des Hauptkünstlers hinzu, wobei die leuchtenden Pigmente ganz genau die Muster der Stoffe, die Wappen der Umhänge und andere Details festhielten. Die Kalligrafien wiederum sind in insgesamt fünf verschiedenen Handschriften angefertigt worden und insofern kostbar, als sie die früheste erhaltene Textversion der *Geschichte vom Prinzen Genji* darstellen. Aber besonders wichtig war der Beitrag jener Handwerker, die das Papier kreierten, auf dem der Text eines jeweiligen Abschnitts angeordnet wurde. Das Papier wurde unter anderem mit Granatapfelsaft und Indigo gefärbt und mit goldenem *Mica*-Pulver, mit Blattgold, mit zu rasiermesserdünnen Streifen geschnittenem, »wilde Haare« genanntem Blattsilber sowie Mijin-Silberstaub, der schnell dunkelgrau oxidierte, bestreut. Die Papierverzierungen wurden genau geplant, um das Thema und die Stimmung des jeweiligen Kapitels zu betonen. Ihre Aufgabe entsprach der des Soundtracks bei einem Film.

Nachdem ich das erfahren habe, schaue ich mir die Seiten mit den Kalligrafien noch einmal wie im Rausch an und beginne ahnungsvoll zu verstehen. Ich betrachte die über die Seiten tanzenden Zeichen, die hier und da verstreuten und gruppierten Gold- und Silberkörnchen, die haarfeinen Linienmuster, die da und dort dunkler gewordenen silbernen Bereiche wie Gewitterwolken, und plötzlich höre ich Filmmusik im Hintergrund. Die Kalligrafie gleicht jetzt einem rhythmischen Tanz, einem dreidimensionalen, ganzheitlichen Schauspiel, dem die Papierverzierung den Takt, den Rhythmus und die Betonung verleiht – es sieht nach einer Textperformance aus, deren Ausdrucksmittel enorm vielfältiger sind als bei der westlichen Schrift, in der die schwarzen Zeichen (ich bitte alle Grafiker um Verzeihung) doch nur von geringer Bedeutung für die Leseerfahrung sind.

Sei, sahen so die Bildrollen aus, die ihr euch am Hof angeschaut habt, wobei die eine den Text las und die anderen sich die Bilder ansahen? War auch dein Text eine solche fantastische Kalligrafie-Aufführung?

Auf dem Rückweg mache ich einen Abstecher nach Shibuya, das so hektisch und voller Menschen, Musik und Lärm ist, dass ich zu ersticken glaube. Hier hat man das Gefühl, jeden Moment einen epileptischen Anfall bekommen zu können – es gibt einfach zu viele Töne, Lichter und Menschen.

Allerdings wird mir hier eine schnelle Fashion-Auffrischung zuteil: Anscheinend sind inzwischen alle zu Winterkleidung übergegangen. Oder nein: zu Wintermode. Fellstiefel und Pelz- oder Wollmütze sind ein Muss, aber dazu trägt man mikroskopisch kleine Miniröcke und nackte Beine, denn kalt ist es eigentlich nicht. Auf diese Weise wird bloß der Herbst markiert.

Als ich am Abend schreibend in meinem Zimmer im 17. Stock sitze, spüre ich das erste Erdbeben meines Lebens. Ein ganz kleines – der Stuhl fängt unter mir an zu wackeln, in der Ecke knarrt es, und als ich aus dem Fenster schaue, bewegt sich der Fensterrahmen leicht in seitliche Richtung. Aus irgendeinem Grund freue ich mich, anstatt Angst zu haben: Es ist, als wäre das kleine Erdbeben gekommen, um Hallo zu sagen.

Beängstigender ist es, dass ich auf einmal die Geheimzahl meiner Kreditkarte vergessen habe. Seit mindestens zehn Jahren benutze ich dieselbe Ziffernfolge, und jetzt ist sie einfach aus meinem Gehirn verschwunden. Offensichtlich sind meine Kapazitäten so erschöpft, dass nicht einmal mehr vier kleine Zahlen hineinpassen.

Meine Freundin Johanna macht den praktischen Vorschlag, aus meinem Gehirn zum Beispiel den Namen meines Arbeitgebers zu löschen, dann bekäme ich die Visa-Nummer zurück, und es wäre sogar noch Platz übrig.

Verabredung mit Liisa und Tuula zum Mittagessen in einem chinesischen Restaurant in Takashimaya. Ich erläutere Tuula mein Buchprojekt, und sie fragt, unter welchem Titel es veröffentlicht wird. Ich habe keine Ahnung, nicht einmal, *ob* es veröffentlicht wird. Liisa schlägt als Titel *Mit Liisa, Helena und Tuula in Tokio* vor und kommt damit näher an die Wahrheit heran, als sie glaubt.

Liisa erzählt, sie habe sich von Aino die englische Version des *Kopfkissenbuchs* geliehen, sei aber nicht weit gekommen, weil es *so schrecklich langweilig* sei. Ha, wer sonst als meine Ikebana-Lehrerin würde es wagen, mir ins Gesicht zu sagen, dass es trocken wie die Wüste ist! Zu allem Überfluss stimmt es! Ach Sei, du bist stellenweise so schwer zu verstehen, und dies leider gerade am Anfang deines Buches – niemand kann das lesen, auch ich schaffte es nicht, bis ich es musste. Hat dir niemand gesagt, dass der Anfang leicht zugänglich und mitreißend sein muss? Da gelten die gleichen Regeln wie bei Werbetexten. Man darf keinen Satz einbauen, über dessen Bedeutung sich noch tausend Jahre später Literaturwissenschaftler auf der ganzen Welt streiten, oder seitenlange Schilderungen von einer anämischen Zeremonie. Hättest du an den Anfang eine pralle Beziehungsliste gestellt, meinetwegen über die Eigenschaften eines guten Liebhabers, dann wäre dein Elaborat bestimmt auch längst ins Finnische übersetzt worden. Aber nein, die Delikatessen mussten in den Tiefen einer schwer verständlichen Ödnis versteckt werden, sodass ich nun herumlaufen muss, um zu beweisen, wie interessant und modern du eigentlich bist.

Am Abend wandere ich mit Tuula in die Gegend um den Bahnhof Yurakucho, um unter der Bahnlinie zu essen.

Ah, dieses Milieu habe ich ausfindig machen wollen! Die alten, einfachen Lokale unter der Bahnstrecke sind *Blade-Runner*-Tokio par excellence: dampfende Yakitori-Theken, dunkle Gassen, heruntergekommene Romantik, das Jaulen der obendrüber hinwegsausenden Züge. In keiner anderen Großstadt könnten zwei Frauen durch dunkle, menschleere Tunnels irren, ohne Angst vor Verbrecherbanden, Junkies, Dealern und Zuhältern haben zu müssen. Aber hier: billige, einfache, atmosphärische, vor köstlichen Düften strotzende Izakaya-Kabuffs, in denen sich alle Stewardessen und Ikebanistinnen der Welt den Bauch vollschlagen können.

DER NICHIBUNKER.

Wieder in Kyōto, nehme ich endlich ernsthaft meine Forschungsarbeit in Angriff. Ich habe nur noch einige Wochen Zeit und Panik, was die Rückreise betrifft – ich möchte nämlich nicht zurück. Ich eruiere sogar meine Chancen, den Rückflug zu verschieben, aber es stellt sich heraus, dass Finnair für das Umschreiben des Tickets 600 Euro in Rechnung stellen würde, obwohl in dem Flugzeug noch Platz genug wäre. Ich verfluche mich selbst, weil ich nicht von Anfang an zum Beispiel für ein Jahr hergekommen bin – drei Monate sind eine lächerlich kurze Zeit –, aber ich konnte ja nicht wissen, dass ich mich so heftig in diese Stadt verliebe, hier so viele Freunde finden, mich endlich einmal zur richtigen Zeit am richtigen Ort fühlen würde. Ich konnte nicht wissen, dass ich mich hier, am Yoshida-yama, so *richtig* und ruhig fühlen würde, dass ich zum ersten Mal seit Jahren schlafe wie ein Kind.

Ich verbringe also meine letzten Wochen in der Bibliothek des Nichibunken, für die ich endlich eine Benutzererlaubnis erhalten habe.

Das internationale Forschungszentrum für japanische Kultur liegt in Katsura, ganz auf der anderen Seite von Kyōto. Ich fahre zuerst mit dem Rad ins Zentrum, dann mit dem Zug an den westlichen Rand der Stadt, von wo aus es noch fast eine halbe Stunde mit dem Bus bis zum Forschungszentrum geht. Ich komme in der Mitte des Nichts an: Den großen, kahlen Betonkomplex umgeben nur braun gepunktete Berge. Ich taufe das Ganze in Nichibunker um, denn die Atmosphäre ist seltsam: Drinnen ist es eiskalt und vollkommen menschenleer, nirgendwo ein Mensch. Mir ist auch deshalb komisch zu Mute, weil ich vor lauter Aufregung über dieses spannende Abenteuer schon um vier Uhr aufgewacht bin. Ich habe meine erwachsensten Kleider angezogen, um wie eine kompetente vertrauenswürdige Wissenschaftsperson zu wirken, wenn ich in dieses Heiligtum der akademischen Japanologie eindringe, merke aber, dass es vergeblich war: Niemand will wissen, was ich hier tue.

Natürlich befinden sich die englischsprachigen Werke über japanische Literatur in der Abteilung M3, die bis nächsten Frühling renoviert wird. Ich kann also keine Bücher aus dem Regal ziehen und blättern, wie ich es erhofft habe. In der Datenbank suche ich mit zufälligen Schlagworten zwanzig Bücher aus, die die arme Bibliothekarin, entsetzt von der Menge, suchen geht. Schließlich bekomme ich einen satten Stapel auf meinen Bibliothekswagen und sitze den ganzen Tag in Jacke und mit Handschuhen und kaltem Hintern da, um sie durchzublättern. *Mütze nicht vergessen!*, schreibe ich auf die erste Seite

meines Notizbuchs.

Am Bahnhof habe ich mir Bentō-Proviant gekauft, aber es ist so kalt, dass ich nicht einmal daran denken mag, auf dem eisigen Flur ein kaltes Mittagessen einzunehmen. Ich gehe in die Cafeteria, in der es etwas wärmer ist und wo ich dampfende Pasta bekomme. Außer mir und der sonderbar schrill sprechenden Bedienung befindet sich niemand in dem trostlosen Lokal. Frech gehe ich über die langen Flure, als würde ich etwas suchen, aber es gibt tatsächlich nirgendwo ein Lebenszeichen. Nur ein blau gekleideter Arbeiter kommt mir entgegen.

Als die Bibliothek schließt, bin ich so fertig, dass mir übel ist. Meine Augen stecken in starrender Position fest, während ich wie ein Zombie in die Stadt zurückwandere. Ich bin deprimiert – ein Scheiß wird dieses Buch werden. Beim Durchsehen des Bücherstapels merkte ich sofort, dass über die Literatur der Heian-Zeit allgemein und über Murasaki Shikubu im Besonderen reichlich Forschungsliteratur vorhanden ist, aber über dich, Sei, so gut wie nichts. Es scheint, als wärst du durchs Raster gefallen, ein seltsamer Vogel irgendwo zwischen der *Geschichte vom Prinzen Genji* und den *Nikki*-Tagebüchern, du wirst immer nur erwähnt, in Anekdoten und als Vergleich zum eigentlichen Forschungsgegenstand. Murasaki, Murasaki, immer nur Murasaki. Wie sich später bestätigen wird, sind über dich, Sei, auf Englisch nur fünf kürzere Forschungsartikel geschrieben worden, und weiter nichts. Ich kann nicht einmal wissen, wie viele und was für Informationen die japanischen Bücher enthalten würden. Ich fühle mich hilflos.

Im Zentrum lindere ich meine Beklemmung, indem ich Mitbringsel shoppe. Morgen werde ich ein Paket mit Sachen nach Finnland schicken – das größte Paket, das auf der Post verkauft wird. Auf dem Landweg wird es zwei

Monate brauchen. Plötzlich kapiere ich, dass es genau zu Weihnachten in Finnland ankommen wird. Es ist voller Weihnachtsgeschenke.

. . .

[Sei Shōnagon schreibt]

Deprimierende Dinge

Der Fahrer eines Ochsenkarrens, der seinen Ochsen hasst. Ein Hund, der tagsüber heult. Ein rotes Pflaumenblütenkleid im dritten und vierten Monat.
    Wenn man gleich nach dem Aufwachen ein heißes Bad nimmt, ist das nicht nur deprimierend, sondern macht einen geradezu schlecht gelaunt.

Peinliche Dinge

Man hat ein Haus betreten und darum gebeten, eine bestimmte Person sprechen zu dürfen, aber die falsche Person erscheint und glaubt, es sei nach ihr gefragt worden. Dies ist besonders peinlich, wenn man ein Geschenk mitgebracht hat.

Beneidenswerte Menschen

Wenn man krank im Bett liegt und die Menschen vorübergehen hört, laut lachend und wer weiß

worüber plaudernd, als hätten sie nicht die
geringsten Sorgen – wie beneidenswert kommen
sie einem vor!

. . .

Selbstsicher, anmaßend, überheblich und kalt. Sei, in den seltenen Fällen, in denen du erwähnt wirst, stoße ich immer wieder auf diese halb achtlos dahingeworfenen Epitheta: Dass du ein spitzzüngiges, von dir eingenommenes Weibsstück warst, das durch die Gegend lief, Sex hatte und kritische Meinungen äußerte. Ich bin an deiner Stelle ein bisschen beleidigt deswegen und erkenne dich in diesen Beschreibungen eigentlich nicht wieder. Ich habe dich immer für sympathisch, lebensfroh und humorvoll gehalten, obgleich du natürlich auch scharfsichtig warst und kein Blatt vor den Mund nahmst. Hier muss ein Missverständnis vorliegen. Wo kommt das alles eigentlich her?

Dann beschleicht mich ein Verdacht. Was, wenn du tatsächlich ein Biest warst? Ein Mensch, den ich im wirklichen Leben nicht ertragen könnte? So eine menschliche Dampfwalze, die sich ständig aufspielen muss, die einem lautstark ins Wort fällt, die solche wie mich, die ein bisschen stiller sind, gar nicht bemerkt, und die mit ihrer unwiderstehlichen Kraft und ihren schnellen, endgültig wirkenden Kommentaren den anderen alle Energien absaugt. Eine, die der Meinung ist, die wichtigste Eigenschaft eines Menschen seien *starke Meinungen*.

Sei, ich begreife, dass ich auf einen radikalen Unterschied zwischen uns gestoßen bin. Eines ist nämlich klar: Du bist ein Mensch, der *starke Meinungen* hat. Und zwar genug von jeder Sorte. Deiner Meinung nach muss ein Ochse eine kleine Stirn besitzen. Pferde müssen eine bestimmte Farbe haben. Eine Katze soll am besten am Rücken schwarz und ansonsten weiß sein. Der Fahrer eines Ochsenkarrens muss großgewachsen sein. Sein ergrauendes Haar soll einen Hauch von Rot enthalten. Überdies sollte er intelligent aussehen. Kleine Kinder und Babys müssen pummelig sein, ebenso wie Gouverneure und andere, die in die Welt hinausgezogen sind, sonst sehen sie schlecht gelaunt aus. Du kannst keine Frauen ertragen, deren Ärmel unterschiedlich breit sind, oder Männer, die essen, wenn sie sich mit einer Hofdame treffen.

Sei, du gibst der Welt durch Meinungen Gestalt, indem du die Welt in Stapel aufteilst, was du magst und was du nicht magst. Ich nicht. Mich erfasst Beklemmung, wenn jemand mit Nachdruck von mir wissen will, ob ich etwas mag oder nicht: Nun sag schon, entscheide dich, schwarze Katze oder weiße Katze, guter oder schlechter Film, gefällt es dir, oder hasst du es! Nicht dass ich keine Meinungen hätte – eigentlich habe ich sogar viele Meinungen, oft sogar gleichzeitig –, aber sie sind nicht meine erstrangige Methode, die Welt zu erfassen. Ich will nicht mein Urteil verkünden, ich will nur – bis hin zur Übertreibung – die verschiedenen Seiten der Dinge verstehen. Aber wer will schon eine endlose Geschichte über das »Verstehen« der Dinge lesen – ich muss zugeben, dass deine provozierenden Meinungen wesentlich unterhaltsamer sind. *Priester sollen gutaussehend sein*, schreibst du, und die Leute lieben dich dafür, außer denen, die wieder einen Grund haben, dir Oberflächlichkeit vorzuwerfen.

Ich frage mich, ob ich also komplett an deinen Texten vorbeigelesen habe, durch meine Wunschvorstellungen hindurch, ohne zu merken, was allen anderen glasklar vor Augen steht: dass Sei Shōnagon ein spitzzüngiges, gnadenloses Biest ist.

Ich versuche dein Buch noch einmal mit diesem Blick zu lesen. Manche deiner Schilderungen von Menschen sind schlicht und einfach liebenswürdig, derentwegen kann man dir keine Vorwürfe machen. Die scharfen Analysen der mangelhaften Eigenschaften von Liebhabern sind realistisch und meiner Meinung nach witzig. Einige verächtliche Kommentare über das gemeine Volk schießen natürlich über das Ziel hinaus (auch wenn sie zeittypisch sind), die hätte man am nächsten Morgen löschen sollen, aber reichen sie aus, um dich zu kreuzigen?

Sei, hält man dich nur deshalb für fies und kalt, weil du nicht deinen Liebhabern nachweinst, wie alle anderen Frauen in der Heian-Zeit und in allen anderen Zeiten ebenfalls, mich eingeschlossen? Liegt hier der Hund begraben? Dass du mit ihnen umgehst wie – ein Mann?

Oder liegt der ursprüngliche Grund für all die Voreingenommenheit, die bis in die Gegenwart reicht, in Murasaki Shikibus Tagebuchtext, der sich mit dir beschäftigt?

Sei, ich stoße nämlich ständig auf folgende Tatsache: Wenn von der Politik der Heian-Zeit die Rede ist – von den zwei konkurrierenden Höfen und Kaiserinnen –, werden stets auch die konkurrierenden Schriftstellerinnen erwähnt, Sei Shōnagon und Murasaki Shikibu. Ich meide die Politik wie die Pest, aber jetzt muss ich sie angehen. Was waren die tragischen Ereignisse am Hof, von denen du, Sei, kein Wort sagst? Wie wirkten sich die Politik des Hofes und die *Umstrukturierungen* dort auf dein Leben aus? Und was hat Murasaki mit dir und deinem schlechten Ruf zu tun?

Politik, Sei, Politik. *Okashi*, herrlich, höre ich sämtliche Leserinnen schon rufen.

Obwohl der verehrte Kaiser der oberste Herrscher eurer Welt war, verfügte er über keinerlei politische Macht. Seine Aufgaben hatten eher mit religiösen Zeremonien sowie mit der aristokratischen Kultur und mit den Künsten zu tun, deren Zentrum der Hof bildete. Das Fehlen politischer Macht ließ die Kaiser zu farblosen Gestalten werden, und die Chroniken berichten so gut wie nichts über sie. Kaiser Ichijō, der ab 986 regierte, war deiner Schilderung nach ein warmherziger, empfindsamer Jüngling, der sich für Dichtung und Musik interessierte und es liebte, Flöte zu spielen.

Die wirkliche Macht übte die Familie Fujiwara aus. Ihr gelang es, vom Jahr 967 an für mindestens hundert Jahre die Macht zu behalten, fast ohne jede Anwendung physischer Kraft: Ihre Waffe war die Ehepolitik. Die Mitglieder der Familie verheirateten ihre Töchter mit Kronprinzen und Kaisern, und wenn ihre Töchter dann Jungen auf die Welt brachten, war das Oberhaupt des Fuijiwara-Klans immer zumindest der Schwiegervater oder der Großvater des Kaisers. Michinaga, der zum mächtigsten Fujiwara-Herrscher der Heian-Zeit aufgestiegen war, gelang es, seine vier Töchter mit dem Kaiser zu vermählen, und als diese dafür sorgten, dass drei Kaiser geboren wurden, avancierte Michinaga während seiner Laufbahn zum Schwiegervater von zwei, Großvater von drei, Großvater und Urgroßvater von vier sowie Großvater und Schwiegervater von fünf Kaisern.

Da die Kaiser schon als Kinder gekrönt wurden – Ichijō im Alter von sechs Jahren – und man sie ermunterte, bereits im frühen Erwachsenenalter in den Ruhestand zu treten, hielten die Fujiwaras die Fäden fest in der Hand. Zu den Methoden, mit denen die Fuijwaras Macht ausübten, gehörte zum Beispiel auch, dem Kaiser immer dann eine Wohnung in der eigenen Villa anzubieten, wenn ein Brand den Palast zerstört hatte, worauf der Kaiser der Gastfreundschaft seines Schwiegervaters ausgeliefert war. Das System funktionierte ausgezeichnet: Die Fujiwaras mussten nie versuchen, einen eigenen Sohn zum Kaiser zu krönen oder Gewalt gegen einen widerspenstigen Kaiser oder Kronprinzen anzuwenden. Die Macht war ihnen wie von Natur aus gegeben.

Das Leben am Hof verlief exakt nach der Hierarchie, in der die verschiedenen Familienzweige der Fujiwaras und andere Adlige auf der Stufenleiter des Hofs vorwärtsrückten wie Puppen auf einem Fließband. Beförderungen hingen meistens von der Abstammung und guten Beziehungen zu den herrschenden Fuijwaras ab, und über solche verfügte offenbar die Katze von Kaiser Ichijō, der man das theoretische Recht zusprach, die Kopfbedeckung zu benutzen, die der fünften Rangstufe zustand. Der Rang bei Hof bestimmte alle Teilbereiche des Lebens, so war etwa die Kleidung eines Höflings bis hin zu den Falten im Fächer genau geregelt: 25 Fächerfalten für die drei ersten Rangstufen, 23 für die vierte und fünfte, 12 für die sechste und alle darunter.

Der Rang bei Hof definierte einen Menschen zum *Yoki Hito*, zum Hochwohlgeborenen, und alle Personen, die du, Sei, und Murasaki beschreiben, gehören dieser Elite an. Wenn Japan um die Jahrtausendwende vielleicht fünf Millionen Einwohner hatte, so lebten davon ungefähr 70 000 in Heian-kyō, unter ihnen mochten etwa fünftausend Aristokraten sein. Diese fünftausend guten Menschen in der Hauptstadt waren eure Welt, und »Provinz« war für euch ein Schimpfwort. Auch wenn die Provinzen mit ihren Reisfeldern den einzigen Teil des Landes bildeten, der etwas produzierte, hielt man sie für trostlose und rückständige Gegenden, an die man am besten so wenig wie möglich dachte. Zum Gouverneur einer fernen Provinz ernannt zu werden war so schrecklich, dass man es für eine Form der Vertreibung hielt, und wenn ein Mann damit seinen Ruf befleckt hatte, war es für ihn schwer, wieder in der Hauptstadt einen Rang einzunehmen. Aus Heian-kyō wegzumüssen war das Schlimmste, was euch passieren konnte.

Man nimmt an, Sei, dass du im Jahr 990 als 25-Jährige an den Hof kamst, nach dem Tod deines Vaters. In dem Jahr war Kaiser Ichijō zehn und feierte den Eintritt ins Mannesalter. In dem Jahr gelang es dem Klanoberhaupt und stellvertretenden Herrscher Fujiwara no Michitaka, seine 14-jährige Tochter Teishi zur Frau von Kaiser Ichijō zu machen, und mit Teishi kam eine Schar sorgfältig ausgewählter Hofdamen in den Palast, darunter du, Sei.

Die Jahre gingen dahin, Vater Michitaka herrschte, Teishi erfreute sich an der Verbindung mit dem allmählich auf das Teenageralter zugehenden Kaiser Ichijō, und du, Sei, festigtest deine Position als Liebling der mehr als zehn Jahre jüngeren Kaiserin. Im Herbst 994 wurde Teishis Bruder, ein göttlich schöner und charismatischer junger Mann namens Korechika, zum zentralen Minister ernannt. Dieser gab – und das ist für uns das Bedeutsamere – seiner Schwester einen Stapel unbenutzter Notizbücher. Diese Notizbücher reichte Teishi an dich weiter, Sei, und du fingst an zu schreiben.

Aber genau da enden die glücklichen Zeiten. Gegen Ende des Jahres 994 erkrankte Teishis Vater Fujiwara no Michitaka, und ein halbes Jahr später starb er.

Damit begann für Teishi und mit ihr auch für dich, Sei, eine Hölle, die Jahr für Jahr schlimmer wurde. Der 21-jährige ehrgeizige und beliebte Korechika hatte sich vielleicht vorgestellt, in den Fußstapfen seines Vaters als Herrscher weitermachen zu können, aber sein Onkel Michinaga, der 30-jährige kleine Bruder des Vaters, war anderer Meinung. Michinaga gelang es, alles so einzufädeln, dass er zum Oberhaupt des Fujiwara-Klans ernannt wurde. Korechika und Michinaga gerieten in einen offenen Streit, und nach diversen Vorfällen wurde Korechika mit seinen Brüdern in entsetzlich abgelegene Provinzen verbannt.

Für die junge Teishi war das Jahr äußerst schwer gewesen: Ihr Vater war gestorben, ihre zwei Brüder waren zum Leben in der Provinz verurteilt worden, einer ihrer Brüder war ebenfalls gestorben, sie selbst war schwanger (und brachte ihre erste Tochter zur Welt), und sie verlor Ende des Jahres auch noch ihre Mutter. Überdies betrieb der machthungrige Michinaga gnadenlos die Schwächung der Position seiner Nichte. Er inszenierte Dreiecksdramen in Schlafzimmern und tat alles, um Teishi mit ihrem Gefolge bei den Höflingen in Ungnade fallen zu lassen. Die arme warmherzige und bescheidene Teishi kam sich gewiss immer einsamer und isolierter vor.

Du, Sei, schriebst weiter, erwähnst aber in deinen Aufzeichnungen mit keinem Wort die vielen Demütigungen, die Teishi mit ihren Hofdamen zu ertragen hatte: In deinem Text ging das höfische Leben großartig und bezaubernd weiter, mit schallendem Lachen im Frauenpalast. Auch die anderen durften mit deinem Text ihre Beklemmung lindern: Ein Höfling namens Tsunefu bekam offenbar schon damals, im Jahr 996, deine Aufzeichnungen in die Hand und brachte sie in Umlauf. Im Mai oder Juni erwähntest du der Kaiserin gegenüber, schönes weißes Papier muntere dich in Stunden der Niedergeschlagenheit (die es zu der Zeit reichlich gegeben haben dürfte) auf, und die Kaiserin schickte dir mehr Papier, insgesamt zwanzig Rollen, die du sofort zu füllen begannst.

Im Jahr 999 hattest du, Sei, etwa zehn Jahre im Palast gedient, und in diesem Jahr begann Teishis endgültiger Abstieg als Kaiserin. Michinagas älteste Tochter Shōshi wurde 11 und näherte sich somit dem sehnlichst erwarteten heiratsfähigen Alter. Der skrupellose Michinaga bereitete die Beseitigung Teishis vom Platz der ersten Ehefrau und Kaiserin vor, und Teishi wurde zum Ziel zunehmender Drangsalierung. Ihr Hofdamen musstet angesichts der Lage besorgt sein, denn Teishis Untergang bedeutete auch für euch eine düstere Zukunft. Ihr suchtet vielleicht einen Ausweg aus der Situation, und bestimmt machtet ihr euch Gedanken darüber, wie es mit euch weitergehen würde. Zu der Zeit, Sei, wurde über dein verdächtig gutes Verhältnis zu Michinaga getuschelt. Du erzählst, du seist beeindruckt von der glanzvollen Atmosphäre, die um Michinaga in der Luft liege. Zogst du eventuell in Erwägung, ins Lager des Feindes überzuwechseln? Immerhin schreibst du, du seist von den Verdächtigungen gekränkt gewesen.

Im Sommer 999 war Teishi erneut schwanger und musste wegen der Reinheitsregeln mit ihrem Gefolge vom Kaiser wegziehen. Michinaga demütigte sie, indem er sie im Haus des geringen Beamten Taira no Narimasa unterbrachte, wo ihr von keiner bedeutenden Person empfangen wurdet. Inzwischen zog Michinagas Tochter Shōshi im Palast ein. Sie wurde am selben Tag gegen Ende des Jahres zur zweiten kaiserlichen Gattin ernannt, an dem Teishi ihr zweites Kind zur Welt brachte, einen Jungen.

Das zum Lobpreis Michinagas geschriebene, teils fiktive *Eiga Monogatari* beschreibt Shōshis verschwenderisch glanzvolle Ankunft am Hof: Michinaga überließ nichts dem Zufall. Wie muss dieses Spektakel Teishi und dich gewurmt haben, Sei! Mit der 12-jährigen Shōshi kamen vierzig Hofdamen, vier junge Mädchen und sechs Diener an. Die Gefolgsleute waren mit äußerster Sorgfalt ausgewählt worden: »Es genügte nicht, dass eine Kandidatin nett aussah und von ausgeglichener Natur war. Selbst wenn ihr Vater ein Adeliger des vierten oder fünften Ranges war, konnte sie sich keine Hoffnung machen, wenn sie in sozialer Hinsicht unbeholfen war oder es ihrem Benehmen an Gefälligkeit mangelte, denn nur die Vornehmsten und Elegantesten wurden akzeptiert. Auch wenn dem Leser nicht eigens berichtet werden muss, dass Shōshi sehr reizvoll war, müssen doch ihre Haare erwähnt werden: Sie reichten bis zum Boden und bildeten dort eine Schleppe von fünf oder sechs Zoll. Trotz ihrer Jugend war sie überhaupt nicht kindisch – ihr Stolz und ihre Eleganz sind mit Worten unmöglich zu beschreiben. Ihre Reife verblüffte all jene, die mit den Gedanken in den Dienst getreten waren, eine so junge Person könne niemals als kaiserliche Gattin auftreten.«

Teishi war die frühere Lieblingsfrau des Kaisers gewesen, weshalb Michinaga nicht an Mitteln sparte, um die Attraktivität seiner Tochter zu gewährleisten. »Shōshi ließ sich in den Fujitsubo-Räumlichkeiten häuslich nieder. Sollte ich die Pracht der Einrichtung mit dem Glitzern eines kostbaren Edelsteins vergleichen? Der Edelstein glänzt schwach, wenn man ihn nicht richtig schleift, aber die Fujitsubo-Räumlichkeiten strahlten und leuchteten atemberaubend schön. Nie hätte man eine nur halbwegs ausgebildete Hofdame in eine solche Umgebung hineingelassen, um ihrer Herrin zu dienen. Jeder hölzerne Gegenstand, und sei es bloß der Rahmen eines Vorhangs oder Wandschirms, war mit Goldlackmustern und Perlmutt verziert. Alles, was Shōshi anzog, wenn auch für noch so kurze Zeit, war von so erlesener Farbe und so herrlich parfümiert, dass es die Bewunderung des Betrachters als Meisterwerk verdiente.«

Der Erzähler beendet seine Schilderung mit einem niederschmetternden Höhepunkt: »Shōshi besuchte ein ums andere Mal das kaiserliche Schlafgemach.«

Als Teishi, die den Kronprinzen zur Welt gebracht hatte, im beginnenden Winter des Jahres 1000 endlich in den Palast zurückkehrte, war Michinaga in seinen Planungen zur Zwei-Kaiserinnen-Periode vorangekommen. Teishi wurde zur »ersten Kaiserin« und Shōshi zur »zweiten Kaiserin« ernannt, was unerhört war. Aber Teishi wurde sofort wieder schwanger. Michinaga schickte sie erneut in Narimasas Haus, wo sie das Fortschreiten ihrer Schwangerschaft abwarten sollte, und am 12. Januar 1001 brachte Teishi ein Mädchen zur Welt. Am nächsten Tag starb sie im Alter von 24 Jahren an den Folgen der Geburtskomplikationen.

Der Wettkampf der beiden Kaiserinnen war beendet. Du, Sei, warst 36 und arbeitslos.

Zehn Jahre Dienst in der Granitburg, also am Hof von Heian-kyō, haben dir nicht mal eine Medaille eingebracht, aber du warst frei zu gehen. Doch wohin? Ich weiß nicht, ob du ein ähnliches von Freiheit destilliertes Glück emp-

funden hast wie ich, oder lediglich bodenlose Angst und
Verzweiflung.

· · ·

[Sei Shōnagon schreibt]

Deprimierende Dinge

Anhaltender Regen am letzten Tag des Jahres.

· · ·

Und der Fall Murasaki? Sei, irritierend oft macht man es
sich einfach und vermittelt das Bild, der Wettkampf zwischen Teishi und Shōshi sei auch über deren Hofdamen
ausgefochten worden – als wären du und Murasaki Sire-
nen gewesen, die, eine schöner als die andere, abwechselnd nachts versucht hätten, Kaiser Ichijō singend zu
eurer Herrin zu locken. Was für ein faszinierendes Bild,
aber leider unmöglich. Falls es an Shōshis Hof zu deiner
Zeit eine konkurrierende Sängerin gegeben hatte, war das
jedenfalls nicht Murasaki.

Die Situation war nämlich die: Als in den Jahren 999–
1001 der Wettstreit der Kaiserinnen geführt wurde, war
Murasaki nicht am Hof, sondern bei sich zu Hause. Sie
hatte gerade ihren Mann Nobutaka geheiratet und erwartete die Geburt ihrer Tochter. Es ist möglich, dass sie *Genji*
bereits plante oder daran schrieb, aber weithin bekannt
war das Werk jedenfalls nicht. An den Hof kam Murasaki
erst um das Jahr 1006, fünf Jahre nachdem Teishi gestorben war und du arbeitslos geworden warst.

Ihr habt also nicht konkurriert. Ihr habt euch nicht einmal unbedingt gekannt. Die Kreise waren natürlich klein und alle irgendwie miteinander verwandt, sodass ihr bestimmt voneinander wusstet, und aus *Genji* geht hervor, dass Murasaki auch dein Buch gelesen hatte. Aber weil Murasaki in ihrem Tagebuch etwas spitz über dich schrieb und weil es neben deinem Buch die einzige erhaltene Erwähnung über dich ist, wart ihr in den Augen der folgenden Generationen als ewige Konkurrentinnen abgestempelt, und du warst das Biest.

Sei, wir wissen nichts darüber, was du über Murasaki dachtest, aber dafür stehen uns regalmeterweise Informationen darüber zur Verfügung, was Wissenschaftlerinnen und Leser über sie in den letzten tausend Jahren gedacht haben. Willst du es hören, Sei?

Murasaki Shikibus richtiger Name oder ihre Lebensdaten sind nicht besser bekannt als deine. Vermutlich wurde sie zwischen 970 und 978 geboren, war also etwa zehn Jahre jünger als du. Auch sie kam aus einer literarisch begabten Familie: Ihr Vater, Fujiwara no Tametoki, war ein kleiner Beamter, ihr Vorfahre Kanesuke hatte es mit seinen Gedichten in die kaiserliche Anthologie geschafft, und die als Mutter von Michitsuna bekannte Verfasserin des *Kagero Nikki* war eine ferne Tante von ihr. Murasaki selbst durfte als Kind Chinesisch lernen und die chinesischen Klassiker studieren: Indem sie dem Unterricht ihres Bruders zuhörte, lernte sie die Schriftzeichen sogar schneller als er, was ihren Vater angeblich dazu veranlasste zu bedauern, dass Murasaki nicht als Junge auf die Welt gekommen war.

Im Jahr 997 oder 998 heiratete Murasaki den entfernten Verwandten Fujiwara no Nobutaka. Sie war damals 25, also nach den Maßstäben der Zeit richtig alt: Eine Leseratte, die ihren Ruf durch Chinesischstudien verdorben hatte, bekam wohl keine besonderen Eheangebote. Der Mann war wesentlich älter als sie und hatte bereits mehrere Frauen und Kinder. Murasaki brachte bald eine Tochter zur Welt, aber ihr Mann starb 1001 während einer Epidemie, die in Heian-kyō wütete, und hinterließ Murasaki nach nur zwei Jahren Ehe als Witwe.

Wahrscheinlich fing Murasaki zu der Zeit an, die *Geschichte vom Prinzen Genji* zu schreiben. Vielleicht las sie die Erzählungen ihren Freundinnen vor, die sie wiederum kopierten und weitergaben, denn Genji fand bald eine Öffentlichkeit, was Murasaki einen Ruf als Hofdame an den Hof von Kaiserin Shōshi einbrachte. Weil die verstorbene Kaiserin Teishi literarische Stars in ihrem Salon hatte (dich, Sei), wollte Michinaga im Rausch der Macht solche auch am Hof seiner Tochter Shōshi sehen. Denn wenn Murasaki bei Shōshi ihre spannenden Genji-Geschichten vorlas, würde auch der Kaiser dort öfter zu Besuch kommen, dachte sich Michinaga.

Also trat Murasaki um das Jahr 1006 in den Hofdienst ein. Sie war damals über 30, Kaiserin Shōshi 18. Ich weiß nicht, Sei, warum es immer heißt, du seist sehr alt für eine Hofdame gewesen, obwohl Murasaki doch wesentlich älter war, als sie an den Hof kam, uralt geradezu. Etwas Anziehendes hatte der Hof aber allemal: Auch Murasakis Tochter gelangte später dorthin, nahm eine hochgeschätzte Stellung als Amme des künftigen Kaisers ein und verschaffte sich später einen Ruf als Dichterin.

Man weiß nicht, wie lange Murasaki am Hof war, auch ihren Tod kann man nicht genauer als auf die Spanne zwischen 1014 und 1031 datieren. Aber man weiß, dass sie während ihrer Jahre am Hof drei Werke schrieb, die erhalten geblieben sind: Eine Gedichtsammlung mit dem Titel *Murasaki Shikibu Shu*, das Gedichttagebuch *Murasaki Shikibu Nikki* sowie die *Geschichte vom Prinzen Genji*.

Letztere schrieb sie wahrscheinlich innerhalb von zwanzig Jahren, denn das Resultat ist monumental. Es handelt sich um ein unglaublich vielfältiges und psychologisch tief gehendes Geflecht über das Leben des strahlenden Genji und seiner Nachkommen, über zwischenmenschliche Beziehungen und Liebesverhältnisse, über das Leben, die Werte und die Atmosphäre am Heian-Hof, über die gesamte Welt, in der ihr, Murasaki und du, Sei, lebtet. Die 54 Kapitel des Buches umfassen in der englischen Übersetzung 1100 Seiten. Es ist einer der längsten Romane der Welt, länger als *Don Quijote*, *Krieg und Frieden* oder *Die Brüder Karamasow*, und zwei Drittel so lang wie Prousts *Auf der Suche nach der verlorenen Zeit*. Die Handlung erstreckt sich über 75 Jahre und umfasst vier Generationen, Figuren gibt es zirka 430, wenn man Boten, Diener und namenlose Arbeiter nicht mitzählt. Murasaki hat die Fäden ihrer sich auf mehreren Zeitebenen überkreuzenden Geschichte so gut in den Händen gehalten, dass man in dem Werk keinen einzigen Fehler im Hinblick auf die zeitlichen oder personellen Zusammenhänge gefunden hat.

So ist *Die Geschichte vom Prinzen Genji* zum größten, selbstverständlichsten und am meisten erforschten Klassiker der japanischen Literatur geworden, der einen nahezu heiligen Status innehat. Schon früh wurde die Genji-Forschung das Privateigentum gewisser Adelsfamilien: Verschiedene Schulen hatten konkurrierende Fassungen des ursprünglichen Manuskripts in ihrem Besitz, die gehütet wurden wie Militärgeheimnisse, und die geheimen Kommentare und Texte wurden der nachfolgenden Generation wie Reliquien anvertraut. Über die *Geschichte vom Prinzen Genji* sind mehr als zehntausend Bücher geschrieben worden sowie unendlich viele Essays, Monografien und Vorträge. Ferner sind mehrere Genji-Wörterbücher und Nachschlagewerke erhältlich sowie Hunderte Werke, in denen es als Quelle benutzt wurde, zum Beispiel bei Forschungen, die sich mit den Zeremonien oder der Musik der Heian-Zeit beschäftigen. Der Basiskommentar zu dem Buch stammt aus dem 13. Jahrhundert und umfasst 54 Teile, von denen nur einer erhalten geblieben ist. Die anderen Kommentare sind selten unter tausend Seiten stark. Ikedas *The Tale of Genji Encyclopedia* enthält 1200 große, dicht bedruckte Seiten, von denen ungefähr hundert der Auflistung früherer Kommentare gewidmet sind. Es kann sein, dass kein anderer Roman auf der ganzen Welt so gründlich erforscht worden ist. Abgesehen von den Forschungen hat Genji eine unglaubliche Menge an Fiktion, Dichtung, Dramen, Filmen und Manga hervorgebracht, und viele der bekanntesten Nō-, Kabuki- und Bunraku-Stücke beruhen auf seiner Handlung. Sei, aus Genji ist eine Religion geworden.

Sei, deine »gemischten Notizen« müssen zwangsläufig im Schatten eines solchen Mammutwerks stehen. In den Untersuchungen wirst du stets Murasaki untergeordnet, auf dich weist man als Vergleichsobjekt oder Gegensatz hin, als Anekdote in den Fußnoten, und die Menge der Forschung, die sich auf dich richtet, erreicht nur einen Bruchteil von Murasakis Zahlen (so weist zum Beispiel die Bibliografie der einschlägigen Forschungsliteratur auf Japanisch im Jahr 1995 sechs Schriften über dich auf, Sei, über die *Geschichte vom Prinzen Genji* jedoch 110!). Außerdem hat das Vergleichen eurer Charaktere in Japan eine lange Tradition: Man stellt euch gern auch als Frauen nebeneinander, und zwar an die gegensätzlichen Enden der Skala. Der Madonna-Hure-Skala, würde ich am liebsten sagen.

Von ihrem Charakter her war Murasaki nämlich schüchtern, sanftmütig, melancholisch, zurückhaltend, in sich gekehrt und unsozial, und sie interessierte sich auch nicht für den Tratsch und die Piesackereien der Hofdamen. Man hielt sie für keusch und sehr schamhaft. Sie war davon überzeugt, dass man sie nicht verstand, und sie behielt ihre scharfsichtigen Beobachtungen für sich, um sie später in ihrem Buch zu verwenden. Murasaki war diejenige, die still lauschend abseits saß, in der Hoffnung, niemand würde sie bemerken, damit sie ihre Ruhe hatte.

Sie war der totale Gegensatz zu dir, Sei. Du warst selbstsicher, laut und aktiv. Du liebtest gewitzte Wortwechsel, vor allem wenn sie dir die Gelegenheit boten, deine Gelehrtheit zur Schau zu stellen oder einen unglücklichen Höfling zu ärgern, der dann zum Objekt deines sarkastischen Verstandes wurde. Du verliehst deinem Geschmack, deinen Gefühlen und deinem Verdruss ohne Scheu Ausdruck und schriebst alles mit geradliniger Sicherheit in deinen Text. Du warst der Mittelpunkt der Ereignisse, und sei es mit Gewalt.

Während Murasaki für die Japaner die unbefleckte, reine und unschuldige Pflaumenblüte ist, das (von männlichen Wissenschaftlern geschaffene) Idealbild der vollkommenen Ehefrau, bist du, Sei, die Kirschblüte. Farbiger, und nicht so rein. Deine Ungehörigkeit, Sei, die vermeintlichen Männergeschichten, dein für eine Frau unschickliches Benehmen, dein großer Mund, deine schamlose Art, deine Gelehrtheit zu proklamieren – all das macht dich unrein. Macht dich zu einer, die keine Heilige sein kann.

Und plötzlich, Sei, packt mich das Entsetzen: Wenn ich die Beschreibungen von Murasakis Charakter lese, habe ich das Gefühl, mich selbst zu betrachten. Natürlich halte ich mich nicht für rein und unschuldig, ganz gewiss nicht, aber für *schüchtern, melancholisch, zurückhaltend, unsozial*… Genau diese schlecht verkäuflichen Argumente würde ich auf einer Dating-Plattform in mein Profil schreiben, wenn ich ein solches erstellen würde.

Sei, und wenn ich *sie* bin… und genau darum so vernarrt in dich?

Eines ist klar, Sei: Für deinen Ruf ist Murasakis Tagebuch am schlimmsten gewesen, die Tatsache, dass die heilige Murasaki, die ich vielleicht auf meine Art bewunderte-beneidete, dich in die Pfanne haute. Wie kann man sich gegen so etwas verteidigen?

Die erhalten gebliebenen Teile von Murasakis Tagebuch behandeln das höfische Leben in den Jahren 1008–1010, und es ist möglich, dass sie sie als Anleitung für ihre vom Leben am Hof träumenden Tochter schrieb. Das Tagebuch beschreibt detailliert die Geburt von Kaiserin Shōshis erstem Sohn, dem Prinzen Atsuhira, sowie die damit verbundenen Zeremonien und Feste, die Teilnehmenden mit ihren Gewändern und Aufgaben. Murasaki beklagt auch, dass die Menschen eine völlig falsche Auffassung von ihr hätten, vielleicht hatte sie dies satt und schrieb deswegen bissige Porträts von einigen ihrer literarischen Konkurrentinnen. Izumi Shikibu, für spätere Generationen eine der renommiertesten Dichterinnen Japans, benimmt sich Murasakis Meinung nach geschmacklos und ist auch keine besonders gute Dichterin. Du, Sei, bist kein bisschen besser:

Sei Shōnagon, zum Beispiel, ist so schrecklich von sich eingenommen. Sie tut so schlau und streut lauter chinesische Schriftzeichen in ihren Text ein – aber wenn man sie sich genauer ansieht, merkt man, dass sie zu wünschen übriglassen. Diejenigen, die sich für besser halten als die anderen, werden unweigerlich leiden und ein erbärmliches Ende erleben, und die Menschen, die so affektiert sind, dass sie alles tun, um in allen möglichen Situationen von angeblich feinem Instinkt zu sein, in dem sie versuchen, jeden einzigen interessanten Augenblick zu bannen, auch wenn er noch so gering ist, wirken unweigerlich lächerlich und oberflächlich. Wie hätte es gut mit ihr ausgehen sollen?

Sei, die Motive, Bedeutungen und Einflüsse von Murasakis Text könnte man endlos analysieren. Er zeigt natürlich, dass es dich gab, denn es ist die nahezu einzige überlieferte Erwähnung von dir außerhalb deines Buches. Aber du, Sei, hattest zu der Zeit, als das Tagebuch geschrieben wurde, schon vor acht oder zehn Jahren »mit deinem wissenden Blick« den Hof verlassen. Auf jeden Fall warst du etwa sechs Jahre vor Murasakis Ankunft verschwunden, zwischen euch gab es also gar keine Konkurrenzsituation im eigentlichen Sinn, womöglich seid ihr euch nicht einmal begegnet.

Warum, um Himmels willen, macht sich Murasaki dann die Mühe, über dich zu schreiben? Über eine, die längst am Hof rausgeflogen war und (der Überlieferung nach) arm und vergessen irgendwo auf dem Land lebte? Mein erster Gedanke lautet, dass du dich doch noch am Hof aufhieltst, Sei.

Ich frage mich nämlich, ob ich mir 1999, als ich in die Granitburg kam, die Mühe gemacht hätte, (boshaft) über eine vor zehn Jahren gefeuerte, ehemals beneidenswert gute Werbetexterin zu schreiben, der ich nie begegnet war und die sich später in einer fernen Trabantenstadt zu Tode gesoffen hatte? Warum hätte ich das tun sollen? Möglicherweise weil ihre Texte noch jahrelang als geniale Beispiele im Haus zirkuliert wären und die Hofdamen und Höflinge, also die Kolleginnen und Kollegen im Verlag, ständig daran erinnert hätten, was sie in welcher Situation gesagt und geschrieben hatte. Aber wie wahrscheinlich wäre das? Welche Kolleginnen hätten den Nerv, ständig an eine vor *zehn* Jahren verschwundene Person zurückzudenken? Und wer hielte es der Mühe wert, auf so eine derart neidisch zu sein, dass er in seinem Tagebuch etwas über sie schreiben würde?

Niemand – außer die betreffende Person wäre immer noch da. Meine Theorie lautet nämlich, dass entweder du, Sei, in den Jahren 1008–1010 immer noch am Hof warst, vielleicht im Dienst von Kaiserin Shōshi (was freilich ziemlich unwahrscheinlich ist), *oder aber* du wirktest unverschämt strahlend, wohlauf und selbstsicher irgendwo am Rand des Hofs, noch immer in dessen Einflussbereich, auf jeden Fall in der Welt der *Yoki Hito*. Murasaki war nämlich kein schlechter Mensch: Warum hätte sie dich boshaft anschwärzen sollen, wenn du zur bedauernswerten, um Almosen flehenden Bettelnonne abgestiegen wärst? Ich glaube nicht, dass ihre Prophezeiung von deinem unglücklichen Ende bereits Wirklichkeit war. Es war die Stichelei einer Neidischen, aus der die Moralisten später die Grundlage für ihre Geschichte bezogen, dass die Böse ihren verdienten Lohn erhalte.

Überdies, Sei, ging es Murasaki auch auf die Nerven, was du über ihren Ehemann und andere Verwandte geschrieben hattest. Du machst sarkastische Bemerkungen über den pompösen Kleidungsstil von Nobutaka und widmest der Blödheit von Murasakis Vetter Nobutsu ein ganzes Kapitel. Welche Frau würde sich nicht aufregen, wenn die Garderobe ihres Mannes niedergemacht wird! Vielleicht schimpfte Murasaki aus Rache dafür in ihrem Tagebuch auf dich, auf deinen Freund Tadanobu und auf zwei weitere deiner Höflingskameraden.

Sei, wir werden nie erfahren, ob Murasaki dich kannte oder nicht und ob du zu ihrer Zeit am Hof warst oder nicht, aber eines ist sicher: Aus dir war eine lebende Legende geworden. Du hattest einen Ruf. Aber war er bereits schlecht? Oder bestand Murasakis Absicht gerade darin, das Ansehen ihrer literarischen Konkurrentin zu trüben?

Jedenfalls klappte es: Murasakis Worte haben deinen schlechten Ruf befördert wie eine teure Werbekampagne. Sie sind wie ein Schneeball durch die Jahre gerollt und dabei immer größer geworden und immer schwerer aufzutauen. Sie sind zu einer authentischen, von einer Zeitzeugin ehrlich niedergeschriebenen realistischen Schilderung deiner Person geworden. Auch wenn man aus deinem Buch noch so viel Humor, Zärtlichkeit, Sensibilität, Sorge um Freunde, Liebe zur Natur und aufrichtige

Lebensfreude herauslesen könnte, wiederholen die Literaturhistoriker wie Affen Murasakis Worte. Weil es die *einzige* erhalten gebliebene Beschreibung deiner Person ist, bildet sie einen Rahmen, innerhalb dessen man dich liest und durch den man über dein späteres Leben spekuliert.

Das Wort der heiligen Murasaki ist Wahrheit geworden. Du *warst* von dir eingenommen. Du *warst* affektiert, lächerlich und oberflächlich. Du *warst* überheblich, und darum *hattest* du ein elendes Ende. Und du konntest auch nicht mal so gut Chinesisch, wie du zu verstehen gabst.

Und niemand merkt, was man sehen kann, wenn man den Text ganz genau liest: Dass Murasaki sich deine Worte geliehen hat, Sei, und dass alles vielleicht doch als Hommage gemeint hat.

Außerdem kann es sein, dass es in dem vermeintlichen Wettstreit zwischen dir und Murasaki um etwas vollkommen anderes als um Neid unter Frauen ging. Sei, ich stoße auf die haarsträubende Theorie eines Wissenschaftlers, der zufolge es sich um einen *politischen Machtkampf* gehandelt haben könnte, in dem ihr beide nur schön ausstaffierte Marionetten wart.

Hinter den Kulissen wirken nämlich die Väter der Kaiserinnen, die Fujiwara-Brüder Michitaka und Michinaga. Nachdem Michinaga Teishi aus dem Weg geräumt und seine Tochter Shōshi zur Kaiserin gemacht hatte, musste er gegenüber dem vorigen Herrscher noch seine Überlegenheit auf dem Gebiet von Kunst und Kultur unter Beweis stellen. Er musste zeigen, dass *seine* Hofdamen besser schreiben als die anderen. Und Murasaki war Teil dieses Plans.

Vielleicht schrieb sie ihr Tagebuch, weil man ihr befohlen hatte, es zu tun. Du, Sei, das Supertalent des vorigen Hofes, hattest über die glanzvolle Welt von Michitaka und Kaiserin Teishi geschrieben, und dein Werk war eine Sensation in den literarischen Kreisen von Heian-kyō. Murasakis *Geschichte vom Prinzen Genji* genoss natürlich hohes Ansehen, war aber leider Fiktion, und Michinagas Größe wurde darin überhaupt nicht dargestellt. Man brauchte also eine Verherrlichung des Hofes! Eine lange Schilderung der Geburt des Kronprinzen! Schmähungen der Konkurrentinnen, und seien es ehemalige!

Genau das findet sich – wie auf Bestellung – in Murasakis Tagebuch.

Wenn die Ruinierung deines Rufes, Sei, der Wille des mächtigen Michinaga war, würde er vermutlich vor Zufriedenheit strotzen, wenn er wüsste, wie gut der Plan aufging. Der »Wettstreit« der Hofdamen hat sich über Jahrhunderte auf eure, deine und Murasakis, Wertschätzung als Frauen wie als Schriftstellerinnen ausgewirkt. Das gesamte Forschungsuniversum kreist in einer Stärke von zehntausend Bänden um Murasaki, und Murasakis Worte *Wie hätte es gut mit ihr ausgehen sollen?* sind zum Fluch geworden, der noch tausend Jahre später auf dir liegt. Zu deiner eigenen Zeit, Sei, zogst du die Blicke auf dich, deine Stimme herrschte souverän, selbstsicher, mit alleiniger Berechtigung über die höfischen Kreise. Wem aber gehört heute der Platz im Scheinwerferlicht? Murasaki, einzig und allein Murasaki.

Falls dies deine Absicht war, bester Michinaga, kann ich nur gratulieren. Deine Mannschaft hat gewonnen.

Sei, ist es nicht sonderbar, dass ihr so verschieden geworden seid, obwohl ihr hättet einander gleichen könntet wie ein Ei dem anderen? Eure Geschichten sind sich so ähnlich. Eure Väter waren kleine Provinzbeamte, und in euren Familien gab es viel literarische Begabung. Ihr hattet beide ein unbefriedigendes Privatleben (die eine war möglicherweise geschieden, der anderen war der Ehemann gestorben), ihr musstet beide den Tod eures Unterstützers erleben (bei der einen des Vaters, bei der anderen des Mannes). Ihr konntet beide Chinesisch und kanntet die chinesischen Klassiker. Beide wart ihr literarisch begabt und einsam. Ihr kamt beide in höherem Alter als üblich an den Hof. Beide seid ihr nicht aufgrund eurer vornehmen Familien an den Hof gerufen worden, sondern dank eurer Schreibfertigkeiten. Auf euch beide richteten sich hohe Erwartungen – Murasaki musste den strahlenden Ruf ihrer Vorgängerin, deinen Ruf, sogar noch überbieten. Ihr habt es beide glänzend gemeistert. Dennoch wissen wir nicht, wie eure Geschichten ausgegangen sind.

Sei und Murasaki. Sei und Mia. Du und ich. Du, Sei, und ich, Murasaki. Schreiben wir die Geschichte fort.

. . .

[Sei Shōnagon schreibt]

Dinge, die man nicht vergleichen kann

Sommer und Winter. Nacht und Tag. Regen und Sonnenschein. Jugend und Alter. Das Lachen und den Ärger einer Person. Schwarz und Weiß. Liebe und Hass. Regen und Dunst.

Wenn man aufgehört hat, jemanden zu lieben,
kommt es einem vor, als wäre er ein anderer
Mensch geworden, obwohl er weiterhin derselbe ist.

. . .

VOGUE.

Ein paar Tage lang betreibe ich *Momijigari*, also Herbstjagd, genieße die kühlen klaren Tage und die hellrot glühenden Ahornblätter in den Tempelgärten.

An einem Tag steige ich endlich den Berg zum von tausend Torii-Toren und steinernen Füchsen bewachten Fushimi Inari-Taisha hinauf. Als ich im Schutz der orange leuchtenden Torwege schwitzend und keuchend raste, wuseln uralte, bucklige Omas flink wie Wiesel an mir vorbei, und an den Schläfen der jungen Mädchen, die in hohen Schuhen und Miniröcken hinaufstöckeln, sieht man nicht einen Schweißtropfen. Ich denke an dich, Sei, wie du die überforsche Frau beneidetest, die vor tausend Jahren hier am selben Berg vorbeistieg, während du so kaputt warst, dass du fast weintest.

Am zweiten Tag fahre ich zur Ikebana-Stunde nach Osaka und bin von der heruntergekommenen futuristischen Blade-Runner-Atmosphäre der Bahnhofsgegend berauscht, in der blinkende Neonlichter, dampfende Garküchen, Mädchenbars, Karaokehöhlen und ohrenbetäubend laute Pachinko-Hallen die Hauptrolle spielen. (Unerwartete Objekte der Leidenschaft: Orte unter der Bahnlinie.) In der Ikebana-Stunde begehe ich den klassischsten aller Fauxpas, indem ich mich dem hochverehrten Sensei als Mia-san vorstelle – man hängt dem eigenen Namen niemals, *nie-*

mals, die hochachtungsvolle Endung *San* an, auch wenn die anderen das ständig tun – und schäme mich bis zum Ende der Stunde so sehr, dass ich mich ohrfeigen könnte.

Der Winter kündigt sich an. Ich schlafe in meinem eiskalten Zimmer in mehreren Schichten Kleidern und mit Mütze auf dem Kopf. Morgens kommt mir der Kühlschrank so warm vor, dass ich mir darin die Finger wärmen möchte.

Dann gehe ich ein letztes Mal in den Nichibunker. Bis zur Heimreise gibt es noch einiges zu erforschen.

Sei, ich komme noch immer nicht von Murasaki los. Beim Blättern durch das letzte Buch, das ich ausgeliehen habe, stoße ich auf eine Information, die mir Gänsehaut bereitet. Ich lese, dass Virginia Woolf Murasaki Shikibu ins Bewusstsein der abendländischen Frauen brachte, indem sie 1925 eine lobende Besprechung von Arthur Waleys englischer Übersetzung der *Geschichte vom Prinzen Genji* für die Vogue schrieb.

Virginia Woolf. Über Murasaki Shikibu. *Für die Vogue.*

Was für eine fantasieanregende Assoziationskette ergibt sich daraus! Hier haben wir die ganze Skala des weiblichen Lebens, verdichtet in acht Wörtern.

Ich könnte den Namen Murasaki Shikibu gegen deinen Namen austauschen, Sei, denn ich bin sicher, Virginia Woolf wäre noch erregter, wenn sie dich lesen würde! Eure Begegnung wäre voller Potenzial gewesen. Ein Zimmer für sich allein. Die Rechte der Frauen. Die Freuden der Frauen. Warst du, Sei, die du die Rechte von Karrierefrauen verteidigtest und dir zumindest im Liebesleben und in der Gelehrtheit die Rechte von Männern herausnahmst, eine Art Feministin vor der Zeit?

Aber wann erschien die erste englischsprachige Version deines Buches überhaupt? Hat Virginia Woolf dich noch kennenlernen können, Sei? Und wenn ihr euch gekannt hättet, was hättet ihr voneinander gedacht, worüber hättet ihr euch unterhalten? Und was war die 1925 erschienene Vogue für eine Zeitschrift, in der die Londoner Frauen der Jazz-Ära über eine japanische Schriftstellerin, die vor tausend Jahren gelebt hat (über Murasaki!), mit den Augen einer großen Feministin lesen konnten? In welcher Welt – in welcher Frauenwelt – fasste Virginia Woolf Begeisterung für die Frauen der Heian-Zeit?

Plötzlich habe ich das Gefühl, dass es extrem wichtig ist, das herauszufinden, und dass ich unbedingt nach London fliegen muss, um es zu klären.

. . .

[Sei Shōnagon schreibt]

Dinge, die man möglichst schnell sehen oder hören will

Wenn eine Frau gerade entbunden hat, will man eilends hören, ob es ein Junge oder ein Mädchen ist. Ist die Frau von hohem Rang, ist man besonders neugierig, aber selbst wenn es sich um eine Dienerin oder sonst eine in bescheidener Stellung handelt, will man es wissen.
Einen Brief von dem Mann, den man liebt.

. . .

Auf dem Flug zurück nach Finnland trage ich so
viel wehmütige Müdigkeit in mir, denn ich habe
an mehreren Abenden Abschied gefeiert. An einem
Abend versammelte ich mich mit meinen Mitbewohnern zu einem emotionalen Treffen in einem
nahen Izakaya, das – wie wir erfuhren – dem Ka-
rate-Sensei von Marcos gehört. Am letzten Abend
betrank ich mich mit Seb und Reina in der Innenstadt in einem uralten Teeladen mit Tee, den
wir nach allen Regeln der Kunst mit Blick auf die
Stoppuhr am Tisch zubereiteten. Der Tee ging rau-
schend in den Kopf, und nach der dritten winzigen Tasse zitterten wir alle, kicherten und hatten
glasige Augen. Als ich in manischem Tempo nach Hause
radelte, wusste ich, dass ich kein Auge zumachen würde.

Zu Hause angekommen, versammelten sich die anderen
nach und nach im Fernsehzimmer, wir machten die Tür zu
und schalteten die Heizung ein, redeten über alles Mögliche, jemand spielte Gitarre. Nach Mitternacht ging ich
ins Bett, um vier Stunden mit offenen Augen dazuliegen
und darauf zu warten, dass um halb fünf der Wecker klingelt und wenig später das Taxi zum Flughafen kommt. Gedanken und Gefühle schossen mir empfindlich wie das
Spinnennetz der *Fuckin' Bitch*, durch den Kopf.

Eins: Ich will nicht zurück nach Finnland.

Zwei: Sei, ich wusste wirklich nicht, was ich mir einbrockte, als ich dich mit auf diese Reise nahm. Ich stellte mir vor, ein hauchleichtes, luftiges und glasklares Buch zu schreiben, in dem sich deine und meine Worte so abwechseln, dass auf jeder Seite Raum für Pausen und Leere wäre. Dass die Lektüre wie ein Atmen wäre. Dass die Leserin, wenn sie an einem Sonntagnachmittag das Buch aus der Hand legte und auf die in der Sonne glitzernde Schneelandschaft blickte, denken würde, ein wenig erhöht, gereinigt und erneuert worden zu sein, und sich zu Ehren dessen eine Tasse grünen Tee kochen würde.

Ha.

Ich bin in einem Sumpf gelandet, in dem ich durch einen Mischmasch aus in alle Richtungen laufenden Handlungssträngen und Rätseln stapfe. Ich bin verschwitzt und verzweifelt. Wie habe ich die Lage so falsch einschätzen können?

Sei, woher hätte ich wissen sollen, dass du so voller Rätsel und Perspektiven bist, dass es nicht möglich ist, sie alle in einem Buch darzustellen? Woher hätte ich wissen sollen, dass alles, was du geschrieben hast, vielleicht etwas ganz anderes ist, als das, wonach es aussieht?

Wie zum Beispiel deine Listen. Die haben mich vor Jahren ja als Erstes inspiriert. Einmal schrieb ich, nachdem ich in deinem Buch gelesen hatte, meine Lebensgeschichte in Form von Listen auf, gab meiner Hervorbringung den Titel *Notizbuch für eine Dreißigjährige* und fand unsere Listen richtig witzig. Auch jetzt, da ich hier im Flugzeug sitze, könnte ich zum Beispiel eine Liste anlegen über die Situation, in der ich mich befinde. *Sicherheitsgurt. Fens-*

ter. *Sitztasche. Klapptisch. Fußraum. Tragfläche. Signalton. Wolken.* Oder vielleicht: *Dinge, die ich vermissen werde. Dinge, für die es keinen Namen gibt. Herzzerreißende Dinge.* Listen sind witzig, pfiffig, schnell, klar – so habe ich geglaubt.

Aber jetzt habe ich erfahren, dass die Situation bei dir, Sei, wesentlich komplizierter war. Deine Listen sind nämlich keine gewöhnlichen Listen, jedenfalls nicht so simple, wie man glauben könnte. Viele davon sind so seltsam, dass man sie sogar aus den Übersetzungen herausgelassen hat. Die Wissenschaftlerinnen und Wissenschaftler streiten darüber, was deine Listen bedeuten, warum du sie geschrieben hast und woher du die Idee dafür hattest – nichts dergleichen hat man vor dir oder nach dir in der japanischen Literatur gefunden. Hast du sie aus künstlerischer oder wissenschaftlicher Perspektive geschrieben? Manche halten deine Listen für eine Art Dichtung, für irrsinnig geniale Wortspiele, die der moderne Leser nicht mehr versteht. Andere wiederum sind der Ansicht, deine Absicht sei es gewesen, nahezu enzyklopädisch alle Elemente unseres Universums zu verzeichnen. Zu allem Überfluss sind die Listen eventuell ein Schlüssel zur Antwort für die größte aller Fragen: Was ist dein Buch, und warum ist es geschrieben worden? Sei, die Sache mit den Listen ist eine *ernste* geworden.

Klar ist, dass die Listen der interessanteste und eigenständigste Teil deines Werkes sind: Sie machen ungefähr die Hälfte der etwa dreihundert Kapitel deines Buches aus. Die *Wa-Dan* (77 Stück) sind nur Wörterlisten, solche, die oft wegen ihrer Langweiligkeit oder Seltsamkeit in den Übersetzungen weggelassen wurden (Sicherheitsgurt, Fenster, Sitztasche). Die *Mono-Dan* (78 Stück) wiederum enthalten umfassendere Beschreibungen und sind das Material, das ich und viele andere am heftigsten lieben (Dinge, die ich vermissen werde).

Sei, die Wissenschaftlerinnen und Wissenschaftler haben sich unermüdlich mit deinen Listen abgemüht. Sie haben sie gezählt, tabelliert, analysiert und interpretiert, so wie sie es jeweils für am besten gehalten haben. Manche Ergebnisse sind numerisch, andere philosophisch, manche nähern sich den Grenzen der theoretischen Erträglichkeit und verderben zumindest die Freude am Lesen. Einige Listenfreaks (wie ich) haben sich dazu inspirieren lassen, Listen über deine Listen anzulegen. Einer deiner Landsleute hat die *Wa-Dan*, also die Wörterlisten deines Buches wie folgt aufgeteilt:

1) Die, die Naturphänomene behandeln (7): Jahreszeiten, Wind, Regen, Sonne, Mond, Sterne, Wolken.
2) Die, die Geografie und Physiografie behandeln (23).
3) Die, die von Menschen gemachte Bauten behandeln (5): Brücken, Häuser, Poststationen, Hütten.
4) Die, die Tiere und Pflanzen behandeln (9): blühende Bäume, nicht blühende Bäume, Vögel.
5) Die, die Überzeugungen behandeln (8).
6) Die, die offizielle Titel behandeln (7).
7) Die, die Künste und Unterhaltung behandeln (11).
8) Die, die Kleider und persönliche Gegenstände behandeln (6).
9) Sonstige: die physische Krankheiten behandeln (1).

Jetzt mal im Ernst, Sei. Mit der Plastikgabel in der Hand und mit der Sitztasche im Flugzeug als Zeugin frage ich dich hiermit: Wer will eine Auflistung von Berggipfeln lesen? *Ogura-Berg, Kase-Berg, Mikasa-Berg, Konokure-*

Berg, Iritachi-Berg, Wasurezu-Berg und noch zwölf mehr! Wen interessiert das?

Es gibt welche, die es interessiert. Ihrer Meinung nach liegen die Wurzeln deiner Listen nämlich in den *Utama-kura*, den von Anspielungen gesättigten Gedichtwörtern, die euch Hofdamen so sehr vertraut waren. *Utamakura*-Wörter waren zum Beispiel Ortsnamen, die über Jahrhunderte hinweg in Gedichten verwendet wurden, weil sie sich besonders gut für Wortspiele eigneten. Wenn man dann die Nebenbedeutungen, die die früheren klassischen Gedichte mitbrachten, hinzuzählte, konnte ein winziges Wort eine gewaltige Traditionslast mit sich tragen, ein Netz aus über Kreuz laufenden Verweisen, Anspielungen und Gedankenverbindungen, eine ganze Welt, die man bei den Gedichtspielen am Heian-Hof kennen musste. Damit man verstehen konnte, was zum Beispiel der Ogura-Berg alles bedeuten konnte, musste man Gedichtwörterbücher studieren und eine große Zahl von klassischen Gedichten auswendig können. (Also gut, auf Sitztasche und Fußraum lastet vielleicht noch keine entsprechende Bedeutungsmasse.)

Und so denken einige, dass auch deine Listen, Sei, ihren Anfang in praktischen Bedürfnissen genommen haben: Im Auflisten von bekannten *Utamakura*-Wörtern für die Hofdamen. Du liebtest ja Wort- und Sprachspiele, und deine Bergliste könnte beispielsweise ein von den *Utamakura* ermöglichtes grandioses Brillieren mit deinem Scharfsinn und deinen Kenntnissen gewesen sein. Bei jedem Berg, den du aufführtest, fordertest du den Leser heraus zu raten, auf welches Waka-Gedicht du damit anspieltest, und du gingst noch weiter: In der Deutung eines Wissenschaftlers führen deine Berge einen Dialog untereinander, aus ihren Namen kann man Satzteile herauslesen, in ihnen ist sogar eine Mini-Liebesgeschichte versteckt – was für eine Welt von Geschichten und Bedeutungen sich Eingeweihten da auftun! *Itsuhata-Berg – O, wann sehen wir uns wieder? Kaeru »Ich komme zurück«-Berg. Nochise-Berg, der Berg des Wiedersehens ...*

Die uninteressanten Berggipfel interessierten dein Publikum tatsächlich. Nun gibt es allerdings so ein Publikum, das die traditionellen Gedicht-Codes kennt, nicht mehr. Es gibt niemanden, mit dem du spielen kannst, niemanden, der deine geniale Geschichte verstünde.

Aber, Sei, wenn man das Flugzeugvokabular vergisst, dann sind die *Utamakura* keineswegs verschwunden. Auch heute gibt es zwischen guten Freunden oder alten Paaren eine Art Geheimsprache, die nur sie verstehen und mit der man die ganze Bedeutungswelt gemeinsamer Geschichte, wieder aufrufen kann.

Ich starre durch das winzige Fenster auf den Sonnenaufgang, während das Flugzeug mich immer weiter von Heian-kyō fortträgt. Auch ich mag Wortspiele, Sei.

Ci sei? Das ist Italienisch und heißt *bist du da?*

· · ·

[Sei Shōnagon schreibt]

Einmal schrieb ich ein Gedicht in mein Notizbuch, das ich sehr mochte. Leider sah eine Dienerin das Gedicht und sagte die Verse plump auf. Es ist wirklich furchtbar, wenn jemand ein Gedicht ohne das richtige Gefühl herunterrattert.

· · ·

Finnland ist kalt und verschneit. Auf dem Flughafen blicke ich auf eine Gruppe finnischer Geschäftsleute, alle sehen sonderbar groß aus. Meine Eltern holen mich ab – Déjà-vu –, es ist, als wäre alles vor einem Moment erst umgekehrt passiert. Im Auto höre ich dem Zanken meiner Eltern über den Fahrstil meines Vaters zu und frage mich, ob ich überhaupt weggewesen bin.

Der Jetlag ist tödlich, und ich leide tagelang unter Migräne.

Dinge, die sich in drei Monaten in Finnland verändert haben: meine Handschrift, das Kaufhaus Stockmann, sonst eigentlich nichts. Nach dem Unabhängigkeitstag regt man sich über homosexuelle Paare auf, die bei dem Empfang des Präsidenten getanzt haben. Der Schnee türmt sich, und das Boulevardblatt *Iltalehti* verspricht, die Gründe für das seltsame Wetterphänomen zu nennen. Die Menschen stapfen als Schneemänner durch die Straßen der Innenstadt, es herrscht Verkehrschaos, Weihnachtslieder erschallen, die Rechtspopulisten legen zu. Im Kaufhaus Stockmann gibt es jetzt eine Sushi-Bar, an deren Theke es drei verschiedene Nigiri gibt, die mir ein bisschen trocken aussehen.

Ich hole mir in der Granitburg Bücher, esse mit Kollegen zu Mittag und trinke an mehreren Abenden hintereinander Rotwein bei Freunden. Ich gehe zu Weihnachtsfeiern und *Glögi*-Festen, ich nehme alle Einladungen an. Ich spiele mit meiner Nichte und enthülle meine fehlenden Fähigkeiten als Tante, als ich mit ihr Pfefferkuchen backe, zu denen mein Bruder, als er nach Hause kommt, meint, man verziere sie erst nach dem Backen. Ich kann mich nicht entscheiden, ob ich mich bei meinen Eltern in Vihti niederlasse oder ob ich bei der Familie meines Bruders in der Stadt rumhänge, im Stadtteil Kruununhaka, weshalb ich hin und her fahre. Ich übernehme außerdem einen zweiwöchigen Job als Haushüterin bei meiner Freundin Hanna im Vorort Pakila und melde mich, falls Bedarf entstehen sollte, als Waschbärhüterin in Espoo (so lebtest wohl auch du, Sei, wenn du Urlaub vom Palast hattest: quartiertest dich bei Verwandten und Freunden ein). Zu meiner Überraschung fehlen mir meine Wohnung und meine Sachen nicht, eigentlich nervt mich sogar schon das wenige Zeug im Dachzimmer meiner Eltern. Das Leben ist leichter, wenn man nur einen Koffer voller Sachen hat: weniger Auswahl, weniger Wäsche, weniger aufzuräumen.

Zum Glück habe ich ein Flugticket nach London.

Nach einer Flugerfahrung mit Easyjet, die an eine Busfahrt erinnert, komme ich spät in der Nacht in London an. Wenn laut dem Philosophen Alain de Botton die höchste Bestrebung der Flughäfen darin besteht, uns zu vermitteln, möglichst weit weg vom Tod zu sein, hat man bei Easyjet diesen Punkt im Regelwerk übersprungen. Alles, was auf Luxus hindeutet, ist getilgt worden, und man macht sich keinerlei Mühe, die schnöden Tatsachen zu vertuschen. Es gibt keine durch Vorhänge abgetrennte, geheimnisvoll luxuriöse Abteilung für die besseren Leute, die allein durch ihre Existenz vermittelt, dass nichts Schlimmes passieren kann – wie auch, wenn man mit einem Martini in der Hand auf seinem Flugbett liegt und auf eine gute Mahlzeit wartet? Es gibt keine kostenlosen Getränke und keine spannenden, mit Folie zugedeckten Mahlzeiten. Keine sorgfältig auf den Sitzen verteilten Decken, Schlafbrillen oder Zahnbürsten. Kein persönliches Entertainment, keine verstellbaren Sitze, nicht einmal Platznummern. Keine reiche Auswahl an Zeitungen, keine Stewardessen, die einen in mehreren Sprachen willkommen heißen. Es gibt überhaupt keine sorgfältig geschminkten, wohl riechenden Stewardessen mit Handschuhen, nur eine dicke, gewöhnliche Britin (allerdings freundlich) und einen kichernden, dürren Steward, dem ich unter keinen Umständen mein Leben anvertrauen würde, und beide tragen grell orangefarbene Hemden. Plötzlich habe ich das Gefühl, die Sicherheitsanweisungen genau lesen zu wollen.

Vom Flughafen Gatwick komme ich mit dem Bus zur U-Bahn-Station West Brompton, nicht weit vom Haus meiner Freundin Riia entfernt. Um 0.30 Uhr stehe ich mit meinem Koffer an der U-Bahn-Station. Die Durchgangssperre klemmt, eine Fahrkarte ist steckengeblieben. Nirgendwo eine Menschenseele. Aus den Lautsprechern kommt klassische Musik. Ich bin in London.

British Library. Die Mutter aller Bibliotheken, die alle Wissensdurstigen in ihrer liebevollen Obhut willkommen heißt – falls es einem gelingt, die polizeiähnlichen Vernehmungen zu überstehen. Um in die Lesesäle zu kommen, muss man nämlich einen *Reader's Pass* beantragen, für den ich zum Glück im Internet schon einen vorläufigen Antrag gestellt habe, als ich am Mittwochmorgen in das riesige Gebäude von St. Pancrass und in dessen Registrierungsbüro komme. Mein Antrag findet sich freilich nicht, denn ich habe »fehlerhafterweise« die *Umlaute* (*Is it a German name?*) verwendet, die in meinem Namen enthalten sind. Schließlich komme ich zur persönlichen Befragung bei einer Mitarbeiterin. Zur Bestätigung meiner Unterschrift muss ich meinen Pass und zur Feststellung meiner Adresse eine Visa-Rechnung vorlegen. Die Angestellte erkundigt sich, was ich in der Bibliothek vorhabe, und will meine Bücherliste sehen. Weil ich keine Wissenschaftlerin von der Universität bin, wird auch eine Art Visitenkarte verlangt, die beweist, dass mein Anliegen stichhaltig ist. Ich präsentiere die Visitenkarte meines Ex-Arbeitgebers, und die wird zum Glück akzeptiert, weil ich klug genug bin, nicht zu erläutern, dass mein Arbeitsplatz nichts mit der Sache zu tun hat. Die Angestellte macht ein Foto von mir (*You might want to smile a little!*), und wenig später halte ich einen mit meinem Namen und Bild versehenen Bibliotheksausweis in der Hand, der drei Jahre gültig ist. Über meinem verdatterten Gesicht steht: *Researching the world's knowledge.*

In die Lesesäle kommt man nur mit wenig Ausrüstung hinein. Jacken, Proviant, Taschen, Stifte, Kameras – überhaupt alles, was ein Mensch braucht, muss eingeschlossen werden. Mitnehmen darf man nur den Bibliotheksausweis, einen Bleistift (den ich natürlich nicht habe), einen Laptop und die Unterlagen, die man zum Arbeiten benötigt. Eigens erwähnt wird, dass die Hände trocken und sauber sein müssen, dabei bringt ein solches Torwächtergetue die Hände erst recht gehörig zum Schwitzen. Die Sachen werden in einer durchsichtigen Plastiktasche hineingetragen, deren Inhalt die Wärter beim Verlassen des Lesesaals genau unter die Lupe nehmen.

Bücher aus dem Magazin bestellt man am Computer und kann sie 70 Minuten später an einem Schalter abholen, und dabei muss man die Nummer der Box angeben, in der man die Bücher lesen will. Ich kann die lange Zahlenlitanei meines weit weg von den Computern stehenden Tisches nicht nennen, weil ich keinen Stift habe, mit dem ich sie mir notieren könnte. Aus dem gleichen Grund kann ich mir beim Blättern im elektronischen Katalog keine Notizen machen. Es gelingt mir trotzdem irgendwie, einen Stoß Bücher zu bestellen, und ich gehe in den Buchladen im unteren Stockwerk, um mir einen British-Library-Bleistift für 60 Pence und einen Radiergummi zu kaufen (im Lesesaal scheint es am Rand der Mitarbeitertheke einen festgeschraubten Bleistiftspitzer zum Kurbeln aus Adams Zeiten zu geben, weshalb ich keinen Spitzer brauche). Danach verbringe ich die übrigen 68 Minuten in der Cafeteria der Bibliothek.

Vor meiner Abreise nach London versuchte ich im Dachzimmer bei meinen Eltern Sinn und Verstand in meine Forschungen und in mein Manuskript zu bekommen, aber ich fiel immer wieder in Verzweiflung. Nein, Sei, ich bin wirklich nicht wie du, die du lauthals lachend durch alle Zweifel hindurchmarschierst – ich treibe in der Unsicherheit und allen ihren nur denkbaren Nebenerscheinungen.

Aber dann griff ich zu Virginia Woolfs *Ein Zimmer für sich allein* und stellte fest, dass ich nicht die Einzige bin. Das Buch spricht – außer über die Frauenfrage – über das Schreiben und seine Schwierigkeiten auf eine Art, mit der ich mich exakt identifizieren kann.

Woolfs bekannte These über Frauen und Literatur lautet, dass eine Frau Geld und ein Zimmer für sich allein haben muss, wenn sie die Absicht hat zu schreiben. Fünfhundert Pfund im Jahr bedeuten die Möglichkeit, über Dinge nachzudenken, ein Schloss in der Tür bedeutet die Möglichkeit, eigenständig zu denken. Ja: Du, Sei, hattest Geld (Papier) und ein Zimmer für dich (der Salon der Kaiserin). Ich habe ein Stipendium und buchstäblich ein Zimmer für mich allein im Dachgeschoss bei meinen Eltern sowie die Freiheit, meine gesamte Zeit zum Schreiben zu verwenden. Aber begeben wir uns noch nicht hinein, denn zuerst macht mir Virginia Woolf dadurch Freude, dass sie ihre Versuche, sich in die Geschichte der Frauen zu vertiefen, auf eine Art beschreibt, die mir bekannt vorkommt.

Um zu untersuchen, warum Frauen ärmer sind als Männer, unternimmt Woolf (beziehungsweise ihr Alter Ego Mary Beton) eine Expedition in die British Library. Sie sucht in den endlos wirkenden Katalogen nach Büchern zu dem Thema, schreibt eine willkürliche Aushebung von einem Dutzend Werken auf, legt ihren Bestellzettel in einen Drahtkorb und wartet in ihrer Box »wie die anderen es tun, die auf das Öl der Wahrheit warten«. Sie war am Morgen mit ihrem Block und ihrem Bleistift in die Bibliothek gekommen und hatte sich vorgestellt, bis zum Mittag die Wahrheit in ihren Notizblock übertragen zu haben, gerät aber in Panik, als sie begreift, was für eine gewaltige Arbeit sie vor sich hat: »Ich hätte eine Elefantenherde sein müssen, dachte ich, und ein Spinnenwald, um all das zu klären«, und sucht verzweifelt den Vergleich mit Tieren, die im Ruf stehen, am ältesten zu werden und die meisten Augen zu haben. »Ich hätte Krallen aus Stahl und einen Schnabel aus Messing haben müssen, nur um den Berg aus Spreu aufzubrechen. Wie sollte ich je den Weizen der Wahrheit finden, der in diesem Haufen an Papier versteckt war?«

Woolf hat auch das Gefühl, für die wissenschaftliche Forschungsarbeit nicht geeignet zu sein: »Es war unmöglich, der ganzen Sache einen Sinn abzugewinnen, stellte ich fest, und ich warf neidische Blick auf den neben mir sitzenden Forscher, der äußerst saubere Zusammenfassungen zustande brachte, sortiert in Kategorien A, B oder

C, wohingegen meine eigenen Aufzeichnungen als wildes Gekritzel widersprüchlicher Notate kreuz und quer und in alle Richtungen ausuferten. Das war deprimierend, es war bestürzend, es war demütigend. – – Die Wahrheit über F. (wie ich sie der Kürze halber zu nennen begonnen habe), war mir zwischen den Fingern zerronnen.«

Genau so kam ich mir nach jedem Tag im Nichibunker vor, wenn ich mir eingebildet hatte, geniale rote Fäden über S. (wie ich der Kürze halber angefangen habe, sie zu nennen) zu finden, und dabei gelandet bin, unerträglich theoretische Untersuchungen zu lesen, die sich mit ganz und gar anderen Dingen befassten, während mir das eigentliche Thema wie Seife aus der Hand glitt. (Welches Thema, weiß ich denn überhaupt, was ich suche?) Sowohl was meine Kenntnisse als auch die Methoden betrifft, bin ich mir neben den akademischen Forscherinnen und Forschern wahrlich unzulänglich vorgekommen.

Die Spitze von Woolfs Parodie besteht natürlich nicht im Mangel wissenschaftlicher Erfahrung, sondern in der Unbestimmtheit und Nichtexistenz, die Frauen im Lauf der Geschichte zuteil geworden sind, und also auch in der Tatsache, dass man von der Frau, die ich erforsche, so gut wie nichts weiß. Was die männlichen Zeitgenossen getan haben, ist sogar sehr genau in chinesischen Chroniken festgehalten worden – von den Frauen kennt man nicht einmal die richtigen Namen.

Es ist ein Wunder, dass so viele Werke von Schriftstellerinnen der Heian-Zeit erhalten geblieben sind, und ein noch größeres Wunder ist es, dass sie überhaupt existieren. Im England des 16. Jahrhunderts zum Beispiel haben Frauen nicht gedichtet, und das veranlasst Woolf dazu, darüber nachzudenken, warum nicht. In welchen Verhältnissen lebten sie? Welche Bildung hatten sie? Lehrte man sie schreiben, hatten sie ein Zimmer für sich allein, was trieben sie von morgens um acht bis abends um acht, wie früh bekamen sie Kinder? (Kinderlosigkeit scheint historisch gesehen eine Mindestvoraussetzung für weibliches Schreiben gewesen zu sein, wie George Eliot, Emily und Charlotte Brontë, Jane Austen und Virginia Woolf selbst beweisen.) Wie immer die Situation auch gewesen sein mag, sie schrieben nicht Shakespeares Dramen. Woolf stellt sich vor, was passiert wäre, wenn Shakespeare eine erstaunlich begabte Schwester namens Judith gehabt hätte (die er offenbar tatsächlich hatte). Während William studierte, reiste und schrieb, blieb seine Schwester zu Hause. Man schickte sie nicht in die Schule, sie studierte weder Grammatik noch Horaz, und wenn sie gelegentlich ein paar Seiten las, befahlen ihr die Eltern bald, Strümpfe zu stopfen, das Schmorfleisch umzurühren und aufzuhören, von Büchern und Papieren zu fantasieren. Sie schrieb vielleicht heimlich ein paar Seiten, versteckte sie aber sorgfältig oder verbrannte sie. Als ihre Eltern versuchten, sie mit dem Sohn eines Wollsortierers zu verheiraten, floh sie in die Stadt und klopfte an die Tür des Theaters, wo man über ihre Schriftstellerinnenträume lachte. Das Einzige, was London ihr zu geben hatte, war eine bald beginnende Schwangerschaft (mit dem Theaterproduzenten als Urheber), worüber sie so erschrak, dass sie sich umbrachte und in einem vergessenen Grab an einer trostlosen Kreuzung landete, wo heute bei Elephant and Castle die Busse halten.

Aber im Japan der Heian-Zeit waren es gerade die Frauen, die shakespearsche Dramen schrieben. Sei, ihr
Töchter kleiner Beamter, wie du und Murasaki es wart,

durftet heimlich die chinesischen Klassiker studieren, ihr konntet lesen und schreiben, man *setzte sogar voraus*, dass ihr Gedichte verfassen und in schöner Handschrift niederschreiben konntet – jedenfalls so lange ihr nicht den eigentlichen Schriftstellern, den auf Chinesisch dichtenden Männern, auf die Füße tratet, sondern euch in eurer eigenen *Kana*-Schrift mit euren Tagebüchern, Briefen und erfundenen Geschichten beschäftigtet. Euer Spielraum war begrenzt, aber es gab ihn.

Sei, vielleicht übertreibe ich, aber manchmal kommt es mir fast so vor, als hätten eure literarisch gebildeten Väter ihr geheimes Wissen *mit Absicht* gerade an euch Töchter weitergegeben, die ihr die einzigartige Möglichkeit hattet, auf dessen Grundlage etwas völlig Neues zu schaffen – eine Möglichkeit, die die zur chinesischen Sprache verurteilten Knaben nicht hatten. Womöglich steckt hinter dem literarischen Wunder der Heian-Zeit eine Verschwörung von Vätern und Töchtern? Zumindest statistisch gesehen waren sich von den Familienmitgliedern Väter und Töchter am nächsten, denn sie wohnten am längsten zusammen: Die Jungen zogen zu ihren Ehefrauen, und die Mütter starben oft jung im Kindbett oder blieben auch, nachdem sie geheiratet hatten, bei ihren Eltern wohnen. Unter Umständen waren also nur Väter und Töchter im Haus. Habt ihr da eure shakespearschen Dramen geübt?

Eure Namen kennt allerdings trotzdem niemand.

Und was ist mit meiner Verzweiflung über die Fertigstellung des Buches, über die Schwierigkeit des Schreibens, über Stipendien und unklare Arbeitsumstände? Virginia Woolf hat auch damit Erfahrung. Sie findet es erstaunlich, dass überhaupt je ein Werk fertiggeworden ist. »Alles spricht gegen die Wahrscheinlichkeit, dass ein Werk unversehrt und komplett im Gehirn einer Schriftstellerin entsteht. Üblicherweise stehen die materiellen Umstände dagegen. Die Hunde bellen. Menschen stören. Geld muss verdient werden. Die Gesundheit leidet. Außerdem werden all diese Schwierigkeiten noch dadurch verstärkt und schwerer zu tragen, dass die Welt so unerhört gleichgültig ist. Die Welt bittet die Menschen nicht, Gedichte oder Romane oder historische Werke zu schreiben; sie braucht sie nicht. Und natürlich bezahlt sie nicht für etwas, das sie nicht will.«

Selbstverständlich habe ich nicht das Gefühl, dass es mir als Frau im 21. Jahrhundert verboten ist zu schreiben. Aber stattdessen regen sich in mir viele andere Gründe, warum ich nicht schreiben darf. Ich darf es vielleicht nicht, weil ich in der Verlagsbranche tätig bin – einer urbanen Legende zufolge träumen solche wie ich allesamt heimlich vom Schreiben, und darum ist die Verwirklichung eines solchen Traums besonders lächerlich. Ich darf nicht schreiben, weil es den Eindruck vermittelt, dass ich mir zu viel auf mich einbilde. Zumindest darf ich nicht schreiben, wenn nicht mindestens ein Werk auf Pulitzer-Preis-Niveau dabei herauskommt, denn ich weiß, dass sich ein großer Teil der Bücher nach der zwei Monate dauernden Verkaufssaison in schäbigen Sondermüll in Sonderangebotslagern verwandelt, den zu vermeiden ich eigentlich verstehen sollte. Ich darf eigentlich auch keine Forschung betreiben, weil ich keine Wissenschaftlerin bin und die Gepflogenheiten der akademischen Forschung nur so weit beherrsche, wie mir von meiner Magisterarbeit, die ich in grauer Vorzeit geschrieben habe, in Erinnerung geblieben ist. Schon gar nicht darf ich über eine japanische Schriftstellerin forschen, weil ich keine Japanologin bin und nicht einmal, Gott bewahre, Japanisch kann. Ich darf nicht über mich selbst schreiben, denn ich darf nicht die Auffassung bestätigen, dass Frauen immer über sich schreiben. Ich darf über mich zumindest nicht in Gefühlsausbrüchen und Beziehungsangelegenheiten schwelgend schreiben. Wenn ich schon über mich selbst schreibe, muss ich es in Form von hochliterarischen Gedichten oder Romanprosa sublimieren, wie es zum Beispiel Virginia Woolf tat. Und wenn ich über mich schreibe, sollte ich wenigstens eines sein: ein Mann.

Aber in den Mund dieses, meines Ichs, das krank vor Scham über das Schreiben am Computer kauert, flößt Woolf (liebste Virginia!) am Ende von *Ein Zimmer für sich allein* mit dem Messlöffel ihrer aus dem Jahr 1929 herüberschallenden Stimme die beste Medizin ein, die man mir gegen meine wütende Schreibangst samt Versagenshorror verabreichen kann: »Ich bitte euch, alle möglichen Bücher zu schreiben, bei keinem Thema zu zögern, wie gering oder umfassend es sein mag. Hoffentlich beschafft ihr euch, ob auf ehrliche Weise oder mit krummen Tricks, genügend Geld, um reisen und müßig sein zu können, um über die Zukunft und die Vergangenheit der Welt nachzudenken, um über Büchern zu träumen oder an Straßenecken herumzutrödeln und die Bahn eurer Gedanken im tiefen Strom nass werden zu lassen.«

Danke, Virginia Woolf.

Und so bin ich also mit Geldern, die ich mir mit krummen Tricks beschafft habe, zuerst nach Kyōto und jetzt nach London gereist, um über ein Thema zu forschen, über dessen geringfügigen oder umfassenden Charakter keine vollständige Klarheit besteht. Nach London bin ich wegen eines heißen Murasaki-Tipps der Vogue gekommen, obwohl ich doch nach dir suche, Sei. Entschuldige, Sei – wie du es hassen würdest, in der Geschichte der Weltliteratur immer nur eine Nebenrolle zu spielen.

In der British Library lese ich in Virginia Woolfs Tagebuch, um etwas darüber herauszufinden, in welcher Lebenssituation sie Arthur Waleys Übersetzung von Murasaki Shikibus *Geschichte des Prinzen Genji* las und ihre berühmte Rezension für die Vogue schrieb. (Bedauerlich, aber ich bekomme nie eine Antwort auf die E-Mails, die ich an die Zeitschrift schicke, und finde die betreffende Ausgabe in keiner Bibliothek, kann sie also nicht in den Händen halten, sehen, was für Artikel, Reklamen und Bilder sie enthält. Die Mode der Zeit – das hätte dich, Sei, zumindest interessiert!)

Virginia Woolf war 43, als sie sich im Jahr 1925 für die *Geschichte des Prinzen Genji* begeisterte. Sie wohnte am Tavistock Square in Bloomsbury, einen Steinwurf von dieser Box in der British Library entfernt, in der ich jetzt sitze. (Der fleißig wirkende Student in der Box neben mir hustet pausenlos, aber ich versuche mir klarzumachen, dass der Junge nicht derselbe sein *kann*, neben dem Virginia saß, als sie *Ein Zimmer für sich allein* schrieb.) Virginia war mit Leonard Woolf verheiratet, hatte eine heftige Liebesbeziehung mit Vita Sackville-West, schrieb Zeitungsartikel und betrieb zusammen mit ihrem Mann im Erdgeschoss unter ihrer Wohnung den Verlag Hogarth Press. Dort setzte sie eigenhändig und mit gewaltiger Mühe Buchstabe für Buchstabe, unter anderem die Lettern für T. S. Eliots *Das wüste Land*, in den Winkelhaken, Zeile für Zeile, gab Leonard immer zwei Seiten auf einmal zum Drucken, löste den Satz danach auf, sortierte die Lettern voller Tinte wieder in ihre Fächer ein und fing von vorne an, denn sie konnten es sich nicht leisten, mehr Lettern anzuschaffen. Virginia hatte damals die Werke *Die Fahrt hinaus* (1915), *Nacht und Tag* (1919) und *Jacobs Zimmer* (1922) veröffentlicht, aber erst das in jenem Jahr 1925 erschienene *Mrs Dalloway* machte sie bekannt, obwohl viele das Buch wegen seiner experimentellen Technik für einen viel zu schwer lesbaren »Wörternebel« hielten. Etwas früher im selben Jahr hatte sie auch den Essayband *The Common Reader* publiziert. In den folgenden Jahren sollten ihre wichtigsten Werke erscheinen: 1927 *Zum Leuchtturm*, 1928 *Orlando*, mit denen sie endgültig berühmt wurde, 1929 *Ein Zimmer für sich allein* und 1931 *Die Wellen*.

Virginia wusste die von der Vogue für Rezensionen gezahlten üppigen Honorare sehr zu schätzen, aber beim Lesen der *Geschichte vom Prinzen Genji* machte sie die Erfahrung von Leerlauf wie jede andere Sterbliche.

»Sonntag, 14. Juni [1925]. Schamhaftes Geständnis – es ist Sonntagmorgen kurz nach zehn, und ich sitze hier und schreibe Tagebuch und nicht an einem Roman oder an Rezensionen, ohne einen anderen Vorwand als meinen Gemütszustand. Seit ich die beiden Bücher fertigbekommen habe [*Mrs Dalloway* und *The Common Reader*], kann ich mich nicht gleich auf ein neues konzentrieren; und dann sind da die Briefe, das Reden der Leute, die Besprechungen, alles nimmt immer mehr Raum in meinem Kopf ein. Ich kann mich nicht beruhigen, mich an etwas binden, mich von allem ausschließen. – – Jetzt muss ich Gerald Brenan antworten und Genji lesen; morgen bekomme ich 20 Pfund von der Vogue.«

»Dienstag, 16. Juni. Da war ein Stück am Ende der morgendlichen Arbeit mit Genji, das mir ein wenig zu leicht aus der Feder floss und das ich verdichten und zuspitzen muss. Dalloway ist, wie ich befürchte, mit dem Kopf gegen die undurchdringliche Wand des Publikums gestoßen, so wie es auch Jacob erging, es hat sich in drei Tagen so gut wie gar nicht verkauft.«

Soweit man weiß, fing Virginia Woolf erst mit der von Arthur Waley übersetzten *Geschichte vom Prinzen Genji* an, sich für nicht-westliche Literatur zu interessieren. Der Grund für ihre Begeisterung war genau der gleiche wie der, warum du, Sei, mich ansprichst: Sie fand es erstaunlich, eine feinfühlige Frau zu entdecken, die im 11. Jahrhundert gelebt hat und 900 Jahre später über all die Jahrhunderte hinweg eine gleichartige Frau anspricht. In ihrer Rezension in der Vogue erzählt Virginia auch, von der Vorstellung entzückt gewesen zu sein, dass zur gleichen Zeit, als in Europa unter barbarischen Umständen um die Herrschaft über England gekämpft wurde, auf der anderen Seite der Welt eine gewisse Lady Murasaki in ihren Garten blickte und »zwischen den Blättern weiße Blumen« bemerkte, »deren Blütenblätter halb eingezogen waren wie die Lippen eines gedankenverloren lächelnden Menschen«.

Murasaki Shikibus *Geschichte vom Prinzen Genji* wird in Virginia Woolfs in fünf Teilen erschienenem Tagebuch nur diese beiden Male erwähnt, und du, Sei, findest überhaupt keine Erwähnung. Stattdessen wird euer beider Übersetzer Arthur Waley mehrmals genannt – es stellt sich heraus, dass Virginia und Arthur alte Bekannte waren und sich hin und wieder bei Versammlungen des Caroline Club trafen. Im Mai 1925, kurz bevor sie die *Ge-*

schichte vom Prinzen Genji las, war Virginia bei einem Abendessen, bei dem auch Arthur zugegen war. Er hatte damals bereits mehrere Übersetzungen chinesischer und japanischer Literatur veröffentlicht, arbeitete aber noch im British Museum (die Kreise sind klein, hier in Bloomsbury). Seine Übersetzung *The Pillow Book of Sei Shōnagon* erschien drei Jahre später, Ende des Jahres 1928, kurz vor Virginia Woolfs *Ein Zimmer für sich allein*. Darin nennt Virginia unter den schreibenden weiblichen Vorbildern Lady Murasaki, aber nicht dich, Sei. Im November 1929 merkt sie an, Arthur komme zum Tee zu ihnen. Da war Waleys Übersetzung bereits erschienen, weshalb klar ist, dass Virginia zumindest davon gehört hatte. Es bleibt das Mysterium, ob sie dazu kam, das Buch zu lesen, als sie sich selbst auf dem Höhepunkt ihrer literarischen Karriere befand und sich mit anspruchsvollen Schreibprojekten beschäftigte – in Arbeit war *Die Wellen*, ihr ehrgeizigstes Werk. Die Tagebücher verraten darüber nichts.

Von deinem Ende, Sei, wissen wir nicht mit Sicherheit, ob es unglücklich war, aber Virginia Woolfs Ende kennen wir. Sie ertränkte sich im Alter von 59 Jahren mit Steinen in den Taschen im Fluss, am 28. März 1941. Die manisch-depressive Virginia glaubte, wieder verrückt zu werden. Im Abschiedsbrief an ihren Mann schrieb sie, sie habe nicht mehr die Kraft, »eine solche schreckliche Zeit« durchzustehen, und glaube nicht mehr daran, geheilt zu werden. Virginia Woolfs Biograf Nigel Nicolson meint, sie habe bereits zehn Tage zuvor versucht, sich das Leben zu nehmen, als sie klatschnass nach Hause kam und ihrem Mann erzählte, sie sei aus Versehen in einen Graben mit Wasser gefallen. Der letzte Satz in ihrem publizierten

Tagebuch ist vier Tage vor ihrem Tod geschrieben worden: *L[eonard] macht die Rhododendren.*
Blumen. Die hättest auch du, Sei, erwähnt.

Die nächsten Tage vergehen in Ekstase: Ich befinde mich
im Bann der British Library. Ich wache morgens auf,
steige mit anderen arbeitenden Menschen um halb neun
in die überfüllte U-Bahn, steige in Earl's Court um und
fahre routiniert zu King's Cross, von wo ich zu meinem
Arbeitsplatz in der British Library gehe. Bin ich zu früh,
muss ich warten, bis die Türen geöffnet werden, dann
marschiere ich in der Schlange zu den Schließfächern, in
die ich meine gefaltete Jacke, meinen Proviant und meine
Tasche lege. Nur die Sachen, die ich zum Arbeiten brauche, nehme ich in einem durchsichtigen Plastikbeutel mit.
Ich zeige den Wärtern im Lesesaal meinen Benutzeraus-
weis, suche mir im noch halb leeren Saal einen schönen
Platz am Rand, schalte die Leselampe ein und hole mir
am Schalter die Bücher, die ich am Tag zuvor in einem mit
meinem Namen versehenen Fach verstaut habe. Ich öffne
den Computer und ein Buch, ich mache mich an die Arbeit.

. . .

[Sei Shōnagon schreibt]

*Wenn ich nur daran denke, wie es wäre, eine der
Frauen zu sein, die zu Hause wohnen und treu
ihren Männern dienen – eine der Frauen, auf die
keine einzige erfreuliche Zukunftsaussicht wartet
und die sich dennoch einbilden, vollkommen glücklich zu sein –, empfinde ich Verachtung. Sie sind oft*

edler Geburt, aber trotzdem haben sie keine Gele-
genheit, die Welt zu sehen. Ich wünschte, sie
könnten wenigstens kurz hier am Hof leben,
meinetwegen als Hofdamen, damit sie sähen,
welche Freuden ein solches Leben bietet.

Ich kann Männer nicht ertragen, deren Meinung
nach die im Palast dienenden Frauen leichtsinnig
sind und sich unschicklich benehmen. Wenngleich
ihr Vorurteil natürlich verständlich ist. Von seiner
Majestät dem Kaiser (dessen Namen ich mich
kaum zu nennen wage) bis hin zu den Hofadligen
und obersten Höflingen, ganz zu schweigen von
den Höflingen vierten und fünften Ranges, gibt
es sehr wenige Männer, die nicht irgendwann uns
Frauen beneiden würden. Und hat man je von
einer Hofdame gehört, die sich scheu vor ihren
eigenen Dienern hinter einem Wandschirm oder
einem Fächer versteckt hätte, oder von anderen,
die mit ihr an den Hof gekommen sind, oder vor
Kammerfräuleins, Topfausleerern oder anderen
nichtswürdigen Trampeln? – –

Ich verstehe, warum Frauen, die am Hof gedient
haben, für nicht so vornehm gehalten werden,
wenn sie später heiraten. Aber es ist doch wert-
voll, wenn man in seiner Eigenschaft als Haupthof-
frau dazu berufen wird, an den Festprozessionen
des Palastes teilzunehmen! Und in noch besserer
Stellung befindet sich eine Frau, wenn sie den Hof
hinter sich gelassen und sich mit ihrer Familie zu
Hause niedergelassen hat. Falls ihr Mann zufällig
Gouverneur ist und die Tochter der Familie auser-
wählt wird, am Gosechi-Tanz teilzunehmen, muss

sie sich nicht blamieren, indem sie dumme Fragen
stellt wie eine vom Land.

. . .

Beim Durchforsten der Bücherstapel in der British Library stelle ich fest, dass du, Sei, in vielen im 21. Jahrhundert erschienenen Enzyklopädien und Anthologien der Frauenforschung vertreten bist. Ja, Sei, wenn du auch in wissenschaftlichen Untersuchungen geschmäht und verkannt worden bist, so gibt es bei dir auch die andere Seite, diejenige, die die einzigen trockenen Ärmel (Augen) der Heian-Zeit hatte, die die Freiheit und die Rechte der Frauen verteidigte, diejenige, die zur frühen Sendbotin der Frauenbewegung wurde, zum Vorbild der neuen Frau, die mit Ibsens Nora und Hedda verglichen wurde, und auf die in den Zeitschriften der Freiheitsbewegung der japanischen Frauen im 20. Jahrhundert fleißig verwiesen wurde. Die Seite, auf die auch Virginia Woolf stolz gewesen wäre. Über dich hätte sich Virginia in *Ein Zimmer für sich allein* auslassen müssen. Über eine Frau, die schon vor tausend Jahren über die Rechte von Frauen schrieb!

Sei, du und die anderen Schriftstellerinnen der Heian-Zeit stehen ohnehin in der Gunst der feministischen Literaturwissenschaft der 1990er Jahre. Über eure Schriften sind geschlechterbezogene Interpretationen angefertigt worden, und man hat darüber nachgedacht, wie man einen fruchtbaren Dialog zwischen der Erforschung der Heian-Literatur und der heutigen Gender-Forschung schaffen kann. In den Arbeiten wimmelt es vor Begriffen wie Geschlecht, Lust, das Andere, der Blick, Voyeurismus, textuelle Interpretation des Geschlechts, postmoderne Kritik des geschlechtsspezifischen Subjekts – überall scheinen beachtlich intelligente und theoretische Bestrebungen durch. Bisweilen reißen mich die Untersuchungen mit, und ich meine die verschlungene Schlussfolgerungskette aus komplizierten Satzgebilden zu verstehen, sie schwebt vor mir wie eine matte Wolke des Verstehens, aber wenn ich versuche, sie in klare, finnische Sätze aufzulösen, zerfällt sie mir zwischen den Händen und rieselt auf einen ungeordneten Haufen aus Metaebenen verschiedener Begriffe und Sätze.

Trotzdem bin ich für all das dankbar. Insgesamt gesehen repräsentieren die Tagebücher, Autobiografien, Erinnerungen und Briefe von Frauen einen in der Forschung zuvor übergangenen Bereich, der die feministische Wissenschaft seit den 1970er Jahren inspiriert. Dieses Schreiben über sich selbst ist zuvor unsichtbar geblieben, aber jetzt hat die Wissenschaft die Literatur der Heian-Frauen entdeckt wie einen geheimen Garten: Der Reichtum und die Eleganz der Texte, ihre komplexen Ansichten über Literatur, Liebe, Paarbeziehungen und Sexualität haben die Feministinnen vor Glück schnurren lassen. Die ganze Heian-Kultur ist ein einziges Fest des Femininen.

In der British Library finde ich dich, Sei, in Werken, die sich mit verschiedenen Frauen auseinandersetzen und in denen du sogar als politische Denkerin behandelt wirst. Das Buch *Women's Political and Social Thought* stellt Frauen vor, die über die politische Realität geschrieben haben, jedoch in der Geschichtsschreibung im Dunkeln geblieben sind, und darin erscheinst du, Sei, an der Seite von Sappho, Mary Wollstonecraft, Rosa Luxemburg, Simone Weil und Virginia Woolf.

Weil Frauen im Lauf der Geschichte oft keine Möglichkeit hatten, zu studieren oder in die Sphäre der akademischen Wissenschaft zu gelangen, hatten sie keine Gelegenheit, den traditionellen politischen Text zu lernen und zu schreiben. Also muss man ihre Ansichten anderswo suchen: in Essays, Briefen, Tagebüchern, Autobiografien, Reden, Pamphleten, Leitfäden, Gedichten, Romanen und Kinderbüchern. Ihre Texte sind oft intimer, persönlicher und praxisnäher als die von Männern geschriebenen, und die Gattungen leichter zugänglich und besonders für Frauen von Interesse. Aber kann man dich, Sei, für eine politische Denkerin halten? Man erkennt dich nicht leicht als solche, auch wenn du politische und soziale Institutionen, Klassenbegriffe und die Beziehungen zwischen den Geschlechtern beschreibst. Du bringst jedoch mit direkten Worten zum Ausdruck, dass du dich Männern gegenüber für mindestens gleichwertig hältst und dass du das Leben am Hof genießt, weil es die Möglichkeit bietet, frei mit Männern wie mit Frauen zu verkehren. Und natürlich sprichst du dich in deiner berühmten Verteidigung der Karrierefrau strikt für die Selbstständigkeit, die Freiheit und die Arbeit der Frau aus.

Manche haben den Verdacht, dass man auf das Politische an dir nicht achtete, weil deine Schriften zum Beispiel nicht die 1753 von Comte de Buffon aufgestellte Definition eines guten Textes erfüllen, der zufolge ein solcher sukzessiv, einheitlich, exakt, linear, sparsam und systematisch zu sein habe. Oder deshalb nicht, weil du eine Sprache (die *Kana*-Schrift der Frauen!) und eine Form (das Tagebuch) benutzt, die den Text als weiblich und nicht-philosophisch abstempeln. Oder deshalb nicht, weil dein Text nicht abstrakt und institutionell genug ist, sondern eher praxisnah und alltäglich. Einen Grund bilden sicherlich die Listen, die du geschrieben hast: Listen sind banal, und jeder von uns kann sie aufstellen – eine leichter zugängliche und weniger bedrohliche Form des Schreibens lässt sich schwer denken! Dennoch ist es dir gelungen, Sei, mit ihrer Hilfe sogar deine politischen Ansichten zum Ausdruck zu bringen: Sie enthalten Öffentliches wie Privates, Konkretes wie Abstraktes, und sie verbinden freundlich und provozierend Gedanken und Geschehnisse, die getrennt voneinander erscheinen.

Aber wenn man zum Beispiel die Machtbegriffe von Aristoteles' *Politik* und Platons *Staat* nimmt und sie mit deiner Liste von Dingen, die ihre Kraft verloren haben, vergleicht, merkt man, dass wir uns tatsächlich weit weg von einer Form bewegen, »auf die der ernst zu nehmende Theoretiker seine Bestrebungen richten soll«. Die Sache selbst, die Kraftlosigkeit, bringst du hingegen vielleicht genauer zum Ausdruck, als es Aristoteles oder Platon je gekonnt haben.

. . .

[Sei Shōnagon schreibt]

Dinge, die ihre Kraft verloren haben

Eine Frau, die ihre Perücke abgenommen hat,
um das übrig gebliebene kurze Haar zu kämmen.
   Ein großer Baum, der im Sturmwind umgestürzt
ist und in voller Länge daliegt, die Wurzeln in der
Luft.
   Die zurückweichende Gestalt eines Sumo-
Ringers, der im Kampf verloren hat.

Eine Frau ist ihrem Ehemann wegen einer Klei-
nigkeit böse und verlässt das Haus und versteckt
sich irgendwo. Sie ist sicher, dass ihr der Mann
nachlaufen wird, um sie zu suchen, aber der Mann
unternimmt keine Anstalten in diese Richtung,
sondern wirkt empörend gleichgültig. Da die Frau
nicht ewig wegbleiben kann, schluckt sie ihren
Stolz herunter und kehrt nach Hause zurück.

. . .

Sei, die Vorstellung, wie Virginia Woolf dich liest oder nicht liest, spukt mir noch immer im Kopf herum. Was hätte sie über dich gedacht, wenn sie all das gewusst hätte? Ihr wart so dicht, so dicht aneinander dran – auch damals, als Arthur Waley im November 1929 zu Virginia zum Tee kam, hatte er dich sicherlich dabei –, und doch bist du ihr vielleicht aus dem Blickfeld gerutscht. Wurdest du unter den Stapel »sofort zu lesender« Bücher auf dem Nachttisch begraben? Wurdest du bei irgendeiner literarischen Soiree zusammen mit dem Regenschirm in einer Tasche im Hausflur der Gastgeber vergessen? Wurdest du einem Bekannten geliehen, der nie daran gedacht hat, dich zurückzugeben? Oder las dich Virginia doch, aber *Ein Zimmer für sich allein* war schon fertig und in Druck, und sie konnte ihre neue weibliche Heldin nicht mehr einfügen?

Und als ich dann endlich Waleys Übersetzung lese, diejenige, die auf Virginias Nachttisch gelegen hat oder nicht, geht mir plötzlich die entsetzliche Wahrheit auf, Sei: Waley hat gekürzt.

Waley kürzte, wie er selbst konstatiert, das Werk immer da, wo es »langweilig oder unklar« war oder Wiederholungen enthielt oder voller Verweise steckte, sodass der Text zum Verständnis einen umfassenden Anhang mit Erklärungen erfordert hätte, was ihn schließlich dazu führte, von deinem Buch *ganze drei Viertel zu streichen*, Sei. Deine Rede über die Freiheit der Frau gehört dazu. Deine berühmte Verteidigung der Karrierefrau war Waley entweder zu langweilig oder zu unklar, oder ihr Verständnis hätte einen umfangreichen Erläuterungsapparat erfordert. Er hat sie nicht übersetzt.

Sei, Virginia hat es nicht gewusst.

Virginia *wusste es nicht.*

· · ·

[Sei Shōnagon schreibt]

Deprimierende Dinge

Wenn man einen Brief geschrieben hat, sich Mühe
gegeben hat, damit er möglichst reizend ausfällt,
und dann ungeduldig auf die Antwort wartet –
müsste der Bote nicht längst zurück sein, fragt
man sich –, und gerade dann kehrt er auch zurück,
mit dem ungeöffneten Brief. Sie waren nicht zu
Hause, meldet der Bote, oder sie wollten die Nach-
richt nicht entgegennehmen. Wie deprimierend!

· · ·

Der Fall Waley bringt mich dazu, mich endlich eines Themas anzunehmen, das mir im Hinterkopf gewaltig zu schaffen macht, nämlich dem Problem der Übersetzungen. Wenn das Fehlen des ursprünglichen Manuskripts und die verschiedenen Manuskriptfassungen schon graue Haare verursachen, so ist das Lesen von Übersetzungen – wenn man einmal anfängt, darüber nachzudenken – noch problematischer. Nein, ich kann kein klassisches Japanisch lesen und also im Dschungel der Manuskriptlinien keine eigenen Schlussfolgerungen ziehen. Ich bin Waley und anderen Übersetzern ausgeliefert, und das bedeutet, dass ich im Grunde keine sichere Information darüber besitze, was du, Sei, geschrieben hast. Ich befinde mich in genauso einer unglücklichen Lage wie Virginia Woolf, die die Nachricht nicht erhielt, die du ihr schicktest.

Arthur Waley war als Übersetzer natürlich ein Spezialfall und eine ziemliche Persönlichkeit, deren Übersetzungen so frei waren, dass sie nach Auffassungen vieler überhaupt nicht mehr an die Ausgangswerke erinnerten. Später ist er sowohl für seine Bereicherung der englischen Dichtung gelobt, als auch der umfangreichen Sabotage beschuldigt worden (die Überschrift eines Artikels zum Übersetzen lautet *Why I Hate Arthur Waley*). Du, Sei, warst trotzdem (ungeachtet der Kürzungen) Waleys Liebling, und viele halten das 1928 erschienene *Pillow Book of Sei Shōnagon* für seine beste Übersetzungsarbeit. Seine Version von dir ist eine Art kleine Best-of-Sammlung, deren Inhalt er ständig ruckzuck kommentiert. Vielleicht hatte auch Waley eine Mission: dich, Sei, in eine angenehme und leicht zugängliche Form zu bringen, bei der es jedem U-Bahn-Fahrgast Spaß macht, in dir zu blättern – ganz gleich, ob alles mit hineinkam.

Der Ausgangspunkt dafür, dich, Sei, zu übersetzen, ist folgender: Die japanische Sprache hat sich in den letzten tausend Jahren so sehr verändert, dass das Japanisch der Heian-Zeit für heutige Leser nicht mehr verständlich ist. Ein in klassischem Japanisch geschriebener Text wirkt albtraumhaft diffus: Wörterschlangen ohne Satzzeichen und Subjekte sowie Sätze, in denen Vergangenheit und Gegenwart, Behauptung und Frage, Singular und Plural nicht zu unterscheiden sind. Sei, wenn dein Werk nicht einmal Aufteilungen in Sätze und Abschnitte beinhaltete, halten wir eine einzige Masse von Schriftzeichen in einer Sprache in den Händen, die nicht mehr gesprochen wird und die zu einer Zeit geschrieben wurde, von der man, was die Gepflogenheiten des Sprachgebrauchs betrifft, so gut wie nichts weiß. Allein über die Bedeutung der Eingangssätze deines Werks ist jahrzehntelang gestritten worden, und über die verschiedenen Übersetzungen sind ganze Bücher geschrieben worden. Die Japaner selbst lesen dein Buch am liebsten in einer Übersetzung in die moderne Sprache oder sogar auf Englisch. In der wildesten Fassung in modernem Japanisch verwandelst du dich in einen doofen Teenager, wie man ihn in Harajuka in Tokio sehen kann, und dein berühmter Eingangssatz lautet im Mund des *Harajuku Gyaru* ungefähr so: *Spring is, like, OMIGOD, dawn!!!* – Frühling wär voll so, OMG, Morgendämmerung!!!

Ja, Sei, die westliche Welt hat dein Buch in sehr vielen verschiedenen Versionen kennengelernt, deren Übersetzungsweise an die Zeit und an die jeweilige historische Stimmung gebunden war und daran, wie viel man zum Zeitpunkt der Übersetzung über deine Welt gewusst hat. Die Übersetzungen variieren auch abhängig davon, welche Manuskriptlinie verwendet wurde, ob das Werk komplett übersetzt oder ob daraus eine ganz eigene, gekürzte und neu eingerichtete künstlerische Interpretation gemacht wurde (wie Waley es getan hat) und ob der Text frei übersetzt wurde oder ob man um Wortgenauigkeit bemüht war. Eines der größten Dilemmata der Übersetzer besteht in der Frage, ob man dich in die Gegenwart holt, sodass deine Stimme ebenso direkt und intim klingt wie im Tagebuch einer beliebigen modernen Frau, oder ob man deine Worte möglichst treu im archaischen förmlichen höflichen Stil zum Ausdruck bringt.

Nach Arthur Waleys 1928 erschienener Kurzfassung legte Ivan Morris 1967 die erste vollständige englische Übersetzung vor, von der die 1971 publizierte Penguin-Ausgabe (die ich gelesen habe) eine gekürzte Fassung ist. Ein Forscher hat in den letzten 130 Jahren insgesamt 46 vollständige oder teilweise Übersetzungen von *Makura no Sōshi* in westliche Sprachen gezählt: Die erste war August Pfizmaiers »wissenschaftliche« und wörtliche Teil-Übersetzung ins Deutsche aus dem Jahr 1875, die letzte Meredith McKinneys englische Übersetzung von 2006.

Sei, ich begreife, dass mein größtes Problem beim Versuch, dich zu fassen zu bekommen, nicht darin besteht, dass das Originalmanuskript deines Werks nicht erhalten geblieben ist. Das größte Problem ist dies: Du bist *lost in translation*. Du bist nur eine Konstruktion, die sich der Übersetzer vorgestellt hat, wer weiß wie weit weg von der Wirklichkeit. 46 Versionen von dir sind über die Welt verstreut, und ich weiß nicht, welche davon am dichtesten an der richtigen dran ist. Was hat das Ganze hier eigentlich für einen Sinn? Habe ich mich gar nicht in dich verliebt, sondern in jemanden, der sich hinter dem Namen Sei Shōnagon verbirgt, wer immer auch das sein mag, in einen britischen Japanologen und Übersetzer namens Ivan Ira Esme Morris, mit dessen Übersetzung ich meine Reise in all den Jahren gemacht habe? Ist es seine Stimme, die in meinen Ohren widerhallt? Ist meine Seelenschwester in all diesen Frauenangelegenheiten ein Uni-Typ mittleren Alters gewesen, der in den 1960er-Jahren gewirkt hat und der in meiner Fantasie eine Flaschenbodenbrille mit dickem Gestell, über die Glatze gekämmtes Haar und einen braunen Tweed-Anzug trägt und eine Pfeife im Mund hat?

Ich fange an, fieberhaft nach Informationen über Ivan Morris zu suchen – ihn müsste ich erforschen, nicht dich, Sei! Ich erfahre, dass er 1925 geboren wurde und 1976 starb, dass seine Mutter ein Mädchen aus einer armen schwedischen Familie war (später Schriftstellerin und politische Aktivistin) und sein Vater der Sohn eines amerikanischen Millionärs und dass sie in einem französischen Schloss wohnten, das ihnen die Familie des Vaters geschenkt hatte (wie ihr Sohn Brite wurde, geht aus der Geschichte nicht hervor). Aber vor allem will ich wissen, wie es aussieht, das Objekt meiner Liebe, und schließlich finde ich im Internet ein Foto – immerhin ist ein solches zu haben, anders als in deinem Fall, Sei. Der fünfzigjährige Mann darauf trägt keine Brille, hat eine leicht fliehende Stirn, sein Haar ist dunkel und gelockt, die Augenbrauen sind dick, das Lächeln ist verschmitzt. Zum karierten Hemd trägt er eine gemusterte Krawatte. Also gut, Ivan, du siehst aus wie ein Mann, der durchaus Ahnung haben könnte. Du machst einen sympathischen Eindruck. Bestimmt hast du deine Mutter bewundert.

Sei, es hilft nichts, auf dieser Reise sind wir zu dritt, du, ich und Tweed-Morris. Los geht's.

. . .

Ich beschließe, einen freien Tag einzulegen, und gehe ins British Museum, auch auf die Gefahr hin, dort an entsetzlichem Ägypten-Fieber zu erkranken. Ich treibe mich in der japanischen, chinesischen und ägyptischen Abteilung herum, lungere im Buchladen herum und trinke den Nachmittagstee unter der lichtdurchfluteten Weltraumkuppel in der Eingangshalle. Vom Museum gehe ich zur Charing Cross Road und sauge die viktorianische Atmosphäre von Bloomsbury, Virginias Kiez, auf. Ich klappere Foyles und ein paar verlockende Antiquariate ab und kehre schließlich zu Riia an den Fulham Broadway zurück. Die Straßen haben sich mit Fußballfans gefüllt, denn im Stadion von Chelsea beginnt die Partie Chelsea – Liverpool. Berittene Polizisten mit Schutzhelmen patrouillieren auf der Straße, Tausende Fans in Blau strömen zur Arena. Ich höre die Anfeuerungsrufe bis in mein Schlafzimmer. Nach dem Spiel ist die Stimmung auf der Straße heiter, weshalb ich annehme, dass Chelsea gewonnen hat.

Ich esse mit Riia zu Abend, die gekocht hat, wie fast jeden Abend. Wir reden über unsere Arbeit und streiten ein bisschen darüber, ob Musicals für die Menschheit wichtig sind oder nicht (ich habe trotzdem vor, mir ein paar anzusehen). In Riias Arbeitszimmer schlafe ich zwischen diversen Metallstücken, Skizzenzeichnungen, Werkzeugen, Inspirationskisten und halb fertigen Kunstwerken wie ein Stein.

Dinge in London:
Miniaturhäuser. Fassaden mit Marmorsäulen, ihre trostlosen Rückseiten aus braunem Backstein. Kassiererinnen in Supermärkten, die *Darling* sagen. Art-déco-U-Bahn-Sationen indisches Essen. Das ewige Mysterium der zwei

Wasserhähne. Theater, in die man entspannt quasselnd mit einem Glas Bier in der Hand hineingeht. In den Kinos Platzanweiser mit Taschenlampen. Kostenlose Museen. Die roten, herrlich weichen Lederbänke in der National Gallery. *Seriously strong cheddar.* Die Tatsache, dass eine Teetrinkerin nicht mit Befremden angeschaut wird. Die Oxford Street. Also Orte, die man besser nicht aufsuchen sollte. Verfassungsrechtlich gewährleistet: Bis zum nächsten Fließbandsushi und zur U-Bahn sind es stets höchstens zehn Minuten zu gehen. Der Widerspruch zwischen britischer Höflichkeit und betrunkenem Fußballhooliganismus – *please, don't mind the gap.* Katzenmumien. Krokodilmumien. Falkenmumien. Und was ist mit Fliegenmumien? Mumien-Ikebana, *anyone*?

Frappierende Dinge:
Ich bin die einzige Fußgängerin in der ganzen Stadt, die an einer roten Ampel stehenbleibt. Ich stehe an der Fulham Road und warte auf Grün, als ein uralter Mann mit Stock zu mir gewackelt kommt. *Dear, you can go, it's clear!* Mit der Hand weist er auf die leere Straße. In dieser Stadt bringen einem die Alten bei, wie man im Leben über Rot geht.

. . .

Irrwege oder Bücher, die die Datenbank der British Library mit dem Suchwort *pillow book* findet:
The Pillow Book of Erotica.
The Lesbian Pillow Book.
The Tantric Pillow Book: 101 Nights of Sexual Ecstasy.
From Bed to Verse: An Unashamed Pillow Book.

Charlotte Webb's Pillow Book (verlegt von der Erotic Print Society).

Dee McDonald's Purple Pillow Book (verlegt von der Erotic Print Society).

The Pillow Book. Gibt es zweimal. Das eine beschäftigt sich mit Kissen, das andere mit Erotik.

The Ultimate Pillow Book. (Thema: Kissenbezüge.)

Curious Pillow Book.

A Spiritual Pillow Book.

My Pillow Prayer Book.

Sei, Kissen, Sex und Religion scheinen die heilige Dreifaltigkeit von Büchern dieses Namens zu sein. Aber es findet sich in der Datenbank auch etwas, das wenigstens einigermaßen mit dir zu tun hat.

Ich finde Jan Blensdorfs Roman *My name is Sei Shōnagon* (2003), der im heutigen Tokio spielt, aber nicht mal einen Abstecher ins Japan des 10. Jahrhunderts macht. Anne Gorricks Debütgedichtband *Kyotologic – The Pillow Book Poems* verarbeitet laut dem Text auf der Umschlagrückseite die Texte der »japanischen Kurtisane« (sic!) Sei Shōnagon. Ruth Ozekis wunderbarer Roman *Beef* (1998) zitiert dich am Anfang jedes Kapitels, aber so zusammenhanglos, dass man die Zitate herausnehmen könnte, ohne dass das Ganze darunter litte. In Liza Dalbys Roman *Pflaumenblüten im Schnee* über Murasaki Shikibo (2000) trittst du als du selbst auf, ebenso in Allison Fells erotischem Roman *The Pillow Boy of the Lady Onogoro* (1997), in dem du die Hofdamen mit deinen Geschichten unterhältst.

Gibt man *pillow book* in eine Suchmaschine ein, landet man unter anderem auf Pornoseiten, auf denen du, Sei, als

Geisha auftauchst, die nackte Haut aufblitzen lässt. Manche werfen Ukiyo-e-Bilder, Kabuki oder Samurai-Schwerter, die es in der Heian-Zeit überhaupt nicht gab, mit in die Suppe. Viele verwechseln dich hoffnungslos mit Murasaki Shikibu, so wie Martine Bellen, deren Gedichtband laut Umschlagrückseite durch *The Pillow Book of Lady Murasaki* inspiriert wurde.

Beachtlich viele westliche Dichter, Essayisten, Verfasser von Kurzgeschichten, Romanciers, auftretende Künstler, Filmemacher, Komponisten und Musiker haben dich für ihre Zwecke benutzt. Im Jahr 1958 komponierte ein belgischer Komponist auf der Grundlage deines Buchs ein Werk für Kammerorchester, von dem es hieß, es verbinde den webernschen Stil mit französischem Impressionismus und strawinskischem Expressionismus. Ein amerikanischer Performancekünstler hat dich mit Dantes Gesängen, den Zeugnissen der Überlebenden von Hiroshima und den Schreckensbildern eines Journalisten aus Sarajewo zusammengebracht.

Mit Murasakis Genji ist man natürlich noch viel weiter gegangen: Genji-Bier, Genji-Pop-Bands, Genji-Zahnbürsten und Genji-Toilettenpapierhalterabdeckungen.

Das bekannteste lose mit dir in Verbindung stehende Werk – im Grunde das Einzige, das mit dir, Sei, zu tun hat und beim Zuhörer einen Aha-Gesichtsausdruck bewirkt, wenn man es erwähnt – ist Peter Greeaways Film *Die Bettlektüre*. Es scheint das einzige Kopfkissenbuch zu sein, das die Leute kennen, und man hat vermutet, dass sogar der größte Teil des heutigen Interesses an dir, Sei, auf jenen 1996 fertig gestellten Film zurückgeführt werden kann. Trotz seines fiktiven Charakters hat er viele

Leute darin beeinflusst, welche Vorstellung sie vom zugrunde liegenden Werk haben. In letzter Zeit sind vom *Kopfkissenbuch* sogar Fassungen herausgekommen, die auf dem Titel ein vor Erotik triefendes Foto von Vivian Wu und Ewan McGregor zeigen. Die Vorstellung, die ein solches Cover weckt, ist so weit weg von der Wirklichkeit, dass die armen Leserinnen und Leser sich ziemlich wundern dürften, wenn sie deine Schilderungen von Hofzeremonien lesen, die kein bisschen Sex enthalten.

Im Filmbuch *Die Bettlektüre* erzählt Peter Greenaway, er sei von dir, Sei, begeistert, von dir und deiner Angewohnheit, scheinbar zufällige Listen zu erstellen (klar, ein Listenfreak erkennt den anderen). Der Film enthält bis zu einem gewissen Grad modifizierte Entlehnungen aus deinem Buch und schafft es vielleicht sogar, etwas von deiner erotischen und ästhetischen Einstellung zu erfassen.

Sei, ich war natürlich selbst aus dem Häuschen wegen des Films, als er in die Kinos kam und im Cinema Mondo in der Museokatu in Helsinki gezeigt wurde. Ich hatte dich ein oder zwei Jahre zuvor kennengelernt, und jetzt liefen die Listen, die ich so liebte, und deine Pinselstriche auf eine Art über die Bilder auf der Leinwand, die im Film etwas ganz Neues war und mich fast in die Hosen pinkeln ließ. Nie zuvor war die Einheit von Text und Ästhetik so vollendet gewesen. Ich liebte die vielschichtige Schönheit des Films, in der sich Ost und West, unterschiedliche Dinge und Kulturen verbanden, ich liebte die Tinte, die Pinsel und die schönen Schriftzeichen, die sie malten, ich liebte die mit Kalligrafie bedeckten Körper und hatte natürlich auch nichts dagegen, dass Ewan McGregor den halben Film über nackt war. Am meisten aber liebte ich Sei

Shōnagon, jene seltsam aussehende Frau aus der Heian-

Zeit, die aus einem Abstand von tausend Jahren ihre Worte sprach, und es kam mir vor, als hätte Greenaway den Film für mich gemacht. Und wenn ich jetzt, Sei, daran denke, begreife ich, dass die Methode des Regisseurs, viele parallele Bilder, über die ein Text fließt, zu verwenden, so sehr mit deiner Art zu schreiben übereinstimmt, wie es nur geht: Eure Texte und Bilder folgen einander scheinbar zufällig, wobei sie sich ineinanderschieben, Parallelen bilden, einander überlagern und mehrdimensional durcheinander hindurchscheinen.

Der in Hongkong und Kyōto spielende Film erzählt von einer Sei Shōnagon der Gegenwart, die darauf fixiert ist, Männer (Liebhaber) dazu zu bringen, auf ihren Körper zu schreiben. Die Hauptfigur heißt Nagiko Kiyowara, was vielleicht auch dein Name war, Sei, und sie stammt aus Kyōto, deiner Stadt. So wie du besitzt Nagiko ein leidenschaftliches Verhältnis zu Wörtern, zum Schreiben und zu Schriftstellern – zu Männern, die schreiben können.

Als Nagiko ein Kind war, feierte man ihren Geburtstag in Kyōto mit zwei Ritualen: Ihre Tante las ihr aus deinem Buch vor, und ihr Vater schrieb ihr den Glückwunschtext ins Gesicht. Und so suchte sich Nagiko als Erwachsene Liebhaber, die sie an ihren Vater, an Sei Shōnagon und an die Freuden der Kalligrafie erinnerten: Liebhaber, die auf sie schrieben. Da ist ein schüchterner Kalligraf, der nur im Dunkeln schreibt. Ein junger Mann, der schreibt wie ein Kind. Ein älterer Witwer, der den Text ständig korrigiert und die Fehler mit der Zunge ausradiert. Ein Buchhalter, der Nagikos Körper mit arithmetischen Rechnungen bedeckt, die Minusrechnungen auf die linke, die Plusrechnungen auf die rechte Brust. Ein brutaler Klient, der blutige Graffiti in die Haut kratzt. Ein scheuer Mann, der unsichtbare Tinte benutzt. Die Handschrift und die Kunst des Schreibens nehmen im Film eine ebenso wichtige Rolle ein wie in der Heian-Zeit: Nagiko wird böse, wenn die Männer nicht schreiben können – für Schmierfinken hat sie keine Verwendung.

Als Nagiko sich dann entschließt, Schriftstellerin zu werden, schickt sie ihre Texte als Schrift auf dem Körper ihres englischen Geliebten Jerome an den Verleger. Die Boten transportieren die Worte also nicht in schön gefaltetem Papier, sondern auf ihrem eigenen Körper, der noch kostbarer ist als die Nachricht. Als Jerome am Ende Selbstmord begeht – er stirbt nackt im Bett, nur Sei Shōnagons *Kopfkissenbuch* bedeckt seine Scham –, schreibt Nagiko eine letzte Botschaft auf den Körper ihres Geliebten. Der Film bekommt einen echten greenawayschen Schluss: Der in Jerome verliebte Verleger enthäutet den jungen Toten, stellt aus der Haut ein Buch her, ein *pillow book*, und schläft neben ihm ein, wobei sein Finger auf Seite 28 ruht, die aus den Lippen des Mannes gemacht ist.

»Im Leben gibt es zwei Dinge, auf die man sich verlassen kann«, sagst du, Sei, in Greenaways Fantasie. »Die Freuden des Fleisches und die Freuden der Literatur. Ich bin glücklich, beide genießen zu dürfen.«

Am erstaunlichsten ist es, dass Greenaways Film die erste und einzige Filmversion oder überhaupt größere Adaption zu sein scheint, die je vom *Kopfkissenbuch* gemacht wurde, wenn man zwei japanische (angeblich miserable) Pornofilme nicht mitzählt. Während 2008 in Japan mit großer Geste das tausendjährige Jubiläum der *Geschichte vom Prinzen Genji* gefeiert wurde und fast jährlich neue Genji-Filme herauskommen, hat deinen Festtag niemand außer Greenaway in Form eines Filmes begangen. Paradox ist es allerdings schon, dass ausgerechnet das der größte Hit dieses englischen Regisseurs, der marginale Arthouse-Filme dreht, war und dadurch zur bekanntesten Reklame für dich wurde.

. . .

[Sei Shōnagon schreibt]

Angenehme Dinge

Wenn ein Gedicht, das man zu einem besonderen Anlass verfasst oder für eine andere Person als Antwort geschrieben hat, weithin gerühmt und in Notizbücher kopiert wird. Wenngleich mir das nie passiert ist, kann ich mir vorstellen, wie angenehm es sein muss.

. . .

An die Spitze der »Top 5 der Holzwege oder Seltsamkeiten, auf die ich bei der Suche nach dir gestoßen bin«, schiebt sich jedoch das, was nun folgt:

Ich bestelle ein Buch, das ich im Katalog der British Library gefunden habe, und hole es im Lesesaal für Musik und seltene Bücher ab. Die Angestellte bringt mir ein dickes, zum Buch mit braunem Umschlag gebundenes Opus, das die Noten eines musikalischen Werks enthält. In der Mitte des Buches findet es sich dann, gleich nach den Liedern eines schottischen Amateurkomponisten, in denen es um die Natur und Schiffe geht: Gerald Barrys Komposition *Things that gain by being painted*, samt Aufführungsanweisungen für Sopran, Sprecher und Klavier.

Das Werk scheint 1978 in Dublin uraufgeführt worden zu sein, und damals fungierte der Komponist selbst als Sprecher. Als Aufführungsdauer werden 20 Minuten in Aussicht gestellt, und als Bühnenbild sollen eine Leinwand von 2 x 2 Metern, ein kleiner Tisch, zwei Bücher und drei Spotlights genügen. Der Text stammt aus Ivan Morris' Übersetzung *The Pillow Book of Sei Shōnagon*.

Die Partitur umfasst 25 Seiten, aber leider verfüge ich nicht über die Fähigkeit musikalischer Genies, die Musik im Kopf hören können, wenn sie nur die Partitur lesen. Ich versuche mir den Anfang innerlich vorzusummen, stelle aber fest, dass lautloses Summen ziemlich schwierig ist, vor allem ohne absolutes Gehör. Also begnüge ich mich damit, den Text und die Aufführungsanweisungen zu lesen:

Es ist wirklich traurig, wenn Eltern beschließen, ihren geliebten Sohn zum Priester zu erziehen. Die Stimme der Sängerin ist anfangs verführerisch, wird dann aber nachdrücklich autoritär: *Am ersten Tag des ersten Mondes und am dritten Tag des dritten soll der Himmel klar sein.* Und dann intrigant: *Eines Tages, als ich allein war, kam er zu mir und sagte: »Gute Frau, ich muss euch sogleich etwas erzählen, das ich gehört habe.« »Nun, was denn?«, fragte ich.* Dann abwesend: *Man will gerade etwas zu einer Person sagen, die sich schämt, aber dann spricht sie doch zuerst – wirklich seltsam.* Auf der Leinwand geht das Licht an und wird nach und nach heller, bis die Silhouette des Sprechers sichtbar wird. Sprecher: *Bezaubernde Dinge.* Sängerin: *Ein Kind, dessen Haare nach dem Vorbild einer Nonne geschnitten worden sind.*

Sprecher: *Deprimierende Dinge.* Im Gesangspart folgt die lange Schilderung eines Liebhabers, der es nicht versteht, sich stilvoll zu entfernen. Sprecher: *Dinge, die groß sein müssen (Priester). Unpassende Dinge (Schnee auf den Dächern gewöhnlicher Leute, vor allem im Mondlicht). Dinge, die das Herz höher schlagen lassen.* Die Sängerin flüstert: *Es ist Nacht, und man wartet auf einen Besucher.* Sprecher: *Wertlose Dinge. Bäume. Dinge, die einen bedauernswerten Eindruck machen. Vögel. Elegante Dinge (Enteneier). Dinge, durch die einem heißer wird (ein sehr dicker Mensch, der viele Haare hat).* Die Sängerin gereizt: *Nichts ist so ärgerlich wie jemand, der in einem schäbigen, schlecht geschmückten Wagen bei einer Zeremonie erscheint.* Explodierend (schreiend): *Wie oft muss man Menschen, die in schäbigen Wagen fahren, noch schelten!* Wirr: *Was könnte großartiger sein, als etwas so Erhabenes wie seine Majestät, wie er in all seiner Pracht dasitzt und auf diese Weise seine Mutter ehrt. Als ich das sah, rannen mir Tränen aus den Augen und zerstörten meine Schminke. Ich sah gewiss entsetzlich aus.* Die Sängerin steht mit den Händen vorm Gesicht da, wirft das Buch brüsk auf die Bühne und wendet sich nach links, sodass das Publikum ihr Profil sieht, und spitzt brüsk den Mund, als hätte sie gerade Lippenstift aufgetragen. Sie streicht sich über die Haare, wie um sich zu vergewissern, dass sie in Ordnung sind. Mit dem Rücken zum Publikum nimmt die Sängerin sehr langsam eine Haarnadel nach der anderen heraus und legt sie auf den Tisch. Sie fährt sich mit den Händen durch die Haare und setzt sich, dabei ihr Kleid richtend. Sie nimmt das andere Buch vom Tisch und schlägt es auf. Sprecher: *Dinge, durch die man sich schmutzig fühlt (Rattennest). Wenn eine Frau allein lebt, muss ihr Haus sehr verfallen sein, die Mauern müssen sich kurz vorm Einstürzen befinden, und wenn es einen Teich gibt, müssen ihn Wasserpflanzen erobert haben.* Sprecher: *Dinge, die etwas verlieren, wenn man sie malt.* Dann zitiert der Sprecher Murasaki Shikibus wenig schmeichelnde Schilderung von dir, Sei. Die Sängerin bleibt stumm. Sprecher: *Dinge, die unangenehm zu sehen sind. Ich glaube, dass ein Grund, warum ich wünschte, hässliche Frauen würden keine ungefütterten Kimonos tragen, darin besteht, dass ich ihren Nabel nicht sehen will.* Die Sängerin geht langsam auf den Bühnenrand zu. Sprecher: *Schäbige Dinge.* Die Sängerin wirft dem Publikum in alltäglicher Manier einen letzten Satz über die Schulter zu: *Die Innenseite eines Katzenohrs.* Dunkelheit.

Sei, wir benutzen dich für unsere Zwecke. Wir lassen uns von dir inspirieren. Wir imitieren, adaptieren, interpretieren. Manchmal borgen wir uns von dir nur den Stil und die Form, manchmal nur den Namen, und fügen dem Gebräu hinzu, was uns gerade gefällt. Wir machen aus dir etwas Exotisches und Erotisches. Wir sind rassistisch und sexistisch. Wir holen dich in die Gegenwart und scheren uns nicht um deine historische Wirklichkeit. Wir scheren uns nicht um deinen Kontext. Wir lesen in deine Listen unsere eigenen Geschichten hinein. Wir lesen dich durch unsere Kultur, durch unsere fehlerhaften, orientalistischen Vorstellungen hindurch. Wir finden es witzig, zwischen ferner Kultur und bekannter Welt hin und her zu springen. Wir nehmen uns, was wir wollen, und stecken dich dorthin, wo es uns Spaß macht. Wir benutzen dich.

Ich benutze dich, Sei.

Verzeih.

Aber es kann ja auch sein, dass dir, die du alles Altmodische hasstest, diese Aktualisierungen geradezu gefallen würden. All die Spinnereien von allen möglichen Performance-Künstlern und lesbischen Wissenschaftlerinnen und das hirnlose Gefasel finnischer Frauen über Verbundenheitserfahrungen. All die Machwerke, die – wenn nichts sonst – beweisen, dass du auf so frische Art geschrieben hast, dass wir noch tausend Jahre später in deinem Text Bedeutungen von allgemeiner Gültigkeit entdecken.

Zum letzten Mal sehe ich dich in der British Library auf Seite 1338 des riesigen Nachschlagwerks *Japan: An Illustrated Encyclopedia*.

Dein Konterfei ist als kleines Farbbild am oberen Rand der Seite abgedruckt. Auf dem Gemälde aus dem 17. Jahrhundert sitzt du halb hinter einem Vorhang, sodass dein Gesicht nur undeutlich hinter der Bambusjalousie zu sehen ist. Dein gelassenes, rundes Gesicht umrahmen bis zur Hüfte reichende Haare, die Ärmel deines braungrünen Herbstkimonos haben hellrote Ränder. Du schaust nicht auf mich, aber ich schaue wohl auch dich nicht an.

Das Riesenbuch wiegt mindestens zehn Kilo, und ich traue mich nicht, es zur Kopierstelle zu bringen. Außerdem: Warum sollte ich eine solche Fantasie kopieren?

Das war es nun, das komplette Wissen über dich. Je mehr sich davon ansammelt, desto energischer möchte man das Wort in Anführungszeichen setzen.

Nichts ist sicher. Nichts ist Fakt. Nichts ist wirklich, nicht einmal in dem ehrwürdigen, streng beaufsichtigten

Lexikon, das im Lesesaal der Asien-Abteilung der British Library im Regal steht.

Warum beaufsichtigen sie dort solche Lügen?

. . .

Liebe Sei, in meinem Kopf steckt inzwischen so viel Forschungswissen, so viel an wissenschaftlichen Analysen und Spekulationen von Skeptikern, dass ich es bald nicht mehr genießen kann, dich ganz normal zu lesen. In meinem Kopf reden die Stimmen Hunderter Wissenschaftlerinnen und Wissenschaftler aus verschiedenen Jahrhunderten durcheinander, die allesamt versuchen, dich an sich zu reißen oder in Teile aufzuspalten, deine Worte anders erscheinen zu lassen, jene Ecken, die gnädig im Halbdunkel bleiben sollten, grell auszuleuchten.

Dein Manuskript ist nicht erhalten geblieben.

Deine Übersetzungen fallen aus, wie es gerade kommt.

Über deine Listen weiß man nicht, was sie sind, jedenfalls sind sie aber nicht das, wonach sie aussehen, und irgendwie habe ich das Gefühl, dass es noch schlimmer kommen wird.

Sei, ich möchte, dass unser Verhältnis wieder so wird, wie es war – nur du und ich, wir zwei. Schreiben wir Listen über Dinge, die uns auffallen, die wir mögen oder hassen, setzen wir uns still bei Vollmond auf die kühle Veranda und lachen wir laut, wenn uns danach ist. Denken wir nicht darüber nach, was für »Perspektiven« deine »poetischen Kataloge auf das klassische Waka-Gedicht eröffnen«. Zerbrechen wir uns, um Gottes willen, nicht den Kopf darüber, ob es dir gelingt, mit deinem »Voyeurismus jene Tabus in Frage zu stellen, die die Frau als passiven, erotischen Anblick umgeben, und dadurch das polarisierte Geschlechter- und Klassensystem zu dekonstruieren«. Lass uns einfach dasitzen, Sei, trinken wir meinetwegen ein bisschen Sake, betrinken wir uns, schlafen wir unter unseren Kimonos ein, nachdem wir getratscht haben bis zum Morgengrauen.

. . .

[Sei Shōnagon schreibt]

Der Sommer ist die richtige Jahreszeit, um einen Liebhaber zu treffen, auch wenn die Nächte kurz sind und der Morgen anbricht, bevor man dazu gekommen ist, ein Auge zuzumachen. Weil die Fensterläden offenstehen, kann man in der Morgenkühle liegen und in den Garten hinausschauen. Bevor der Mann geht, tauscht man noch Liebesbezeigungen aus, und gerade wenn sich die Liebenden etwas zumurmeln, ertönt plötzlich eine laute Stimme. Für einen Augenblick sind sie sicher, ertappt worden zu sein, aber die Stimme ist nur das Krächzen eines Raben, der über den Garten fliegt.

Im Winter, wenn es sehr kalt ist und man beim Lauschen auf die zärtlichen Worte des Liebhabers unter der Bettwäsche liegt, ist es erfreulich, das Dröhnen der Tempelglocke zu hören, das wie aus einem tiefen Brunnen zu kommen scheint. Auch die ersten Rufe der Vögel, wenn ihre Schnäbel noch unter den Flügeln stecken, klingen sonderbar erstickt. Dann schickt sich ein Vogel nach dem

321

anderen zum Lockruf an. Wie angenehm es ist,
dazuliegen und zuzuhören, wie ein Laut immer
deutlicher wird.

. . .

Ich bin ins kalte und verschneite Finnland zurückgekehrt, ins Dachzimmer bei meinen Eltern. Nach
all der Reiserei kommt es mir seltsam vor, wieder
hier zu sein. Als wäre ich gar nicht weg gewesen,
aber in meinen Kopf hatte sich trotzdem alles verändert.

An einem Tag werkle ich mal wieder an einem
Stipendienantrag und merke im letzten Moment,
dass ich als Geburtsjahr 1071 eingetragen habe.
Plötzlich begreife ich, dass von meinem freien Jahr
bereits die Hälfte vergangen ist, und beschließe sofort,
mit Hilfe der erhaltenen Stipendien eine weitere Freistel-
lung zu beantragen. Ich fange auch an, über den Verkauf
meiner Wohnung nachzudenken. Ich habe das Gefühl, es
würde mein ganzes freies Jahr annullieren, wenn ich anschließend wieder an meinen alten Arbeitsplatz und in
mein altes Zuhause zurückkehren würde. Auch wenn es
sein kann, dass ich für beides noch dankbar sein werde,
sobald sich diese eigenartige »Erleuchtung« (wie meine
Kollegen meinen Zustand beschreiben) in Luft auflöst.

Für Anfang März kaufe ich ein Flugticket nach Kyōto,
Rückreise drei Monate später. Ich begreife, dass ich immer
so leben möchte: reisen, schreiben, Nachforschungen betreiben. Ich bin eine Forschungsreisende.

323

Beim Warten auf die Reise verschanze ich mich in Vihti und mache mich ernsthaft an die Arbeit. Die Tage und Wochen fliegen gleichförmig dahin. Nachmittags gehe ich im Wald spazieren oder laufe auf weiß glänzenden, menschenleeren Feldern Ski, abends begebe ich mich ins Erdgeschoss, angelockt vom Abendessen, das meine Mutter zubereitet hat. Ich gebe mich ausschließlich mit dir ab, Sei.

Manchmal wache ich nachts in einem Horroranfall auf, mit einem klaren Gedanken im Kopf: Ich bin fast vierzig und wohne bei meinen Eltern im Dachzimmer.

Liebe Sei, wo soll ich anfangen? Mit dieser Geschichte, dieser alten Wahrheit? *She fills my heart with very special things, with angels' songs, with wild imaginings, she fills my soul with so much love, that anywhere I go I'm never lonely ...*

Am Wochenende fahre ich als Waschbärsitterin für zwei Wochen zu meinem Ex. Auf meinem Plan stehen Füttern und Kraulen eines Waschbärs, zwei Terrarien mit Echsen (von denen mir auch welche gehören und hier in Pflege sind) sowie ein Präriehund, dessen kleines Nagergehirn mich, seine ehemals beste Freundin, vergessen hat. Ansonsten ist die Wohnung voller Aquarien und Paludarien. Vor allem die Paludarien sind atemberaubend schön, tropische Miniwelten, die zu betrachten sehr meditativ wäre, wenn man nicht auf das höllische Blubbern, Rieseln und Plätschern aufmerksam werden würde, das rund um die Uhr zu hören ist und einen kaum schlafen lässt. An den Aquarien sind Anweisungen an die Neue des Ex geklebt, die angeblich irgendwann kommt, um sich darum zu kümmern (der Waschbär ist mein Bier, aber die Aquarien verlassen sich offenbar nur auf sie). Auf dem faszinierendsten Zettel steht: »Geschlossenes Ökosystem, kein Futter.«

Nachdem ich an der Totenkopfhöhle angekommen bin, mache ich mich als Erstes ans Aufräumen. Ich sauge mir eine Bahn zur Wohnzimmercouch frei, die auch als Bett dient, spüle ab und hänge die Wäsche, die in der Waschmaschine liegen geblieben ist, zum Trocknen auf. Ich stelle meine Nahrungsmittel in den Kühlschrank und weiß zum Glück noch vom letzten Mal, die wievielte Schublade im Gefrierschrank man öffnen kann, ohne dass eine durchsichtige Tüte mit tiefgefrorenen Mäusen zum Vorschein kommt.

Der Bär ist von unserem Wiedersehen erfreut, aber wegen der Brunftzeit hatte er vielleicht weniger gute Nerven, was Veränderungen anbelangt. Er klettert von seinem Häuschen herab, kontrolliert knurrend sämtliche Ecken und wühlt in meinen Sachen. Die Stimme, die er dabei hören lässt, kenne ich nur zu gut, normalerweise bedeutet sie, dass er sich überlegt, was für Rachemaßnahmen er ergreifen könnte.

Ich beschließe den Bären mit einer Willkommensnummer zu bespaßen und lasse Wasser in die Badewanne laufen. Er klettert auch sofort hinein, macht ein paar Bauchgleiter von einem Ende zum anderen, würgt die Gummiente und spritzt mit seinen Tatzen Wasser durch die Gegend. Dann krümmt er sich in eine Haltung, die mir verdächtig bekannt vorkommt. Als die braune Paste sich im Wasser zu einem flockigen Brei ausbreitet, ziehe ich abrupt den Stöpsel und locke den Bären aus der Wanne. Er würde mir sogar folgen, wenn er sich nur entscheiden könnte, auf welchem Weg es in seinem nassen und glatten Zustand am leichtesten ginge: über die Waschmaschine, die voll ist mit meinen Kosmetikdöschen, übers

325

Waschbecken, auf dessen Rand meine Zahnbürste liegt, oder über den Küchenhocker, den ich zu diesem Zweck vor die Wanne gestellt habe. Letztgenannter ist am Ende genehm. Demonstrativ schüttelt er die hellbraunen Wassertropfen aus seinem Fell, verschwindet und überlässt mir das Putzen.

Am Abend merke ich, dass im Schlangenterrarium eine ziemlich große tote Maus liegt. Ich simse an den Ex, der antwortet: »Ach, sie hat sie also doch nicht gefressen.« Jedenfalls liegt jetzt eine tote Maus auf dem Präsentierteller, die ich nicht beseitigen kann, weil ich wirklich nicht vorhabe, die Behausung dieser »mäkeligen« Giftschlange (einer Weißlippen-Bambusotter, wie ich erfahre) zu öffnen. In der Küche stinkt es. Per SMS werde ich damit vertröstet, die Maus werde bald vertrocknen.

Zwischen dem Waschbärkraulen suche ich zum Zeitvertreib bei Amazon mit dem Suchwort *pillow book* nach Büchern und stoße auf ein Produkt namens Boyfriend Pillow. Es ist ein achselförmiges Kissen, bei dem man den Kopf in den Arm eines mit hellblauem Pulli und Hemd ausgestatteten »Mannes« schmiegen kann, während sich einem die Kissenhand zärtlich um die Schulter legt. Das Kissen wäre jetzt zum Sonderpreis von 24,95 Dollar zu haben.

Sei, du hast über Männer viel zu sagen, aufgrund deiner »umfassenden eigenen Erfahrungen«, wie nie zu erwähnen vergessen wird. Oft beschreibst du das Wesen und das Verhalten des perfekten Liebhabers, und es wird deutlich, dass deine Geschmacksregeln auch für romantische Begegnungen gelten. Ein stilloser Abgang im Morgengrauen war schlicht und einfach hassenswert!

Männer und Liebesbeziehungen waren auch in den Texten anderer Schriftstellerinnen ein beliebtes Thema. Izumi Shikibu beschreibt in ihrem Tagebuch ihre verzweifelte Liebesbeziehung zum Prinzen, und Michitsunas Mutter scheint in der Verbitterung über die Abwesenheit ihres Mannes zu schwelgen (der Mann hatte sich um sieben weitere Ehefrauen zu kümmern). Die gigantischste Beziehungsoper bietet jedoch Murasaki Shikibu, die in ihrem mehr als tausendseitigen Werk mit Hingabe den idealen Mann, Genji, und seine zahlreichen Beziehungen zu Frauen beschreibt.

Wenn man heute wissen will, wie Heian-Männer aussahen, muss man nur zu einer Zeremonie in einen japanischen Shinto-Schrein gehen: Die weißen Gewänder der Shinto-Priester und die schwarz lackierten Hüte mit den penisförmigen Troddeln sind die gleichen wie bei den Heian-Höflingen. Allgemein genommen bildeten ein rundes weißes Gesicht, ein kleiner Mund und ein Bocksbart am Kinn das männliche Schönheitsideal, denn sie kündeten von der Virilität eines Mannes. Deiner Meinung nach, Sei, gehörten die Augen eines Mannes zu den Dingen, die groß sein mussten, denn schmale Augen sahen weiblich aus – zu große allerdings beängstigend.

Aus heutiger Perspektive klingt euer Schönheitsideal ziemlich feminin, und über die schönsten Männer in der *Geschichte vom Prinzen Genji* heißt es, sie seien schön wie Frauen, aber offensichtlich bewies das nur, dass bei ihnen das Yin-Yang-Gleichgewicht stimmte. Der Heian-Schönling Korechika, Kaiserin Teishis Bruder, der für das Vorbild von Genji gehalten wird, hatte, Beschreibungen zufolge, ein vollkommen rundes weißes Gesicht. Auch Männer puderten ihr Gesicht, und einer deiner gnadenlos realistischen Anmerkungen zufolge erinnerte das Gesicht eines schlecht gepuderten Mannes an dunkle Erde mit zu Flecken zusammengeschmolzenem Schnee. Nach Art der Frauen parfümierten die Männer auch ihre Kleider und ihre Haare und schwärzten sich die Zähne. Der ideale Mann hatte einen sanften Charakter und war künstlerisch begabt, Sensibilität stand hoch im Kurs: Der ideale Gentleman der Heian-Zeit weinte, wenn er sich von seiner Geliebten trennte, wenn er einen großartigen Sonnenaufgang sah oder an die Einsamkeit eines Menschen dachte.

Sei, fandest du es tatsächlich attraktiv, wenn die Männer dich mit gepudertem Gesicht und parfümierten Umhängen umschwirrten, nichts taten als Verse schmieden und hin und wieder weinen? Genji und seinen Freund nannte man Prinz Duftend und Prinz Parfüm, also war ihr Geruch offensichtlich betäubend. Mich erinnert eine Überdosis Rasierwasser an primitive Insekten, die glauben, je benebelnder der Duft, desto besser locke er die Weibchen an, aber anscheinend gefiel euch das. Oder es gefiel euch zumindest mehr als der Gestank verschwitzter und ungewaschener Kleider.

Murasaki schreibt über Genji so überschwänglich, dass man sich fragt, ob es satirisch gemeint sein könnte:

»Niemand, der auch nur flüchtig Genjis Gesicht sehen durfte, blieb ungerührt. Selbst ein ungeschliffener Mann aus dem Gebirge setzt sich zum Ausruhen gern in den Schatten eines blühenden Kirschbaums.«

»Genji schrieb das Antwortgedicht mit vor Krankheit geschwächter, zittriger Hand – dennoch war die Handschrift großartig.«

»Der Duft von Genjis parfümierten Kleidern erschütterte zweifellos den Seelenfrieden der Frauen, die sich in den Hinterzimmern versteckten.«

»Genji wischte sich mit der Hand die Tränen ab, worauf die weiße Hand und die schwarzen Perlen der Gebetskette einen so zarten weiblichen Kontrast bildeten, dass die Männer ihre in Kyōto wartenden Geliebten ganz vergaßen.«

»Die Schönheit der Handschrift soll diesmal nicht beschrieben werden; schon allein die sorglose Art, mit der das Papier gefaltet war, veranlasste eine Nonne, die ihre besten Jahre bereits hinter sich hatte, vor Bewunderung mit den Augen zu blinzeln.«

»Genji hatte in die Bilder so gelungen seine ganze Seele hineingemalt, dass es für diese Bilder keinen Vergleich gab. Prinz Hotaru und alle anderen weinten vor Rührung.«

»Im Mondlicht der frühen Morgenstunden sah Genjis Gestalt noch betörender als in Wirklichkeit aus, und sein tief nachdenklicher Gesichtsausdruck hätte selbst Tiger und Wölfe zu Tränen gerührt.«

Du, Sei, lässt dich, was Männer betrifft, nicht zu solchen übertriebenen Formulierungen hinreißen.

. . .

[Sei Shōnagon schreibt]

Widerwärtige Dinge

Ein Mann, der keine besonderen Verdienste hat und über alle möglichen Themen redet, als wüsste er alles.

Da ist man schon dumm genug gewesen, einen
Mann einzuladen, die Nacht an einem unpas-
senden Ort zu verbringen – und dann fängt der
Mann auch noch an zu schnarchen.
   Ein Herr ist zur geheimen Visite gekommen. Er
hat einen hohen, lackierten Hut aufgesetzt, obwohl
er nicht will, dass ihn jemand sieht. Er ist so
nervös, dass er beim Gehen mit dem Hut irgendwo
anstößt. Wie widerlich! Es ärgert einen auch, wenn
er die Bambusjalousie am Eingang anhebt und sie
mit entsetzlichem Gepolter fallen lässt. Eine solche
Sorglosigkeit ist unverzeihlich.
   Ein Mann, der seine früheren Begleiterinnen lobt.

. . .

Aber neben Schelte gibt es von dir auch freundliche praktische Tipps, wie ein guter Liebhaber zu agieren habe.

. . .

[Sei Shōnagon schreibt]

Abscheuliche Dinge

Ein Liebhaber, der beim Gehen im Morgengrauen
versucht, seinen Fächer und seine Papiere zu
finden. Er macht im Dunkeln Radau, stößt gegen
Möbel und murmelt, wo sind sie nur. Schließlich
findet er die Sachen, stopft die Papiere geräusch-
voll raschelnd in sein Gewand und schlägt den
Fächer auf, um damit hastig zu fächeln. Erst jetzt

ist er bereit zu gehen. Was für ein plumpes Benehmen, es »abscheulich« zu nennen, ist eine Untertreibung.

Ebenso ärgerlich ist ein Mann, der sich beim Gehen mitten in der Nacht sehr darum bemüht, das Kinnband seiner Kopfbedeckung zu befestigen. Dies ist absolut nutzlos, es könnte ebenso gut ungeknotet bleiben. Und warum soll man überhaupt Zeit auf das Richten seines Umhangs oder seines Jagdgewandes verwenden? Glaubt er wirklich, jemand sieht ihn um diese Zeit in der Nacht und kritisiert seine achtlose Kleidung?

Ein guter Liebhaber benimmt sich im Morgengrauen wie auch zu allen anderen Zeiten elegant. Er windet sich mit leidender Miene aus dem Bett. Die Frau treibt ihn an: »Gehe nun, guter Mann, bald ist es hell. Du willst doch nicht, dass man dich sieht.« Er seufzt tief, wie um zu sagen, dass die Nacht nicht annähernd lang genug gewesen sei und dass es ihn schmerze zu gehen. Nachdem er aufgestanden ist, zieht er nicht gleich die Hosen an. Stattdessen tritt er dicht an die Frau heran und flüstert ihr etwas zu, das in der Nacht ungesagt geblieben ist. Auch wenn er angezogen ist, trödelt er, indem er so tut, als befestige er seinen Gürtel. Schließlich hebt er den Fensterladen an, die Liebenden stehen zusammen an der Tür, und der Mann sagt, er erwarte den kommenden Tag, der sie trenne, mit Schrecken. Dann schlüpft er hinaus. Die Frau sieht ihm nach, und dieser Moment der Trennung wird zu einer ihrer liebsten Erinnerungen. In der Tat, wie sehr sich eine Frau an einen

Mann bindet, hängt wesentlich von der Fähigkeit
des Mannes ab, sich stilvoll zu entfernen. Wenn ein
Mann aus dem Bett springt, durchs Zimmer rennt,
den Hosengürtel festzurrt, die Ärmel seines Hofum-
hangs, seines Umhangs oder seines Jagdgewandes,
sein Eigentum ins Gewand steckt und energisch
den Übergürtel anlegt – da fängt man tatsächlich
an, ihn zu hassen.

. . .

Sei, es ist schwer, das zuzugeben, aber ich habe schon lange keinen nächtlichen Männerbesuch mehr gehabt. *Sehr lange.* Zwar muss ich in der Erinnerung nicht ganz tausend Jahre zurückgehen, aber fast. Das ist bedauerlich, ich hätte mich so gern mit dir über die guten und schlechten Eigenschaften von Liebhabern unterhalten, mit dir meine Erfahrungen mit Männern verglichen. Zwar weiß ich durchaus das eine oder andere über sie, aber ich habe nicht die geringste Lust, an irgendwelche vor Urzeiten Verflossene zurückzudenken. Es wäre wesentlich faszinierender, wenn ich ganz frisches Forschungsmaterial zur Hand hätte.

Sei, auch das hätte ich von Anfang an in den Forschungsplan für die Stipendienanträge schreiben müssen: »Ich beabsichtige, mir mehrere Liebhaber zuzulegen, sie heimlich des Nachts zu empfangen, sie vor Sonnenaufgang des Weges zu schicken, um danach auf den Brief des nächsten Morgens zu warten.« Eigentlich wäre es in der Gemeinschaftswohnung am Yoshidayama leicht möglich gewesen, eine authentische Atmosphäre zu schaffen: Die Liebhaber hätten tatsächlich heimlich herein- und hinausschleichen müssen, denn ich hätte auf keinen Fall gewollt, dass meine Mitbewohner sie sehen. Wegen der Wände, die fast aus Papier waren, hätte auch sonst alles lautlos vonstatten gehen müssen. Wir hätten auf dem Tatami gelegen, wegen der unerträglichen Hitze wäre die Schiebetür zum Garten hin offen gewesen, und wir hätten dem Zirpen der Grillen gelauscht, so wie du es getan hast, oder uns später im Winter wegen der Kälte in Bettwäsche und zahlreiche Kleiderschichten gewickelt, ebenfalls so wie du. Bei der Ankunft des Liebhabers hätte der Vollmond die Haustür beleuchtet, wenn er gegangen wäre, hätte die Morgensonne den Bergen rote Ränder verliehen.

Am Morgen wäre ich im Bett geblieben, um auf die SMS des nächsten Morgens zu warten, unfähig einzuschlafen. Wäre eine solche bald gekommen und wäre die Nacht angenehm gewesen, hätte ich vielleicht den ganzen Tag mit glühenden Wangen und plattgedrückten Haaren im Bett verbracht, um an den Mann und die Einzelheiten der Nacht zu denken. Wäre keine SMS gekommen, wäre ich den ganzen Tag zwischen Computer (E-Mail/Facebook), Telefon (SMS), Küche (Wein) und Veranda (Briefkasten) hin und her gerannt, ohne glauben zu können, dass an keiner Stelle irgendeine Nachricht eingegangen ist. Ich hätte die Wohnung den ganzen Tag nicht verlassen können, weil ich über eine Nachricht sofort hätte Bescheid wissen müssen. Am Abend, wenn noch immer keine Nachricht gekommen wäre, hätte ich mein Telefon und meinen Computer weiter belauert, bis morgens um zwei, dann hätte ich mich gezwungen zu schlafen, auch wenn ich gewusst hätte, dass ich bedrückende und weinerliche Träume haben würde. Hätte auch am nächsten Morgen keine Nachricht auf mich gewartet, wäre ich endgültig zusammengebrochen.

Wäre der Liebhaber eine Enttäuschung gewesen, entweder wegen der zahlreichen Angewohnheiten, die ich schon erwähnt habe, oder aus einem anderen Grund, hätte ich den ganzen nächsten Tag entweder in Scham, Reue, Selbstmitleid oder einer Scheißwut vor mich hin vegetiert, je nach Situation. Ich weiß nicht, ob du jemals unter so etwas gelitten hast. Mein Eindruck ist, dass du einfach lässig die Vorzüglichkeit oder die Erbärmlichkeit eines Liebhabers konstatieren und die Sache damit auf sich beruhen lassen konntest, ohne dir auch nur einen Moment lang darüber Gedanken zu machen, dass dich die Wendungen, die die Dinge genommen haben, durchaus auch etwas angingen. Falls es wirklich so war, möchte ich eine Prise von dieser Einstellung abhaben.

Aber wie gesagt, ich bin in meinen Forschungen nicht so weit vorgedrungen. Vorläufig träume ich nur von Liebhabern – etwas, das du nie getan hast. Du musstest nicht von ihnen träumen, du *hattest* welche, genügend, nehme ich an, in einem nicht abreißenden Strom geradezu.

Sei, ich verspreche dir, mich zusammenzureißen. Ich verspreche, meine wissenschaftliche Forschung über die Unterschiede und Gemeinsamkeiten zwischen dir und mir auch auf nächtliche männliche Besucher auszudehnen. Es ist absolut notwendig, die Stimmung jener Nächte nachzuvollziehen und zu untersuchen, ob sich im Lauf der Jahrhunderte etwas verändert hat. Die Welt muss das wissen!

Sei, es soll nicht unerwähnt bleiben, dass ich im Bett meines ehemaligen Geliebten von vor Urzeiten liege, während ich das hier schreibe. Allein. Der Mann selbst ist verreist, ich versorge nur seine Tiere. Was für ein Zufall, dass mir ausgerechnet hier all das in den Sinn kommt!

Sei, zugegeben, ich bin ebenso an deinen Männern interessiert wie alle anderen Forschenden. Obwohl du viel über Liebhaber und das Verhältnis von Männern und Frauen schreibst, erfahren wir nie, ob einer jener Männer das Objekt deiner Leidenschaft war. Du beschreibst dich so gut wie nie als Objekt männlicher Lust oder verzehrst dich in Sehnsucht nach einem Mann, wie die anderen Schriftstellerinnen der Zeit. Wie ein Wissenschaftler feststellt, fehlt es deinem Werk durchweg an einer traditionellen Frauenfigur, an einer Heldin, die sich nach der Liebe eines Mannes verzehrt. Das hat deine Leserinnen frustriert, aber sie haben nicht aufgegeben. Denn wenn du, Sei, uns keine traditionelle romantische Intrige bietest, füllen wir die Lücken eben so, dass man die Geschichte als eine solche lesen kann.

Aber warum erwähnst du in deinem Buch dann nicht deine potenziellen Männer? Manche meinen, du hättest deine Liebesbeziehungen aus dem gleichen Grund zensiert wie die politischen Verhältnisse – in der Annahme, dass die Frage, wer mit wem schlief, in der Heian-Zeit eine politische war. Manchmal ist versucht worden, dein Werk mit Hilfe der Lücken zu interpretieren, durch die Untersuchung von Dingen, über die du nicht schreibst. Wenn du nun einmal die wachsende Not von Kaiserin Teishi unerwähnt lässt, warum solltest du dann mit der gleichen Logik nicht den Kummer wegen deiner Liebhaber unerwähnt lassen – schließlich musste die Stimmung hochgehalten werden. Einige sind zu dem Schluss gekommen, dass du ein unglückliches Liebesleben hattest. Ein Wissenschaftler ist der Meinung, dass deine größte Liebe wahrscheinlich der Mann war, den du am seltensten nennst. Besagter Wissenschaftler hat gezählt, dass du

Fujiwara no Tadanobu achtmal nennst, Fujiwara no Yuki-nari fünfmal und Tachibana no Norimitsu, der möglicher-weise dein Ex-Mann war, dreimal. Die wenigsten Nennun-gen entfallen auf den hochgeehrten Dichter und Höfling Fujiwara no Sanetaka, der 998 starb. Er wird nur an drei Stellen erwähnt, zwei der Nennungen sind lediglich ein oder zwei Zeilen lang, außerdem prädestiniere ihn seine tragische Laufbahn angeblich zu einem passenden Lieb-haberkandidaten für dich.

Schauen wir mal.

Über Fujiwara no Yukinar sprichst du viel, aber er scheint ein Freund von dir zu sein. Der als Kalligraf ge-schätzte und bekannte Yukinari dürfte eine etwas außer-gewöhnliche Gestalt gewesen sein und nicht unbedingt in der Gunst der Frauen gestanden haben, aber ihr kamt hervorragend miteinander aus – vielleicht war Yukinari auch ein bisschen in dich verknallt. Es gefiel ihm, dass du Prosa schriebst und keine Gedichte, wie alle anderen. Ein-mal wollte er, dass du ihm dein Gesicht zeigtest, aber du weigertest dich, weil Yukinari gesagt hatte, er könne nie eine hässliche Frau lieben. Du wunderst dich, dass Yuki-nari den Witz ernst nahm.

Tachibana no Norimitsu könnte dein Ex-Mann gewesen sein, und später hattet ihr ein enges Verhältnis, allerdings auf Kameradschaftsbasis. Norimitsu war dein Vertrauter, dem du zum Beispiel erzählen konntest, wo du wohntest, wenn du nicht im Palast warst (du wolltest nicht immer, dass es alle wussten, denn sonst wären doch Höflinge darauf aus gewesen, dich zu besuchen, was für Gerede und böses Blut im Palast gesorgt hätte). Mit einer solchen

Situation hatte auch der Bruch zwischen euch zu tun:

Norimitsu war berühmt dafür, Dichtung nicht zu verstehen oder nicht zu schätzen. Wer mir ein Gedicht schickt, ist nicht mein Freund, erklärte er. Einmal sandtest du ihm dann die Bitte, Tadanobu nicht deinen Aufenthaltsort mitzuteilen, und konntest dabei der Verlockung zu einem genialen Wortspiel in Gedichtform nicht widerstehen. Norimitsu kapierte den Witz nicht, und es kam auf der Stelle zum Bruch zwischen euch.

Minamoto no Tsunefusa erwähnst du oft, und er gehörte zu deinen engen Freunden, aber etwas Romantisches scheint zwischen euch nicht in der Luft gelegen zu haben. Auch Minamoto no Narimasa gehörte zu den engen Freunden, denen du deinen Aufenthaltsort anvertrautest, wenn du dich zu Hause verstecktest.

Minamoto no Narinobu war zumindest ein Bewunderer von dir – einmal ließest du ihn nicht herein, obwohl er sich im strömenden Regen zu dir geschleppt hatte, um dir guten Tag zu sagen, wofür dich die anderen Frauen tadelten. Deiner Meinung nach bezeugte der Regen in keiner Weise die Aufrichtigkeit des Mannes, zumal er an vielen Abenden zuvor nicht gekommen war, wahrscheinlich wegen seiner Frau und anderen Verpflichtungen. Hätte er dich hingegen Abend für Abend besucht und wäre er überdies trotz heftigen Regens gekommen, hätte dich das davon überzeugen können, dass er es nicht aushält, auch nur einen Abend von dir getrennt zu sein.

Minamoto no Nobutaka war ebenfalls einer deiner Verehrer und neidisch auf die Insider-Witze, die du mit Tadanobu machtest.

Fujiwara no Tadanobu scheint mir der Hauptverdächtige zu sein, was deine Liebhaberkandidaten anbelangt, und über ihn schreibst du am meisten. Er war für seine

Gelehrtheit und sein Dichtertalent bekannt, war von göttlicher Schönheit und duftete himmlisch – du widmest der Beschreibung, wie gut Tadanobu an einem Tag roch, ein ganzes Kapitel. Ihr hattet ein erkennbar enges Verhältnis, ihr unterhieltet euch zum Beispiel in einer selbst erfundenen Geheimsprache, die mit dem Gō-Spiel zu tun hatte, über zwischenmenschliche Beziehungen. Du warst erfreut, als sich Tadanobu nach langer Zeit an eines eurer Gespräche erinnerte – du warst nicht die Einzige, die daran zurückdachte. Irgendwann kam es zwischen euch zum Schisma: Du verbotst Norimitsu, Tadanobu deinen Aufenthaltsort mitzuteilen, und einmal empfingst du Tadanobu nicht, als er in der Nacht kam, um dich zu treffen. Einmal sagtest du zu ihm, du könnest nicht offiziell mit ihm liiert sein, weil du ihn dann nicht mehr allen gegenüber so hemmungslos preisen könntest – du mochtest nämlich Menschen nicht leiden, die ihre Liebhaber lobten und sofort böse wurden, wenn jemand auch nur ein bisschen schlecht über sie redete. Tadanobu meinte, du seist ein hoffnungsloser Fall, was dich sehr amüsierte.

Am Anfang gab es zwischen euch irgendwelche Störungen: Tadanobu hatte irgendwelche »unbegründete und lächerliche« Gerüchte über dich gehört, sie geglaubt und angefangen, dich schlechtzumachen und sich zu fragen, wie er dich für eine anständige Person hatte halten können. Ging er an dir vorüber, würdigte er dich keines Blickes. Aber später bereute er den Bruch eures Verhältnisses und beschloss, dir als Test noch einen Gedichtbrief zu schicken. Du antwortetest darauf so genial, dass sich Tadanobus sämtliche Zweifel zerstreuten. Dein Antwortbrief war so glänzend, dass das Gerücht darüber noch während der Nacht durch den ganzen Hof lief und alle

Höflinge bis zum Morgen deine raffinierten Verse auf ihre Fächer geschrieben hatten.

Einmal schriebst du in selbstironischem Ton so über Tadanobu:

...

[Sei Shōnagon schreibt]

Er kam und sah großartig aus. – – Die Art, mit der er auf der schmalen Veranda Platz nahm, wie er das eine Bein über den Rand hängen ließ und sich leicht an die Bambusjalousie lehnte, ließ ihn aussehen wie die glänzende Gestalt auf einem Gemälde oder wie der romantische Held von Geschichten. – – Noch eindrucksvoller wäre es gewesen, wenn die Frau, die dem Mann durch den Wandschirm hindurch antwortete, ein junges Mädchen gewesen wäre, deren Haare schön glatt und üppig an ihrem Körper herabgewallt wären wie in jenen Geschichten. Aber ich war diejenige, die sich dort befand, eine alternde Frau, die ihre besten Jahre bereits hinter sich hatte, mit Haaren, die nicht einmal meine eigenen waren, gekräuselt und hier und da ausgehend, in Trauerkleidern [Michitaka war gerade gestorben], die nichts von den für gewöhnlich so herrlich farbigen Gewändern an sich hatten ...

...

Sei, dann ist da noch das Gerücht, dass du womöglich ein Verhältnis mit dem göttlichen Korechika persönlich hattest, dem Bruder von Kaiserin Teishi. Natürlich wäre Korechika als dein Liebhaber von viel zu hohem Rang gewesen, aber wirklich, er flirtete mit dir, sobald er an den Hof kam, benahm sich stets sehr freundlich und gab dir sogar eine riesige Menge Papier, auf dem du dann dein Buch schriebst. Und zweifellos fangen deine Gedanken an zu galoppieren, als er sich eines Nachts, nachdem er bis zum Morgen den Hofdamen Vorlesungen über Literatur gehalten hat, schließlich freundlich erbietet, dich in dein Gemach zu begleiten ...

Aber vielleicht war deine große Liebe – oder der Mann, mit dem du dich in einer Vorstellung zurückzogst, um nach der Hofkatastrophe das Leben zu genießen – gar keiner von ihnen. Vielleicht erwähnst du ihn überhaupt nicht, vielleicht willst du ihn für dich allein haben. Eigentlich glaube ich, dass es sich genauso verhält.

Sei, ich habe mich zum ersten Mal als 6-Jährige im Kindergarten verliebt. Meine Freundin Riikka und ich hatten Freunde, die Toke und Arro hießen, aber ich weiß nicht mehr, wer zu wem gehörte. Seitdem bin ich ungefähr dreißig Jahre lang in Vollzeit in jemanden verknallt oder verliebt gewesen, bis auf die letzten Jahre. Ich habe eine unglaubliche Menge Energie in das Zusammensein mit Männern gesteckt, in das Schweben im ersten Rausch des Verknalltseins, ins Verliebtsein, ins Denken an Männer, ins Begehren, ins Sehnen und ins Warten – in der Zeit, die ich allein in das Warten auf Männer investiert habe, hätte ich wer weiß wie viele Doktorarbeiten schreiben können. Vor wenigen Jahren hörte diese Vollzeitbeschäftigung schlagartig auf, und in meinem Kopf wurde plötzlich reichlich Platz frei. Da fing ich an, an dich zu denken, Sei.

Sei, du schreibst Dinge über Männer, die ich sehr gut verstehe. Du schreibst, wie wunderbar es ist, bei Mondschein auf einen Besucher zu warten, der zehn Tage nicht da war, zwanzig Tage, einen Monat, ein Jahr oder auch sieben oder acht Jahre, wenn er deswegen kommt, weil der Mondschein ihn an eure früheren Treffen erinnert hat.

Du bist froh, wenn ein Mann an einem sehr windigen Abend zu Besuch kommt, denn dann hast du das Gefühl, dass er sich wirklich etwas aus dir macht.

Besonders angenehm ist es, einen männlichen Besucher bei Schneefall zu bekommen – vor allem ein heimlicher Besuch ist genussvoll –, denn wenn der Mann eintrifft, sind seine Kleider vom Schnee kalt und feucht.

Dinge von betörendem Duft, Sei: Die Umarmung eines Wintermantels voller Schnee im Flur.

Dann komme ich auf den Gedanken, Sei, dass wir bestimmt auch die gleichen Freunde hatten, wenn wir uns schon so ähnlich sind. Im Grunde meine ich ziemlich gut zu wissen, mit wem du zusammen gewesen bist.

Sei, deinen ersten Freund lerntest du mit 14 im Flugzeug kennen, und er schenkte dir (über seine Kopfhörer) Led Zeppelin. Dein erster Freund wohnte in einer anderen Stadt, aber ihr wart viele Jahre lang per Brief zusammen. Eure wenigen Treffen gestalteten sich immer ein bisschen sonderbar, denn der Freund war live nicht unbedingt der gleiche wie in den Briefen, zumindest sah er nicht so aus wie auf dem Foto, das er vor zwei Jahren geschickt hatte. Schließlich trenntet ihr euch, weil du aufs Gymnasium gingst und er Autos reparieren wollte. Unter Tränen sagte er, eine solche Beziehung sei unmöglich.

Dein zweiter Freund war ein Klassenkamerad auf dem Gymnasium. Lange wart ihr beste Kumpels, lagt nach der Schule auf der Ledercouch seiner Eltern und lachtet euch stundenlang über den Verbalhumor schlapp, der außer euch wahrscheinlich niemand zum Lachen gebracht hätte. Dann sagte jemand, ihr wärt ineinander verknallt, und ihr kapiertet, dass es stimmte. Dein zweiter Freund schenkte dir eine glückliche Jugend, eine von der vollkommen sorglosen Sorte. Die Morgen, als ihr gerade den Führerschein gemacht hattet und ihr (du im Minirock und mit rot lackierten Nägeln) spät im giftgrünen 1970er-Jahre-Porsche des Vaters deines Freundes in die Schule fuhrt. Die im selben Auto verbrachten Sommernächte auf Festivals. Die in den leeren Häusern der Eltern veranstalteten Partys, die tagelang dauerten. Alte Tänze, Schulabschluss, Abiturfeier. Die Pläne, zusammen in Berlin zu studieren. Dann die Armee, die Besuchstage und die auf mysteriöse Art beschafften freien Abende. Die ersten gemeinsamen Einzimmerwohnungen. Die erste richtige Trennung.

Dein dritter Freund schenkte dir die Kultur Japans. Du warst zwanzig, und er, der an der Militärhochschule studierte, ein höllisch guter Tänzer. Er interessierte sich auch für Samurais, Ninjas und Schwerter und hatte in seinem Schlafzimmer einen Altar, der seinen Vorfahren geweiht war. Ihr zogt euch abends Yukatas an, und dein Freund kochte sich durch ein Kochbuch, das eine japanische Hausfrau veröffentlicht hatte. Dann gingt ihr in Bars, um auf den Tischen zu tanzen, und wenn ihr in den frühen Morgenstunden nach Hause kamt, tanztet ihr weiter. Aber dann, wie vielleicht immer, wenn es am intensivsten ist, fingen Liebe und Hass an, sich zu mischen. Ihr schriebt euch und weintet und schriebt euch.

Dein vierter Freund hatte langes Haar und Hände, die alles konnten. Er schenkte dir die Tiere: Waschbären, Präriehunde, kleine Echsen mit stachligen Schwänzen. Endlose SMS-Schlagfertigkeiten. Erregende Treffen in den frühen Morgenstunden, wonach du mit Schlafmangel zur Arbeit gingst wie betrunken. Slogans für Werbekampagnen, die du zur Arbeit mitnehmen konntest, wenn du selbst nicht dazu gekommen warst, dir etwas auszudenken. Fahrten aufs Meer. Das alte Holzhaus am Meer mit seiner seltsamen Vermieterin. Das Gefühl, dass die Welt ein etwas besserer Ort ist, wenn man weiß, dass es den Anderen auf eben dieser Welt gibt. Und dass allein das Wissen um den Anderen genügt, sodass man ihn eigentlich nicht einmal sehen muss. Und sich dann ebenso gut trennen kann.

Sei, das sind sie, deine verbal begabten Männer mit den schönen Handschriften. Aber dein fünfter Freund, der, mit dem du nach dem Verlassen des Hofes dein Leben fortgesetzt hast? Über ihn weiß auch ich nichts.

. . .

Bezaubernde Dinge:

Ein einjähriges Kind krabbelt geschwind über den Fußboden. Es richtet den Blick auf ein winziges Ding, nimmt es in seine kleinen, niedlichen Finger und zeigt es der Erwachsenen.

Man hebt das süße Baby hoch und hält es eine Weile auf dem Arm – während man es liebkost, greift es nach deinem Hals und schläft dann ein.

Deprimierende Dinge:

Wenn die für die Versorgung des Kindes verant-
wortliche Person geht und das Baby anfängt zu
weinen. Man versucht, es mit allen Mitteln abzu-
lenken, schickt sogar eine Nachricht an die Pfle-
gerin und bittet sie, sofort zurückzukehren, aber sie
antwortet, sie könne an diesem Abend leider nicht
mehr kommen. Dies ist nicht nur deprimierend,
sondern geradezu abscheulich.

· · ·

Sei, bei Männern fällt mir ein, dass ich immer wieder, wenn ich die Kinder meiner Freunde und meines Bruders anschaue, bei dem Gedanken erschrecke, dass ich bald vierzig bin und mich noch nicht im Kinderkriegen hervorgetan habe. Wie konnte das so kommen? Ich weiß es nicht. Die Existenz von Nichten ist herrlich und unersetzlich, aber ich selbst habe nie Babyfieber gehabt oder mich in einer Situation befunden, in der sich wirklich die Frage nach einem Kind gestellt hätte: Beim ersten, zweiten und dritten Freund war ich meiner Meinung nach zu jung, beim vierten wollte ich nicht.

Und du, Sei? Eine solche Ungewissheit in derart wichtigen Dingen ist unerträglich: Hattest du ein Kind oder nicht? Die exakteste Information, die ich darüber gefunden habe, lautet: »In einigen zeitgenössischen Werken gibt es Hinweise darauf«, dass du »mindestens ein Kind« hattest, aber weil du nie ein Wort darüber verlierst, besteht keine Gewissheit.

Sei, ich möchte nicht glauben, dass du Hals über Kopf

den blöden Norimitsu geheiratet und mit ihm einen Sohn bekommen hast, aber vielleicht sollte ich das. Wenn du im Alter von 17 bis 25 Jahren nämlich *nicht* verheiratet und Mutter gewesen wärst, was wäre dann gewesen? Du wärst die hoffnungslos alte unverheiratete Jungfer gewesen, die befremdliche Leseratte, die von bösen Geistern besessen sein musste. Das klingt gar nicht nach dir, Sei.

Falls du nun mit Norimitsu einen Sohn hattest, war dieser acht oder elf, als du in den Hofdienst eintratst – fast im heiratsfähigen Alter also. In wessen Obhut gabst du den Jungen? Falls du wiederum mit Fujiwara no Muneyo nach deinem Dienst am Hof eine Tochter hattest, wie manche zu glauben scheinen, musstest du damals schon fast vierzig gewesen sein – nach dem Maßstab der Zeit eine wirklich alte Mutter, und genau so eine »Frau, die ihre Jugend überschritten hat und schwanger ist und beim Gehen keucht«, wie du sie unter der Überschrift »unpassende Dinge« auf deine Liste gesetzt hast.

Ich frage mich auch, ob es möglich wäre, dass du die fast zehn Jahre im Dienst am Hof überstanden hättest, ohne ein einziges Mal schwanger zu werden, wenn dein Sexualleben so rege war, wie behauptet wird. Mir sind keine Informationen über Verhütungs- oder Abtreibungsmethoden ins Auge gesprungen, aber ich kann mir vorstellen, dass solche Methoden zumindest nicht effektiv waren. Hätte ein Kind von dir während deiner Jahre am Hof zur Welt kommen können? Könnte eine der längeren Perioden, die du außerhalb des Hofes verbrachtest und in denen die Kaiserin dich beschwor zurückzukommen, eventuell mit einer Niederkunft zu tun haben? Oder aber du konntest keine Kinder bekommen, Sei – das würde erklären, warum du freier leben konntest als andere.

Aber du schreibst über Kinder, sogar oft. Aus diesen Erwähnungen lässt sich letztlich vielleicht nur schließen, dass manche Situationen und Gefühle über tausend Jahre hinweg unveränderlich geblieben sind.

. . .

Ich kehre nach Vihti zurück und bereite mich auf die Reise nach Kyōto vor. Es herrscht schönster Winter, der Schnee glitzert in der Sonne, aber in Kyōto blühen bereits die Pflaumenbäume. Dieses Mal habe ich vor, fleißig zu sein, Sei, mich sofort an die Arbeit zu machen und die Dinge zu realisieren, die ich den Stipendienausschüssen versprochen habe: deinen 12-schichtigen Kimono anziehen, Waka-Gedichte im Mondlicht schreiben und herausfinden, worum es sich bei deinem Buch letztendlich handelt. Diese Reise widme ich nur dir, Sei.

An den letzten Tagen besuche ich noch einmal meine Oma, weil ich weit wegfliege, und man nie wissen kann, wann eine 93-Jährige beschließt, zu einer noch weiteren Reise aufzubrechen. Sie hatte eines Nachts meine Eltern angerufen und mitgeteilt, Jesus habe sie besucht und gefragt, ob sie zu Opa wolle. Sie hatte geantwortet, das würde sie wohl, aber sie müsse zuerst ihre Angehörigen um Erlaubnis fragen. Ob man ihren Weggang sehr betrauern würde, hatte sie in der Nacht am Telefon gefragt.

Als ich Omas Tür öffne, begreife ich, dass dieser mit einem rosa Stück Plastik gekennzeichnete Schlüssel, den man mir gegeben hat, als ich 11 war, bestimmt der einzige Gegenstand ist, den ich seit fast dreißig Jahren jeden Tag unverändert mit mir herumtrage. In der Zeit haben sich alle meine Körperzellen verändert, ebenso meine

Körperform (zuerst entwickelt, dann erschlafft), meine Haare, meine Kleider, meine Sachen, meine Wohnung, meine Liebe, meine Gedanken, alles. Ich bin in die Mittel- und in die Oberstufe gekommen, im Chor gewesen, in der Musiktheater-AG und im Tanzunterricht, habe von einem Hund geträumt (und später einen Waschbären bekommen), mit dem Klavierspielen aufgehört, Abitur gemacht, bin von zu Hause ausgezogen, habe mich in Bars herumgetrieben, den Magisterabschluss gemacht, verschiedene Arbeitsstellen gehabt (Hausbotin, Telefonistin, Schmuckverkäuferin, Buchhändlerin, Übersetzerin von TV-Programminformationen für ein Klatschmagazin, Lektorin und Werbetexterin in einem Verlag), bin mit Männern zusammengezogen und wieder auseinander, habe mich verlobt (einmal in Berlin, oder war es in einem Münchner Biergarten), bin auf verschiedene Kontinente gereist, habe geträumt, geweint, bin mit dem Kopf gegen die Wand gerannt, bin geliebt, verlassen und getröstet worden. Nur dieser mit einem bereits schmutzig gewordenen Stück Plastik markierte Schlüssel ist derselbe geblieben und in meiner Handtasche durch all jene Erfahrungen gereist.

Ich habe beschlossen, ruhig zu bleiben, aber der Besuch bei meiner Oma deprimiert mich, wie so oft. Ich wünschte, ich könnte sie endlich als den Menschen sehen, der sie wirklich ist, sie verstehen, aber das Alter hat das Seine getan, und das Gespräch dreht sich im Kreis.

»Du bist also nie in den Hafen der Ehe eingetreten. Ich habe versprochen, in guten wie in schlechten Tagen zu lieben, und das habe ich auch getan, versprochen ist versprochen. Ich bin nie irgendwo hingegangen, damit niemand glaubt, ich würde den Männern nachlaufen. Männer sind eifersüchtig, sie glauben immer, ich gucke nach anderen Männern. Weißt du, man muss seinem Ehemann gehorchen. Aber du darfst ja leben, wie es dir gefällt. Als ich jung war, bin ich auch gereist, nach Israel, ich wollte die Welt sehen. Ich beneide dich, weil du nie geheiratet und keine Kinder hast. Du darfst ein Mädchen bleiben. Bist du glücklich? Solange du nur arbeiten darfst, das ist das Wichtigste. Kannst du *Durch den Wald der Welt führt des Kindes Weg* singen? Singen wir es zusammen. Aber wer bist du eigentlich?«

Die Männer, Sei. Über sie reden wir in allen Jahrtausenden, in jedem Alter, im Kindergarten und als Hundertjährige: über Männer, darüber, wie sie sind, wie es ist, mit ihnen zu leben, wie sie unser Leben beeinflussen. Die Erinnerungen an sie, die erlebten und die unerlebt gebliebenen Dinge, beschäftigen unsere zerfallenden Gehirne noch in der letzten Stunde, wenn alles andere in Vergessenheit geraten ist.

[Sei Shōnagon schreibt]

Überraschende und Besorgnis erregende Dinge

Wenn man einen verzierten Kamm säubert und etwas an einem Zinken hängenbleibt und der Kamm kaputtgeht.

Wenn der Wagen umkippt. Man hat sich vorgestellt, ein so stabiles, großes Gefährt würde ewig auf den Rädern bleiben. Alles kommt einem wie ein Traum vor – verblüffend und töricht.

Der Teilnehmer an einem Wettbewerb im Bogenschießen steht lange auf der Stelle, bevor er schießt, wobei der Bogen durch die Spannung bebt. Als er den Pfeil endlich auf seine Reise entlässt, fliegt er in die falsche Richtung.

. . .

Jetlag und Déjà-vu – an der Tür blüht der Kamelien-baum. In Kyōto ist alles wie zuvor, Sei. Mein wun-derbares neues Zimmer ist das ehemalige von Nino und meiner Meinung nach das schönste im Haus. Es ist etwas größer als die anderen, hat einen Tokonoma-Alkoven sowie hinter Papiertüren eine kleine Holzveranda, deren Schiebetüren zum Garten man ganz aufmachen kann. Der niedrige Tisch im Zimmer ins-piriert mich, sogleich mit der Arbeit anzufangen.

Seb und Marcos sind immer noch da. Ich trinke Tee in Sebs Zimmer, und wir tauschen Neuigkeiten aus. Mit Marcos unterhalte ich mich im Bad und erfahre dabei die besten Stellen zum Pflaumenblütengucken. Der neue Be-wohner, ein Franzose namens Yannick, wirkt wie ein nicht ausgewachsener Playboy, was Seb bestätigt: In meinem Nachbarzimmer übernachten angeblich in Bars aufgega-belte philippinische Mädchen. Es kommt mir auf sonder-bare Art so vor, als wäre ich nie weg gewesen.

Um acht Uhr zwingt mich der Jetlag, schlafen zu gehen. Weil es in meinem Zimmer irrsinnig kalt ist, ziehe ich Sei-denunterhose, Bambushemd, Kniestrümpfe aus Wolle, dicke Collegehosen, Frotteekapuzenpulli und Mütze an, bevor ich mich auf den von einer Heizmatte erwärmten Futon lege und die Decke bis an die Nase ziehe.

Das ist Kyōto. Das ist mein Leben, denke ich glücklich, während ich mit der Wollmütze auf dem Kopf daliege.

Ich verbringe den Jetlag-Erholungstag damit, mit dem Fahrrad in die Ladengasse beim Bahnhof Demachiyanaga zu fahren. In einem Modegeschäft für Omas kaufe ich mir eine Angora-Garnitur, denn warme Unterwäsche scheint mir bei diesem eiskalten Wetter Anfang März am wichtigsten zu sein, eine Ausrüstung für rund um die Uhr, und in meinem Koffer habe ich nur eine Garnitur mitgebracht. Man darf die Wäsche nicht anprobieren, und zu Hause stelle ich fest, dass sie an den Füßen und an den Händen viel zu kurz ist.

Ich fahre mit dem Rad auch zum Einkaufen in die Innenstadt. Mir fällt wieder ein, wie leicht es ist, hier verstanden zu werden, wenn man nur die englischen Wörter japanisch ausspricht. *Foot cream?*, frage ich die Verkäuferin, deren Gesicht sich nach kurzem Nachdenken aufhellt: *Ah, futtu kriimu, hai!* Die Junkudo-Buchhandlung verlasse ich mit einer großen Plastiktüte und um hundert Euro ärmer: Ich beschließe, ausnahmsweise alle Anschaffungen gleich an den ersten Tagen zu tätigen, damit sie sich nicht an den letzten Tagen häufen.

Dann radle ich in den Garten des kaiserlichen Palasts, wo die Pflaumenbäume blühen. Es ist kalt und der Wind beißend, und gerade als ich mich auf eine Bank setze, um mir unter Pflaumenblüten mein eiskaltes Bentō schmecken zu lassen, fängt es an, nass und dünn zu schneien.

Auf dem Schild neben meiner Bank steht, dass an dieser Stelle einst das Biwadono-Haus von Fujiwara no Mototsune stand, das nach 1002 von Fujiwara no Michinaga und seiner Tochter Kenshi bewohnt wurde. Als der kaiserliche Palast brannte, benutzte es auch der Kaiser selbst als Wohnung. So wohnte hier also, wie das Schild mitteilt, im Jahr 1009 Kaiser Ichijō, zu dessen Gefolge auch Murasaki Shikibu und »Sei Shōnagon, die Verfasserin einer Tanka-Gedichtsammlung namens *Pillow-Book*« gehörten. Ich traue meinen Augen nicht. Erstens dürfte klar sein, dass das *Kopfkissenbuch* keine Tanka-Gedichtsammlung ist, und zweitens warst du, Sei, falls alles, was ich gelesen habe, zutrifft, im Jahr 1009 nicht mehr am Hof, und schon gar nicht, um zusammen mit Murasaki Shikibu Kaiserin Shōshi zu dienen. Wieso wissen nicht einmal die Japaner selbst wenigstens das über dich?

Trotzdem stelle ich mir gern vor, dass du, Sei, in dieser Gegend umherspaziert bist und vielleicht genau hier gesessen hast. In meiner Nähe späht ein mit sich selbst zufriedener, glänzender schwarzer Rabe nach meinem Mittagessen, und ich frage mich kurz, woher ich wissen will, dass das nicht du bist, Sei, wegen deiner Sünden (an denen mangelte es dir laut den buddhistischen Priestern ja nicht) als Rabe wiedergeboren. Ich notiere mir die Beobachtung, auch wenn sie nicht unbedingt strengsten wissenschaftlichen Maßstäben entspricht.

Am Abend sinkt die Temperatur fast auf null, und ich esse zu Hause in der eiskalten Küche zu Abend. Ich beschließe, mich der Kälte förmlich wollüstig hinzugeben, mich bis ins Mark auskühlen zu lassen und dann ins Sentō zu gehen, um mich zu wärmen. Durch und durch klamm gehe ich mit meiner Badetasche ins nahe gelegene Bad, wobei ich innerlich einen Facebook-Post entwerfe, in dem ich die Frage stelle, warum das Sentō erfunden wurde, und antworte, damit die armen Menschen, die in eiskalten Häusern wohnen, wenigstens einen Ort haben, an dem sie sich aufwärmen können. Als ich mich dem Gebäude nähere, sehe ich, dass es dunkel ist. Das Bad hat geschlossen.

Als ich dann mit sämtlichen Kleidern am Leib, Wollmütze auf dem Kopf und mit Handschuhen in meinem zehn Grad kalten Zimmer sitze und dies schreibe, kommt es mir plötzlich so vor, als hätte ich kleine Splitter in den Augen: Ich bin allergisch gegen die Oma-Angora-Wäsche.

Sei, beim Schreiben des Tagebuchs denke ich zum ersten Mal daran, was passiert, wenn mein Buch einmal erscheint. Möchte ich es wirklich mit allen seinen Dummheiten jedem Beliebigen zum Lesen geben? Warum, um Himmels willen, möchte ich all diese Dinge über mich enthüllen?

Ich schreibe innerlich an dich, Sei, aber die künftigen Leser könnten auch meine Eltern, meine Großmutter, meine Kolleginnen und Kollegen und mein Ex-Freund sein ganz zu schweigen von all den Unbekannten, die mich für selbstbezogen, naiv und inkompetent erklären werden. Wen kränke ich? Was für ein Bild gebe ich von mir selbst? Sich selbst zu entblößen – das Selbst, für dessen Verhüllung ich so viel Zeit aufgebracht habe – ist riskant.

Warum hast du, Sei, geschrieben? Was war *Makura no Sōshi* letztendlich? Ein geheimes Tagebuch?

Im letzten Kapitel deines Buches sagst du, du habest angefangen zu schreiben, weil dir Kaiserin Teishi eine große Menge Schreibpapier gegeben habe. Du sagst, du hättest nur für dich geschrieben, und es sei nicht vorgesehen gewesen, dass andere es zu lesen bekämen, aber dann, im Jahr 996, geschah Folgendes:

. . .

[Sei Shōnagon schreibt]

Als der zentrale Hauptmann [Tsunefusa] der Abteilung der linksseitigen Wächter noch Gouverneur von Ise war, besuchte er mich einmal zu Hause.
Am Rand der Veranda lag eine Strohmatte, und ich zog sie heraus, damit er sich setzen konnte. Zufällig lag mein Notizbüchlein auf der Matte, aber ich bemerkte es nicht rechtzeitig. Ich rückte an das Notizbuch heran und versuchte verzweifelt, es an mich zu bringen, aber der Hauptmann schnappte es sich und brachte es mir erst viel später zurück. Ich glaube, dass es von da an am Hof von Hand zu Hand ging.

. . .

Aus heutiger Perspektive klingt der Vorfall ulkig, aber wer weiß, vielleicht hat es sich genau so zugetragen, schließlich berichtet auch Murasaki in ihrem Tagebuch von einem ähnlichen Fall, in dessen Folge die *Geschichte vom Prinzen Genji* in Umlauf geriet.

Sei, wir sind beide in diese uralte Konvention der geheimen Tagebücher verstrickt, in das widersprüchliche Netz aus privatem Schreiben und Herzeigen, das die Schreibenden von den Frauen der Heian-Zeit bis zu den heutigen Bloggerinnen (bei denen der Wunsch, etwas zu zeigen, vielleicht endgültig das Bedürfnis nach Heimlichkeit bezwungen hat) beschäftigt hat. Das »geheime« Tagebuch von jemandem zu lesen hat etwas ganz Besonderes. Der Rausch, in den man gerät, wenn einem ein solches in die Hände fällt, die Grenzlinie zwischen dem Verbotenen und dem Erlaubten, das Erregende des Voyeurismus, das öffentlich Werden des Persönlichen, die Möglichkeit, sich zu identifizieren – nämlich gerade mit diesen etwas peinlichen Gedanken hinter den Kulissen, die man anderswo normalerweise nicht zu Gesicht bekommt... Was sonst macht die Attraktivität deines Buches aus, Sei, wenn nicht genau das? Warum hätte Tsunefu sonst dein Notizbuch klauen sollen?

Sei, irgendetwas daran stimmt trotzdem nicht. Viele Wissenschaftlerinnen und Wissenschaftler haben die Behauptung geschluckt, du hättest nur geschrieben, weil du zufällig einen dicken Stoß Papier dein Eigen nanntest. Aber Papier von guter Qualität war kostbar wie Seide – wie glaubwürdig ist es also, dass du für private Kritzeleien, die du nicht einmal jemandem zeigen wolltest, kiloweise kaiserliches Qualitätspapier vergeudet hättest?

Ehrlich gesagt, Sei, fällt es mir wirklich schwer zu glauben, dass du nicht wolltest, dass man deinen Text liest – also falls es mir auch nur annähernd gelungen ist, deinen Charakter kennenzulernen. Du bist intelligent und begabt und hast genug zu sagen: Ganz bestimmt wolltest du, dass man dich sieht und hört. Hättest du also nicht eigentlich mit allen Mitteln danach trachten sollen, eine so üppige Menge Papier in die Hände zu bekommen, damit du deinen Plan verwirklichen und die genialste literarische Hervorbringung aller Zeiten in Angriff nehmen konntest?

Verflixt noch mal, Sei, schwindelst du?

An meinem vierten Tag in Kyōto bekomme ich es mit anderen Sorgen zu tun als mit Jetlag, Kälte und unzuverlässigen Hofdamen.

Ich habe mir mit einer Yakisoba-Mahlzeit im Bizou den Bauch vollgeschlagen und mir von der Frau im Lunchlokal die detaillierte japanische Schilderung der Zubereitungsweise von *Umeboshi*-Essigpflaumen und den dazu gereichten *Akajiso*-Raspeln angehört und bin anschließend zum Handicraft Center geradelt, um mir das Angebot der Buchabteilung im fünften Stock anzusehen. Ich blättere gerade in einem Buch namens *Illustrated Eating in Japan* (das ich mir später auch kaufe, weil ich daraus die Information über *Umeboshi* und *Akajiso* bekomme, die zuvor an mir vorbeigegangen ist), als mich ein komisches Gefühl beschleicht. Zuerst denke ich, dass ich vielleicht ohnmächtig werde, denn warum sollte ich sonst schwanken. Dann begreife ich, dass auch die Kassenschilder wackeln, weil der ganze Laden schaukelt wie ein Schiff. Die Mädchen an der Kasse halten die Schilder fest, aber die anwesenden amerikanischen Touristen merken nicht einmal etwas. Nach fünfzehn Sekunden ist alles vorbei.

Es ist 14.46, wie ich später erfahre. Es ist der 11. März 2011, und Japan hat gerade das schlimmste Erdbeben seiner Geschichte erlebt. Das Epizentrum des Bebens liegt in der Nähe von Sendai, etwa 600 Kilometer von Kyōto entfernt. Größere Zerstörung als das Beben richtet der zehn Meter hohe Tsunami an, der ihm folgt.

Aber als ich in der Buchabteilung stehe, weiß ich das noch nicht. Eine Stunde später bekomme ich eine SMS von meinem Vater, in der er fragt, ob ich das Erdbeben bemerkt hätte, und mir kommt der Verdacht, dass es sich vielleicht gar nicht bloß um eine kleine, lokale Erschütterung handelt. Auf dem Fernseher in der Eingangshalle des KICH wird ein überfluteter Flughafen gezeigt, aber ich begreife das Ausmaß des Ganzen noch immer nicht.

Zu Hause kann ich mir gerade ein kurzes Stück der BBC-Nachrichten im Internet anschauen, als Reina hysterisch weinend hereinkommt, weil es ihr nicht gelingt, Kontakt zu ihren nördlich von Tokio lebenden Eltern aufzunehmen. Wir versuchen den Fernseher anzubekommen, aber in der Panik wissen wir beide nicht mehr, welche Knöpfe auf den drei Fernbedienungen dafür gedrückt werden müssen. Schließlich gelingt es uns, und die Horrorbilder bringen Reina immer haltloser zum Weinen. Ich kann ihr nur eine Wolldecke holen, Tee kochen und von der Couch aus auf die japanische Übertragung starren, ohne etwas zu verstehen.

Inzwischen hagelt es Textmitteilungen, Mails, Facebook- und Chat-Nachrichten aus Finnland, und zeitweise berichte ich in drei Chats gleichzeitig, dass es mir gut geht. Nachrichten kommen von mindestens dreißig verschiedenen Menschen, auch von solchen, mit denen ich lange nichts mehr zu tun gehabt habe. Ich bin richtig gerührt von diesem Ausmaß an Sorge. Auch Kim mailt mir und empfiehlt mir, Kontakt mit Finnland aufzunehmen. Er will kommen und überzählige Decken aus dem Haus holen, um sie ins Katastrophengebiet zu schicken.

Ich käme nicht auf die Idee, Angst zu haben, wenn mir meine Eltern keine hysterischen SMS über die Risiken durch ein brennendes Atomkraftwerk schicken würden. Ich bin nicht ganz sicher, was ich tun soll, wenn ein Atomkraftwerk explodiert. Mich in der Erde vergraben? Nach Korea schwimmen? Voller Mitleid denke ich an meine Mutter, die sich mit Sicherheit am Rande des Nervenzusammenbruchs bewegt. Solche Situationen erscheinen vor den Schreckensbildern der Fernsehnachrichten stets furchterregender als vor Ort, wo das Leben normal weitergeht und man weiß, dass es einem selbst gut geht. Immerhin befinde ich mich sechshundert Kilometer von den Bildern entfernt, die im Fernsehen gezeigt werden. Oder stehe ich völlig auf dem Schlauch, als ich mir in der Küche eine Schüssel Obstsalat mache, während ich mir auf BBC den Bericht über die Zerstörung ansehe? Ich weiß nicht, was ich sonst tun könnte, und essen muss man ja.

Am nächsten Morgen sind Handy und Mail voller neuer Nachrichten. Auch vom Krisentelefon des Außenministeriums ist eine Anfrage gekommen. Die Fragen sind mehrdeutig, und ich schicke schließlich mehrere Antworten. Es wird gebeten, folgendermaßen zu antworten: A Es geht mir gut, B Ich wünsche eine Kontaktaufnahme, C Ich befinde mich nicht im Gebiet, D Dasselbe auf Schwedisch. Ich antworte zuerst mit A und C, denn ich nehme an, dass mit »Gebiet« das Katastrophengebiet gemeint ist. Dann frage ich mich, ob ich den Eindruck erwecke, gar nicht in Japan zu sein, und man mich daher von der Informationsliste streichen könne. Also schicke ich eine zweite Nachricht hinterher, in der ich mitteile, mich in Kyōto zu befinden, und an eventuellen Infos interessiert sei. Der automatische Telefonservice akzeptiert als Antwort jedoch nur A, B, C und D, und in der Retournachricht steht: »Wenn Sie eine Kontaktaufnahme wünschen, antworten Sie mit A«, was sich zu allem Überfluss im Widerspruch zu meiner ersten Nachricht befindet, in der der Kontaktaufnahmekode B war. Trotzdem schicke ich eine neue Nachricht mit A. Ich frage mich, ob ich im Außenministerium anrufen und meine Situation erklären soll, aber ich habe keine Lust, die Leitung zu blockieren, weil andere mit Sicherheit wirklich ein Problem haben.

Um vier Uhr in der Nacht ist es zu einem zweiten zerstörerischen Erdbeben in Nigata, an der japanischen Westküste gekommen. Derzeit gibt es 500 bestätigte Todesopfer, verschollen sind unter anderem ganze Züge und Schiffe. Zwei Kernkraftwerke in Fukushima lecken, und man versucht, sie zu kühlen, um eine Explosion zu verhindern. Im Umkreis von zehn Kilometern werden die Menschen evakuiert. In Tokio droht der Strom auszugehen. Bei den Fernsehübertragungen, die aus Tokio kommen, tragen die Journalisten Helme, denn Nachbeben sind immer noch möglich. Ein Erdbebenexperte erklärt, die Beben seien zu erwarten gewesen, aber nicht einmal Wissenschaftlerinnen und Wissenschaftler hätten sich eine so große Zerstörung vorstellen können. Das Beben wird als das fünftschlimmste in der Weltgeschichte eingestuft.

Viele scheinen im Internet die Meinung zu vertreten, es sei ein Glück, dass das Beben ausgerechnet in Japan stattgefunden habe, das weltweit am besten auf die Katastrophe vorbereitet sei, sodass die meisten Schäden materieller Art seien und die Zahl der Opfer wahrscheinlich kleiner ausfalle als es in Entwicklungsländern der Fall gewesen wäre. Ich frage mich, ob die Japanerinnen und Japaner selbst auch so denken und ob es nach Meinung jener Leute am besten wäre, wenn sämtliche Naturkatastrophen anstatt in Entwicklungsländern in Finnland stattfänden, weil wir eine ziemlich gute Infrastruktur haben und über die Mittel zum Reparieren der Schäden verfügen.

Gleich vom Morgen an sitze ich mit Reina im Wohnzimmer vor dem Fernseher. Sie erzählt mir, viele glaubten, das Erdbeben sei von den USA initiiert worden: Die Amis könnten eine Erdbebenmaschine haben, mit der sie versuchen, die japanische Wirtschaft zu zerstören. Aber ich bekomme von Reina auch nützliche Informationen, wie zum Beispiel die, dass man bei einem Erdbeben das Fenster aufmachen und unter einem Tisch in Deckung gehen soll. Das Öffnen des Fensters ist wichtig, damit ich ins Freie komme, wenn das Haus einstürzt. Auch eine Wasserflasche sollte ich griffbereit haben, für den Fall, dass ich nicht hinauskomme. Draußen wiederum soll man sich vor alten Gebäuden und den Dachziegeln, die von ihnen herunterfliegen, hüten. Einem japanischen Sprichwort nach wäre es in einem Bambuswald am sichersten, denn Bambuswurzeln sind stark und reichen tief. Mit Wehmut denke ich an den Bambuswald von Arashiyama – an einem so mythischen poetischen Ort wird gewiss nie etwas Schlimmes passieren können.

Wir überlegen, ob wir den ganzen Tag vor den Nachrichten verbringen oder die Dinge tun sollen, die wir uns ursprünglich vorgenommen haben. Durch Wechseln des Fernsehsenders kann man dem Thema nicht entkommen: Auch auf dem anderen Sender sieht man, während ein Musikvideo läuft, in der unteren Ecke eine Karte von Japan, auf der ununterbrochen rote und gelbe Bereiche aufblinken und die Stärke des Bebens anzeigen. Wir beschließen, die zweite Variante zu wählen und normal zu handeln, obwohl es ein seltsames Gefühl ist, zum Kitano Tenmangu aufzubrechen, um Pflaumenblüten zu betrachten.

Ich fahre mit dem Fahrrad die halbe Stunde dorthin. Es ist bewölkt, aber windstill und angenehm. Für das Eintrittsgeld zum Garten darf man eine Tasse Aprikosenblütentee sowie einen weißen und einen rosa Keks in Pflaumenblütenform genießen. Der salzige Geschmack des Tees

ist eine Überraschung, aber weil aus der Tiefe meiner

Seele der japanische Satz *Kore wa nan desu ka* – was ist das – hervorsprudelt, erfahre ich die Zusammensetzung. Ich wandere umher und bewundere die weißen, rosa- und fuchsienfarbenen Pflaumenbäume. Ihre edlen Blüten werden historisch noch mehr geschätzt als die Kirschblüten: Zum Beispiel enthält die älteste überlieferte japanische Gedichtsammlung *Manyoshu* mehr Erwähnungen von Pflaumenblüten als von Kirschblüten. Murasaki Shikibu ist das vollkommene Bild für diese mitten im Schnee makellos rein aufgehende Blüte.

Auf dem Rückweg beschließe ich darum auch, das Grab von Murasaki Shikibu zu suchen, und finde es mit Hilfe der Anweisungen, die ich im Herbst von Takeshi erhalten habe, leicht. Der aus zwei Gräbern bestehende Friedhof liegt an einer stark befahrenen Straße in der kleinen Nische einer Betonmauer. Dort ruht im Schatten eines großen Baums Murasaki Shikibu. Sofern sie hier ruht: Auf diesen Ort ist man in Folge diverser Berechnungen gekommen, und über deinen Grabplatz, Sei, hat man nicht einmal so viele Vermutungen anstellen können. Ich lege eine Zehn-Yen-Münze auf den Hügel und hoffe, das richtige der beiden Gräber gewählt zu haben. Wer weiß, an welchem Grab ich sonst Murasakis Namen geflüstert habe.

Zu Hause ist die Hölle los. Von meinem Vater kommt die Nachricht, dass es im Atomkraftwerk Fukushima zu einer Explosion gekommen ist. Über das Ausmaß des Schadens weiß man noch nichts, aber in Finnland heißt es angeblich, der Unfall sei schlimmer als der von Tschernobyl. Ich weiß nicht, ob das die Interpretation meiner Eltern oder eine offizielle Information ist. Sie verlangen, dass ich den nächsten Flug nach Hause nehme.

Ich fange an, die Nachrichten auf allen Kanälen zu verfolgen,

auf Japanisch,

auf Englisch,

auf Finnisch,

in Strahlenschutzsprache,

TV

Internet

Twitter

Chat

Facebook

SMS

Skype,

ich denke an meinen 23 Kilo schweren Koffer

+ an die 11 Kilo Handgepäck

+ an die vorgestern gekauften Bücherstapel

+ an den Haufen Yen meines Dreimonatsbudgets

+ an den Kurs, der gerade eingebrochen ist

+ an meinen Kirschblüten-Traum, der so nah an der Erfüllung ist (mögliche Grabsteininschriften: Verschied an Strahlung unter einem Kirschbaum)

+ an die für morgen gekaufte Kabukitheaterkarte (à 80 Euro)

+ an Essen und Wasser,

ich denke darüber nach, ob ich Angst habe,

ich weiß es noch nicht,

mein Vater befiehlt mir, Jodtabletten zu kaufen,

aber in der Apotheke versteht man mich nicht,

man bekommt hier kein Kaliumjod, vielleicht ist Kombu-Meeralge ebenso gut, rufen die Leute im Internet aus,

das finnische Außenministerium empfiehlt, nicht hierherzureisen

aber man empfiehlt auch nicht abzureisen,
meiden Sie frische Luft und Leitungswasser, heißt es,
aber ist damit nur dort gemeint oder auch hier,
das Wetter ist immerhin günstig, der Wind weht von
Fukushima zum Meer,
ich trage zwei Wasserpullen nach Hause, ich lese,
dass das Beben Japan um zwei Meter verschoben
und die Erde um zehn Zentimeter gekippt hat,
absurd,
ist es absurd, hierbleiben zu wollen, wohin gehen
die evakuierten Menschen,
funktioniert der Verkehr, reicht das Wasser, und was ist
mit Essen, Strom,
aber oh!
Der finnische Botschafter ist auf dem Weg nach Tokio,
mit einem Koffer voll
Jodtabletten, ein Dopingkoffer rettet die Finnen,
ich kichere im Schlaftablettenrausch,
aber am nächsten Morgen wache ich auf,
weil ich Angst habe ich zittere die Zähne klappern
was wenn befohlen wird wegzugehen dann ist die Hölle
los Millionen Menschen in Panik nichts funktioniert wie
komme ich zum Flughafen in welche Maschine mit dem
Reaktor von Fukushima sieht es besser aus aber ein anderer ist im Alarmzustand die Behörden teilen nicht alles
mit ich gehe ins Kabukitheater weil mir nichts Besseres
einfällt am Flussufer paradiesisches Wetter Leute ohne
Eile die zum Mittagessen gehen Jogger lächeln Hunde
waten zu den Steinen im Fluss Liebende die Jodtabletten
aus Finnland sind aufgebraucht (nehmen Sie sie sicherheitshalber ein) aber die Taschenspielertricks der Kabuki-
schauspieler sind Magie zu Hause klingelt das Telefon auf

Skype die Eltern die Familie meines Bruders die Schwiegermutter meines Bruders Sorge und Schmerz ich frage soll ich heimkommen kriegt jemand einen Herzinfarkt komm heim denk an deine Werte entscheide selbst was können wir schon tun wenn dir die Kirschblüten wichtiger sind als dein Leben mach was du willst ich beschließe nirgendwohin zu gehen bevor es der Außenminister befiehlt, ich entscheide nicht, ich entscheide, ich –

Drei Tage nach dem Erdbeben.

In der Nacht träume ich, dass A mich als Star für ein Musikvideo angeheuert hat. Der Dreh auf der Schweden-Fähre beginnt (ich soll mich sexy auf einem Bett im fernöstlichen Stil räkeln), und ich versuche zu erklären, dass ich den Song, den ich vortragen soll, noch nicht einmal gehört habe. Aber mein Mund ist voller trockenem Thunfisch aus der Dose, und ich kann nicht sprechen.

Am nächsten Morgen lese ich die Nachricht, die mein Vater in der Nacht geschickt hat, und deren Überschrift lautet: »Komm heim«. Es gibt neue Probleme in den Kernkraftwerken, der Wind dreht nach Süden, und die Behörden schätzen die Wahrscheinlichkeit schwerer Erdbeben in den nächsten Tagen auf 70 Prozent. Auf dem Flughafen Tokio herrscht Chaos, weil alles, was von den Ausländern Beine hat, sich in Sicherheit bringen will. Die finnischen Nachrichten schätzen die Anzahl der Toten inzwischen auf 80 000. Man vermutet, dass die japanischen Behörden sich nicht trauen, die Wahrheit über die Lage der Atomkraftwerke zu enthüllen. Den US-Amerikanern zufolge handelt es sich bereits jetzt um den schlimmsten Kernkraftunfall der Welt.

Auf den Internetseiten der Botschaft wird über neue

Beben, Tsunamiwarnungen und Stromausfälle in Tokio berichtet. Aus dem Hahn im Botschaftsgebäude kommt angeblich nur noch braunes Wasser. Trotzdem wird man weiterhin nicht aufgefordert, das Gebiet zu verlassen. Ich warte geradezu darauf, dass mein Handy jeden Augenblick mit dem Befehl zur Abreise piept, aber nein.

Ich gerate in Panik und beschließe, sicherheitshalber bei Finnair anzurufen. Die Mitarbeiterin erklärt, ich könne mein Ticket nicht umtauschen, weil der Rückreisetag nicht auf die von ihnen festgelegte Zeit zwischen dem 14. und dem 23.3. falle, in dem das Ticket ohne Aufpreis umgetauscht werden könne. Der erste freie Platz von Osaka nach Helsinki wäre in knapp einer Woche am Samstag, und das einfache Ticket würde 1500 Euro kosten, was eine Unverschämtheit ist, wenn man bedenkt, dass ich für mein Rückflugticket 680 Euro bezahlt habe. Ich schaue im Internet nach anderen Flügen, aber in den nächsten Tagen ist nach Helsinki nichts zu bekommen. Für das Wochenende gibt es Flüge für 1500–3000 Euro, die Flugzeit beträgt im Schnitt 25 Stunden. Ich weiß weiterhin nicht, was ich tun soll. Ich ordne meine Sachen, wasche Wäsche und dusche mich, bevor das Wasser braun wird.

Buz schickt eine Nachricht, in der sie mich auffordert, über die Abreise nachzudenken, gibt mir aber zugleich die Anweisung, mir möglichst viele Notizen zu machen. Tatsächlich ist mir der Gedanke gekommen, dass ich mir gewünscht hatte, in meinem freien Jahr würde etwas Umwälzendes passieren, über das ich schreiben kann, aber an so etwas habe ich dabei nicht gedacht.

Was würdest du tun, Sei? Wahrscheinlich würdest du von der ganzen Katastrophe gar nichts wissen. Wäre 600 Kilometer von dir entfernt etwas passiert, hätte die Nachricht davon erst Wochen oder Monate später Heian-kyō erreicht. Du hättest keine Tsunamiwarnung bekommen, und selbst wenn, wärst du mit dem kriechenden Ochsenwagen nicht weit gekommen. Über Stromausfälle hättest du dir nicht den Kopf zerbrechen müssen, auch nicht über Leitungswasser oder Atomunfälle. Du hättest dir nicht rund um die Uhr auf verschiedenen Kanälen Bilder der Zerstörung angesehen, nicht mit Menschen getextet, die auf der anderen Seite der Welt leben.

Ihr hättet geglaubt, dies wäre eine Strafe des Schicksals. Als Versöhnungsgeste hättet ihr postum einen Kaiser oder Kriegsherren erhöht. Die Priester hätten aus Träumen Vorzeichen herausgelesen, die Mönche Sutras deklamiert und böse Geister beschworen. Bei uns hier lesen Männer in weißen Anzügen Zeichen vom Geigerzähler ab. Als Versöhnungsgeste wird der Leiter eines Atomkraftwerks entlassen. Und wir alle wissen, dass dies eine Strafe des Schicksals für unseren maßlosen Energieverbrauch ist.

Die Kopfschmerzen sind tierisch.

Vier Tage nach dem Erdbeben.

Mit den Schlaftabletten schlafe ich gut, aber am Morgen rumort es im Bauch. Auch die Nachrichten sind nicht beruhigend: In einem der Reaktoren von Fukushima ist es wieder zu einer Explosion gekommen, und die Strahlung in der Umgebung hat die Grenzwerte überschritten. Der Energiekonzern räumt ein, dass die Explosion eine Kernschmelze verursacht haben könnte, was immer das zu bedeuten hat. Man schätzt, dass die Emissionen Tokio in zehn Stunden erreichen werden, wenn der Wind gleichbleibt.

Das Außenministerium hat seine Reiseempfehlungen überprüft und fordert dazu auf, Reisen ins Gefahrengebiet und nach Tokio zu vermeiden. Familien mit Kindern werden aufgefordert, ein Verlassen des Gebiets mit »kommerziellen Flügen« in Erwägung zu ziehen, also mit solchen, deren Ticketpreise sich zwischen 1500–3000 Euro pro Person bewegen. Ich bin nicht sicher, ob mit »Gebiet« nur das Katastrophengebiet gemeint ist oder ganz Japan.

Mich erfasst Beklemmung. Ich zwinge mich, aus dem Haus und zum Handwerkermarkt am Chion-in-Tempel zu gehen, teils auch damit ich sehe, ob das Leben noch immer normal weitergeht. Anscheinend tut es das: Auf dem Markt herrscht das gleiche Gedränge wie sonst. Dennoch gehen mir die Ereignisse keinen Moment lang aus dem Kopf. Mir ist schlecht, aber ich esse trotzdem zu Mittag – schließlich weiß ich aus Erfahrung, dass alles nur schlimmer wird, wenn man nicht isst.

Gegen zwei komme ich wieder nach Hause. Das Haus ist leer, abgesehen von Yann, aber ich habe keine Lust, ihn nach seiner Meinung über die Lage zu fragen. Auch letzte Nacht war auf dem Flur ein japanisches Mädchen namens Katarina unterwegs, das ich noch nie gesehen hatte, also geht Yanns Party offenbar im alten Stil weiter.

Kim teilt mit, er sei den ganzen Tag bei Zeremonien und könnte die Lage nicht verfolgen. Auf der Facebook-Seite der Botschaft berichtet jemand, am Flughafen Narita würden billige *Escape-the-Earthquake*-One-Way-Flüge nach Hongkong verkauft. Ich denke, dass ich fliegen würde, wenn jemand käme und mir ein Ticket in die Hand drücken würde, aber allein die Entscheidung zu treffen und alles zu organisieren fällt mir schwer. Ich simse an Hx und frage, was er tun würde. Ich warte auch ein bisschen auf Marcos' Entscheidung – irgendwie wäre es angenehmer, mit jemandem zusammen abzureisen. Die Entscheidung wird natürlich durch die Flugpreise nicht erleichtert. Ich überlege, ob ich sicherheitshalber schon mal packen soll. Meine ewige Entscheidungsunfähigkeit hat in einer ziemlich üblen Situation die Macht übernommen.

Im Wohnzimmer hackt ein imbeziler Mitbewohner mit Mütze auf dem Kopf auf dem Nintendo herum. Mir selbst reicht das reale Computerspiel, bei dem versucht wird, Atomreaktoren zu kühlen, bevor sie explodieren. Wie viele Leben haben wir noch, und wird es uns gelingen, das nächste Level zu erreichen?

Ich rede mit meinen Eltern, die Stimmung ist bereits ziemlich gereizt. Jonna befiehlt mir in einer SMS herzukommen. Hx, der einzige Gegenpol auf meinem Meinungsbarometer, textet, er an meiner Stelle würde nicht abreisen, sondern schreiben wie verrückt.

Ich gehe aufs Klo und merke plötzlich, dass ich weine. Anscheinend bin ich allmählich am Ende.

Marcos kommt nach Hause und sagt, er habe beschlossen abzureisen.

Es ist schon fast Mitternacht, als ich mit Marcos, Seb und Yann beschließe, eine Ex-tempore-Abschiedsfiesta zu feiern. Ich merke, dass ich selbst inzwischen die Entscheidung getroffen habe abzureisen. Yann hat vor, am Montag nach Frankreich zu fliegen, Marcos am Donnerstag für zwei Wochen nach Neuseeland, Seb bleibt hier, weil Reina nicht wegwill. Die Jungs haben gerade Essenspakete von zu Hause bekommen, und alles muss vor der Flucht aufgegessen werden. Auf dem Tisch stapeln sich spanische und

französische Käse, Würste, getrockneter Fisch, getrockneter Rogen und spanische Omelette. Yann hat zwei Flaschen Champagner, von denen wir eine trinken – die zweite will er im Haus auf unsere mögliche Rückkehr warten lassen. Das letzte Abendmahl in Ebisuke, anwesend ich und die Jungs. Seb lässt auf seinem Computer die Beatles laufen – nicht zu traurig, nicht zu fröhlich. Alle nervt es gewaltig, die Kirschblüte nicht sehen zu können, Marcos spricht darüber seit seiner Ankunft. Yann ist jetzt richtig nett, da ich endlich mit ihm rede – außerdem war diese Katarina von letzter Nacht gar nicht seine Tussi, sondern eine neue Mitbewohnerin, die aus dem Norden geflohen ist und für den Fall einer plötzlichen Abreise in der Nähe eines Flughafens sein will. Yann hat vor, nach Paris zu fliegen und seine japanische Freundin mitzunehmen, aber später höre ich, dass die Freundin nicht mitkommt, weil sie ihre Familie nicht verlassen will. Das Gleiche erzählt Katarina: Keine Japaner wollen weg, weil es immer jemanden gibt, den sie nicht verlassen wollen: ein Familienmitglied, ein Freund, ein Mitbewohner. Die Gemeinschaft ist wichtiger als man selbst, und wenn nicht alle gehen, geht keiner. Reinas Verwandte möchten zwar von Tokio in den Süden kommen, aber die Züge fahren nicht, und Benzin ist nicht zu bekommen. (Der Theorie von Hx zufolge behaupten die Behörden, das Benzin sei alle, um eine hysterische Massenflucht zu verhindern.) Seb plant, ein Auto zu mieten und sie zu holen, wenn er irgendwo genug Benzin auftreiben kann. Reina geht es schlecht, und ich vermute, dass sie sich auch gestritten haben.

Die Stimmung beim letzten Abendmahl ist heiter, voller Nähe und trotzdem die seltsamste, die ich je erlebt habe. Morgen früh packe ich und fahre. Irgendwohin.

Fünf Tage nach dem Erdbeben.

Am Morgen kann ich mich zu einer sonderbaren Ruhe bringen, es gelingt mir, Entscheidungen zu treffen und mit zugartiger Zielstrebigkeit im Internet sämtliche notwendigen Buchungen und Maßnahmen durchzuführen. Ich beschließe, nach Thailand zu fliegen, um dort abzuwarten, bis sich die Lage beruhigt hat. Ich bekomme für morgen einen Flug von Korean Airlines von Osaka über Soul nach Phuket. Der einfache Flug kostet »nur« 950 Euro. Ich nehme eine Buchung für zehn Nächte in einem kleinen Familienhotel in Phuket vor, das im Netz gute Bewertungen bekommen zu haben scheint. Weil der Flug schon am Vormittag geht und es zu spät ist, ein Flughafentaxi zu bestellen, beschließe ich, schon heute zum Flughafen zu fahren. Für die Nacht reserviere ich ein Zimmer in einem Flughafenhotel.

Ich fange an, meine Sachen in drei Haufen zu sortieren: was mitkommt, die Winterkleider, die hierbleiben, und die Bücher, die Kim mir, wenn nötig, nach Finnland schicken kann, sowie die Haushaltsartikel, die hierbleiben, und Sachen, die es sich nicht zu schicken lohnt. Ich kaufe auf der Post einen Karton, in den ich die eventuell zu schickenden Sachen packe und auf den ich einen fertig ausgefüllten Paketschein klebe. Die meisten Sachen nehme ich trotzdem mit, auch wenn ich damit in Thailand bei 32 Grad nicht viel anfangen können werde. Ich leihe Marcos mein Fahrrad, damit er seine Erledigungen machen kann – sein Rad ist ausgerechnet gestern an einem verbotenen Parkplatz aufgepickt und zur Polizei gebracht worden. Das Wetter ist apokalyptisch: Die Temperatur abrupt auf fast null Grad gefallen, der Wind böig und stark, abwechselnd scheint die Sonne und fällt Schneeregen. Der Weltuntergang scheint nahe zu sein.

Gegen vier bin ich zur Abreise bereit. Yann bietet sich an, meinen Koffer die Treppe, die zum Haus führt, hinunterzuschleppen Er ist letztlich ein richtig goldiger Junge, und als wir uns trennen, ich schwöre es, hat er Tränen in den Augen. Ich glaube, dass die Situation alle mehr beansprucht und beängstigt, als wir zugeben.

Ich nehme ein Taxi zum Bahnhof und von dort den Zug zum Flughafen. Im Zug schreibe ich SMS an meine Freunde. Alle sind mit meiner Entscheidung zufrieden. Ich begreife, dass ich im Begriff bin, mit einem Koffer Winterkleidung nach Thailand zu fliegen. Es ist wie eine Version des Films *Urlaub*, den ich als Kind liebte. Der Höhepunkt dieser finnischen Komödie besteht darin, dass sich der Schauspieler Antti Litja eine Badehose bastelt, und zwar aus einer Wollmütze, deren Bommeln schwer vom Wasser zwischen den Beinen baumeln, als er aus dem Meer steigt. Ich habe mich über die Szene jedes Mal schlapp gelacht, aber mir ist nie in den Sinn gekommen, dass ich selbst einmal in die Lage geraten könnte, mich auf der Flucht vor einem Atomunfall in einem türkisen Wollmützenbikini, der mir im Meer bis zu den Knöcheln heruntergerutscht ist, verstecken zu müssen. Fehlen nur die Skier.

Ich denke mir auch, dass der Kontrast der Welten zwischen der Kirschblüte in Kyōto und den krebsroten fetten Abendländern in Phuket nicht größer sein könnte. Sei, wie es aussieht, wirst du auf diese Reise nicht mitkommen.

Von meinem Zimmer im 50. Stock des Flughafenhotels aus habe ich einen fantastischen Ausblick in zwei Richtungen, auf das Zentrum von Osaka und auf den im Meer treibenden Flughafen Kansai. Ich kann es trotzdem nicht genießen: Ich merke, dass ich am Ende bin. Den ganzen Tag hat es Nachbeben gegeben, physische und psychische.

Ich schreibe *Sayonara* ans beschlagene Fenster und gehe direkt ins Bett.

· · ·

[Sei Shōnagon schreibt]

Sonnen

Sonnenuntergang. Wenn die Sonne gerade unter-gegangen ist, ist es bewegend zu sehen, wie ihr rötlicher Lichtschein noch auf den Bergkämmen verweilt, während blassgelbe Wolken hoch oben über den Himmel gleiten.

Monde

Der Mond der Morgendämmerung, der dünn über dem Rand der östlichen Berge aufsteigt, ist sehr bewegend.

Wolken

Weiße, violette und schwarze Wolken sind betö-rend. Auch Regenwolken an windigen Tagen. Es ist auch entzückend, bei Sonnenaufgang das allmäh-liche Verschwinden der schwarzen Nachtwolken zu beobachten, wenn der Himmel hell wird.

· · ·

Phuket ist heiß und feucht wie eine Dampfsauna. Ich nehme mein erstes Frühstück auf der Hotelterrasse im Schatten von Palmen ein und frage mich, ob ein Thailand-Urlaub doch seinen Reiz hätte. Im Frühstücksraum gibt es zwei Computer mit Internetanschluss, aber ich will auf keinen Fall auch nur in die Nähe der Seiten von finnischem Rundfunk, finnischer Zeitungen oder finnischer Botschaft in Japan kommen, an denen ich die ganze letzte Woche gehangen habe. Allein der Gedanke bereitet mir Übelkeit. Ich weiß nicht, ob ich mit diesen »Gefühlen« irgendwie »umgehen« sollte und ob es etwas Unangenehmes bewirkt, sie zu »leugnen«, aber das ist mir egal.

Mein kleines, aber angenehmes Hotel am Patong Beach von Phuket ist voller braun gebrannter, perfekt aussehender junger schwedischer Paare. Zu dieser Gruppe gehöre ich schon mal nicht, denke ich, aber bald scheint mir, dass es in dieser Situation die beste Therapie ist, diesen sorglos im Pool planschenden, kühles Bier schlürfenden Schweden zuzuschauen. Diese Welt ist so weit weg von Atomzerstörungen und Erdbeben, wie es nur geht.

Im Hotel herrscht eine häusliche Atmosphäre: Alle scheinen sich zu kennen, und die Frauen an der Rezeption passen auf die Babys der Gäste auf, während die Eltern ihr Dasein genießen. Das Personal ist äußerst freundlich, und ich erzähle allen, die mich danach fragen – und um die Wahrheit zu sagen, auch anderen –, woher ich komme und warum. Ich will nicht wie eine bemitleidenswerte Flüchtige wirken, aber ich denke, es kann nicht schaden, dass man sich der Tatsachen bewusst ist, falls ich anfange, mich irgendwie komisch zu benehmen. Das Mädchen an der Rezeption meint, ich solle mir eine ruhigere Insel suchen, denn Patong Beach sei nur fürs Trinken und

Feiern gedacht, und offenbar sehe ich nicht so aus, als wäre ich auch nur auf eines von beiden scharf. Sie verspricht, mir auch Tipps zu geben, wo ich am besten Sommerkleider kaufen kann, denn die brauche ich dringend.

Nach dem Mittagessen gehe ich auf der Strandpromenade spazieren. Ich kann nicht sagen, dass mir besonders gefällt, was ich dort sehe, und ich glaube nicht, dass ich unter anderen Umständen diesen Ort als Reiseziel gewählt hätte. An dem drei Kilometer langen Strand liegen dicht an dicht dünne und dicke rote und in der Farbe gegerbten Leders gebräunte Touristen aus dem Westen. Die Atmosphäre in der Einkaufsstraße ist schäbig. Mein Hotel liegt zum Glück am äußersten Rand des Strandes, in einer ruhigen Seitenstraße.

Am Abend kommt das freundliche Mädchen von der Rezeption zu mir, um sich mit mir zu unterhalten, und wundert sich, dass ich überhaupt allein unterwegs bin. Sie hat eindeutig Mitleid mit mir, aber zum Glück habe ich inzwischen bereits im Reiseführer gelesen, dass die Thai alle Alleinreisenden bemitleiden. Sie warnt mich davor, allein nach Bangla zu fahren, wo angeblich *Ladyboys* mein Portemonnaie leeren. Ein anderer Angestellter, ein in Thailand geborener Schwede, ist jedoch der Meinung, dass ich unbedingt nach Bangla fahren solle, um mich ein bisschen zu amüsieren. Anscheinend sehe ich nicht so aus, als hätte ich mich in letzter Zeit amüsiert.

Meine Freunde mailen und befehlen mir, Phuket unverzüglich zu verlassen, denn der Ort sei gefährlich für die psychische Gesundheit. Viele schlagen kleinere Inseln vor. Angeblich wäre es am besten, den Koffer in Aufbewahrung zu geben und mit dem Rucksack einfach immer der Nase nach herumzureisen.

Die Situation ist außergewöhnlich. Entgegen meiner Pläne bin ich plötzlich in Thailand gelandet, und ich habe freie Hand, was auch immer zu tun, so lange zu bleiben, wie ich will, denn ich habe nur einen Hinflug gebucht. Andererseits bin ich mental noch in Kyōto, und bei mir habe ich 23 Kilo Winterklamotten und Bücher, die mit der Heian-Zeit in Japan zu tun haben. Außerdem habe ich einen Computer sowie ein Bündel Yen-Scheine dabei, die drei Monate zum Leben reichen sollten – nicht wirklich die Ausrüstung, die für Backpacking in Thailand empfohlen wird. Ich habe mich auf dieses Land überhaupt nicht eingestellt, ich weiß nichts über Thailand, ich bin in meinem ganzen Leben nicht in dieser Welt gewesen. Und was wird dieser Ort mit meinem Buchprojekt machen? Kann ich mir überhaupt vorstellen, hier über das Japan des 11. Jahrhunderts und eine eigentümliche Hofdame zu schreiben? Vom finnischen Schneematsch aus betrachtet mag die Situation zweifellos ideal wirken, aber vor Ort ist die Lage für einen Menschen wie mich, der sich nur langsam anpasst und wenig entscheidungsfreudig ist, alles andere als selbstverständlich. Als ich am Montag letzter Woche nach Kyōto flog, hatte ich wahrhaftig nicht damit gerechnet, jetzt Strandurlaub in Phuket zu machen.

Ich beschließe, mich einzugewöhnen, indem ich mich am Pool sonne. Ich creme mich mit der Sonnencreme ein, die ich mir am Flughafen Seoul gekauft habe und die den Sonnenschutzfaktor 50 hat. In Thailand fängt gerade die heißeste Periode des Jahres an, schon morgens um zehn ist es in der Sonne tödlich heiß. Ich setze mir das Ziel, fünfzehn Minuten in der Sonne zu liegen, damit sich meine bläulich blasse Haut wenigstens vorläufig an die Sonne gewöhnt, muss aber schon nach elf Minuten kurz vorm Hitzschlag aufgeben. Ich verziehe mich zum Lesen unter einen Sonnenschirm.

Am Nachmittag kühle ich mich in meinem Zimmer ab und lese Ruth L. Ozekis *Beef*. Gerade jetzt ist das Buch Balsam für meine Seele. Auch du, Sei, kommst in der Geschichte vor, und an den Kapitelanfängen stehen Zitate aus dem *Kopfkissenbuch*. Die amerikanische Dokumentarfilmerin Jane Takagi-Little, die sich mit der Fleischindustrie beschäftigt, bewundert dich, und die Japanerin Akiko Ueno versucht ihr eigenes Kopfkissenbuch zu schreiben. »Das Schwierige bei Shōnagon ist, dass man kaum besser schreiben kann als sie«, stellt Akiko fest und hat recht.

Am nächsten Morgen gehe ich zum Strand und verschanze mich auf einem Liegestuhl unter einem Sonnenschirm. Der Tag ist perfekt, aber die Hitze am Morgen schon wie eine Wand, und ich kühle mich in regelmäßigen Abständen in der türkisfarbenen Vogelmilch ab. Die Köpfe der Touristen schaukeln auf den Wellen auf und ab wie die Bojen, die den Schwimmbereich markieren.

Mein Liegestuhl ist mein Reich. Ein Junge fixiert mein Handtuch mit einem Gummi, wie man sie zu Hause am Fahrradgepäckträger benutzt. Auf meinen Tisch werden Bügel gelegt, auf denen ich meine Kleider aufhänge, sodass sie unter dem Sonnenschirm flattern. Eine unsichtbare Hand schiebt einen mit Sand gefüllten Aschenbecher auf meinen Tisch. Der Junge kehrt den Sand vom Liegestuhl, der sich von meinen Füßen angesammelt hat, und versetzt meine zwei Sonnenschirme ungebeten so, dass mein Gebiet, mein Grundstück, meine Strandbehausung den ganzen Tag schattig bleibt.

Von den vorbeiziehenden Händlern kann man alles kaufen, was man braucht, ohne sich vom Liegestuhl erheben zu müssen. Sie verkaufen Getränke, Eis, Obst, Mahlzeiten. Kleider, Tücher, Sarongs, Haarverzierungen, Schmuck, Sonnenbrillen, Uhren, Blasinstrumente, aus Holz geschnitzte Gegenstände, Hängematten, Obstschalen, Nagelpflegezubehör. Im Angebot sind Massage, Fußpflege, Henna-Tätowierungen, frische Aloe Vera gegen Sonnenbrand.

Gleichzeitig geht der Kampf in den Kernkraftwerken von Fukushima weiter. Es wird damit gerechnet, dass der Wind in Richtung Tokio dreht. Die finnische Botschaft in Japan hat ihre Tätigkeit von Tokio nach Hiroshima verlegt. Die westlichen Alliierten haben den Krieg gegen Lybien begonnen und versuchen Gaddafi, der sich im letzten Wahn seines Irrsinns wehrt, dazu zu bringen, die Macht abzugeben. Ich liege in Phuket. Abgestumpft, schwitzend, ohne an etwas zu denken.

Die Banalität dieser Touristenfalle steckt an wie ein Virus. Plötzlich gibt es auf der Welt nichts anderes von Bedeutung als herumzuliegen, zu lesen, zu essen und zu schwimmen. Ich interessiere mich am ehesten für die Schutzfaktoren von Sonnencremes, für den Sand, den ich ins Zimmer schleppe, für den Flüssigkeitshaushalt. Eine andere Wirklichkeit gibt es nicht. Es gibt keine anderen Ebenen. Keine Kriege, Erdbeben, Atomkraftwerke. Kein Buchprojekt über eine Schriftstellerin, die am Heian-Hof gelebt hat. Es gibt nur kalte Getränke und den idealen Grad der Bräunung. Nicht einmal der Fernseher in meinem Zimmer funktioniert. Das muss ein Zeichen sein.

Und dennoch hat mein Körper das Gefühl des Erdbebens gespeichert. Immer wieder spüre ich Erschütterungen. Am Flughafen Seoul habe ich den Boden schwanken gespürt, auch im Flughafenhotel von Phuket, ich spüre die Erde am Strand und in meinem Zimmer vibrieren. Ich weiß nicht, ob ich zum weltweit genauesten Erdbebenbarometer in Menschengestalt geworden bin oder ob in meiner Nähe ständig Sprengungen an Baustellen durchgeführt werden.

Die Tage gehen gleichförmig dahin, am selben Strand, im selben Strandrestaurant. An den Tischen sitzen exakt dieselben Paare auf denselben Plätzen wie am Tag zuvor, und für mich gilt das Gleiche. Kein Wunder: An den im Sand gedeckten, von Sonnenschirmen geschützten Tischen kann man himmlisch frische Köstlichkeiten aus dem Meer für weniger als drei Euro pro Portion genießen, es besteht kein Grund, den Ort zu wechseln. Selbst kleine Ausflüge in die Umgebung kommen einem mit der Zeit irgendwie unnötig vor – vielleicht morgen, oder übermorgen... man wird gierig auf das Nichtstun. Es ist schwer, einen Gedanken zu fassen, bisweilen huschen am Rand des Bewusstseins welche vorbei, dann verschwinden sie wieder, gehen im unglaublichen, alles schluckenden Abgrund der Banalität unter.

Sei, du bist wirklich nicht hier. Von deiner Welt gibt es hier keine Spur. Nicht an diesen weißen, roten oder braunen, dünnen und dicken menschlichen Körpern, den nackten Brüsten, prall oder hängend, in der Sonnencreme, die sich mit Schweiß vermischt. Vielleicht erinnere ich mich gerade noch so an dich, wenn ich am Strand die verschämten Tsunami-Warnschilder mit ihren Evakuierungsanweisungen sehe – in dieser zur Randbemerkung minimierten Tatsache erinnerst du an die Vergänglichkeit von allem, an die Zufälligkeit, an das Schicksal. Aber wenn ich mich entscheiden müsste, würde ich dann als Letztes die Kirschblüten von Kyōto und die rosa Berge sehen wollen oder diese Abgestumpftheit, in der gerade noch ein Hauch von Wille zum Genuss liegt?

. . .

[Sei Shōnagon schreibt]

[- – - Piep – – - tssrk – – – piep – – -] [Rauschen.]
[Stille.]

. . .

Sei, ich wäre gern bei dir in Heian-kyō, aber da die Lage nun einmal ist, wie sie ist: Könntest du dir vorstellen, hierherzukommen? Du könntest in meinem Zimmer wohnen, hier ist ein halbes Bett frei, das Zimmer ist angenehm und kühl, von einem friedlichen Garten umgeben, und wenn wir uns das Essen ans Bett bestellen, musst du das Zimmer nicht einmal verlassen. Würdest du mich besuchen, wenn auch nur kurz, um dich in Erinnerung zu bringen? Denn sonst ist es unmöglich, hier an dich zu denken.

Sei, ich höre nicht, was du sagst.

Am Nachmittag frage ich das Mädchen an der Rezeption nach dem Weg zu dem Einkaufszentrum, das am anderen Rand von Patong Beach liegt. Als ich mich auf den Weg machen will, wartet sie vor der Tür mit einem Moped und fragt, ob ich mitfahren möchte. Zum ersten Mal im Leben steige ich auf so ein Gefährt, und bald sause ich durch die Stadt, wobei mir das nach Räucherwerk duftende Haar eines Thaimädchens ins Gesicht weht. Ich lächle während der ganzen Fahrt.

Das Einkaufszentrum ist endlos groß, die Etagen und zusätzlichen Flügel setzen sich in alle Richtungen fort wie in einer futuristischen Höllenmaschine. Ich habe keine Lust, irgendetwas zu kaufen, aber ich schaue mich dennoch um, denn hier ist es klimatisiert. Ich begreife, dass ich nirgendwo eine größere Bikini-Auswahl zu Gesicht bekommen werde, und zwinge mich, mir zwei zu kaufen.

In einer Buchhandlung finde ich zwei Bücher, die ich lesen möchte, für die ich aber auf keinen Fall Geld ausgeben will. *My Thai Girl and I – How I found a new life in Thailand* erzählt von der Lebensveränderung eines sechzigjährigen Professors, nachdem er sich in Phuket in eine Obstverkäuferin verliebt hat, die halb so alt ist wie er. *So Many Girls! So Little Time! – Your Guide to Romantic Adventures in Thailand* wiederum ist ein detaillierter Führer in die Geheimnisse des Thai-Datings, der unter anderem darlegt, welche Probleme man bekommen kann, wenn man eine Thai-Frau heiratet, aber trotzdem weiterhin andere Frauen daten will (weil es nun mal so viele davon gibt). Die Situation wird durch ein Foto veranschaulicht, auf dem eine Thai-Frau eine Wasserpistole auf den Betrachter richtet. Im Buch wird auch über die Vor- und Nachteile des Heiratens und Single-Bleibens spekuliert: In der Zukunftsvision desjenigen, der heiratet, sieht man eine alte, fette, zahnlose Thai-Frau mit Kopftuch, während die Zukunft des Singles aus einer endlosen Reihe wechselnder, immer jüngerer und schönerer Mädchen besteht.

Plötzlich will ich mich in dieses Phänomen vertiefen, von dem ich merke, dass es hier reine Wirklichkeit ist.

Überall sieht man westliche Männer jeden Alters, zumeist

ältere mit dickem Bauch, in Begleitung deutlich jüngerer Thai-Mädchen. Sie spazieren durch die Straßen und verbringen Zeit am Strand, wo die Frau am Liegestuhl das Mittagessen, das sie zubereitet hat, aufträgt und dem Mann serviert. Die Frauen sehen ganz normal aus, manche haben Kinder dabei. Wer sind diese Männer? Und vor allem die Frauen?

Als das abendliche Stampfen im Einkaufszentrum einsetzt und träge Menschen in die Restaurants strömen, setze ich mich zu einer Pizza und Rotwein hin.

Ich beschließe, auf ein Tuktuk zu verzichten und zu Fuß nach Hause zu gehen, so sehe ich ein wenig vom abendlichen Leben. Ich spaziere durch die Bar-Hölle in der Bangla Road und sehe die berühmten *Ladyboys*, die wie Drag-Queens aussehenden Transvestiten mit ihren Federboas. Je näher ich meinem Zuhause komme, desto besser verstehe ich, in was für einem himmlisch friedlichen Paradies das Hotel liegt.

Nach dem Frühstück habe ich gerade die Sonnencreme aufgetragen und die Strandtasche gepackt, als es anfängt zu regnen. Plan B? Mit einem Buch im Bett liegen.

Am Nachmittag will ich zum Mittagessen gehen, als es wieder anfängt, wie aus Kübeln zu gießen. Ich esse im Hotel.

Zum Abend hin braut sich ein richtiges Gewitter zusammen, und ich gehe zum Abendessen in ein Meeresfrüchterestaurant nebenan. Auf der zum Meer hin offenen Terrasse herrscht wegen des Regens eine Fliegeninvasion, weshalb ich mich drinnen niederlassen muss. Draußen spielt eine Band »Bésame Mucho«, und eine westliche, recht dicke Frau tanzt leidenschaftlich zwischen den

Tischen. Ich bestelle ein halbes Kilo in Butter und Knoblauch gebratenen Phuket-Hummer sowie ein Glas Weißwein.

In der Hotelbar läuft an diesem verregneten Abend alter Jazz. Die fuchsienroten Wunderbüsche blühen, so sehr sie nur können.

Am nächsten Morgen gehe ich an den Strand, aber am Nachmittag fängt es wieder an, in Strömen zu regnen. Ich flüchte mich von meinem Liegestuhl unter die undichten Sonnenschirme der Strandvermietung, um zu warten, bis es aufhört.

Am Abend regnet es wieder, weshalb ich im Hotel esse. Jetzt strotzt der Regen vor dampfsaunaartiger heißer Feuchtigkeit. Über mich legt sich eine feuchte Folie, und ich weiß nicht, ob es Schweiß oder Kondensflüssigkeit ist. In der Bar halten sich soziale Leute auf. Eine Irin redet und bestellt sich pausenlos Wein nach, eine Schwedin leistet ihr Gesellschaft, und auch das schwule Paar aus Neuseeland ist guter Dinge.

Die japanischen Behörden haben die Zahl der Todesopfer durch Erdbeben und Tsunami bestätigt, es sind bereits 9000. Über 12 600 Menschen werden weiterhin vermisst. Im Osten und Norden des Landes halten sich mehr als 350 000 Menschen in Evakuierungszentren auf, wo es an Essen und Wasser mangelt. Ich höre von Liisa, dass die für Mai in Tokio geplante internationale Ikebana-Veranstaltung abgesagt worden ist.

Auch am nächsten Morgen regnet es, weshalb ich beschließe, ins nächste Reisebüro zu gehen, um etwas zu finden, das ich tun kann. »Elefantenreiten« klingt stimmungsvoll: Ich stelle mir vor, wie ich auf Dschungel-pfaden in den Bergen in einem Einweg-Regenponcho auf einem Elefanten sitze, von Vogelstimmen und Feuchtigkeit umgeben, ab und zu an einem Aussichtspunkt anhaltend, von dem aus man das Andamanische Meer türkisfarben schimmern sieht.

Ich täusche mich.

Wir fahren mit einem offenen Jeep los und sammeln unterwegs Leute von verschiedenen Hotels auf. Nach einer Stunde Fahrt erreichen wir ein Amüsierzentrum für Touristen, wo man bei straffem Fahrplan bis zu neun Programmnummern absolvieren kann: Im Angebot sind neben Elefantenreiten und Elefantenshow eine Fahrt mit dem Ochsenkarren, Affenshow, Fischfußbad, Büffelreiten, Thai-Kochen, Thai-Boxen, Reisanbau, Gummisammeln an Gummibäumen und ein Orchideengarten. Ich bin entsetzt, versuche aber, mir nichts anmerken zu lassen. Mein ge-buchter Elefantenritt bedeutet, dass ich eine Stunde auf einem Elefanten sitze, der hauptsächlich am Rande eines künstlichen Dorfes steht und Grünpflanzen verschlingt. Von den Reitern werden Fotos gemacht, und weil die Situ-ation so absurd ist, beschließe ich, eines zu kaufen. Das letzte vergleichbare Bild von mir wurde vor 35 Jahren in einem Wild-West-Dorf auf Ibiza gemacht, damals auf dem Rücken eines Ponys. Die Atmosphäre ist ungefähr die glei-che, außer dass ich damals sicher etwas mehr Begeiste-rung an den Tag legte.

Nach dem Reiten bin ich das Ein-Personen-Publikum bei der Elefantenshow. Zwei Elefanten stehen auf den Hinterbeinen, dann auf den Vorderbeinen, zum Schluss sitzen sie und lächeln wie Top-Models, wie der Modera-tor feststellt. Der eine wirft einen Ball in einen Basketball-Korb, der andere macht mit einem Fußball ein Tor. Dann spielen und tanzen die Elefanten: Der eine hat eine Mundharmonika, der andere einen Hula-Hup-Reifen. Ich klatsche nach jeder Nummer gehorsam, damit die armen Elefanten nicht beleidigt sind. Schließlich ist Elefantenmassage an der Reihe: Ich werde angewiesen, mich auf eine Matte zu legen, und der kleinere Elefant massiert mit seinem Fuß meinen Rücken.

Ich esse eine Banane, die der Programmveranstalter anbietet, werfe einen Blick in den Orchideengarten und brause im Jeep zurück. An meinem Bein ist ein roter, juckender Fleck aufgetaucht. Man sollte den Asphalt nicht verlassen.

Am Abend bin ich so müde, dass ich beschließe, im Hotel zu essen. Am Bartresen bleibe ich stehen, um mit Bev, der Irin, zu plaudern. An der Theke hängt außerdem das österreichische Paar, das heute seinen letzten Abend hier verbringt. Es stellt sich heraus, dass sie alle bereits alles über mich wissen, aber dennoch Abend für Abend über meinen Gemütszustand spekuliert haben und darüber, warum ich allein bin, und dass man mir irgendwie helfen müsste, aber die Irin findet es verständlich, dass ich meine Ruhe haben will. Der österreichische, tätowierte Motorradfahrer ist der Meinung, ich solle mich nicht abends um neun auf mein Zimmer verziehen, um »irgendein Buch zu lesen«, sondern in Bars gehen. Grinsend erzählt er, er sei vor der Ankunft seiner Frau selbst zwei Wochen »allein« hier gewesen und habe die Zeit weidlich genutzt. Der schwedische Hotelchef schlägt vor, dass ich anstatt über das Japan der Heian-Zeit über ein interessantes Thema schreiben soll, wie zum Beispiel über das in

Thailand explodierende HIV-Problem, über die Mafia oder über Sex-Tourismus. Alle scheinen eine Meinung darüber zu haben, was ich tun sollte und was nicht. Auf Druck des Publikums trinke ich zwei Gläser Weißwein und bekomme Kopfschmerzen.

Plötzlich begreife ich, warum ich mich in Kyōto so wohlfühle. Dort gibt niemand zu verstehen, dass ich anders sein sollte – fröhlicher, gesprächiger, feierfreudiger, ausgelassener, mehr dem Alkohol zusprechend. Niemand beklagt sich darüber, dass ich düster, scheu oder trübsinnig bin, vielmehr kann ich sein, wie ich bin, und mich dennoch verstanden fühlen.

»Das Schlimmste im Exil ist, an einen Ort geraten zu sein, wo niemand deine Ansichten teilt«, schreibt Murasaki in Liza Dalbys Roman. Genauso fühle ich mich in Phuket.

Ich wache mit Kopfschmerzen und düsterer Stimmung auf. Päivi mailt, unsere für April geplante Rundreise durch Japan müsse abgesagt werden. Ich verstehe sie und bin der gleichen Meinung. Koya-san und die Nächte im Tempel, die traditionellen Dörfer mit den schiefen Dächern von Takayama, die Japanischen Alpen und die Bäder, Burg Matsumoto, das Kiso-Tal mit den Dörfern aus der Edo-Zeit – ihr müsst jetzt warten.

In Tokio haben fünfundzwanzig Botschaften wegen des Unfalls in Fukushima geschlossen. Es wird empfohlen, dass Kinder in Tokio kein Leitungswasser trinken, und Wasser in Flaschen ist in den Geschäften ausverkauft, obwohl eine Beschränkung auf vier Liter pro Kunde eingeführt worden ist. Die finnische Botschaft hat wegen der andauernden Lage weitere Jodtabletten bestellt. Die

Temperatur des ersten Reaktors im Kraftwerk ist wieder auf gefährliche Werte angestiegen. Viele Länder führen Importbeschränkungen für japanische Lebensmittel ein, und an Finnair-Maschinen, die nach Finnland geflogen sind, hat man kleine Mengen an Strahlung gemessen. Die Zerstörungen in Japan sind als teuerste Naturkatastrophe der Welt eingestuft worden: Die Kosten werden auf 220 Milliarden Euro geschätzt.

In Phuket regnet es, und es wird vorhergesagt, dass Regen und Gewitterschauer mindestens zehn Tage anhalten werden. Ich weiß nicht, was man in einem Strandurlaub bei solchem Wetter tun soll. Ich habe vor, in meinem frisch gemachten Bett kurz darüber nachzudenken.

Dann tue ich endlich etwas Wunderbares: Ich nehme an einem einfach nur großartigen Ausflug teil. Dies ist auch eine Werbung für euch alle, die ihr ungeplant in Thailand gelandet seid und nichts mit euch anfangen könnt, weil ihr davon träumt, dorthin zurückzukehren, von wo ihr gekommen seid, und die ihr nicht wie alle normalen Menschen seid, die sich längst aus dem Staub gemacht hätten, um anderswo große Abenteuer zu erleben. Am achten Tag retten euch John Gray's *Sea Canou* und der *Hong-by-Starlight*-Ausflug.

Wie durch ein Wunder regnet es am Morgen nicht, und die Fahrt führt über eine Stunde zu dem Steg, von dem das Ausflugsboot ablegt. Wir essen im Boot zu Mittag und erreichen bald die Insel Hong, vor der wir in Gummi-Kanus für zwei Personen umsteigen. Wir paddeln an die hohe Kalksteininsel mit den schroffen Steilhängen heran, an deren unterem Rand sich tunnelartige Tropfsteinhöhlen gebildet haben. Das Wasser hat genau die richtige Höhe, und wir gelangen mit unserem Kanu gerade so in einen unglaublich schmalen und niedrigen Tunnel. Der Guide befiehlt uns, uns ins Kanu zu legen und aus den Rändern etwas Luft herauszulassen, damit wir uns auf dem Rücken liegend und mit dem Gesicht fast die steinerne Decke streifend durch den Tunnel zu der geschlossenen Lagune im Inneren durchzwängen können. In der Lagune tut sich eine vollkommen andere Welt auf. Ihre steilen Wände ragen bis zu 250 Meter hoch auf, und der Boden ist von Mangrovenwald bewachsen. Die Grillen zirpen ohrenbetäubend, ansonsten ist es absolut still, denn uns Eindringlingen käme es unverschämt vor, auch nur ein einziges Wort zu sagen. Es regt sich nichts – wir sehen nicht einmal Affen, die auf die Insel geschwommen sind, denn das Wasser ist wegen des Vollmonds zu hoch, als dass sie ihre Delikatessen verzehren könnten, im Schlamm lebende Krebse.

Mit dem Schiff fahren wir weiter zur Insel Phanak, wo wir wieder in Kanus steigen. (Es sorgt irgendwie für ein wahnsinnig heimeliges Gefühl, wie alle Ausflügler, junge und alte, barfuß und in Badehosen und nassen T-Shirts unterwegs sind.) Ich leuchte uns mit der Taschenlampe, als wir durch ein langes, niedriges Höhlensystem paddeln. An den Wänden der Höhlen leuchten Tausende Diamanten. Schließlich gelangen wir durch eine so kleine und enge Öffnung in die Lagune im Inneren der Insel, dass man, wenn man sie von der anderen Seite betrachtet, nie auf die Idee käme, auch nur zu versuchen hindurchzukommen. Ich frage mich, wie sich John Gray gefühlt haben mag, als er sich zum ersten Mal durch diese Felslöcher gezwängt und die geheimen Lagunen gefunden hat, von deren Existenz niemand etwas ahnte.

Welcome to Jurassic Park, deklamiert der Guide. Und genauso eine demütige Stille erfasst uns vor diesem gewaltigen, uralten Wunder. Auf einem Mangrovenbaum sehe ich einen Fisch, der Beine hat. In der Abenddämmerung sehe ich Hunderte von Fruchtfledermäusen, die langsam und majestätisch, fast nachdenklich, über die runde Himmelsöffnung in Richtung Festland gleiten.

Nach dem Abendessen paddeln wir bei Sonnenuntergang noch in eine große Höhle, deren starker Geruch einem gleich an der Öffnung entgegenschlägt. Die Decke ist voller kleinerer Fledermäuse, die von unseren Taschenlampen gereizt nach hier und dort flattern. Wir paddeln durch die Dunkelheit und lassen unsere aus Bananenblättern und Orchideen gemachten Blumenopfer ins Wasser, um die Wassergötter zu beschwichtigen. Wenn die Paddel ins Wasser tauchen, versprüht das leuchtende Plankton seinen Sternenregen wie kleine Kristalle.

Am nächsten Tag regnet es wieder in Strömen. Das ist also der tropische Regen: warm, überbordend, platschend, flutend, alles durchdringend. Dem Mädchen an der Rezeption zufolge wird es so noch mindestens fünf Tage weitergehen. Angeblich regnet es um diese Zeit des Jahres normalerweise nie, und ich höre, dass auch in Kyōto seltsames Wetter herrscht. Ich frage mich zwangsläufig, ob ein Zusammenhang zwischen dem Wetterphänomen und dem Erdbeben besteht. Wenn sich die Position des ganzen Globus geändert hat, warum sollte dann nicht auch das Wetter durcheinandergeraten?

Ich habe ernsthaft angefangen, davon zu träumen, vor der Kirschblüte nach Kyōto zurückzukehren, deren Höhepunkt für die ersten zwei Wochen im April erwartet wird.

Die Lage in Fukushima aber scheint sich nicht zu bessern, und man bekommt die Emissionen nicht in den Griff. Auch die Möglichkeit einer Explosion besteht nach wie vor. Die Strahlung, die im Meer vor Fukushima gemessen worden ist, übersteigt die erlaubten Werte tausendfach. Aber Kyōto liegt 600 Kilometer von Fukushima entfernt.

Von den Freunden hagelt es Vorschläge, was ich tun soll. Ich soll Japan vergessen und auf eine kleine Insel fahren, durch Thailand, Vietnam oder Kambodscha reisen, nach Indien fliegen, nach Bali, Frankreich oder Nepal, nach Hanoi oder Angkor Wat. »Warum bist du noch in Phuket?«, fragt Seb. (Weil ich mich nicht aufraffen kann abzureisen.) Ich weiß, dies ist eine *Once-in-a-lifetime*-Chance im Leben einer »abendländischen, in festen Mustern erstarrten Frau mittleren Alters«. Aber wenn ich nur auf die Möglichkeit warten will, nach Kyōto zurückzukehren? Und wenn ich bei diesem Regen keine Lust auf Backpacking habe? Oder wenn ich hier nur herumhänge, weil ich – wieder einmal – keine Entscheidung treffen kann?

Am Abend nehme ich per Skype an der Geburtstagsfeier meiner einjährigen Nichte Aurora teil. Ich habe vom letzten Mal etwas gelernt, als ich im Nachthemd zum Geburtstag meiner anderen Nichte kam, also habe ich mich geschminkt und geföhnt und ein festliches Strandkleid angezogen. Als ich Skype endlich anhabe, bricht die Verbindung immer wieder ab, und das Bild ist so schlecht, dass mich niemand sieht.

Überraschung, Überraschung: es regnet. Ich beschließe, ins Kino des Einkaufszentrums zu gehen. Ich steige bei Red, dem Taxifahrer an der Ecke, ein, der vorschlägt, mich als Leibwächter ins Kino zu begleiten. Ich lehne höflich ab, frage mich aber, wie lustig es wohl wäre, mit einem sechzigjährigen Thai-Taxifahrer ins Kino zu gehen. Red fragt, ob mein Mann in Finnland geblieben sei, und ich sage, dass dies den Tatsachen entspreche. Er bedauert das und verspricht, mich, wenn ich wolle, nur fürs Benzingeld zu den Sehenswürdigkeiten zu fahren, für sich selbst wolle er angeblich nichts nehmen.

Nach dem Film suche ich in einer Seitenstraße von Bangla eine der schäbigen, dunklen, schmalen Essensgassen auf. Simple, geradezu karge mit Plastik gedeckte Tische, und vor den Essensständen in großen Wannen das Meeresfrüchteangebot des Tages. Ich verschlinge einen Teller voll gegrillter Riesenkrabben und bestelle in Knoblauch gebratenen Tintenfisch hinterher. Himmlisch. Nachdem ich die letzte Gabel voll aufgegessen habe, merke ich, dass meine Lippen von dem scharfen Dip gefühllos geworden sind. Ständig holt ein Essenslieferant Bestellungen ab, verpackt die Mahlzeiten in Plastik und saust zu den Kunden davon. Der junge Kellner, der an einem Lutscher leckt, lächelt mich die ganze Zeit an. Ich lasse reichlich Trinkgeld zurück.

Als ich langsam zu Fuß nach Hause gehe, entdecke ich einen Buchladen mit Antiquariat, das gebrauchte Bücher in allen Sprachen verkauft, auch auf Finnisch. Ich stelle fest, dass ich allmählich eine seltsame Verbundenheit mit diesem schrecklichen Ort empfinde. Der Zehn-Tage-Zauber funktioniert wieder einmal.

Deprimierende Dinge: Straßenhändler, die meine Nationalität raten und zu 99 Prozent beim ersten Versuch ins Schwarze treffen. Ein einziges Mal ist Russland als mein Heimatland vorgeschlagen worden, aber Schweden zum Beispiel kein Mal. Die Schwedinnen sind einfach so viel schöner, eleganter und gebräunter, dass kein Irrtum möglich ist.

Wieder zu Hause, lese ich im Internet, dass die Regenfälle tatsächlich nicht mehr normal sind. Die fünf südlichsten Provinzen Thailands sind wegen Überschwemmungen zu Katastrophengebieten erklärt worden. Die Straßen nach Phuket sind nicht befahrbar, Menschen sind ums Leben gekommen und finnische Touristen von ihren überschwemmten Urlaubsorten im Süden nach Krabi gebracht worden. Der Flughafen Nakhon Si Thammarat ist geschlossen, das Krankenhaus von Tha Sala überflutet, und aus dem Zoo sind drei Krokodile mit den Fluten entkommen. Die Überschwemmungen sind die schlimmsten in der Region seit dreißig Jahren. Gleichzeitig sind 47 andere Provinzen wegen Trockenheit zu Katastrophengebieten erklärt worden.

Angeblich ist es unwahrscheinlich, dass das Wasser auch in Phuket steigt, aber die Straßen hierher sind unterbrochen. Sollte man anfangen, Wasser und Lebensmittel zu horten?

Ich kann es fast nicht glauben, aber ich bin vor einer Atomkatastrophe in ein Überschwemmungskatastrophengebiet geflohen.

In Tokio ist offiziell der Beginn der Kirschblüte erklärt worden.

Am nächsten Tag regnet und stürmt es stärker als an den anderen Tagen, pausenlos. In weiteren Überschwemmungsgebieten ist der Notstand ausgerufen worden, und auch in vielen Gebieten von Phuket wird vor Überschwemmungen und Schlammlawinen gewarnt. Die Menschen auf den kleineren Inseln Thailands stecken fest. Die Wellen im Meer sind vier Meter hoch, und der Freund des Mädchens an der Rezeption hat mehrere Fischerboote kentern und untergehen gesehen. Große Boote der Armee haben angefangen, Touristen von den kleinen Inseln zu evakuieren, unter anderem vom Urlaubsparadies Similan, wo Touristen, die einen Tagesausflug machen wollten, fünf Tage ohne Essen, Trinken und Schutz ausharren mussten.

Nach dem Mittagessen im Hotel versuche ich in den nächsten Laden zu kommen, aber die Uferstraße ist überflutet. Die Mädchen an der Rezeption haben sich Badetücher umgeschlungen und schlottern trotzdem, denn die Temperatur ist auf 24 Grad gefallen. Die Tschechen aus dem Hotel wollen nach Singapur fliehen, aber auch dort regnet es angeblich. Den Dänen zufolge ist das Wetter in ganz Südostasien miserabel, einen Fluchtort gibt es nicht.

Ich frage mich, was du, Sei, tun würdest, wenn du Gefangene von Überschwemmungen wärst. Wahrscheinlich würdest du für die Hotelgäste einen leichten, die Stimmung hebenden Gedichtwettbewerb organisieren oder auswendig Gedichte aus dem *Kokinshu* zitieren, zu denen du selbst die zur Situation passenden Schlussverse schmieden würdest.

Ich ahne, dass dies ein guter Tag zum Schreiben sein wird. Zumindest ist es für alles andere ein schlechter Tag.

Am Morgen wache ich in wirrem Zustand auf. Ich habe geträumt, dass ich ein Stipendium von einem Reisebüro bekommen habe, obwohl ich mich nicht erinnern konnte, eines beantragt zu haben. Ich war kein bisschen begeistert über das Stipendium, es schien mir eher unangenehm, außerdem war der Titel meines Projekts falsch geschrieben. Im Traum erfuhr ich auch, dass ich von meinem Arbeitgeber gefeuert wurde. Ich weinte lange und inbrünstig deswegen, es kam mir irgendwie unfair vor, obwohl ich selbst die ganze Zeit hatte gehen wollen. Alles ist irgendwie verkehrt.

Die Internetverbindung ist unterbrochen. Das Mädchen an der Rezeption sagt, sie werde bestimmt bald wieder funktionieren, aber ich bezweifle das. Mit Sicherheit haben die Überschwemmungen und Schlammlawinen die Leitungen gekappt.

Am Nachmittag fragt Buz per SMS, wie die Lage ist. Auch mein Bruder fragt, wie es läuft. Ich nehme an, die Nachrichten in Finnland haben berichtet, dass die Überschwemmungen in Thailand schlimmer werden, bestimmt zeigt das Fernsehen Horrorbilder von Menschen, die bis zur Hüfte in braunem Wasser waten. Ich warte schon fast auf eine Kontaktaufnahme durch die Botschaft: A Es geht mir gut, B Ich halte mich im Gebiet auf, C Nehmen Sie Kontakt auf, D dasselbe auf Schwedisch. Ich bin so fertig, dass ich fast anfange zu heulen. Was für einen Sinn hat dieses ganze freie Jahr? Oder die Suche nach einer verflixten Hofdame? Wie hat dieses Jahr eine solche Wendung nehmen können? Ich fliehe rund um die Welt, bin immer am falschen Ort und weiß nicht, wo, zum Teufel, ich als Nächstes hingehen soll.

Später funktioniert das Internet im Erdgeschoss, und ich checke die Mails. Päivi informiert, dass auf Bali sowohl Terrordrohung als auch eine Tollwut-Epidemie herrschen – bei meinem Glück sollte ich dort also nicht hinfahren. Nino meint, in Kyōto wäre es sicher, aber er lädt mich auch nach Lissabon ein, wo er in seiner neuen Wohnung ein Gästezimmer hat. Die finnische Botschaft ist nach Tokio zurückgekehrt, weil die Finnen allmählich wieder in die Stadt kommen. Das Außenministerium hat seine Reiseempfehlungen überprüft und stellt fest, die Sicherheitslage im südlichen Japan und unter anderem in der Region Osaka sei gut. Ich google Flüge, für Anfang der kommenden Woche gäbe es welche zum vernünftigen Preis. Ich werde wohl meine Koffer packen.

Ich bin erleichtert, weil ich eine Entscheidung getroffen habe. Ich werde nach Kyōto zurückkehren. Ich bin so aufgeregt deswegen, dass ich die ganze Nacht nicht schlafen kann.

Am nächsten Morgen ist es schön, und ich verbringe den ganzen Tag am Strand. Wäre es nur die ganze Zeit so gewesen. Ich esse im Strandrestaurant einen Teller gebratene Krabben, Tintenfisch und Taschenkrebse, herrlich.

Das Leck im Kraftwerk Fukushima ist entdeckt worden, und man versucht, es mit Beton zuzuspritzen. Ich habe beschlossen, nach Kyōto zurückzukehren, komme, was da wolle. Päivi mailt, sie habe im Strahlenschutzzentrum angerufen, das angeblich die strikteste Institution Finnlands ist, und dort habe man ihr mitgeteilt, die Strahlung in Kyōto sei geringer als die normale Hintergrundstrahlung in Finnland. Von Nino bekomme ich eine weitere Mail, in der einleuchtend dargelegt wird, warum in Kyōto auch im schlimmsten Fall keine Gefahr besteht. Ich glaube ihm, aber der Widerspruch zu der hysterisierenden Information durch die finnischen Medien bringt mich zu der Überlegung, ob die Physiker der Welt doch eingespannt worden sind, um Propaganda für die Atomenergie zu machen, und ob die Wahrheit am Ende irgendwo zwi-

schen diesen Extremen liegt.

Am Abend bittet mich die Irin Bev, ihren letzten Abend mit ihr zu verbringen und gleichzeitig meinen Abschied zu feiern. Ich komme mit, obwohl ich mich auch ein bisschen fürchte: Bev ist sehr, sehr gesprächig, und neben ihr wirke ich wie ein taubstummer Totempfahl. Wir fahren mit dem Tuktuk zu ihrem Lieblingsrestaurant The Port, drehen aber zuvor eine Runde durch die Straßenläden, um für Bev noch mehr Tiffany-Imitatschmuck und Piratenhandtaschen zu kaufen. Bev stellt mich den Schmuckverkäufern vor, die sie kennt, und beschwört sie, mir die gleichen Rabatte zu gewähren wie ihr, falls ich mich doch noch zum Kauf entschließen sollte. *See, this is my friend, she's from Finland, she's very clever*, sagt Bev und spielt zweifellos auf meine Langweiligkeit an. Sie überredet mich, ein rosa Swatch-Imitat (für meine Nichte) zu kaufen, wundert sich aber, dass ich tatsächlich nur eine nehme. Sie hat schon sieben davon gekauft.

Bev ist eine unglaubliche Rassistin, liebt aber die Einheimischen. Sie gibt jedem arm- und beinlosen Händler die Hand und redet mit allen. Die Russen hasst sie. *Watch out, KGB!*, ruft sie jedes Mal aus, wenn man in unserer Nähe *parusskia* hört. Sie hasst die Russen, Esten, Letten und Litauer, die nach Irland gezogen sind. Sie hasst den litauischen Pförtner in ihrem Büro, der ihr Probleme bereitet hat, indem er sich beim Chef über sie beschwert hat. Bev arbeitet am Empfang einer Dubliner Anwaltskanzlei und hat sich mit ihrem Chef zerstritten. Angeblich nervt es den Boss, dass Bev mit allen auskommt (außer mit dem Litauer), aber die Dinge immer ein wenig auf ihre eigene Art regelt. Er hat Bev sogar zu einem *Shrink* geschickt. Der Boss hat erklärt, Bev müsse ihr Verhalten überdenken, sonst werde sie gefeuert. Bev möchte gar nichts anderes, als dem Boss *fuck off* zu sagen und den Mittelfinger zu zeigen, aber zuerst muss sie ihre Kreditkartenschulden bezahlen. Früher hat sie als Stewardess gearbeitet und in Bahrain gelebt. Auch in Paris hat sie gelebt und als Beraterin einer Kosmetikfirma gearbeitet. Dann ist etwas passiert, und Bev ist nach diesen Traumberufen wieder in Dublin gelandet, am Empfang einer Anwaltskanzlei, wo sie von einem bestialischen Boss herumkommandiert wird.

Sie sitzt jeden Abend am Tresen der Hotelbar und bestellt sich ein Glas Weißwein nach dem anderen. Sie spielt Jazzplatten auf der Stereoanlage der Bar, dreht die Lautstärke noch ein bisschen höher und bittet um noch ein Tröpfchen Weißwein mit Soda und Eis, *please*. Bev plaudert mit den Mädchen an der Rezeption, und wenn sie jemanden vorbeigehen sieht, ruft sie hey und fragt, ob die betreffende Person sich nicht auf ein Glas zu ihr setzen wolle. Nimm halt noch ein Glas, ich nehme auch noch eins. Trinken wir noch einen vorm Schlafengehen, es ist ja noch früh! *Come on, Mia, break the bank!*, sagt Bev und lacht die ganze Zeit, aber wenn sie allein ist oder in Gedanken versunken, sieht sie müde und traurig aus. *You know what I mean, don't you, dear?*

Bev, fast vermisse ich dich schon, dich und die Tatsache, wie weit weg von Sei deine Welt ist. Ich fuhr nach Kyōto, um Sei zu suchen, und bin in Thailand gelandet, um dich zu finden.

Am nächsten Morgen kaufe ich die Flugtickets. Am Dienstagabend fliege ich über Kuala-Lumpur nach Osaka, wo ich früh am Mittwochmorgen ankomme, nachdem ich drei Wochen weggewesen bin. Die beste Zeit zum Betrachten der Kirschblüte soll in Kyōto am Mittwoch beginnen, schätzt man. Ich werde keinen Augenblick zu früh eintreffen.

Ich schicke eine Mail an Kim und bitte ihn, meine Zimmertür offen zu lassen, sammle eine Tüte Klamotten zusammen und gebe sie zum Waschen. In Kyōto ist es 15–35 Grad kälter als hier, weshalb es für warme Unterwäsche wieder Verwendung geben wird.

Das Stopfen des Lecks im Kraftwerk Fukushima ist nicht gelungen, denn der Ausfluss ist so stark, dass der Beton nicht hart wird. Es kommt mir so vor, als hätte ich ihnen das im Voraus sagen können.

Noch zwei Tage in Phuket. Das Wetter ist großartig, ich gehe an den Strand.

...

[Sei Shōnagon schreibt]

Am Tag nach einem schweren Herbststurm ist alles sehr bewegend.

. . .

Rückkehr nach Japan. In Kyōto ist es schon morgens um acht relativ warm und sonnig, und ja, die Kirschbäume blühen. Ich fahre mit dem Taxi nach Hause an den Hang des Yoshidayama, packe wieder einmal meinen Koffer aus und richte mein Zimmer ein. Marcos, der aus Neuseeland zurückgekehrt ist, kommt in weniger als einer Minute zu mir, um mir eine Excel-Tabelle zu zeigen, aus der die besten Kirschblütenstellen und die geschätzten Blütezeiten der Bäume hervorgehen.

Ich bin kaputt, nachdem ich im Flugzeug nur zwei Stunden geschlafen habe, aber die Kirschblüten warten nicht. Nach einem schnellen Mittagessen absolviere ich Punkt eins von Marcos' *Hanami*-Programm. Ich fahre mit dem Rad in den Park des kaiserlichen Palastes, wo die Kirschbäume bereits in voller Blüte stehen. Im nördlichen Teil des Parks sind die Kirschbäume riesig, ihre üppigen Blütenwolken schäumen weiß und rosa. Unter den Bäumen haben sich zig Picknick-Grüppchen breit gemacht, viele tragen Kimonos, bei allen surren die Kameras. Und doch hält sich die Anzahl der Leute in Grenzen. Normalerweise drängt ganz Japan nach Kyōto, um sich die geliebte Kirschblüte anzusehen, aber dies ist ein Tsunami-Hanami, vielleicht die ruhigste Kirschblütenzeit seit Jahrzehnten. Ich setze mich zu den anderen auf eine Bank, um die Bäume zu bestaunen.

Angenehme Dinge: Die lecke Stelle ihm Kraftwerk Fuku-shima ist gestopft, und es läuft kein radioaktives Wasser mehr ins Meer. Unangenehme Dinge: 11 500 Tonnen radio-aktives Wasser sind bereits ins Meer gelangt. Die Strah-lenwerte im Meer vor Fukuhsima übersteigen die erlaubte Menge um das 7,5 Millionenfache. Für Fangfisch sind neue Strahlengrenzwerte festgelegt worden.

Ich frage mich, was man sich hier noch zu essen trauen soll.

Ich bin auf dem Weg zu einer glücklichen Überdosis Hanami. Uh, ich sehe Wolken an den Ästen der Bäume. Uh, es fällt rosa Schnee.

Ich fahre zum Tempel Dago-ji, der für seine Kirsch-bäume berühmt ist. Die Kirschbaumreihen, die die Sand-wege säumen, bilden auf den Alleen des Tempels weiße Gewölbe. In den Gärten der Tempel stehen riesige alte, mit Bambusstöcken gestützte Kirschbäume, die nicht auf Fotos passen. Manche Bäume sind so hoch, dass sich ihre Blütenwolken erst in schwindelerregender Höhe vor dem Himmel entfalten, die weißen Blüten wie schwere Schnee-wehen auf den Ästen. Die Blüten der hängenden Sorten, die an Trauerweiden erinnern, ergießen sich wie Sturzbä-che und streifen die Erde. Die Blüten von manchen Sorten haben zig Blütenblätter und wirken unwirklich prall ge-schwollen, beinahe obszön in ihrem Übermaß. Zwischen-durch stehe ich in schrägem weißem Kirschblütenregen, Blüten bleiben im Haar und an den Kleidern hängen.

Mit der U-Bahn fahre ich an den Rand von Nanzen-ji zurück und fahre mit dem Rad zum Tempel Kodai-ji, der sofort mein neuer Liebling wird. Ich liebe diesen Stil der frühen Edo-Zeit: das dunkle Holz, die Schilfdächer, die karge Schlichtheit, die matt schimmernden goldenen Wandgemälde, die schwarz lackierten Gegenstände, den Steingarten. Dinge, die in der Abendbeleuchtung noch schöner sind: Der Bambuswald von Kodai-ji, die schwarz glänzende, spiegelglatte Oberfläche des Teichs, ein rosa Kirschbaum und ein Teehaus mit Schilfdach und rundem Fenster.

Ich gehe zu Fuß nach Gion, wo sich die von den Straßenlampen erleuchteten Kirschbäume über den Kanal hin ausbreiten und die Menschen in Kimonos umhergehen und die Stimmung genießen. Im Maruyama-Park herrscht nach Einbruch der Dunkelheit Karnevalsstimmung. Die unter den Kirschbäumen ausgebreiteten blauen Planen haben sich mit Grüppchen gefüllt, die sich bereits im fröhlichen, lautstarken Hanamirausch befinden. Salaryman in dunklen Anzügen, Paare, die mit dem Gesicht zum Himmel daliegen, Gruppen von Jugendlichen in identischen Trainingsjacken eines Sportvereins, auf deren Rücken die Namen der Besitzer gestickt sind. Manche sind auf den Planen eingeschlafen. Die Ränder quellen vor mehr oder weniger ordentlichen Schuhreihen über.

Im Maruyama-Park begegnet mir auch ein unwirklicher Anblick: Auf einer mit Lampions erleuchteten Terrasse unter einem Dach aus Kirschblüten unterhalten an die dreißig Geikos und Maikos aus Pontochon ihre Gäste. Überall sieht man weiß gepuderte Gesichter, dekorative Frisuren, mit Kirschblüten versehene Haarnadeln und mit prallen Obi-Gürteln geknotete Kimonos, einer prächtiger als der andere. Manche trinken mit ihren Gästen Sake aus kleinen Tassen, andere essen mit den Fingern rosa Zuckerwatte, die die Männer in den Anzügen ihnen gekauft haben. Mit dem fortschreitenden Abend versammeln sie sich auf einer Bühne, um traditionelle Tänze aufzuführen, von anderen auf der Shamisen begleitet. Mein Blick saugt sich an ihren Handbewegungen fest, die so überirdisch elegant und fließend sind. Hier sind sie, Mamezuro, Komomo, Kosuzu, Mamehira, Mamechizu, Mameryo, Takazuru, Mamefuku, Fumikazu, Makiko, Yukako, Mihoko, Mameyuri, Mamehana, Mameharu, Momokazu… oder wer immer sie sind.

Am nächsten Tag regnet es, also breche ich zum Philosophenweg auf, um den Regenhanami zu bewundern. Der zum Gingaku-ji führende Kanal ist von Kirschblüten bedeckt, und die üppige Blütenpracht des Philosophenwegs setzt sich Kilometer für Kilometer fort. Runde, pastellfarbene Regenschirme tüpfeln die weiß und rosa gefärbte Landschaft.

Der Philosophenweg ist, was das Betrachten der Kirschblüten anbelangt, das Ziel Nummer eins in dieser Stadt, aber man muss die Kirschblüten in Kyōto nicht mühsam suchen. Sie sind überall: an den Straßen, in den Parks, entlang der Kanäle, in den kleinen Gärten der Häuser, hinter den Mauern der Tempel hervorragend – überall, wohin man blickt, steht ein blühender Kirschbaum. Es gibt in Japan zweihundert Kirschbaumsorten, und ihre Eigenschaften werden eifrig verglichen. Manche blühen außergewöhnlich früh, andere besonders spät. Viele wilde Kirschbäume tragen Blüten mit fünf Blütenblättern, die ein wenig an Buschwindröschen erinnern, aber es gibt auch Blüten in allen Rosatönen (die Farbe mancher Blüten wandelt sich während der Blütezeit sogar von Weiß zu Rosa) und von einfachen Blüten bis hin zu riesigen, mehrschichtigen, rosenartigen Rüschen.

Es kommt einem vor, als wären die Einwohner dieser Stadt geradezu auf Kirschblüten fixiert: Es läuft ein Wettbewerb, wessen Kirschbaum der größte, älteste, dickste ist, welcher die hängenden Äste am weitesten ausbreitet, welcher als Erstes blüht, welches der pinkste, zarteste, das prächtigste Gewölbe bildende, am tollsten illuminierte, mit dem besten Hintergrundpanorama ausgestattete ist. Denn wichtig ist nicht nur der Kirschbaum, sondern auch sein Standort und der Rahmen, in dem man ihn betrachtet. Besonders gern möchte man den Kirschbaum vor einem tausend Jahre alten Tempel oder einer Samurai-Burg sehen, beim Überschatten eines idyllischen Flusses oder Kanals, als Teil eines für seine Schönheit berühmten Gartens oder eines Zen-Stein- und Sand-Arrangements, im Hintergrund ein berühmter Berg (am liebsten der Fuji), ein See oder ein aus Gedichten bekannter Teich, auf dessen spiegelglatter Oberfläche sich die Blüten spiegeln. Der Kirschbaum ist wie die Hello-Kitty-Figur, die, mit jeweils unterschiedlichem Hintergrund versehen, einen begeisterten *Sugoi*-Ausruf nach dem anderen bekommt und deren Fotos gesammelt werden wie Tapferkeitsabzeichen. Die Menschen fotografieren die Bäume und sich gegenseitig unter Bäumen, aber auch von einzelnen Blüten werden zig, Hunderte, Tausende Nahaufnahmen mit und ohne Stativ gemacht. Die Blüten werden an den Zweigen fotografiert, aber es werden ebenso gepflückte Blüten auf der Handfläche fotografiert, herabgefallene auf Steinen oder Moos oder auf dem heimischen Eingangstor drapiert. Es werden Blütenblätter fotografiert, die auf einem Kanal oder einem Teich treiben, auf die Erde gerieselte Blütenblätter, hauchzarter Blütenblattregen, Regentropfen auf Blütenblättern.

Die fallenden oder schon herabgefallenen Kirschblüten (ebenso wie alle anderen Blüten) verdienen mindestens ebenso viel Bewunderung wie die noch an den Bäumen befindlichen. Die Kamelienblüten, die auf die Treppe des Eingangs zum Honen-Tempel (wo übrigens der Schriftsteller Tanizaki Jun'ichirō begraben liegt) rieseln, sind in der tausendjährigen Geschichte des Tempels das Objekt besonderer Bewunderung gewesen. Also nicht die Blüten an den riesigen Kamelienbäumen, die rechts und links der Treppe blühen, sondern diejenigen, die bereits als fuchsienroter Teppich auf die Treppe gefallen sind. Sie symbolisieren das Momentane des Lebens und der Schönheit, den Umstand, dass die Bewegung, der Strom der Veränderung, bedeutsamer ist als das statische Blühen. Interessanter sind die Momente, wenn die Blüte erst am Aufbrechen ist, knospt, und dann wieder der Moment des letzten Erblühens, die Schönheit einer herabgefallenen Blüte, die noch einen Wimpernschlag anhält, der reife, schon leicht schrumplige Glanz vor dem Welken und dem Tod.

Natürlich ist Hanami auch ein Festival. Es gibt süße und klebrige, in salzige Kirschblütenblätter gewickelte *Sakuramochi*-Reisbällchen, es gibt rosafarbenes Bohnenpastengebäck in Kirschblütenform, es gibt Kirschblütentee und bei Starbucks mit Kirschblüten verfeinerte *Sakura*-Latte. Kirschblütenkitsch gibt es auf Postkarten und Teetassen, auf Taschen und Tüchern und auf Fächern. Es gibt das Hanami-Menü, den Hanami-Bootsausflug, das Hanami-Picknick, die Hanami-Spezialbeleuchtung und Eisenbahnfahrten durch Kirschblütentunnels. Es gibt die blauen Planen unter den Bäumen, es wird in den Parks Sake ausgeschenkt, es wird getrunken und gesungen. Die Tempel haben besondere Öffnungszeiten, besondere Teezeremonien, besondere traditionelle Veranstaltungen, und in viele Tempel kommt man kostenlos hinein, wenn man einen Kimono trägt. Viele Tempel öffnen dem Publikum ihre Schatzkammern nur zur Kirschblütenzeit. Die Sakura-Nachrichten im Fernsehen und die Internetseiten berichten über den Fortgang der Blüte in den verschiedenen Teilen Japans und auch auf lokaler Ebene in den verschiedenen Gebieten von Kyōto, denn das Mikroklima der verschiedenen Tempel und die Baumsorten haben Einfluss auf den Zeitpunkt der Blüte. Eine gedruckte Kirschblütenkarte von Kyōto präsentiert die wichtigsten Stellen, mit dabei sind Zitate bedeutender Schriftstellerinnen und Schriftsteller zum Thema Sakura. Auf dem Weg zu einem bekannten Kirschblütentempel muss man an der U-Bahn-Station nicht lange raten, in welche Richtung man gehen soll, man folgt einfach dem Menschenstrom oder steigt in den Shuttlebus, der vor dem Ausgang wartet.

Und dennoch ist dies ein Tsunami-Hanami. Vielleicht die einzige Kirschblüte seit Jahrzehnten, den die Kyōtoer nur für sich haben, ohne Hunderttausende Touristen, die die Straßen verstopfen.

In Sendai hat es letzte Nacht das stärkste Erdbeben seit dem Tsunami gegeben. Vielleicht ist die Botschaft der Kirschblüten in diesem Frühling noch bedeutsamer als früher.

. . .

[Sei Shōnagon schreibt]

Es ist ein Genuss, von einem Kirschbaum einen langen, schönen, blühenden Zweig zu brechen und

in eine große Vase zu stellen. Dies ist besonders
erfreulich, wenn ein Besucher bei einem sitzt, der
mit einem plaudert.

. . .

Ich weiß, Sei, wie erfreulich, *okashi*, es wäre, mit dir
beim Kirschblütenikebana zu plaudern! Aber ich kann
ein solches nicht machen, nein, auch wenn ich es noch
so möchte. Wenn ich Seb und Reina gegenüber bei einem
Hanami-Ausflug eine Bemerkung über meine Ikebana-
Träume mache, stoßen beide so entsetzte Schreie aus,
dass ich mir wie eine sadistische Henkerin vorkomme.
Bei meinen Schuldgefühlen kann ich nicht einmal hinter
ihrem Rücken heimlich welche von diesen wunderbaren
Zweigen abbrechen. Wo sollte ich das Ikebana außerdem
im Haus verstecken? Ich würde auf jeden Fall auffliegen.

Reina hat gehört, dass es im Heian-Schrein ein Violinkonzert gibt, und wir beschließen hinzugehen. Der Abend ist
magisch. Der illuminierte pinke Kirschblütenwald des
Heian-Schreins leuchtet wie ein Märchenland aus einer
anderen Wirklichkeit. Die roten Wolken spiegeln sich so
im spiegelglatten schwarzen Teich, dass man nicht weiß,
wo die Wirklichkeit aufhört und die Spiegelung anfängt.
Die ganze Zeit läuft im Hintergrund das Violinkonzert. Die
Menschen wandern stumm durch den Garten. Man kann
nicht anders, als an den Tsunami denken – dennoch spen-
den die vor dem Himmel leuchtenden Zweige Trost. Ich
denke, dass dies, dies allein, genügt.

   Am nächsten Tag gehe ich trotzdem noch einmal in den
Heian-Schrein, denn ich will die pinken Kirschbäume bei

Tageslicht sehen. Dabei nehme ich an einer Teezeremonie in einem kleinen Teehaus im Schatten des Gartens teil. Ich sitze zwischen Frauen im Kimono auf dem Tatami und sehe zu, wie der Tee mit rituellen Bewegungen zubereitet wird. Wir bewundern die Bildrolle und das Ikebana im Tokonoma-Alkoven, bei dem nur ein einziger kleiner Zweig und eine Blüte einfach arrangiert sind. Wir essen mit Bohnen gefüllte Teesüßigkeiten in Kirschblütenform. Wenn die Teetasse gebracht wird, verbeugt sich der Gast, wobei er die Hände auf den Tatami führt. Dann stellt er die Tasse schräg vor den rechts vor ihm sitzenden Gast auf den Tatami und verneigt sich, und der andere erwidert die Verbeugung. Das Gleiche wird mit dem Nachbarn zur Linken wiederholt, und dann wird die Tasse an die Lippen geführt, und man trinkt mit wenigen Schlucken. Danach wird die Tasse von allen Seiten bewundert.

Als der Tee getrunken ist, fragt eine Frau im Kimono mich, die einzige Person aus dem Westen, auf Englisch, ob ich den Tee mochte. Sie bittet, den Gepflogenheiten entsprechend, um Verzeihung dafür, dass der Tee zu heiß und zu bitter war, und ich antworte nach allen Regeln der Kunst, aber nein, er war sehr gut, so wie es auch der Wahrheit entspricht. Sie erzählt von den Gegenständen, über die sich die anderen während des Tees auf Japanisch unterhalten haben. Der Löffel, mit dem der Tee portioniert wurde, ist aus dem Holz eines Kirschbaums gemacht, der unmittelbar vor dem Eingang zum Teehaus wächst.

Am nächsten Morgen denke ich wieder an dich, Sei, und beschließe, zum Kamo-Schrein zu gehen, um mir einen im Heian-Stil realisierten Gedichtwettbewerb anzuschauen, um zu sehen, was ihr da am Hof eigentlich getrieben habt.

Als ich nach einer schweißtreibenden Fahrradfahrt endlich ankomme, muss ich hören, dass die Veranstaltung abgesagt worden ist. Einige Veranstaltungen finden wegen
des Tsunami offenbar nicht statt – vielleicht hält man das
damit verbundene Trinken von Sake für unpassend.

Die Kulisse ist jedoch vorhanden. In einem Mooswäld-
chen schlängelt sich ein kleiner Bach, an dem Sonnenschirme aus Papier aufgestellt worden sind, darunter
befinden sich Schilfmatten, Sitzkissen, Tintensteine und
Pinsel zum Schreiben der Gedichte. Sogar die Saketassen
und die Holzenten, die diese auf dem Bach befördern sollen, warten auf einem Stein. Zu deiner Zeit, Sei, wäre der
Wettbewerb so abgelaufen: Erreichte die im Bach schwim-
mende Saketasse einen Teilnehmer oder eine Teilneh-
merin, musste diese Person ein Gedicht machen, worauf
sie den Sake trinken durfte. Die nächste Person musste
für das Gedicht eine passende Fortsetzung finden, bevor
die Tasse an die Lippen geführt werden durfte. Ich wette,
dass du, Sei, bei solchen Wettbewerben die Killerin warst:
Deine blitzschnell zündende Auffassungsgabe hielt dich
garantiert bis zur letzten Saketasse im Spiel. Zweifellos
konntest du auch fantastisch viel vertragen und hattest
absolut keine Neigung zum Kater.

Ansonsten scheint heute ein perfekter Hanami-Sonn-
tag zu sein. Das Wetter ist sommerlich, und die Parks und
Flussufer quellen über vor Leuten, die unter Kirschbäumen picknicken. Die Stimmung ist wie in Helsinki am Ersten Mai, außer dass die Luftballons und die Betrunkenen
fehlen. Während ich am Fluss sitze, denke ich, wie sehr
ich diese Stadt doch liebe. Ich bekomme nicht genug von
ihrer erstaunlichen Schönheit. Nie finde ich es langweilig, mit dem Fahrrad am Kamo-Fluss entlangzufahren, wo

die Kraniche reglos auf Fischbeute warten, oder durch die kleinen Gassen, die mit ihren Machiya-Häusern eine ganz eigene, stille Welt bilden. Die Kirschblüten sind wie eine Droge, und ich trauere schon jetzt über ihr Herabfallen, obwohl ich es nicht dürfte, denn gerade darin besteht ja die Lehre der Kirschblüten: Dass die Schönheit nur einen Moment dauert.

Ich höre, dass Kiyomizudera am Abend festlich illuminiert ist, weshalb ich beschließe, auch dort noch hinzuradeln. Die steilen Gassen, die zum Tempel führen, sind verstopft, es sind massenhaft Menschen unterwegs. Aber schließlich verstehe ich, warum alle diesen Ort lieben. Bei meinen früheren Besuchen bin ich nur zum Tempel hinaufgestiegen, um die Aussicht zu bewundern, hatte aber keine Lust, mir eine Eintrittskarte für die Abteilungen tiefer im Inneren zu kaufen. Ich war wie der unglückliche Priester, den Yoshida Kenkō beschreibt, der zur Pilgerfahrt aufbrach, nur zwei am Fuße eines Berges liegende Tempel besuchte und sich wunderte, warum alle anderen auf den Berg stiegen, ob es dort wohl etwas Besonderes gebe. »Selbst bei den geringsten Dingen ist es gut, angeleitet zu werden«, konstatierte Kenkō trocken, denn das Hauptgebäude des Tempels lag oben auf dem Berg.

Jetzt gehe ich hinein und verstehe alles. Die gewaltigen Holzterrassen des Tempels setzen sich entlang der Bergwand fort, und je weiter ich auf ihnen wandle, desto fantastischer wird die Aussicht. Von den Terrassen aus überblickt man die gesamte Stadt, aber das eigentliche Wunder ist der Blick auf die direkt darunter hervorquellenden Kirschblüten- und Ahornwälder. Von unten beleuchtet erzeugt das Geäst das Trugbild einer schwebenden, magischen weichen Laubwolke, die sich bis ins

Unendliche fortzusetzen scheint. Allmählich verstehe ich, warum Kiyomizudera einst ein beliebter Selbstmordort gewesen ist: Die federleichte Laubwolke zieht einen unwiderstehlich an, wie herrlich wäre es, in der weichen Kirschblütenwatte dort unten zu schweben …

An einem Tag fahre ich zu den rosa Bergen von Yoshino, an einem anderen radle ich mit Reina zu den westlichen Bergen Kyōtos, in den Paradiesgarten Haradan. Am dritten Tag schaffe ich es nur noch bis zum Okazaki-Kanal, über dem sich märchenhaft die am Ufer stehenden Kirschbäume wölben. Unter einem von ihnen, der schon seine Blüten abwirft, esse ich zu Mittag. Blütenblätter bedecken meine Proviantschachtel, und ich frage mich, ob ich sie mitessen soll. Die magische Zeit nähert sich ihrem Ende.

An den ersten Tagen war ich schon im Voraus traurig, dass dieses paradiesische Phänomen bald vorbei ist. Jetzt denke ich allmählich, dass es zum Glück nur eine Woche dauert, denn länger könnte ein Mensch eine solche Fülle von Schönheit gar nicht ertragen. Ich denke an das Paris-Syndrom, an dem japanische Frauen in Europa erkranken, und glaube jetzt durch das Zeugnis meines eigenen Körpers zu wissen, was das Kyōto-Syndrom ist. Es bedeutet, dass man das Gefühl hat, durch diese Fülle von Schönheit zu bersten. Diese Schönheit lässt sich nicht mit Worten beschreiben, man kann sie nicht auf Fotos einfangen (nicht ihre Fülle, nicht die Tatsache, dass sie *überall* ist), man kann nicht aufhören, sie anzuschauen, und gleichzeitig hat man das Gefühl, keinen Moment länger hinsehen zu können. Abends ist man so berauscht von dem, was man gesehen hat, dass man nicht einschlafen kann. Es ist wie eine Droge, die man in sich aufsaugen will, obwohl man schon eine Überdosis intus hat. Würde es auch nur eine Minute länger als eine Woche dauern, müsste man sich im Dunkeln unter der Decke vergraben und schwitzend und zitternd die übermäßige Schönheit aus seinem Organismus rausschlafen.

Und gerade weil man fast nicht mehr kann, muss man weitermachen. Bald wird es – das Blühen der Kirschblüten, das Leben – vorbei sein. Und bis dahin muss man alles aus ihm herausholen.

Ich gehe in Richtung Ginkaku-ji, dem Silbernen Tempel. Es ist windig, die Luft dick von weißen Blütenblättern, wie von Schneeflocken. Blütenblätter treiben auf dem Kanal, er ist über und über weiß gepunktet (ein übliches Stoffmuster, verstehe ich jetzt, bildet Kirschblütenblätter im Strom ab). Der Wind fegt Blütenblätter über den Weg. Sie bleiben in den Haaren, an den Kleidern, auf der Haut hängen, man bekommt sie in den Mund, sie sammeln sich als blinde Passagiere in meiner Tasche mit Kirschblütenmuster. Ein Blütenblättersturm ist das letzte Bild dieses Festes.

Ich liege kraftlos und mit Übelkeit im Bett, will das Offensichtliche aber trotzdem nicht kapieren: Ich bin erschöpft von *Mono no aware*.

All die Jahre habe ich mit diesem Ausdruck gespielt, in dem Bewusstsein, dass er genau das ist, was mich an der japanischen Ästhetik, der Literatur der Heian-Zeit, an dieser ganzen Kultur anspricht, und doch habe ich ihn nicht zu fassen bekommen, nicht wirklich verstanden, was er bedeutet. Allerdings bin ich nicht die Einzige: Es gibt für den Begriff keine anständige englische Übersetzung, geschweige denn eine finnische oder deutsche, vielmehr braucht man eine lange Reihe von Wörtern, um ihn zu umschreiben, Wörter, die den exakten Kern umkreisen, ohne ihn je zu erfassen. Vereinfacht gesagt bedeutet *Mono no aware* das Gefühl der Rührung, das durch die Schönheit der Welt und ihre Vergänglichkeit erzeugt wird, die unbestimmte, aber herzzerreißende Traurigkeit der Dinge. In Genjis Welt ist die Sensibilität für *aware* die wichtigste Eigenschaft eines Menschen, und sein leicht melancholischer Geist durchdringt fast die gesamte Literatur jener Zeit. Dich natürlich nicht miteingerechnet, Sei.

Vielleicht habe ich gerade eine Ahnung von *Mono no aware* bekommen. Vielleicht verweist es gerade auf diese überirdische Schönheit der Kirschblüten und auf das Bewusstsein, dass diese Schönheit nur einen Augenblick dauert, dass sie bald vorbei ist, ihr Erleben (und zugleich das Begreifen ihrer Vergänglichkeit) bis dahin jedoch von einer so unerträglichen Intensität ist, dass man es nicht anders ausdrücken kann, als dadurch, dass man *ah* ruft, aus der Tiefe seiner Seele, ohne das genaue Wesen des Gefühls jemals erfassen zu können. Vielleicht spricht mich gerade diese Empfindlichkeit für das Vergängliche, für das mit Worten nicht Auszudrückende, an dieser Kultur mehr als alles andere an.

Als ich später Kazuo Ishiguros Roman *Was vom Tage übrigblieb* lese, mache ich über die gesamte Länge des Romans hinweg die Erfahrung von *Mono no aware*. Eine unerklärliche Melancholie liegt über der Geschichte und durchdringt sie, eine Trauer, die von der Schönheit des Lebens hervorgebracht wird, das Gefühl des Endens, eine Ahnung davon, dass man von etwas doch nicht genug bekommen hat. Was dieses Gefühl erzeugt, ist schwer zu bestimmen, aber man spürt es als Druck im Hinterkopf, im

Hals und in den Mundhöhlen – es löst sich nicht in Tränen auf, es erobert den Körper ganz und gar, und man weiß nicht, was man damit tun soll, wie man damit umgehen sollte, das Gefühl hat etwas schwer Aushaltbares, ja etwas Unerträgliches an sich. *Aware* ist das gleiche unerklärliche Gefühl, von dem man ergriffen wird, wenn man in einer Sommernacht die hinter einem stillen See untergehende Sonne betrachtet, oder wenn man an einem Aprilabend dem Lied einer Amsel lauscht: Es hat mit totaler Schönheit zu tun, es gehört eine Portion Wehmut dazu, ein Hauch Verzweiflung, das Gefühl, dass man sich an alldem niemals so freuen kann, wie man es müsste, denn man bekommt es nicht zu fassen, man kann es nicht mitnehmen, nicht besitzen, man kann sich ihm nicht vollkommen hingeben, es bleibt stets ein wenig unerreichbar, auch wenn man ganz und gar davon umgeben ist. Das Gefühl ist unerträglich und wunderbar und schwer auszuhalten. Vielleicht würde man es los, wenn man loslaufen und so schnell rennen würde, wie man könnte, so weit, bis einem der Atem ausginge, bis der Körper nichts mehr spürte. Vielleicht ist es gerade das unerklärliche, unerträgliche *aware*, das den Menschen antreibt zu rennen, zu klettern, zu tanzen, sich anzustrengen, immer stärker, immer schneller, sich zu betrinken und Drogen zu nehmen, Vergessen vor der Wahrheit des Lebens und des Todes zu suchen, von der wir nichts wissen wollen.

Während ich in den Fängen von *Mono no aware* daliege – anscheinend habe ich mir überdies eine Erkältung eingefangen –, beschließe ich, mich für eine Weile auf Irrwegen treiben zu lassen und Kenkōs *Betrachtungen aus der Stille* zu lesen. Obwohl das eigentlich kein Irrweg ist, denn

Kenkō war dein größter Fan, Sei. Er erwähnt dich an vielen Stellen und würdigt, was er den Frauen der Heian-Zeit schuldig ist, außerdem stellt er fest, dass Sei Shōnagon und Murasaki Shikibu über all diese Dinge bereits viel besser geschrieben hätten. Du, Sei, und Kenkō habt offiziell in der gleichen Gattung geschrieben, *Zuihitsu*, ihr ließet euch »vom Pinsel mitreißen« (Lasse ich mich dann von der Tastatur mitreißen?), obwohl ihr natürlich nicht wusstet, dass ihr in dieser Gattung schriebt, denn der Name wurde erst viel später erfunden.

Nachdem ich die *Betrachtungen aus der Stille* aufgeschlagen habe, erfahre ich zum ersten Mal, dass der Dichter, Priester und Eremit Kenkō (1238–1350) dem Geschlecht Urabe entstammte, das sich traditionell um den Shinto-Schrein von Yoshida gekümmert hat, und dass man ihn deshalb auch Yoshida Kenkō nennt.

Für einen Moment setzt mein Herz aus: Ist mit dem Yoshida-Schrein *mein* Yoshida hier gemeint, der Yoshidayama, dieser Hügel, an dem ich wohne, und der nicht einmal hundert Meter von meinem Haus entfernte uralte Schrein? Habe ich, ohne es zu wissen, die ganze Zeit exakt da gewohnt, wo der meistgeliebte Klassiker der japanischen Literatur zu Hause ist? (Das ist das Unglaublichste an dieser Stadt: Ihre unermessliche Kulturgeschichte ist überall präsent, hier und jetzt.) Ich wohne in Kenkōs Kiez. Ich bin Kenkōs Nachbarin. Ich und Kenkō, wir kommen übrigens vom Yoshidayama. Wir hier am Yoshida-Hügel sind schon immer Fans von Sei gewesen und versuchen ein bisschen im gleichen Stil was hinzupinseln.

Kenkō, wenn wir schon mal Nachbarn sind, dann lese ich auch, was du schreibst, und wir unterhalten uns ein bisschen. Am Ende hatte es also doch seinen Grund, warum dein Buch jahrelang ungelesen in meinem Regal vor sich hin gammelte und ich es erst jetzt aufschlage, hier, in der Kakerlakenhöhle am Yoshidayama. Wie du sagst, Kenkō, scheint es, als würde mich ein merkwürdiger Wahnsinn plagen: *Tagelang sitze ich müßig vor meinem Tintenstein und schreibe ohne eigentliche Absicht müßige Gedanken auf, die mir in den Sinn kommen…*

. . .

[Yoshida Kenkō schreibt]

Viele finden es hässlich, wenn die Bände eines mehrbändigen Buches nicht einheitlich in ihrem Aussehen sind, aber Abt Koyu hat meiner Meinung nach außerordentlich treffend gesagt: »Langweiler wollen alles unbedingt in einheitlicher Reihe haben. Die Unregelmäßigkeit freilich ist wesentlich schöner.« Das Trachten nach Vollkommenheit in allen Dingen ist ohnehin schlecht. Ein unvollendetes Werk regt die Fantasie an, es wirkt lebendig, wachsend. Ein Mann hat mir einmal erzählt, beim Bau eines Palastes lasse man stets eine Stelle unvollendet. In den buddhistischen und konfuzianischen Schriften der alten Weisen fehlen ebenfalls mehrere Kapitel.

[Lieber Kenkō, dies ist mein Lieblingszitat. Die Schönheit der Unvollkommenheit, des Unvollendeten, des Unregelmäßigen – das steht so sehr dem entgegen, was man mir beigebracht hat. Es ist erleichternd, erfrischend und belebend wie das Wasser eines Gebirgsbaches. Es macht die

Welt wieder interessant. Es bringt einen dazu, hinter die nächste Ecke zu schauen, es gibt Tiefe und Bedeutung – etwas so Einfaches.]

Die Wagen, die beim Aoi-Fest dicht an dicht gestanden haben, die zusammengedrängten Zuschauer zerstreuen sich gegen Abend wer weiß wohin, so gut wie niemand ist zu sehen. Der Stau der Wagen löst sich auf, die Geländer und Matten der Zuschauerränge werden weggeräumt. Man sieht mit eigenen Augen zu, wie es menschenleer und einsam wird. Wehmütigen Sinnes erkennt man, dass das Leben des Menschen diesem Festtag gleicht. Erst wenn man die Hauptstraße so gesehen hat, hat man das ganze Fest gesehen.

[Wehmütige Dinge, die einem die Kehle zuschnüren: Der Abend des Ersten Mai. Wenn die Sonne untergeht, auf den Straßen nur noch leere Flaschen und Luftschlangen liegen, hier und da ein entkommener oder kaputter Luftballon, und die letzten Feiernden auf dem Weg nach Hause sind. Oder die hellen Abende im April. Wenn die Straßen noch staubig vom Streusplit, aber Fahrräder und Turnschuhe schon herausgeholt worden sind – wenn dann eine Amsel singt, kommt es einem so vor, als wäre etwas unwiderruflich vorbei, obwohl in Wirklichkeit gerade erst alles anfängt.]

Schreine und Tempel soll man am besten an Tagen besuchen, an denen die anderen nicht hingehen, und auch dann nachts.

[Warum sind Erfahrungen, die man allein macht, manchmal die stärksten, und warum geht manchmal nichts an einen, wenn man es nicht teilen kann?]

Alles was wir über Ono no Komachi wissen,
ist höchst unbestimmt.

[Das kannst du laut sagen. Hat denn keine zuverlässige Person je etwas aufgeschrieben? Und hast du gemerkt, dass auch über Sei Gerüchte im Umlauf sind, die ziemlich unwahrscheinlich erscheinen? Wie zum Beispiel dass sie auf ihre alten Tage Passanten ihre Knochen zum Kauf angeboten hätte. Dubios, sage ich!]

. . .

Dinge, die einem auf Reisen auffallen:
Die Reiselektüre muss zur Situation passen. Wenn man unterwegs unbedingt etwas auf Finnisch braucht, kann man in Japan Rei-Shimura-Krimis, Haruki Murakami oder Kenkōs *Betrachtungen aus der Stille* lesen. Ein Werk hingegen, das im ostfinnischen Dialekt geschrieben wurde und zur Zeit des finnischen Krieges spielt, ist vollkommen unpassend, auch wenn noch so großartig und preisgekrönt, es hat keinen Sinn, es in den Koffer zu packen. Auch norwegische Krimis sind fragwürdig: Sie können einen so mitreißen, dass man drei Tage lang nirgendwo hingehen kann, weil man unbedingt zuerst das Buch zu Ende lesen muss. Besonders unschön ist dies zur Zeit der Kirschblüte, wenn es wahrlich gute Gründe gibt, das Haus zu verlassen, denn die Kirschblüten warten nicht das Ende eines norwegischen Krimis ab. Wenn einem die Literatur

auf Finnisch, die mit dem Thema zu tun hat, ausgeht, ist es besser, sich etwas auf Englisch zu kaufen, anstatt sich die Stimmung mit urfinnischen Büchern oder sich gar die ganze Reise mit norwegischen Krimis zu verderben.

Seltsame Dinge:
Der riesige im Pazifik treibende, vom Tsunami verursachte Schrott-Teppich. Der Archipel aus Schrott-Feldern ist hundertzehn Kilometer lang und besteht aus Häusern, Autos, Booten und sonstigem Müll, den der Tsunami weggespült hat. Der größte dieser Schrott-Teppiche hat eine Fläche von 200 000 Quadratmetern. Der Müll treibt mit der Strömung auf die Küste der Vereinigten Staaten zu, man nimmt an, dass er im Jahr 2013 Hawaii erreicht.

Natürlich sind die Folgen des Tsunami nicht vorbei. Im Lauf des Frühlings treffe ich viele, die als freiwillige Helfer im Katastrophengebiet gewesen sind – hauptsächlich junge Männer, denn Frauen im gebärfähigen Alter werden nicht in die Nähe des Strahlungszentrums gelassen. Im Winter lerne ich einen Jungen kennen, der auch bei Minusgraden Sandalen ohne Strümpfe trägt, um sich abzuhärten, weil er den Winter ohne Heizung überstehen will, aus Protest gegen die Stromkonzerne. Viele fragen sich, ob das Essen sicher ist, und manche lösen das Problem, indem sie nur aus dem Ausland importierte Sachen essen: Pasta, italienische Dosentomaten und Räucherlachs aus Chile. Weil es für mich als des Lesens Unkundige ohnehin unmöglich ist herauszufinden, ob die Äpfel im Laden um die Ecke aus der Nähe von Fukushima stammen oder nicht, beschließe ich, mir darüber keine Gedanken zu machen. Wissen verstärkt den Schmerz, kann man von mir aus auf meinen Grabstein schreiben.

Unerwartete Beobachtungen:
»Ein Arzt, der bei der Untersuchung Kaugummi kaut, ist irgendwie bäh«, erklärt meine Freundin Jonna auf Facebook. Was für ein Sei-hafter Satz.

Als die Kirschblüten endlich herabgefallen sind, kann ich mich wieder auf mein eigentliches Thema konzentrieren. Ich fahre zum Nichibunker, wo die Renovierung der englischen Abteilung abgeschlossen ist, und komme endlich zum Blättern ins menschenleere Magazin. Die ohrenbetäubende Stille wird nur durch den elektrischen Mechanismus des beweglichen Regalsystems gebrochen.

Sei, nach dir müsste ich hier natürlich suchen, aber wie üblich lande ich bei Murasaki. Als Erstes auf meiner Liste steht nämlich das geheimnisvolle *The Tale of Genji Scroll*, nach dem ich in Bibliotheken auf der ganzen Welt fieberhaft gesucht habe. Hier müsste es sein, aber im Herbst fand es die Angestellte trotz zahlreicher Versuche nicht. Ich habe angefangen zu bezweifeln, dass das Buch überhaupt existiert, wenn es nicht einmal Bibliothekare in ihrer eigenen Bibliothek ausfindig machen können. Wahrscheinlich hat das Opus keinerlei Bedeutung für meine Forschung, aber es zu finden erscheint mir aus irgendeinem Grund inzwischen unumgänglich, als wäre es ein Gral, ohne den alles einfach *im Eimer* ist. Ich bin von einem heftigen Forschungswahn ergriffen worden, als wäre ich eine unglückliche Figur in einem Roman von Carlos Ruiz Zafón, auf der Suche nach einem Werk, dessen Regalplatz in allen Bibliotheken der Welt auf mysteriöse Weise in einer anderen Dimension verschwunden ist, nur dass Barcelona durch die Schauplätze Kyōto und London ersetzt worden ist ...

Als ich nun endlich in der menschenleeren Bibliothek des Nichibunkers auf allen vieren durch das Magazin G2 mit den ausländischen Büchern von übergroßem Format krieche und im untersten Fach von Regal YQ/11/Mo eine große, verstaubte Schachtel finde, lache ich laut auf und lächle wie eine Irre. Da ist es! Das mythische, lange gesuchte Werk, das ich zu nichts gebrauchen kann!

Aber etwas an den im 12. Jahrhundert angefertigten Bildrollen der *Geschichte vom Prinzen Genji* fasziniert mich auf unerklärliche Weise. Das riesengroße, teure, schön hergestellte, als nummerierte Ausgabe (in meinem Geburtsjahr) erschienene *The Tale of Genji Scroll* beinhaltet alle erhalten gebliebenen Gemälde und Kalligrafien, die ich in der Ausstellung in Tokio gesehen habe, samt englischen Übersetzungen und Kommentaren. Endlich verstehe ich, was ich damals gesehen habe. Die für die *Geschichte vom Prinzen Genji* typische melancholische Stimmung des *Mono no aware* zieht sich intensiv durch die Bilder, und wenn man sie sich so ansieht, wie man es bei der Rollenform tun soll, langsam von rechts nach links, sodass immer nur ein kleiner Teil des jeweiligen Bildes sichtbar ist, verschmelzen Kalligrafie und Illustration zu einer fortlaufenden Geschichte. Sei, solche Emaki-Bildrollen waren zu eurer Zeit die Entsprechung zum Film, und du erwähnst sie – die schönen Gemälde, zu denen ein interessanter Text gehört –, wenn du Dinge auflistest, durch die eine angenehme Stimmung entsteht. Vielleicht liegt hier der Grund, warum ich ihnen hinterhergerannt bin.

Dann, Sei, fällt mein Blick auf die Penguin-Taschenbuchausgabe deines Buches, die neben dem Genji-Riesenwerk auf dem Tisch liegt. Und nun kommt es mir plötzlich so vor, als sähe ich sie zum ersten Mal.

Ich begreife nämlich, dass auf dem Umschlag ein Detail aus den Bildrollen der *Geschichte vom Prinzen Genji* zu sehen ist, aus eben den nationalen Schätzen, denen ich, ohne etwas zu kapieren, rund um die Welt nachgejagt bin. Die Titelseite des von Ivan Morris übersetzten *The Pillow Book of Sei Shōnagon* zeigt das Bild eines Flöte spielenden Höflings, das mir bekannt vorkommt. Fieberhaft blättere ich in dem großen Buch und finde ein Gemälde namens Suzumushi II, das ich gerade untersucht habe, auf dem Genji und der Ex-Kaiser düsteren Blickes einander gegenübersitzen. Um sie herum sind sechs Höflinge gekonnt rhythmisch arrangiert. Der Flöte spielende Mann ist Yugiri, Genjis Sohn, und der am Himmel leuchtende silberne Mond schafft eine stille und nostalgische *aware*-Stimmung.

Ich krame zusätzlich Meredith McKinneys Übersetzung heraus, und tatsächlich, auch dieser Umschlag zeigt ein Bild aus einer späteren Illustration der *Geschichte vom Prinzen Genji*. Vielleicht sind darauf sogar Genji selbst und seine Frau Murasaki zu sehen.

Fast traue ich meinen Augen nicht. Diese Bilder repräsentieren eure Welt so archetypisch, dass es keine Rolle zu spielen scheint, wen sie darstellen. Murasaki Shikibus Genji auf dem Umschlag von Sei Shōnagons Buch – wem fällt das schon auf! (Mir jedenfalls nicht, wie es scheint.) Sei, verdammt nochmal, du wirst deiner Kollegin in allem untergeordnet, weil von dir nicht einmal so viel erhalten geblieben ist! Auch wenn ich wohl dankbar sein müsste, dass dir wenigstens Murasakis Genji ein Gesicht geben kann.

Später höre ich, dass auch von deinem Buch eine Bildrolle hergestellt wurde und dass von diesem im 14. Jahrhundert angefertigten Schatz namens *Makura no sōshi emaki* tatsächlich ein 25 Zentimeter hohes, sehr, sehr blasses, in schwarzweißer Tuschetechnik gezeichnetes Bild erhalten geblieben ist, das aussieht, als wäre es die Vorlage für das eigentliche Gemälde.

Ein Bild! Sei, während die *Geschichte vom Prinzen Genji* im Lauf der Jahrhunderte unzählige Male illustriert wurde, ist von deinem *Kopfkissenbuch* nicht mehr überliefert als ein erbärmlicher Illustrationsstumpf. (Also gut, es ist nicht erbärmlich, es ist ein in verfeinerter Technik realisiertes Werk, eines von der Sorte, die man als weiße oder leer gelassene Bilder bezeichnet.) Man scheint darüber nicht einmal das Wenige zu wissen, das man über die Genji-Bildrollen weiß. Das Einzige, was man über solche Bilder mit Sicherheit sagen kann, ist, dass die Haare darauf eine wichtige Funktion haben. Die Haare, Sei. Im *Makura no sōshi emaki* werden aus jenen göttlichen Wohnungen der *Kami* alle Schlussfolgerungen gezogen, weil es sonst nichts gibt.

. . .

[Sei Shōnagon schreibt]

Dinge, die etwas verlieren, wenn man sie malt

Nelken, Iris, Kirschblüten. Die Figuren von Geschichten, die für ihre Schönheit gepriesen werden.

Dinge, die zum Leben erwachen, wenn man sie
malt

Kiefern. Herbstliche Wiesen. Bergdörfer und -pfade.
Kraniche und Rehe. Ein sehr kalter Winteranblick –
ein unbeschreiblich heißer Sommeranblick.

. . .

Am nächsten Tag habe ich das Gefühl, als hätte die melancholische Stimmung der Genji-Bildrollen die ganze Bibliothek wie ein Nebel eingenommen. Draußen regnet es, drinnen ist es eiskalt, und nirgends eine Menschenseele. Als ich essen gehe, sitzt das Mädchen am Empfang mit Kopfhörern da, hält sich die Hände vor die Augen und weint. Ich schleiche rasch hinaus, um ihren privaten Moment nicht durch meine peinliche ausländische Anwesenheit zu stören.

In meinem einsamen Gebäudeflügel komme ich tatsächlich an die Regale mit den ausländischen Büchern heran, aber meine Zuversicht wird bald von Niedergeschlagenheit abgelöst. Übersetzungen der *Geschichte vom Prinzen Genji* und Forschungen dazu gibt es kilometerweise, und über Yoshida Kenkō findet sich zum Beispiel ein ganzes Regal voller Bücher, aber deine Abteilung, Sei, umfasst nur wenige Bücher und ist schnell durchgeblättert. Im Regal stehen eine französische Übersetzung in zwei Fassungen, drei deutsche Übersetzungen, zwei alte englische sowie eine spanische und eine russische Ausgabe.

Nachdem ich den ganzen Tag dagesessen und eine Ersatzhandlung ausgeführt, also Genji gelesen habe (besonders beeindruckt bin ich von der Manga-Version, in der es gelungen ist, die 1200-seitige Geschichte in einem dreihundertseitigen Comic zu verdichten), kapiere ich endlich, wie viel Glück ich eigentlich habe. Die Menge an Genji-Literatur ist so ermüdend, dass allein der Gedanke, zig, ja Hunderte damit verbundene Werke zu durchforsten und dann zu versuchen, selbst etwas zu schreiben, unmöglich ist. Was für ein Glück, dich zu erforschen, Sei, wo alles, was über dich gesagt worden ist, in ein winziges Regalfach passt und lediglich ein paar veraltete Übersetzungen und einige Artikel auf Englisch umfasst. In den westlichen Sprachen ist über dich so gut wie nichts gesagt worden. Vor mir liegt unerschlossener Boden. Ein Schneefeld. Eine ungeöffnete Flasche Champagner.

Sei, es ratterte eine Weile in meinem Kopf, bis ich den Gedanken voll und ganz begreife. Meines Wissens ist über dich noch *kein einziges* Buch in einer westlichen Sprache geschrieben worden. *Niemand* hat ein Buch geschrieben, dessen Hauptthema eine Hofdame aus der Heian-Zeit namens Sei Shōnagon wäre. Mir gefriert das Blut in den Adern.

Hast du etwas gesagt, Sei?

. . .

Sei, auch wenn man nichts über dich weiß, habe ich allmählich das Gefühl, dass ich genug weiß. Es ist Zeit, damit aufzuhören, in Bibliotheken herumzulungern und sich stattdessen ans Werk zu machen. Es ist Zeit, sich in dich hineinzuversetzen. Es ist Zeit, das zu tun, wozu ich hergekommen bin. Ständig hat es etwas Dringlicheres gegeben – das Leben, Sehenswürdigkeiten, Rückflüge, Erdbeben, Reisen nach Thailand.

Habe ich schon gesagt, dass es zu meinem Plan gehört, einen zwölfschichtigen Kimono anzulegen, wie ihr ihn getragen habt, und dann mit weiß gespacheltem Gesicht bei Mondlicht Gedichte zu schreiben? Nun ist es so, dass das mit dem Kimono klappt – ich muss dafür in einer Seidenfabrik 10 000 Yen zahlen, kannst du dir das vorstellen –, aber ich darf in der Bekleidung dann nirgendwo hingehen, um mich vom Mondlicht inspirieren zu lassen. Das Dichten muss also separat absolviert werden.

Sei, ich muss zugeben, dass ich vom Gedichte-Schreiben kein bisschen begeistert bin, ganz gleich in welchen Kleidern. Wo, um Himmels willen, habe ich diese Idee überhaupt her? Wochenlang bin ich dem Gedanken aus dem Weg gegangen, so unangenehm ist er mir vorgekommen. Und erst jetzt begreife ich, was offensichtlich ist. Warum sollte ich vom Dichten begeistert sein, wo du es doch auch nicht gewesen bist! Es war nicht dein Kerngebiet, du hast nicht ganze Abende lang dagesessen und Gedichte geschrieben!

Warum nicht, darüber ist inständig spekuliert worden. Das Gedichte-Machen war zu deiner Zeit eine absolut unentbehrliche Kunst, man konnte keine Frau und keinen Mann erobern, wenn man nicht fähig war, in schöner Handschrift einen raffinierten Gedichtbrief zu schreiben. Außerdem waren Gedichte vom Leben am Hof nicht wegzudenken: Bei Gedichtwettbewerben musste man sich zur Situation passende Fortsetzungen zu den Versen der klassischen Meister ausdenken, und jeder Höfling und jede Hofdame musste in der Lage sein, ein Gedicht über den Vollmond oder auch über den Kuckucksruf hervorzubringen, wenn der Kaiser oder die Kaiserin es befahl.

424 Man kann nicht behaupten, dass es dir am nötigen Hin-

tergrund oder an der Bildung dafür gefehlt hätte. Dein Vater und dein Großvater waren nicht nur Dichter, sondern auch Experten des dichterischen Geschmacks, die sogar Regeln für die Dichtung aufgestellt hatten. Von den Gedichten deines Vaters Motosuke sind in den kaiserlichen Gedichtsammlungen 106 Stück erhalten, von deinem Großvater Fukayabu 41. Dein Vater gehörte außerdem einer Arbeitsgruppe an, deren Aufgabe darin bestand, die klassische Manyoshu-Gedichtsammlung zu erforschen. Du kamst erst im Alter von fast dreißig an den Hof, sodass du reichlich Zeit gehabt hattest, dich mit der Gedichttradition vertraut zu machen. Falls es Handbücher über Dichtung gab, kanntest du sie bestimmt: Ihre Bildsprache ist in deinen Listen ausgezeichnet vertreten. Schließlich dientest du zehn Jahre am Hof, im Mittelpunkt der dichterischen Kommunikation. Sei, du hattest alle Voraussetzungen, eine der am meisten geschätzten und produktivsten Dichterinnen deiner Zeit zu werden.

Aber nein: Du hast eine erbärmlich geringe Zahl an Gedichten hinterlassen, und auch die sind irgendwie seltsam. Sei, von deinen Gedichten sind insgesamt 53 überliefert, wenn man alle im *Kopfkissenbuch* enthaltenen Gedichte mitzählt, und von ihnen haben nur 15 Eingang in die kaiserlichen Gedichtsammlungen gefunden. Fünfzehn, Sei! Das ist gar nichts! Dein Vater hatte 106, dein Großvater 41, Murasaki Shikibu 60 und Izumi Shikibu 226 in den Sammlungen! In Murasakis *Geschichte vom Prinzen Genji* gibt es fast 800 Gedichte zusätzlich, und von Izumi Shikibu sind insgesamt 1400 Gedichte überliefert! Du hingegen hast dreiundfünfzig Stück zustande gebracht!

Sei, wie ist es überhaupt möglich, dass wir etwas über

den traurigberühmten *Hototogisu*-Ausflug zum Kamo-Schrein lesen dürfen, bei dem du nicht fähig gewesen bist, auch nur ein Gedicht zu produzieren, obwohl genau das der Sinn des Ausflugs zum Kuckuck-Lauschen war? (Sei, sogar ich weiß, dass der Vogel mit dem onomapoetischen Namen Ho-to-to ruft... – hätte man daraus nicht etwas machen können?) Als sich Kaiserin Teishi nach dem Ausflug über das minderwertige Verhalten ihrer Hofdamen – dich eingeschlossen – ärgerte, redetest du dich auf Versagensangst heraus, weil dein Vater so bekannt war.

. . .

[Sei Shōnagon schreibt]

Ich habe beschlossen, mit dem Schreiben von Gedichten ganz aufzuhören. Immer wenn es zu einer Situation kommt, in der das Verfertigen von Gedichten verlangt wird und in der ihre Majestät mich bittet, ein Gedicht zu schreiben, möchte ich fliehen. Nicht dass ich die Silben nicht richtig zählen könnt oder dass ich ein Wintergedicht im Frühling machen oder Pflaumenblüten in einem Herbstgedicht erwähnen würde, aber ich komme aus einer Familie, in der es namhafte Dichter gibt, und ich möchte, dass die Menschen meine Gedichte für etwas besser als den Durchschnitt halten. Wenn ich etwas schreibe, möchte ich, dass die Menschen sagen: »Das war ein auf die Situation passendes Gedicht, eines, wie man es von der Tochter eines berühmten Dichters auch erwarten kann.« Ich habe das Gefühl, das Andenken meines Vaters zu

beleidigen, wenn ich meine hinkenden Verse
vorstelle und diese in keiner Weise etwas Beson-
deres sind.

. . .

Sei, hast du dich wirklich für eine so miserable Dichterin gehalten? Und wenn ja, warum wolltest du es unbedingt allen mitteilen? Du hättest diese Episode ebenso gut aus deinem Buch streichen können. Wolltest du mit deinen berühmten Vorfahren angeben? Oder, wie ein Wissenschaftler vorschlägt, andeuten, dass die Beweise für deine literarische Genialität ganz woanders zu finden sind? Darüber habe auch ich gebrütet, Sei. Vielleicht hast du beschlossen, mit dem Dichten aufzuhören, weil dich das traditionelle Schmieden von Versen nicht mehr interessierte. Vielleicht wolltest du deine Talente, denen du dir sehr wohl außerordentlich bewusst warst, für etwas völlig anderes verwenden. Vielleicht wolltest du frei von dichterischen Konventionen schreiben, die Dinge direkt ausdrücken, auf neue, frische Art. Und dies besser tun als alle anderen.

Sei, in meiner Zeit kommt der Kunst, Gedichte zu schreiben, keine größere soziale Bedeutung mehr zu, dennoch gebe ich nur ungern zu, dass mich Gedichte nie besonders angesprochen haben. Ich bin einfach keine, die Gedichte mag. Für diesen Aspekt meines Literaturwissenschaftlerinnen-Ichs habe ich mich immer geniert, ich habe ihn sogar verheimlicht und mich gefragt, ob ich womöglich dümmer bin als die anderen. Ob ich (wieder einmal) etwas Wesentliches nicht verstanden habe. Ob ein solcher Mensch überhaupt von sich behaupten kann, etwas von Literatur zu verstehen.

Ich frage mich, ob es sein könnte, dass ein traditioneller Text, der als Gedicht gilt, bestimmte Menschen einfach nicht anspricht, und dass solche Menschen die Prosa so wahrnehmen wie andere die Lyrik. Immerhin bin auch ich eine Freundin der wenigen Worte, von Sätzen, die mit ein paar Worten etwas Mehrdeutiges und Wichtiges zum Ausdruck bringen – solange sie nur Prosa sind (vielleicht habe ich deshalb gern Werbetexte gemacht). Deine Listen sind genau das. Ihre Klarheit spricht mich an, ihre Bildwelt, ihre Wortwahl, ihre Fähigkeit, etwas Unsagbares zu verdichten, ein großes Gefühl in einem kleinen, konkreten Detail zum Ausdruck zu bringen.

Du schreibst Lyrik, gekleidet in Prosa, und ich bin nicht die Einzige, die so denkt. Dein Übersetzer Arthur Waley behauptete seinerzeit skandalträchtig, du seist die absolut beste Dichterin deiner Zeit gewesen, aber das gehe allein aus deiner Prosa hervor, ganz und gar nicht aus deinen (schlechten) Gedichten. Waley findet, ein einziger Satz aus deinem Buch genüge als Beispiel: *Überquert man einen Fluss im hellen Mondlicht, kann man nur staunen, wie das Wasser um die Beine der Ochsen aufblitzt wie glitzernde Kristalle.* Dieser vor frischer Schönheit strotzende Satz lädt dazu ein, die Situation unmittelbar zu erleben, ohne dass wir das Ganze über poetische Codes verarbeiten oder bei literarischen Gelehrten die einzelnen Bedeutungen abklären müssen. Wir verstehen es, Sei. (Das dürften auch die Vertreter der modernen Lyrik 900 Jahre später begriffen haben.)

In alle anderen Prosatexte deiner Zeit wurden überall Gedichte hineingestopft, und ich glaube, dass das Fehlen von Gedichten in deinem Buch, oder zumindest ihre äußerst geringe Anzahl, nur von Vorteil für dich gewesen ist. Murasakis Roman und Izumi Shikibus Tagebücher sind voll davon, mitten in der aufregendsten Handlung wird unvermutet ein Gedicht aufgesagt, ein bisschen so wie in einem Musical plötzlich jemand zu singen anfängt. Wer Musicals hasst, wird vermutlich auch jene Bücher hassen.

Außerdem, Sei, woher wissen wir eigentlich, ob du letzten Ende eine so schlechte Dichterin warst? Die Dichtung war am Hof eine Vortragskunst, und du hast sehr wohl eine pfiffige Strophe hingekriegt, wenn es darum ging, Höflinge zu bezirzen, und bestimmt keine Textnachrichten, also Gedichtbriefe unbeantwortet gelassen, weil dir gerade nichts Geniales einfiel. Vielleicht hieltest du die Dichterei einfach dann für sinnlos, wenn niemand zuhörte.

Aber Sei, wenn ich jetzt beschließen würde, mein geplantes Waka-Gedichte-Schreibexperiment dadurch zu ersetzen, dass ich versuche, eine Prosa zu schreiben wie du, würde ich mit Sicherheit feststellen, dass dies noch schwieriger ist. Besser also beim ursprünglichen Vorhaben bleiben und sich am Yoshidayama im Mondlicht ein paar Gedichte abringen, wenn auch noch so schlechte und uninspirierte. Tue ich es in aller Stille, muss es niemand erfahren, außerdem gibt es in meiner Verwandtschaft keinen Dichter, dessen Ruf ich schaden könnte. In der kommenden Nacht wird also diese Person hier, die von Gedichten nichts versteht, heimlich auf den menschenleeren Hügel steigen, eine bemitleidenswerte, zum Scheitern verurteilte Metamorphose durchlaufen und im Morgengrauen nach Hause zurückkehren, die Pinsel unterm Umhang versteckt, das Papier zerknittert in der Tasche, um fortan ausschweifende und verschlungene Prosa zu schreiben.

Sei, ich bin tatsächlich zum Dichten auf den Hügel gegangen. Freilich nicht in der Nacht und auch nicht am Abend, denn jetzt ist kein Vollmond, und dort oben herrscht Finsternis – ich hatte Angst, mich auf den kleinen Waldwegen zu verirren, auf den Steinstufen zu stolpern oder gegen ein Gespenst zu prallen, von denen es am Yoshidayama angeblich mehr als genug gibt. Ich bin also am Tag hingegangen.

Ich hatte beschlossen, Gedichte über drei Themen zu schreiben: 1) Berge (weil ich wie du eine ziemliche Fixierung auf sie entwickelt habe), 2) Meine Liebe zu dir (weil ich auf dich fixiert bin), 3) Meine jetzige Lebenssituation (weil sie mich im Stil einer Fixierung beschäftigt). Ich dachte mir, dass Fixierungen ein guter Ausgangspunkt für Zwangsgedichte sein könnten. Aber dann entglitt mir das Ganze, und ich schrieb über weiß Gott was, alles, was mir gerade einfiel.

Zuerst vergewisserte ich mich, was ein Waka-Gedicht bei euch bedeutete: Anscheinend nichts anderes, als ganz allgemein ein Gedicht auf Japanisch, im Gegensatz zu den chinesischen *Kanshi*-Gedichten, die ebenfalls eifrig fabriziert wurden. *Waka* war der Überbegriff für mehrere Gattungen: *Tanka* bedeutete wörtlich »kurzes Gedicht«, *Choka* »langes Gedicht«, *Sedoka* »auswendig gelerntes Gedicht« und *Kataura* »Gedichtfragment«. Schon zu deiner Zeit waren drei davon nicht mehr in Gebrauch, und Waka bedeutete nur noch Tanka, Gedichte mit der – westlich übersetzten – Silbenzahl 5-7-5-7-7.

Mit diesen Vorgaben habe ich auf dem Yoshidayama das erste Tanka-Gedicht meines Lebens geschrieben, in der Schlange vor dem Teehaus Mo-an, heute, am Freitagnachmittag um zwei Uhr. Hier ist es, Sei, bitteschön:

Hier auf diesem Berg
bin ich bei dir und Kenkō,
die Stimmen der Stadt.

Dampf steigt aus der Teetasse,
wir drei trinken aus einer.

Nachdem ich das Erste gemeistert hatte, bekam ich überraschenderweise Lust weiterzumachen. Meine heimliche
Waka-Truhe war ganz offensichtlich aufgegangen, und
der Tanka-Rhythmus hämmerte im Takt meiner Schritte,
während ich die Wege des Yoshidayama hinaufstieg.

Heute werde ich
versuchen, mir so
lebendig vorzustellen,

wie du direkt mit mir sprichst,
wie du mir in das Ohr lachst.

Oder: Sie-se-hen-dich-an, dei-ne-Stim-me-ist-zu-hörn.
Oder etwa: Flat-tern-de-Haa-re. Oder: Hört-uns-hier-je-
mand.

Einem Puzzlespiel
ähnelt das Waka-Dichten,
findest du nicht auch?

Wir zwei dichten gemeinsam
in verschiedenen Sprachen.

431

Die Mädchen schrieben
Sei was here and Mii too,
hier in diesem Kiez.

In einer Stadt wie dieser
kennt nun mal jeder jeden.

.

Gedicht für Gedicht
bleibt dieser Rhythmus hängen,
eigentlich witzig.

Soll ich von nun an wie ihr
in Waka-Lyrik reden?

.

Wenn ich nur wüsste,
ob ich hier leben könnte.
Lass ich mich feuern?

Würde fürs Silbenzählen
mir jemand etwas zahlen?

.

Zumindest dieses
Buch hier könnte ganz und gar
aus Tanka bestehn.

Man muss die vielen Worte
halt ein bisschen verdichten.

.

Dichten wir im Kreis:
Du bist an der Reihe, Sei,
schreibe ein Gedicht!

Zwar nicht auf Befehl des Hahns,
aber mir zum Gefallen?

.

1–1–1–1–1 (5)
1–1–1–1–1–1–1 (7)
1–1–1–1–1 (5)

1–1–1–1–1–1–1 (7)
1–1–1–1–1–1–1 (7)

.

Ein Gedicht von Sei,
blass und leider unsichtbar,
die Silben stimmen.

Ein Jammer, nicht zu wissen,
wie schlecht es in Wahrheit ist.

.

An Kenkō auf dem Yoshidayama:

Ob dieser Weg schon
damals hier an diesem Ort
begangen wurde?

Liefst du mit nackten Füßen
Über den Teppich aus Laub?

.

Warst du es, der einst
alle die roten Tore
sorgsam bewacht hat?

Der Krüppelkiefern Wurzeln
Verlangen nicht nach Wächtern.

.

Ein Umhang in Weiß
und ein Rock in Violett,
sind wir Verwandte?

Ich wage kaum zu fragen:
Sind wir's denn, Herr Kenkō?

.

.
.
.
Der Wakatest ist
Vollumfänglich bestanden.
Guilty, geb' ich zu.

Oder was meinst du dazu?
Darf ich still nach Hause gehen?

. . .

[Sei Shōnagon schreibt]

*Weil ich vergessen hatte, passendes Papier
mitzunehmen, schrieb ich meine Antwort auf
ein purpurnes Lotusblatt.*

. . .

XII Ich verbringe den Abend vor dem Ersten Mai mit Seb und Reina in einem Tempel im Bergdorf Ohara. Nach dem Sonnenuntergang badet der Garten in der Abendbeleuchtung. Der Stolz des Gartens ist eine siebenhundert Jahre alte Kiefer, und hinter den frühlingsgrünen Ahornbäumen blitzen Bambuswald und das Tal von Ohara auf. Die Mönche versammeln sich zu einem Rezitationskonzert, der Froschchor musiziert lautstark im Hintergrund mit, überall stehen kleine Ikebana-Arrangements, und aus Bambusrohren fließt Wasser in steinerne Becken, die von herabgefallenen Kamelienblüten gefüllt sind. Noch lange nachdem die anderen gegangen sind, sitzen wir auf den Tatamis. Dies hier ist das mathematische Gegenteil zu einer finnischen Walpurgisnacht.

Am Maitag klingelt mein Wecker um halb fünf, und ich fahre mit dem Rad nach Sishendō, um an einer Zen-Meditation teilzunehmen. Natürlich regnet es – so wie immer, wenn ich auf dem Weg nach Sishendō bin. Der McDonalds hat nicht geöffnet.

Klug geworden vom letzten Mal, habe ich etwas über Meditation gelesen und Techniken gepaukt, um zu vermeiden, dass das Ganze in Träumerei ausartet, wie es auf einer Internetseite warnend ausgedrückt wird. (Sei, das Ding mit dir ist längst zur Träumerei geworden, irgendeine Disziplinarkommission oder ein Mönch mit Stock müsste jetzt mal die Zügel in die Hand nehmen.) Eine in Sishendō wartende Nonne fragt, ob ich mich telefonisch angemeldet habe (nehme ich jedenfalls an, denn heißt Telefon nicht *denwa*?) Habe ich nicht. Ich darf trotzdem hinein, und die Nonne führt mich zu einem kleinen Kissen auf dem Tatamifußboden in der Haupthalle und zeigt mir, wie man sich zuerst in alle Richtungen verbeugt und dann das Kissen in einer bestimmten Abfolge dreht, sodass man am Ende mit dem Gesicht zum göttlichen Garten hin sitzt. Es erscheinen insgesamt acht Meditierende, und genau um sechs Uhr läutet es, zum Zeichen, dass die Übung beginnt.

Die ersten vierzig Minuten gehen einigermaßen. Ich habe gelesen, dass sich Anfänger in den ersten zehn Minuten darauf konzentrieren sollen, den Rücken gerade zu halten und die Atemzüge zu zählen. Das Zählen der Atemzüge soll verhindern, dass mir unnütze Gedanken durch den Kopf schießen, aber ich stelle fest, dass ich ganz hervorragend an sehr viele Dinge denken kann, während ich meine Atemzüge zähle. (Vielleicht hat ein Schmalspurgehirn, das unmöglich an mehrere Dinge gleichzeitig denken kann, das Hilfsmittel entwickelt.) Ich sitze jedoch so entschlossen auf meinem Platz, dass meine Beine eingeschlafen und gefühllos geworden sind und ich nicht ohne umzukippen aufstehen kann, als die Glocke läutet, als die Übung vorbei ist.

Als Nächstes gehen wir in einer Gehmeditation in der Halle umher, dann läutet die Glocke zum Beginn einer neuen Übung. Hilfe – soll ich das noch einmal vierzig Minuten lang durchmachen?

Der zweite Teil ist von Anfang bis Ende die Hölle. Ich bin überhaupt nicht fähig, auf der Stelle zu sitzen, Beine und Rücken schmerzen, und ich befürchte, dass meine Beine so taub werden, dass sie amputiert werden müssen. Ich habe keine Lust, die Atemzüge zu zählen, und es fällt mir sogar schwer, wach zu bleiben. Ich gebe nach, dehne mich, schaue in den Garten, blicke sogar auf die Uhr, was mit Sicherheit der Gipfel der Schande ist. Zum Glück gibt es hier keinen Mönch, der mit seinem Stock auf der Lauer liegt. Als die Nonne endlich aufsteht, weiß ich, dass gleich die Glocke läuten wird, und reiße mich die letzten Minuten zusammen, wie es sich gehört.

Wir begeben uns vor einen Altar, wo alle in die Rezitation eines Mönchs einstimmen. Im letzten Moment merke ich, dass in der Broschüre, die man mir gegeben hat, tatsächlich die Worte der Rezitation in westliches Alphabet transliteriert stehen. Sich an diesem monotonen, einstimmigen, rhythmischen Sprechgesang zu beteiligen wirkt aus irgendeinem Grund befriedigend: Als wäre man Teil der Stimme des Universums.

Zum Schluss kommen wir zusammen, um Tee zu trinken und durch den Garten zu spazieren. Ein Englisch sprechender Japaner erzählt, er komme seit zehn Jahren zur Meditation und fängt an, mir Fragen zu stellen. Ich antworte, und alles, was ich sage, bringt ihn unwahrscheinlich zum Lachen. Sei Shōnagon – buahhaha. Magst du Murasaki Shikibu nicht lieber? Buahhahha. Sei Shōnagon ist so zynisch und sarkastisch – buahhahaha. Du hast an der Universität in Finnland etwas über Sishendō gelesen? Buahhahaha. Du dachtest, es ist der schönste Ort der Welt? Buahhahaha.

Mit einem Lächeln auf dem Gesicht radle ich nach Hause. Die katerartige Müdigkeit schlägt erst später zu, jetzt bin ich glücklich, leicht und erleuchtet.

Am Nachmittag bekomme ich ein Paket, das nach Roggenbrot duftet. Zieht man seinen haarsträubenden Preis – per Flugpost 110 Euro, wie mein Vater mich zornig aufklärt – nicht in Betracht, handelt es sich um mein bestes Namenstaggeschenk aller Zeiten.

Seb hat seine englische Shiatsu-Lehrerin Bridget so sehr gepriesen, dass ich beschließe, ihre Anwendung auszuprobieren. Bridgets Praxis liegt neben Sishendō, und der kleine Tatamiraum öffnet sich zu einem leise raschelnden Bambuswald. Die Shiatsu-Anwendung ist entspannend, aber noch mehr begeistert bin ich von Bridget selbst. Es stellt sich heraus, dass die seit zwanzig Jahren in Kyōto lebende Bridget auch Butoh-Tänzerin ist und den traditionellen japanischen Buyo-Tanz beherrscht. Sie hat Butoh unter der Anleitung von Katsura Kan gelernt, und ich reserviere sofort eine Karte für den Auftritt ihrer Truppe in der nächsten Woche.

Genau genommen besuche ich alle Butoh-Aufführungen, die ich in der Stadt entdecke. Ich berausche mich an den weiß gekalkten Menschenkörpern, den wirr toupierten Haarschöpfen, den ausdruckslosen Gesichtern und den starrenden, rot geränderten Augen, den matt golden und silbern schimmernden, hauchdünnen Gewändern, die erfindungsreich aus alten Kimonos, Obi-Gürteln und anderen Bestandteilen traditioneller Gewänder zusammengeflickt worden sind. Ich verliebe mich in die maschinenhafte, seltsam verstörende Gestik, die völlig ungezwungen und ohne Muskelkraft zu entstehen scheint, obwohl sie physisch äußerst anspruchsvoll sein muss. Ich denke, dass die Tänzerinnen und Tänzer Seiten des Menschseins darstellen, die wir normalerweise nicht sehen wollen, und frage mich, wie man aus Hässlichkeit, Einsamkeit, Angst und Fehlerhaftigkeit etwas so Schönes zustande bringen kann. (Später, als ich an Bridgets Butoh-Workshop teilnehme, stellt sich heraus, dass ich selbst eine Naturbegabung bin, wenn es darum geht, ein Taschentuch zu spielen.)

Als eine weiß gekalkte, fast nackte Tänzerin sich am Schluss ihrer Vorstellung verbeugt und lächelt, sehe ich ihre geschwärzten Zähne. Ich versuche zu verstehen, wie dieses schwarze Loch, das sich mitten im weißen Gesicht auftut und in dem das Zahnfleisch auf entsetzliche Weise aufblitzt, schön sein kann, so wie es deiner Meinung nach, Sei, wohl war, aber es gelingt mir nicht. Die Tänzerin lacht herzlich, aber ich sehe nur eine Fratze des Todes, grotesk und schauerlich.

Olivia lädt mich zu einem Spaziergang und zum Besteigen des Daimonji ein, der hinter Ginkaku-ji aufragt. An die Bergwand ist auf einem Kahlschlag das Kanji-Zeichen, das »groß« bedeutet, geschrieben worden, und bei einem im August stattfindenden Ritual wird es in Brand gesetzt, damit man es in der ganzen Stadt bewundern kann. Olivia erwähnt, sie werde einen Freund mitnehmen, der vorhabe, vielleicht bis zum Biwa-See weiterzugehen. Ich wundere mich ein wenig – der Biwa-See ist meiner Meinung nach ziemlich weit weg –, aber Olivia meint nur, ihr Freund gehe gern zu Fuß. Das Wetter ist herrlich, außer dass die Stadt von einem seltsamen Dunst überlagert ist. Später, als ich verschwitzt und erschöpft vom Gipfel des Daimonji aus auf den Dunst blicke, der die Aussicht verdeckt, erfahre ich, dass es sich bei dem Dunst in Wahrheit um einen

Sandsturm handelt, der Kyōto von China aus erreicht hat.

Es stellt sich heraus, dass Olivias Freund tatsächlich gern zu Fuß geht: Der Franzose Antoine ist gerade von Kyūshū, der südlichsten Insel Japans, nach Kyōto gewandert. Dafür hat er einen Monat gebraucht. Vorgestern ging er von Osaka nach Kyōto, und für diese Strecke von 45 Kilometern benötigte er neun Stunden. Heute »ruht er sich aus«, indem er um Kyōto herumläuft und den Daimonji besteigt, morgen setzt er seine Reise in Richtung Norden fort. Er schätzt, dass er in zwei Monaten Hokkaido erreicht, Japans nördlichste Spitze.

Ich traue meinen Ohren nicht. Der Kerl sieht wie ein ganz normaler, Brille tragender Student aus, dünn und ein bisschen wie ein Nerd. Ich frage ihn, ob er schon oft von einem Ende eines Landes zum anderen gewandert ist, aber angeblich ist dies seine erste Tour dieser Art. Ihm kam in den Sinn, Japan zu Fuß der Länge nach zu durchqueren, und diesen Gedanken wurde er dann nicht mehr los. (Alle möglichen Fixierungen bilden Leute im Zusammenhang mit diesem Land heraus, denke ich mir – Marathonwandern, alte Hofdamen …)

Antoine findet es schön, zu Fuß zu gehen, man habe dabei Zeit nachzudenken und alles Mögliche zu sehen. Einmal sei er an einem Berg einen Weg entlanggegangen, auf dem lauter Müll gelegen habe, von Plastiktüten und Kleidern bis zu ausrangierten Kühlschränken. Am liebsten hätte er einen Zen-Garten aus dem Abfall arrangiert.

Du hast wohl nicht viel Gepäck dabei, frage ich ihn. Angeblich doch, viel zu viel. Seine Absicht sei es gewesen, sich mit fünf Kilo auf den Weg zu machen, aber es seien zehn geworden, unter anderem habe er ein Zelt dabei, das er noch kein einziges Mal benutzt habe. Er habe bis jetzt eine Nacht im Hotel verbracht und eine im Auto – in allen anderen Nächten habe er Unterkunft bei Einheimischen gefunden, denen er unterwegs begegnet sei. Die Geschichten über die Menschen, die er getroffen hat, sind faszinierend. Eine Nacht verbrachte er bei einer Familie, die eine behinderte Tochter hatte. Er hatte auf der Straße jemanden nach einem Schlafplatz gefragt, der verneint habe, und der Vater des Mädchens habe, nachdem er im Vorbeigehen das Gespräch gehört hatte, eine Unterkunft angeboten. Obwohl das Mädchen zu Hause und ständig anwesend war, hatte die Familie sich so verhalten, als gäbe es das Mädchen nicht – so sehr schämten sie sich für den Gedanken, seine Anwesenheit könnte dem Besucher unangenehm sein. Als Antoine schließlich nach dem Namen des Mädchens und anderen Dingen fragte und sich am nächsten Morgen von ihm verabschieden wollte, war die Mutter zu Tränen gerührt.

Man hatte Antoine vorab gewarnt, die Japaner wären eigentlich nicht freundlich, sondern täten nur so. Antoine ist anderer Meinung, und man kann sich schwer vorstellen, dass die Gastfreundschaft, die er angetroffen hat, nur eine Inszenierung gewesen sein sollte. Als ich später durch die Provinz reise, ohne auch nur einen Schritt machen zu können, ohne dass mir jemand zu Hilfe kommt, eine Mitfahrgelegenheit oder eine Tasse Tee anbietet, verstehe ich Antoine vollkommen.

Er sieht aus, als gehe es ihm gut, aber er sagt, er sei ein bisschen müde. Es sei anstrengend, ständig neue Leute kennenzulernen. Er habe das Gefühl in einem Fuß verloren, aber das mache nichts. Er versichert, bis morgen sei er wieder fit und bereit, seinen Weg nach Hokkaido fortzusetzen.

Nachdem wir Antoine zum Biwa-See geschickt haben, gehen wir zu Olivias neuem Arbeitsplatz, einem französischen Restaurant an der Sanjo-Brücke. Der Küchenchef bietet uns Birnen-Tarte an, und Olivia stellt mir ihren neuen Freund vor, den Koch des Restaurants. Wir essen unsere Tartes und blicken vom Fenster im neunten Stock auf den Feuerstern des Daimonji, den wir zuvor bestiegen hatten. Es ist halb drei. Der Küchenchef berichtet, Osama bin Laden sei ermordet worden.

Seb und Reina veranstalten eine Käse-Party, und die kleine Feier scheint sich zu einem ziemlichen Festival auszuweiten. Reina kocht fieberhaft, Seb und sein Freund Cyril holen Wein, im Kühlschrank warten vier Kilo Käse, die Cyril aus Frankreich mitgebracht hat. Ein Bambus-flötenspieler und weitere Leute, die traditionelle Instrumente spielen, werden kommen, und Reina plant einen nächtlichen, von Lampions beleuchteten Musikausflug auf den heimischen Yoshidayama.

Als das Fest endlich beginnt, ist der Tatami in Reinas winziger Wohnung voller Schüsseln, Tassen und Teller. Reina hat zig kleine Gerichte vorbereitet, und die Käse und die Salamis sind auf Holzbrettern in Scheiben ge-schnitten worden. Es kommen zwei Japaner und drei Franzosen, die aussehen wie Waldschrate. Alle haben fast schwarz verbrannte Gesichter und eine Mütze auf dem Kopf, die sie auch beim Essen nicht abnehmen. Einer, der sonderbarste von allen, meint, er sei aus Korsika (nicht aus Frankreich), als wäre das ein Planet für sich. Die Män-ner rauchen auf dem Tatami Selbstgedrehte, ohne um Er-laubnis zu fragen, und führen die meiste Zeit des Abends ihr eigenes Gespräch auf Französisch.

Einer von ihnen ist David, das Geburtstagskind, zu des-sen Ehren die Überraschungsparty organisiert worden ist. Er ist Biobauer, der auf seinen Feldern in Ohara eine neuartige Methode anwendet, die nach Wechselwirtschaft klingt. Ein anderer ist ein ehemaliger Kameramann, der in Paris und in Vancouver im Filmgeschäft tätig war, aber kürzlich nach Kyōto gezogen und jetzt arbeitsloser Hausmann ist, während seine japanische Frau die Brötchen verdient. (Das käme nicht in Frage, wenn der Mann Japaner wäre; im Übrigen habe ich bereits begriffen, dass Japaner, die sich mit Ausländern abgeben, eine Sorte für sich sind.) Aus dem Korsen bekomme ich nicht mehr heraus, als dass er die Hälfte des Jahres in Indien verbringt, aber als wir bei Einbruch der Dunkelheit auf den Yoshidayama steigen, zieht er Tin-Whistles und Schlaginstrumente aus der Tasche, eines seltsamer als das andere, und lockt aus ihnen mit geschlossenen Augen und einer Selbstgedrehten im Mundwinkel die herrlichsten Melodien hervor.

Brian, der wie ein Norweger aussieht (später erfahre ich, dass er aus Südafrika kommt), wohnt seit drei Jahren in Kyōto. Er trägt Jeans und traditionelle, wadenhohe *Tabi*-Schuhe und hat ein australisches Didgeridoo dabei. Er erzählt, er sei »aus den üblichen Gründen«, also aus Liebe zur Kultur und einer Frau ins Land gekommen, habe später geheiratet, studiere heute traditionelle japanische Instrumente und habe mit den erdrückenden gesellschaftlichen Regeln und seinen eigenen, als falsch erkannte Vorannahmen zu kämpfen, so wie viele hier. Ich erzähle, ich sei nach Kyōto gekommen, um über Sei Shōnagon zu forschen, aber der Name lässt bei Brian nicht das geringste Glöckchen erklingen. Als ich das *Pillow Book* erwähne, gerät er hingegen in Begeisterung: »Wow, du bist aber mutig! Dir ist bestimmt schon aufgefallen, dass niemand über das *Pillow Book* spricht, es gehört zu den Dingen in dieser Gesellschaft, über die geschwiegen wird, eines der wohlgehüteten Geheimnisse. Alle kennen es zwar, aber tun so, als existiere es nicht. Weißt du, hier richtet sich alle Energie auf oberflächliche Regeln, wie zum Beispiel darauf, wann und wie man den Müll rausbringen muss, nur um zu vermeiden, dass über die eigentlichen Dinge geredet wird. Wenn du jemanden findest, der bereit ist, über das *Pillow Book* zu reden, oder einen Meister, der damit einverstanden ist, dich darüber zu unterrichten, kannst du wirklich von Glück sprechen. Ich kannte sogar mal einen, der das berühmte Bild von der Frau und dem Tintenfisch untersuchte (spätestens jetzt kommen mir Zweifel, denn ich habe von so einem Bild nie etwas gehört), na, du kennst das natürlich, das Bild, auf dem der Tintenfisch bei der Frau einen *Cunnilingus* vornimmt…« Ich schlage vor, dass wir allem Anschein nach nicht über dasselbe *Pillow Book* reden, aber Brian winkt nur ab: »Natürlich tun wir das, was für *Pillow Books* soll es denn sonst noch geben?«

Wir erreichen den Steinkreis auf dem Gipfel des Yoshidayama, das Gespräch bricht ab, und alle fangen an zu musizieren und auf dem im Mondlicht schimmernden Hügel umherzuhüpfen, aber ich habe kapiert, dass wir entweder wirklich nicht über dasselbe *Pillow Book* sprechen oder aber dass mir etwas sehr Wichtiges verborgen geblieben ist. Außerdem bekomme ich Lust zu erfahren, was es mit diesem mystischen *Pillow Book* auf sich hat, über das sich Brian so in Rage redet.

Sei, es stellt sich heraus, dass die japanischen erotischen Holzschnitte, also die *Shunga,* und auch andere orientalische Liebeshandbücher auf Englisch *Pillow Books* genannt werden. Brians Missverständnis bringt mich zu der Überlegung, ob der Grund dafür, dass du im Ruf einer Sexverrückten stehst, ein ganz einfacher sein kann: Nämlich der, dass der Titel deines Buches – *Kopfkissenbuch* – an Sex und erotische Holzschnitte erinnert.

Es ist nämlich irritierend, dass ich bei meinen Nachforschungen über dich ständig auf Sex stoße. In der British Library stellte ich fest, dass viele mit deinem Namen vorgenommenen Internet-Suchen zu Erotik, Sex und Porno führten. Oft hatten die Funde nichts weiter mit dir zu tun, als dass sie an den englischen Titel deines Buchs erinnerten. Aber ich stoße noch immer auf verschiedene Adaptionen, Bücher, Filme und Parodien, in denen du in erotischem Licht erscheinst, als eine Art Oberpriesterin des Sex. Der Film von Greenaway ist das berühmteste Beispiel, aber schon in der Edo-Zeit wurden von deinem Buch inspirierte Parodien veröffentlicht, in denen durch Pornoviertel gestromert wird. (Ein beliebtes parodistisches Genre erniedrigte die Verfasserin zur Hündin, und so erschien im Jahr 1606 ein dich verspottendes Buch namens *Inu makura, Das Kissen der Hündin*.) Außerdem hielt man dein Buch für offensichtlich erotisch: Auf der Illustration eines 1780 erschienenen Werks liest ein Mann dein Buch, während er sich einen runterholt.

Alison Fells 1997 erschienener erotischer Roman *The Pillow Book of the Lady Onogoro* ist bis hin zum Titel von dir inspiriert. Es handelt von der fiktiven Dichterin Onogoro, der Nebenfrau eines Generals, die am Heian-Hof wirkt und Schwierigkeiten hat, einen Orgasmus zu bekommen, und die einen blinden Stallburschen engagiert, der ihr hinter einem Wandschirm erotische Geschichten ins Ohr flüstert. Du, Sei, trittst in dem Buch als du selbst auf, mit aller Anmaßung, aber aus dem fiktiven Vorwort geht hervor, dass es sich bei dem ganzen Buch um eine Art erotisiertes Pastiche deines *Kopfkissenbuches* handelt, denn viele Einzelheiten des Vorworts sind bis in die Wortwahl hinein aus Forschungsarbeiten und Übersetzungen bekannt, die ich über dein Buch gelesen habe.

Sei, neben diesen fiktiven Fantasmagorien, die mit Sex zu tun haben, stoße ich wiederholt auf Vorstellungen, in denen du selbst, die historische Sei Shōnagon und Verfasserin eines klassischen Werks, für eine Sexverrückte gehalten wirst, für das Beispiel einer Frau mit loser Moral. Solche Auffassungen finde ich in der Forschungsliteratur (im Jahr 1670 erklärte ein japanischer Wissenschaftler übrigens außer dir auch Murasaki, Ono no Komachi und Izumi Shikibu zu Schlampen), aber auch im wirklichen Leben: Viele wissen über dich nur, dass du diejenige warst, die (angeblich) viele Liebhaber hatte. Es gibt diese 2011 erschienene neue Auflage von Arthur Waleys Übersetzung, auf deren Titelseite dein Werk als »Tagebuch einer Kurtisane« beworben wird (zweifellos ein guter Slogan). Auch auf der DVD von Greenaways Film heißt es, er beruhe auf dem Buch der »berühmten Kurtisane« Sei Shōnagon. Wann hat man aus dir, der Hofdame der Kaiserin, wie auf gemeinsame Abmachung hin, eine Kurtisane gemacht? (Kurtisane bedeutete als Wort zwar ursprünglich Hofdame, verweist jedoch seit langer Zeit auf Prostituierte der obersten Kategorie oder auf die Mätressen von Königen.)

Der Gipfel ist, dass man glaubt, ich selbst würde – bei meiner Nachforschung zum *Pillow Book* – Bilder studieren, auf denen Frauen Sex mit Tintenfischen haben! Sei, wie, zum Teufel, hat es zu dieser Verwicklung kommen können? (Später erkläre ich Brian mehrmals, dass ich kein erotisches Shunga erforsche, aber er scheint nie zuzuhören.)

Sei, ich habe mir dich nie als eine Oberpriesterin der Erotik vorgestellt. Du sagst ja nicht einmal direkt, dass du Sex gehabt hast, und du behauptest auch an keiner Stelle, deine Worte über die Eigenschaften von Liebhabern beruhten auf deinen eigenen Erfahrungen. Du erwähnst keinen einzigen Freund mit Namen und gibst nicht zu, dass es auch nur ein Mann bis in dein Bett geschafft hat – solltet ihr doch eine ganze Nacht zusammen verbracht haben, habt ihr das getan, indem ihr euch wohlweislich bis zum Morgen unterhieltet. Manchmal schreibst du vom Morgentau nach der Nacht, was metaphorisch auf Geschlechtsverkehr verweisen könnte, aber so gelesen klingt fast alles zweideutig. Zum Beispiel das hier: *Es gibt nichts Reizvolleres als einen Mann, der immer eine Flöte dabeihat, wenn er zu Pferd oder zu Fuß von zu Hause aufbricht. Selbst wenn er die Flöte unter seinem Gewand verborgen hält und man sie in Wirklichkeit nicht sehen kann, genießt man das Bewusstsein, dass sie da ist...*

Ich bin natürlich nicht so naiv, mir vorzustellen, alle deine Geschichten beruhten nur auf Dingen, die vom Hörensagen bekannt sind – später erfahre ich tatsächlich, dass das Flötenspiel in den Texten der damaligen Zeit eine übliche Metapher für Oralsex war –, aber ich möchte einfach feststellen, dass es so gut wie keine Beweise gegen dich gibt. Eigentlich schildert Murasaki Shikibu, diese Ausgeburt der Keuschheit der Nation, Sex wesentlich direkter als du. Genji geht fast mit jeder Frau, der er begegnet, ins Bett, und sei es im Dunkeln, ohne zu wissen, um wen es sich überhaupt handelt. Manchmal richtet er seine Leidenschaft eines erwachsenen Mannes auf ein kleines Mädchen, manchmal auf einen Jungen, und manchmal handelt er auf eine Art, die wir für eine Vergewaltigung halten würden. Im Vergleich zu Murasakis seifenoperhaften Sexschilderungen und leidenschaftlichen Verwicklungen machst du höchstens elegante Andeutungen. Und trotzdem kommt niemandem bei Murasaki als Erstes Sex in den Sinn. Niemand kommt auf die Idee zu mutmaßen, sie hätte reichlich eigene Erfahrungen mit sexuellen Beziehungen gehabt, weil sie so detailliert darüber geschrieben hat. (Stattdessen ist freilich angedeutet worden, sie habe Genji als Selbstporträt geschrieben und hege selbst eine Vorliebe für Frauen, was eine interessante Theorie ist: Bewunderte, begehrte und durch die Ritzen von Wandschirmen beobachtete Frauen sind die eigentlichen Hauptfiguren ihres Romans.)

Ich beschließe, ein bisschen nach Brians Tintenfischbild zu forschen und finde im Nichibunker ein Werk namens *Erotic Art of Japan – The Pillow Poem*. Überraschung, Überraschung, ich stoße sogleich auf dich, Sei – in solchen Büchern hätte ich nach dir suchen sollen!

Es enthält Liebesgedichte, Volkslieder, Geishalieder, Schriften von Mönchen und Dichterinnen und Texte aus erotischen Leitfäden und ist mit Shunga illustriert, mit erotischen Frühlingsbildern. Gleich im Vorwort heißt es, in der Heian-Zeit habe es durchaus professionelle Kurtisanen gegeben, aber die Hofdamen im Palast hätten gern mit ihnen konkurriert. Das Werk klärt darüber auf, dass Sei Shōnagon viele Liebhaber gehabt und lieber der Schönheit als der Moral gedient habe (ich weiß, ich weiß). Für Männer sei es trotzdem riskant gewesen, sich mit

Frauen wie ihr einzulassen, denen es an vornehmen Sitten fehlte oder – wie es auf fantasieanregende Weise heißt – die eine »plumpe Pinseltechnik hatten«.

Das Buch erinnert allerdings auch daran, dass die Liebe in der Heian-Welt etwas Erfreuliches und keine Sünde war, anders als im Europa des Mittelalters. Für Männer bedeutete Sex die Aufrechterhaltung des sozialen Status wie der Gesundheit, und später schrieben und illustrierten Mönche erotische Leitfäden, die Bräuten in die Aussteuertruhen gelegt wurden. Das Aufbewahren erotischer Bilder im Kleiderschrank garantierte Wohlstand, hielt Insekten fern und verhinderte Brände. Herren amüsierten damit ohne rot zu werden ihre jungen Nebenfrauen und unerfahrenen Dienerinnen. Die Mönche stellten auch Kalender her, in denen die günstigen und ungünstigen Zeiten für Sex eingetragen waren. Überdies hielt man zum Beispiel Frauen, die im Jahr des feurigen Pferdes geboren wurden, was zum Glück nur alle 60 Jahre der Fall war, für gefährlich, weil sie eines Tages unausweichlich ihren Ehemann vernichten und Unglück über die ganze Familie bringen würden.

Die alten erotischen Bildrollen wurden oft unter dem Schutz von Mönchen im Tempel aufbewahrt. Die älteste erhalten gebliebene Bildrolle ist *Kanjō no maki*, die man für die Kopie einer etwa 1172 in der Heian-Zeit hergestellte Rolle hält. Darauf wird unter anderem ein Sex-Skandal geschildert, der 986 für Aufruhr in Heian-kyō sorgte, kurz vor deinen Jahren am Hof, Sei, aber man weiß nicht, ob es solche Bildrollen damals schon gegeben hat. Man weiß, dass in der Kamakura-Zeit erotische Bilder verboten wurden und die Samurai-Ideale die freizügigen Sitten des Hofes verdrängten. Gleichzeitig verschlechterte sich die Stellung der Frau: In den Augen der Mönche wie der Krieger wurden Frauen zu Boten der Unterwelt, und ihre Sexualität wurde verboten. Später wirkten sich auch die westlichen Ansichten darauf aus, dass Sex immer mehr moralisch verurteilt wurde.

Am Ende des Buches finde ich endlich das Bild, auf das Brian allem Anschein nach angespielt hat. Der Holzschnitt, der möglicherweise von Hokusai persönlich stammt, zeigt eine Frau, die von einem Tintenfisch oral befriedigt wird, falls man das so sagen kann. Die Frau liegt nämlich leblos auf von Algen bedeckten Ufersteinen, der riesige Tintenfisch nährt sich von ihrem Unterleib, und ein kleinerer Tintenfisch nagt an ihrem Mund.

Sei, bleiben wir vorläufig doch lieber bei deinem *pillow book*.

. . .

[Sei Shōnagon schreibt]

*Mir kommt in den Sinn, dass ich vielleicht nicht
mit Namen auf wiedererkennbare Herren
anspielen sollte – aber wie soll ich mich später
erinnern, wer sie waren?*

. . .

Sei, mir ist wieder in den Sinn gekommen, dass ich mir hier ja Liebhaber anschaffen wollte – aber das scheint nicht ganz so einfach zu sein. Offenbar braucht sich eine Frau aus dem Westen gar nicht erst einzubilden, in Japan Männer kennenzulernen. Japanische Männer sind nämlich nicht an diesen großen, lauten und selbstständigen Frauen interessiert (ich weiß nicht, ob ich an den kleinen kichernden Männern interessiert wäre), und jeder Mann aus dem Westen ist wegen der göttlichen japanischen Frauen ins Land gekommen. Westliche Männer und japanische Frauen, die Hand in Hand gehen, sind überall ein gewöhnlicher Anblick, und in den wenigen Fällen, in denen der japanische Teil ein Mann ist, hat er normalerweise lange im Ausland gelebt und ist daher an Riesinnen gewöhnt. Ein typischer japanischer Mann will eine japanische Frau, die unendlich schön, klein und mädchenhaft niedlich ist, die traditionelle Hausmannskost kocht und in schöne Proviantkästchen packt, sich um alles, was mit dem Haushalt zu tun hat, kümmert, scheinbar hilflos auftritt und den Mann als Ersten durch die Tür gehen lässt – und die dennoch unter der Oberfläche die Fäden in der Hand hält und stets ihren Willen durchsetzt.

Unter japanischen Frauen hingegen sind europäische – vor allem französische – Männer heiß begehrt. Als Seb und Marcos am Schwarzen Brett des KICH Anzeigen anbrachten, in denen sie Französisch- und Spanischstunden gegen Bezahlung anboten, hatten beide sofort Erfolg. Sebs Schülerin wollte allerdings nur unter Tränen die Sehnsucht nach ihrem Freund herauslassen, der in seine Heimat Frankreich zurückgekehrt war, und bei Marcos meldete sich eine »erwachsene japanische Frau«, die seine »große Schwester« werden wollte. Marcos machte sich Sorgen, weil die Frau ihr wahres Alter nicht verraten wollte. »Was glaubst du, sie wird doch nicht etwa *vierzig* sein?«, fragte er mich.

Ein Leitfaden, der sich an Frauen richtet, warnt, jede in Japan lebende Frau aus dem Westen erlebe sich unweigerlich als hässlichen, fetten und schlecht angezogenen Wal, der alle Anziehungskraft verloren hat, weil ihr niemand auch nur einen Blick gönnt. So ist es: Überall herrscht eine so geschlechtslos kameradschaftliche Stimmung, dass nicht der geringste Funken in der Luft liegt.

Oder doch: Einmal umhalste mich ein bemerkenswert betrunkener junger Japaner am Tresen einer Bar. Sein Kurzzeitgedächtnis war irgendwie nicht vorhanden, denn er fragte mich alle zwei Minuten, aus welchem Land ich komme. Der zweite Satz, den er auf Englisch konnte, lautete: *I want to sex you.*

Ein anderes Mal lief mir in den überdachten Ladengassen im Zentrum ein japanischer Mann hinterher. Woher kommst du? Wie lange bist du hier? Bist du allein? Hast du einen Freund? Wirst du ihn heiraten? In dem Fall kannst du vielleicht keine japanischen Männer kennenlernen? Der Mann hatte eindeutig beschlossen, um jeden Preis eine Frau aus dem Westen zu bekommen, und von denen liefen in Kyōto nicht allzu viele herum, schon gar keine einsamen. Ich beziehe in der Touristenfalle Teramachi Stellung, hatte er sich vielleicht gedacht, als er sich in einer Bierkneipe Mut machte, und baggerte jede an, die ich sehe.

Vielleicht ist es doch der geheime Traum einiger japanischer Männer, einmal im Leben eine Amazone aus dem Westen zu haben.

Eines Tages, nachdem ich den ganzen Tag in der Stadt durch Kabuki-Ausstellungen und die Privatmuseen von Keramikern gezogen bin, beschließe ich endlich, mich auf die Suche nach einer Reis Bar zu machen.

Schon im Herbst hatte ich durch Nino von einem in 453

Kyōto lebenden, halb finnischen, halb japanischen Barkeeper gehört, und vor zwei Wochen erinnerte ich mich wieder daran, als der Franzose David fragte, ob ich Rei schon kennengelernt hätte. Alle scheinen den Typen zu kennen. Nun bin ich seine Facebook-Freundin geworden und habe endlich die Adresse seiner Bar bekommen. Ich kann es kaum erwarten, den männlichen, halb finnischen Namensvetter meines Idols, der fiktiven Detektivin und Antiquitätenhändlerin Rei Shimura, kennenzulernen, und wenn es mir gelingt, die Bar zu finden, werde ich eintreten und sagen: »Rei M., nehme ich an?«

Mit Hilfe des Stadtplans finde ich nördlich von Nijō und östlich von Higashio-ji eine winzige, dunkle Gasse und darin ein schönes, altes Machiyan mit einer erloschenen Leuchtschrift an der Wand, auf der »Café Gaea« steht. Hinter der einladend einen Spalt weit offenstehenden Schiebetür befindet sich ein Tresen, und im Hintergrund kann man ein kleines Tatamizimmer mit Bodenkissen und niedrigen Tischen erkennen. An den Wänden hängen afrikanische Holzmasken, und hinter dem Tresen steht ein japanisch aussehender, langhaariger Hip-Hopper: Rei, der Finne, nehme ich an.

Ich vergesse, meine Livingstone-Replik aufzusagen, aber Rei ist dennoch über mein Kommen erfreut. Es stellt sich heraus, dass er gestern auf der Straße zufällig Finnen getroffen hat, die auch heute kommen wollen. Als sie schließlich eintreffen, ist Rei auf dem Gipfel seines Glücks: Noch nie zuvor waren so viele Finnen auf einmal in seiner Bar! *Kippis!* Rei gießt uns Finlandia-Shots ein, die wir auf Ex kippen, und stellt Nachos, Bambussprossen, Schokolade und Pasta vor uns hin. Diese Bar gefällt

454   mir.

Wie sich zeigt, sind die Finnen Austauschstudierende von Kunsthochschulen, die sich gegenseitig genug Gesellschaft sind. Zum Glück kommen der kanadisch-amerikanisch-irisch-schwedisch-deutsche Chris und ein deutscher Architekt hinzu, die sich mit mir unterhalten. Ich habe mich oft gewundert, mit welcher warmen Offenheit die Menschen (vor allem die ausländischen) hier Bekanntschaft schließen, und mich gefragt, ob das in Finnland nicht doch auch schon immer so gewesen ist und ich es wegen meines Schmollens bloß nicht gemerkt habe. Aber jetzt, da sich zum Vergleich eine Gruppe fremder Finnen im selben Raum befindet, ist der Unterschied deprimierend: Bist du eine Irre, weil du mit uns reden willst?, scheinen sie zum Ausdruck zu bringen. Wir kennen uns doch gar nicht!

Der dreißigjährige Rei hingegen ist ein meganiedlicher und ehrlicher Kerl – und spricht im Gegensatz zu dem, was ich mir vorgestellt habe, perfekten Hauptstadtslang, nachdem er seine ganze Jungend in Helsinki verbracht hat. Auch Chris – vom Aussehen her die Inkarnation Jesu – erweist sich trotz seines Hippie-Habitus und seines irren manischen Lachens als vernünftige und sympathische Gestalt, die alle zu lieben scheint. Ich habe in Kyōto zwei Märchengestalten als Tresenkameraden gefunden: eine männliche Rei Shimura und Jesus.

Rei will unbedingt, dass wir den seltenen finnischen Abend in seiner zweiten Lieblingsbar fortsetzen, aber gerade als wir gehen wollen, kommen weitere Leute, und wir müssen ohne ihn losziehen (gut möglich, dass Rei in seiner Begeisterung eine solche Finlandia-Überdosis intus hat, dass er gar nicht fähig gewesen wäre mitzukommen). Reis Lieblingsbar, »ohne die gesehen zu haben, man Kyōto nicht verlassen darf«, erweist sich als dieselbe namenlose Bar, in der ich im Herbst mit Nino war. Kein Problem, ich hatte mich schon in sie verliebt und hätte selbst nie mehr zu dieser unbeschrifteten Tür über einer Feuerleiter in einer dunklen, schmutzigen Gasse zurückgefunden. (Wie soll man jemanden nach dem Weg fragen, wenn das Ziel nicht einmal einen Namen hat?) Die Dunkelheit und die von der Dunkelheit gemilderte atombunkerartige Einrichtung tilgt das Alter und den Status der Menschen, wie auch die Frage, ob sie sich kennen. Im Hintergrund läuft weiche Ambient. Chris erzählt, er habe hier einmal mit einer Geisha am Tresen gesessen, die nach der Arbeit in voller Aufmachung auf ein Glas hereingekommen war. Die Geisha hatte den neben ihr sitzenden Chris mit den Jesushaaren zu einem Drink eingeladen. Ein absurdes Bild, aber genau so etwas kann in dieser Bar und dieser Stadt passieren.

Gegen zwei radeln wir nach Hause. Ich bin müde, betrunken und glücklich.

Ich wache spät mit selbst verursachten Kopfschmerzen auf. Es ist warm, geradezu heiß, und ich beschließe, mir ein Mittagessen zu holen und am Fluss zu picknicken. Ich versuche zu schreiben, aber es ist zu hell: Ich sehe nichts auf dem Bildschirm. Also schreibe ich blind.

Nachdem ich ein paar Stunden herumgelegen habe, fange ich an, mir zu überlegen, was Märchenwesen wohl so treiben, und aus irgendeinem Grund fasse ich den Entschluss, mit dem Rad zu dem in der Flussgabelung liegenden Dreieck zu fahren, dem Delta von Demachiyanagi. Dort habe ich mich gerade auf eine Bank gesetzt, als Jesus kommt. Wir sitzen einen Moment da, dann radeln wir am Fluss entlang nach Norden (dort soll angeblich etwas los sein), aber wir finden lediglich Paare, die faul ihren Sonntag verbringen, Tennis spielende Väter und Töchter, auf der Gitarre schrammelnde und selig lauthals falsch singende Jugendliche. Wir kehren zurück. Ich hole mir ein Matcha-Eis und für Jesus ein Bier, damit stoßen wir an. Wir reden über die Zukunft, darüber, dass es dem Menschen nicht guttut, sich alle Möglichkeiten offenzuhalten, auch wenn das zunächst verlockend klingt. Letzten Endes braucht man doch ein Ziel, eine Deadline. Jesus, der ursprünglich Kunstgeschichte studiert hat, lebt seit zehn Jahren als Englischlehrer in Kyōto, geht im Winter in Südostasien tauchen und befindet sich an dem Punkt, an dem er möchte, dass ihm jemand befiehlt, etwas zu tun. Ich befehle ihm, ein Buch zu schreiben. Wir reden darüber, wie man Bücher schreibt (ich kann noch keine Ratschläge erteilen), und als die Sonne untergeht, fahren wir nach Hause, ich, um etwas zu essen, Jesus, um mit seinem Buch anzufangen, angeblich.

Eines Tages treffe ich mich mit Olivia in der Innenstadt, wir wollen zu einem schlicht und einfach irren, die Innenorgane zum Zittern bringenden Gig der Taikotrommelband Batiholic in den Urbanguild-Klub gehen. Wir kaufen uns in der Sanjo gerade Wasserflaschen, als ein Japaner stehen bleibt und seine Hilfe anbietet, falls wir Ausländerinnen den Automaten nicht bedienen können. Er fragt, woher ich komme, und als ich es sage, freut er sich und erzählt, er habe ein Jahr in Finnland gelebt und an der Universität Jyväskylä studiert. Aus irgendeinem Grund will er nicht recht glauben, dass ich wirklich aus Finnland komme, und beschließt, mich zu testen: »Wie lange dauert es, von Helsinki nach Jyväskylä zu fahren?«, feuert er. »Fünf Stunden«, antworte ich blitzschnell, obwohl ich keine Ahnung habe. »Fünf Stunden, richtig!«, ruft er zufrieden aus und setzt seinen Weg fort.

Am nächsten Abend bin ich zufällig wieder im Urbanguild (einfach ein toller Laden!), diesmal auf der Afterparty eines *Drunken Softball*-Events, das Rei im Park des kaiserlichen Palastes organisiert hat, und um mir eine Butoh-Tanzaufführung anzusehen (aus diesem Grund sind zufällig auch Bridget und Brian hier). Plötzlich stürzt sich ein älterer Japaner auf mich und ruft auf Finnisch: »Freut mich, dich kennenzulernen!« Er spricht eher schlecht Finnisch, aber immerhin. Er erzählt, die finnische Sprache und samische Joiks seien sein Hobby, außerdem singe er in einem Chor finnische Kirchenlieder. Letztes Jahr sei er in Oulu, Inari und Helsinki gewesen. Ohne zu zögern gibt er mir seine Kontaktdaten, und bald sind wir Facebook-Freunde.

Am nächsten Nachmittag sitze ich am Fluss, als eine Japanerin an mir vorbeigeht, die ein beiges Finnland-Shirt trägt. *Suomi, Finland*, steht eindeutig auf dem Rücken, und das auch noch unter der finnischen Flagge. Ich frage mich, ob ich ihr zurufen soll, hallo, ich bin aus Finnland, hast du Lust, mit mir zu plaudern?

Dinge, die ich an dieser Stadt liebe:

Die sommerlichen Tage, wenn man nach dem Mittagessen eine Decke am Flussufer ausbreitet und einschläft. Wo sonst könnte man mitten in der Stadt ein Mittagsschläfchen halten? (Als ich später am helllichten Tag eine zwei Meter lange, armdicke Schlange auf dem Fahrradweg am Ufer sehe, denke ich bei diesem Thema allerdings ein bisschen um.)

Die nächtlichen Fahrradfahrten mit Freunden (alten oder solchen, die man gerade erst kennengelernt hat) zu einer Bar, von einer Bar zur nächsten oder von der letzten Bar nach Hause. Wenn man in den dunklen, stillen Straßen dem vorneweg fahrenden Anführer folgt, ist man Teil dieser Fahrradgang, die gemeinsam unterwegs ist, durch die Stadt, irgendwohin.

Die kleinen Kreise. Es ist vollkommen normal, beim Radfahren am Fluss jeden Tag mindestens einem Bekannten zu begegnen. Geht man zufällig in eine der wenigen Bars, die man kennt, ist es sehr wahrscheinlich, dass man dort einen der wenigen Menschen trifft, die man in dieser Stadt kennt. Lernt man jemanden bei einem *Nomihiking* kennen, also einem Wander- und Trink-Event nach Studierendenart in den westlichen Bergen, ist es leicht möglich, dass man dieselbe Person zwei Monate später bei einem Yoga- und Meditations-Retreat in einem Tempel wiedersieht.

Der Garten im Innenhof des Falafel Garden.

Ich versuche Jesus als Forschungsgehilfen einzuspannen. Seine Aufgabe bestände darin, mich in einen Buchladen mitzunehmen, ein Manga zu suchen, das von Sei Shōnagon handelt, und es mir dann vorzulesen. Wir würden es am Fluss tun, ich würde auf der Wiese liegen, wie eine echte Jüngerin.

Am nächsten Tag regnet es, und Jesus schlägt vor, den Ausflug in die Buchhandlung zu verschieben. Was für ein Warmduscher-Hippie!

Ich lese nun schon den dritten Tag ein weiteres Mal das *Kopfkissenbuch*, mache mir Notizen und übersetze Stellen ins Finnische. Ich habe das Gefühl, zum ersten Mal zu verstehen, was in dem Buch gesagt wird.

Gemütliche Dinge:

Wenn man schon am Morgen weiß, dass es den ganzen Tag regnen wird, und man nicht das Bedürfnis hat, irgendwo hinzugehen, sondern sich bequeme Sachen anziehen und sich in aller Ruhe ans Lesen und Schreiben machen kann. Nach dem Mittagessen kann man sich kurz aufs Bett werfen und einnicken. Den ganzen Tag tönt im Hintergrund das Rauschen und Plätschern des Regens, ein bisschen einschläfernd sogar, und wenn man die Schiebetüren zum Garten öffnet, um die warme, feuchte Luft hereinzulassen und das Regengeräusch noch besser zu hören, kann man dabei vom Futon aus die gleichmäßige, senkrechte Regenwand betrachten, die von den Traufen rinnt wie Rillen einer alten LP, und man hat das Gefühl, sich mitten in diesem Regen zu befinden, von ihm isoliert, ganz in seinem Kern, wie unter einem riesigen Regenschirm, ohne auch nur einen Tropfen abzubekommen.

An solchen Tagen ist es gemütlich, mit dir, Sei, zu zweit zu sein, zu wissen, dass es eine Freundin wie dich gibt, die immer Zeit hat, auch an noch so langen Stunden eines Regentages, ganz gleich, wie viel Uhr es auf der anderen Seite der Welt ist.

Momente, in denen man sich ungewöhnlich glücklich fühlt:

Man verbringt einen Regentag zu Hause mit der Lektüre von Sei Shōnagon, als plötzlich der Postbote an die Tür klopft und einem ein Päckchen überreicht, das das *Kopfkissenbuch* in einer japanischen Manga-Version enthält, die ich erst zwei Tage zuvor bei Amazon bestellt habe. Erfreut öffnet man das Päckchen und geht vor sich hin lächelnd auf die Veranda hinaus, um das Buch durchzublättern, von dessen Text man natürlich nichts versteht.

Plötzlich nimmt man Bewegung wahr, blickt nach unten und sieht ein kleines Mardertier, das den gepflasterten Eingang entlangschnuppert, ohne zu bemerken, um wessen Füße es herumwieselt. Man steht mit dem Buch in der Hand da und schaut dem flinken Tier in seinem hellbraunen Sommerkleid zu, bald verschwindet es unter dem Kamelienbaum und setzt seinen Weg, wer weiß wohin, fort.

Dinge, die einen zum Lächeln bringen:
Wenn man sich tagelang über die Auswahl der Geschichten im *Kopfkissenbuch*-Manga gewundert hat sowie darüber, warum keine einzige saftige Liebesgeschichte dabei ist, sondern nur lustige Episoden über das Bauen eines Schneebergs und über die Katze und den Hund des Palastes, und man dann hört, dass es sich bei dem betreffenden Manga um eine zensierte Version für Kinder handelt.

Angenehme Dinge:
Ein Buch, das man sehr mag und das voller Anstreichungen, Randbemerkungen und Eselsohren ist. Einem Buch, das einem besonders lieb ist, muss man ansehen, dass es viel gelesen worden ist – es gibt keinen Grund, es vorsichtig zu behandeln, ohne Spuren zu hinterlassen, im Gegenteil. Wohingegen es wirklich ärgerlich ist, jemandem ein sauberes Buch zu leihen und es gelesen und gebraucht aussehend zurückzubekommen. Die Spuren des Lesens sind nur erfreulich, wenn es die eigenen sind.

Verlockende Dinge:
Feste rote Erdbeeren in einer kleinen, dunklen Tonschale. In einer kleinen und dunklen. Ich mag Erdbeeren in keiner anderen Form.

An einem sonnigen Tag nach langen Regenfällen sitze ich am Kamo-Fluss und lese dich, Sei. Am Ufer gegenüber spielt jemand Saxofon, es ist sonderbar dunstig, die Berge sind verschwunden. Ich habe mein Portemonnaie zu Hause vergessen.

Ich denke über das Tagebuch von Osama bin Laden nach, das die Vereinigten Staaten angeblich in die Hände bekommen haben. Die Vorstellung ist unerträglich faszinierend. Wäre ich Künstlerin, würde ich sofort an einem Werk mit dem Titel *Das Tagebuch des Osama bin Laden* arbeiten, und ich frage mich, welche Form es haben könnte. Oper, Installation, Butoh-Performance? Haiku? Wandteppich?

Ich überlege mir, was Osama bin Laden geschrieben haben mochte. Was, wenn er über Blumen, Berge, Regen und Liebe geschrieben hat, über ganz gewöhnliche Dinge? Es kommt mir so vor, als würde ein Tagebuch oder auch nur das Wissen um seine Existenz, einen Menschen als Menschen erscheinen lassen, ihn zu einem mehrdimensionalen, fühlenden Wesen machen. Und ein Mensch, der eine so große Leidenschaft für die Vernichtung entwickelte, musste wohl auch eine Leidenschaft für das haben, was er bewahren wollte.

Und wenn es Osama bin Laden gefallen hätte, dich zu lesen, Sei? Ich hätte ihn nicht daran hindern können. Durchaus möglich, dass ich und Osama bin Laden deine beiden größten Fans sind, und ich könnte nichts dagegen tun. Obwohl mir das nicht besonders wahrscheinlich vorkommt.

In Wirklichkeit sollte ich nicht über Osama bin Laden nachdenken, sondern über andere Dinge. Wie zum Beispiel darüber, was ich nach diesem freien Jahr mit meinem Leben machen will, nachdem dieses Projekt abgeschlossen ist. Soll ich in die Agentur und in meine Wohnung zurückkehren, und wenn nicht, wohin gehe ich dann?

Die Rückkehr nach Finnland steht in zwei Wochen bevor. Im August oder September will ich in die Normandie, an die Atlantikküste fahren, um im Haus meiner Schwägerin zu schreiben, und danach vielleicht noch einmal nach Kyōto zurückkehren. Im Moment reicht mein Geld bis Ende dieses Jahres, aber eigentlich möchte ich diese unbestimmte Wanderung weiter fortsetzen, vielleicht bis in alle Ewigkeit. Die Rückkehr in das alte Leben kommt mir inzwischen immer unmöglicher vor.

Aber traue ich mich, meine Arbeit aufzugeben? Wovon bilde ich mir eigentlich ein, leben zu können? Buz schlägt vor, meine Wohnung zu verkaufen und von dem Geld, das nach dem Abbezahlen des restlichen Kredits übrigbleibt, ein oder zwei Jahre herumzureisen. Das klingt verlockend, aber auch verwerflich und verschwenderisch. Einfach so meine Arbeitsstelle und meine Eigentumswohnung aufgeben, alle Meriten einer anständigen Bürgerin und Erwachsenen, die ich mir mit Mühe erworben habe, und dann einfach sehen, was kommt?

Andererseits: Wem gegenüber bin ich für mein Leben verantwortlich? Leider fällt mir niemand ein, außer mir.

Ich arbeite den ganzen Tag zu Hause und maile am Abend an Rei, ob die Bar schon offen hat. Ich bin der einzige Gast, also unterhalten wir uns über Finnland-Themen, und Rei serviert getoastetes dunkles Roggenbrot mit Emmentaler und Gurke. Seine Eltern sind gerade zu Besuch und haben in ihrem Koffer auch Haferbrei und Knäckebrot mitgebracht – anscheinend hat jeder die gleichen Leidenschaften.

Irgendwann kommt Jesus herein und zeigt uns ein Video, das er geschnitten hat, auf dem er glücklich mit einem Walhai auf den Philippinen taucht. Weil sich sonst niemand blicken lässt, beschließen wir, den Laden zuzumachen und in eine schwarze Bar in der Innenstadt zu gehen. Dort unterhalte ich mich am Tresen mit einem mongolischen Erziehungswissenschaftler, der erstaunliches Interesse an meinen Angelegenheiten zeigt. Die Lage wird dadurch erschwert, dass seine Englischkenntnisse nahezu nicht existent sind. Falls ich es richtig verstehe, möchte er sich mit mir am Sonntagabend um sieben treffen, damit wir uns »eine Stunde unterhalten«. Ich weiß nicht, worüber und wie wir uns unterhalten sollten, denn allein über diese Sache Klarheit zu gewinnen, ist sehr, sehr kompliziert. Der Mongole mit dem Kindergesicht ist jedoch sehr höflich und schlägt vor, mich seinen Professoren an der Universität vorzustellen, auch wenn ich nicht sicher bin, was mir Professoren der Erziehungswissenschaft nützen sollten.

Es ist bereits zwei Uhr, aber wir ziehen mit dem Gefolge, das sich angesammelt hat, weiter in die Rocking-Bar ING, deren Besitzer ein so lustig aussehender kleiner Mann mit langen Heavy-Metal-Haaren ist, dass ich schon an der Tür glaube, vor Lachen sterben zu müssen. Es läuft AC/DC, Led Zeppelin und Nirvana, und ich verfalle in eine so glückliche Regression, dass ich sogar Bier trinke, als es vor mich hingestellt wird. Für mich ist Led Zeppelin wie eine Droge, ich schwöre, dass die Wirkung derjenigen von Opium oder Heroin entsprechen muss: Direkt in die Vene geschossen breitet es sich im ganzen Körper aus, warm und betäubend, mir fallen die Augen halb zu, und ich bekomme Lust, fast jeden zu küssen. Ich kann sämtliche Songs auswendig, ich singe und fühle mit – es ist die Rückkehr in die Gymnasialzeit der 80er Jahre, mit allem Drum und Dran: Musik, Bier, Jungs, ich. Der Mongole starrt mich mit großen Augen an, wie ich gröle und Bier trinke. Er wirkt wie ein anständiger Junge und hat bestimmt noch nie etwas so Schreckliches zu Gesicht bekommen. Rei hat in seiner Begeisterung wieder zu viel abgekriegt und nickt am Tisch ein. Es ist fast vier, als wir gehen. Draußen tritt ein stockbesoffener Japaner gegen Jesus' Fahrrad, das dadurch kaputtgeht, und in den nächsten zwanzig Minuten halten drei Japaner und eine Finnin Jesus fest, damit er den Japaner nicht plattmacht. Ah, Tschieses, voll eighties. Schließlich ist Jesus sowohl auf den Tretenden als auch auf die, die ihn zurückhalten, wütend und geht ohne ein Wort davon. Ich radle mit dem Mongolen am Fluss entlang nach Norden, versichere ihm aber, dass es nicht nötig ist, mich bis nach Hause zu begleiten.

Sei, wie habt ihr in Heian-kyō gefeiert? Was ich weiß, ist, dass die besten Seiten des Feierns damals wie heute das Trinken und das Gedränge waren: Sie ermöglichen aufregende Begegnungen, die sonst unwahrscheinlich wären oder – wie zu eurer Zeit – verboten. Und Feste hattet ihr mehr als genug: Im Lauf eines Jahres gab es dutzendfach allerlei buddhistische, shintoistische, konfuzianische oder mit der Volkstradition oder den Jahreszeiten verbundene Festivals und Zeremonien. Es gab die Beförderungszeremonie von Höflingen, das Festival der jungen Kräuter, das Fest der Vollmond-Milchsuppe, den Kampf der Bogenschützen, das Kleiderwechselfest, der Tag der kaiserlichen Almosen, die Zeremonie der Gedichttänze, das Irisfest, das Mondanschauungsfest, das Fest des Wildschweins, das Chrysanthemenfest. Zu nahezu allen gehörten das erwähnte Trinken und Gedränge. Manchmal herrschte bei den zeremoniellen Prozessionen ein so gewaltiger Stau auf den Straßen, dass es keinen Platz für die von Ochsen gezogenen, Adelsfrauen befördernden Wagen mehr gab, und die jungen Diener in den Gefolgen waren so schlimm betrunken, dass Handgreiflichkeiten nicht vermieden werden konnten.

Auch allerlei kleine Festivitäten waren in Adelskreisen der Heian-Zeit beliebt. Oft wurde von den Gästen erwartet, dass sie ein Gedicht aufsagten oder ein Lied sangen, bevor die Tasse erhoben wurde, und wer bei einem Trinkspiel verlor, musste anstoßen. Es wurden verschiedene Sorten von Reiswein hergestellt, und den Gärprozess des Sake bekam man dadurch in Gang, dass junge Mädchen, die aus hochrangigen Familien ausgewählt wurden, Reis in ihrem Mund zermahlten und dann ins Gärbecken spuckten. Der Sake wurde süßer als der heutige und nicht besonders stark, aber der Sake-Ausschank war die größte Attraktion der Feste, und über seine effektive berauschende Wirkung gibt es in der Literatur reichlich Zeugnisse. Murasaki schildert in ihrem Tagebuch das Trinken der Höflinge und gibt beispielsweise zu verstehen, dass Michinaga ziemlich besoffen durch die Geburtsfeier der Kronprinzessin getorkelt ist. Aus einem deiner Texte, Sei, könnte man schlussfolgern, dass auch die Hofdamen tranken. Du erzählst, wie Michitaka allen befahl, sich zu betrinken, und dass alle es taten, und dann fingen die Hofdamen an, mit den Herren Witze zu machen, und alle hatten einen Heidenspaß. Einem Wissenschaftler zufolge fandest du Frauen, die tranken, verwerflich, obwohl du selbst »im Ruf einer Pichlerin« standest, allerdings weiß ich nicht, wie man von einem solchen Ruf hat erfahren können.

Dein Ruf, Sei. Ständig – *immer* – kommen wir auf die Frage nach deinem Ruf. Und damit ist auch die Frage verbunden, was später mit dir geschah.

. . .

[Sei Shōnagon schreibt]

Momente, in denen man auf der Hut sein sollte

Wenn man Menschen trifft, die einen schlechten Ruf haben. Solche Menschen machen oft einen ehrlicheren Eindruck als diejenigen, die einen guten Ruf haben.

. . .

Sei, ich komme nicht um die Frage herum, was dein Schicksal war, nachdem du den Hof nach zehn Dienstjahren verlassen hattest. Teishis Tod bedeutete für dich den Verlust des Arbeitsplatzes, und nicht nur des Arbeitsplatzes, sondern des ganzen Lebens. Was ist passiert? Wohin bist du gegangen? Deine Spuren enden abrupt.

Viele meinen, du hättest keine anderen Möglichkeiten gehabt, als Nonne zu werden. Ich weiß nicht, wie du dich damit abgefunden hättest, zahlreiche Bewunderer gegen einen Buddha einzutauschen, die Gerüchte und Feste am Hof gegen die Einsamkeit eines Tempels. Wie lange hättest du das ausgehalten? Für wen hättest du brilliert, geflirtet, aufgeschnitten? Vielleicht hättest du auch nicht mehr schreiben können, eine arme Nonne hätte sich so etwas Luxuriöses wie Papier nicht leisten können. Falls du nicht auf die Rückseite von Sutras geschrieben hättest.

Sei, dein Ruf wurde im Lauf der Jahrhunderte immer schlechter und dein Schicksal im Mittelalter zu einem beliebten Motiv der Volkstradition. Die Geschichten über dich sind so traurig zu lesen, dass ich nicht weiß, ob ich darüber weinen oder lachen soll. Was sagst du, Sei, sollen wir lachen?

Obwohl du nicht die Einzige gewesen bist: Die gleiche schändliche Erniedrigung erfuhren in der religiös-moralischen Geschichtenmaschinerie des Mittelalters auch alle anderen stolzen, schönen und begabten Frauen des Heian-Hofes, unter ihnen Murasaki Shikibu, Izumi Shikibu und Ono no Komachi. Die Mönche des Hiei-Bergs waren schon im 12. Jahrhundert der Meinung, dass die *Geschichte vom Prinzen Genji* die Bevölkerung zur Morallosigkeit anstifte, und predigten darüber, welche Höllenqualen Schriftsteller, die romantische Lügen von sich geben, zu erdulden hätten. Denjenigen, die Murasaki Shikibu und ihre Märchen gelesen hatten, empfahl man zur Rettung das fleißige Kopieren von Sutras. Später im Mittelalter nahm das Interesse an der Not aristokratischer Frauen, die in der Heian-Zeit einen freien Lebensstil genossen hatten, geradezu fetischistische Züge an, so fanatisch wurde mit ihren Qualen aufgetrumpft. Nur eine in Armut und Elend gestorbene Schriftstellerin war eine gute Schriftstellerin.

Das vielleicht absurdeste Schicksal in den Geschichten wurde Ono no Komachi zuteil, der bedeutendsten und berühmtesten Dichterin in der Geschichte Japans, deren Name noch heute die japanische weibliche Schönheit symbolisiert. Die Gedichte von Ono no Komachi, die im 9. Jahrhundert gelebt hat, sprechen vom Schmerz und vom Rausch der leidenschaftlichen Liebe, aber sonst weiß man über das Leben der Dichterin nichts. Das Schema der zahllosen Geschichten, die über sie erzählt werden, ist hingegen immer gleich. Es war einmal eine überirdische Schönheit, die zahlreiche Liebhaber hatte, aber nie heiratete. Die Jahre gingen dahin, und sie wurde zu einem verarmten, hässlichen, alten Weib, das einsam durch die abgelegenen Gegenden Südostjapans wanderte und um Almosen bettelte. Und wenn sie nicht gestorben ist und so weiter.

Wenn Ono no Komachi als Frau beschrieben wurde, die ihre physische Schönheit und ihr literarisches Ansehen verloren hatte, bestand die Absicht zweifellos darin, ihren Einfluss auf allen Ebenden herunterzuspielen. Manchmal tat man das aus religiösen Gründen, denn in den buddhistischen Texten am Ende der Heian-Zeit wurde dazu übergegangen, Frauen für sündhaft zu halten. Insofern war das trostlose Ende von Ono no Komachi und anderen Schriftstellerinnen die natürliche Folge von Ehrgeiz, Überheblichkeit und natürlich von Sexualität. Es mochte auch soziale Gründe gegeben haben: Frauen wie die oben Genannten eigneten sich nicht als Ehefrauen der Soldatenschicht. Mit dem Ausbreiten der Samurai-Ideale wurden Singlefrauen für immer unerwünschter gehalten, für eine Gruppe von Aufbegehrenden, die sich nicht in die Normen von Ehe und Familie fügten. Vor allem Verkörperungen der Schönheit wie Ono no Komachi mussten für die Leiden, die sie den Männern antaten, bestraft werden.

Im Fall von Ono no Komachi waren der Gipfel die in der Edo-Zeit beliebten Geschichten, in denen ihr abgetrennter, Gedichte aufsagender Schädel allerlei Prüfungen ausgesetzt wurde. Ja, Sei, der Schädel: Ono no Komachi wird so effektiv niedergemacht, dass sie schon vernichtet, also tot ist! Als sie dann unfähig, machtlos und körperlos gemacht war – konkret zum über die Felder rollenden Schädel, der versucht, Gedichte aufzusagen und damit versucht, die Aufmerksamkeit der Zuhörer auf die Schmerzen zu lenken, die von dem Gras, das in den Augenhöhlen des Schädels wächst, verursacht werden –, eignete sie sich schließlich als Objekt der buddhistischen Meditation, um die Leidenschaft der Männer zu bändigen.

Eine andere Frage ist es, ob die Wirkung so abschreckend war, wie gewünscht.

In den über dich erfundenen Geschichten, Sei, ist das Problem, dass sie so realistisch sind, dass sie oft irrtümlich für wahr gehalten wurden. Über Jahrhunderte hinweg wurde dein Buch durch diese unzuverlässigen Geschichten hindurch gelesen, und noch heute wirken sie sich, wenn auch unbewusst, darauf aus, was die Menschen über dich denken. Die erfundenen Märchen sind wahr geworden – aus dir ist tatsächlich eine Bettelnonne geworden, die ihre Knochen verkauft.

In den Geschichten des im 13. Jahrhundert zusammengestellten *Kojidan* treten mehrere berühmte Schriftstellerinnen auf, immer in ungünstigem Licht und so, dass ihre literarischen Fähigkeiten übergangen werden. Über dich, Sei, gibt es in der Sammlung zwei belehrende *Setsuwa*-Geschichten, deren Absicht darin besteht, von der Unausweichlichkeit von Ursache und Wirkung zu erzählen. In beiden bist du eine arme Nonne geworden, deren Demütigungen keine Grenzen kennen.

470

In der ersten Geschichte kommen junge Höflinge an deiner baufälligen Behausung vorbei, und einer von ihnen sagt: »Sei Shōnagon ist tatsächlich schlimm heruntergekommen.« Du stehst am Fenster und hörst die Worte der Männer, hebst den Vorhang, streckst dein »teuflisches Nonnengesicht« hinaus und fragst: »Wollt ihr nicht die Knochen eines schnellen Pferdes kaufen? Einer hat schon welche gekauft.« Du wirst als alt und reizlos beschrieben, aber deine »Natur ist unbestreitbar bekannt«. Dein Kommentar beweist, dass du die chinesischen Klassiker kennst, und ist genauso raffiniert wie in vielen Geschichten deines Buches. Indem du auf den chinesischen Kaiser anspielst, machst du den Männern einen sexuellen Vorschlag – bietest dich ihnen zum Kauf an – und deutest an, dass du doch nicht wertlos bist.

Die andere Geschichte verweist auf ein mögliches wahres Ereignis, Kiyowara no Munenobo, von dem behauptet wird, er sei dein Bruder, der im Jahr 1017 im Tempel von Kiyomizudera ermordet wurde. Der Geschichte zufolge warst du bei Meister Kiyowara, als ein gewisser Yorimitsu seine Leibwächter schickte, um den Priester zu töten. Die Männer wollten zuerst dich töten, weil sie dich für den Priester hielten, aber du riefst, du seist eine Nonne und zeigtest den Männern zum Beweis deinen Unterleib. Du, die ehemals so stolze Hofdame, wurdest erniedrigt, indem man dich zwang, dich vor einer Gruppe Samurai zu entblößen.

Das um das Jahr 1200 entstandene *Mumyozoshi* wiederum berichtet, wie du nach Teishis Tod die Hauptstadt verließest und Nonne wurdest. »Weil Sei Shōnagon ihre zuverlässigsten Unterstützer verloren hatte, zog sie mit der Tochter ihrer Amme in eine ferne Provinz. Jemand sah sie auf die Felder gehen, um Gemüse zu trocknen, und hörte sie vor ich hin murmeln.: ›Ich kann nicht vergessen, wie sie alle in ihren Hofgewändern aussahen.‹ Sie war mit einem schäbigen Umhang bekleidet, und ihre Kopfbedeckung war aus Flicken gefertigt. Wie traurig! Sie musste sich entsetzlich nach der Vergangenheit zurücksehnen!«

Diese Geschichte wurde für so realistisch gehalten, dass sie im 15. und 16. Jahrhundert sogar in Form eines Nachworts einer Handschriftenversion deines Buches hinzugefügt wurde. Aus dem *Kopfkissenbuch* wurde eine Moralgeschichte, die warnte, dass Hochmut vor dem Fall komme.

Eine interessante Geschichte, die mit dir zu tun hat, ist *Matsushima Nikki*, ein kleines Manuskript, das ein Antiquar im Jahr 1784 in die Hände bekam. Die Geschichte in Ich-Form schilderte die Leiden einer namenlosen Hofdame, die bettelarm und einsam von Heian-kyōan an die ferne Küste von Matsushima in Nordostjapan reiste. Wer den Text verfasst hat, wird nicht erwähnt, aber er enthielt ein Gedicht, das man für eines aus deiner Feder hielt, Sei, sodass der Antiquar die Schlussfolgerung zog, das Werk sei dein verschollenes, lange gesuchtes Tagebuch. Er veröffentlichte es und schrieb im Vorwort: »Der Glanz und der Hochmut von Sei Shōnagons Jugend sind im *Kopfkissenbuch* festgehalten, aber aus diesem Tagebuch können wir leider ersehen, dass ihre späteren Lebensjahre die denkbar elendsten waren.« Und das stimmte: Die in Lumpen gekleidete Nonne – du, Sei – wird in dem Buch dazu erniedrigt, bei Fremden um Essen, Kleider und Unterkunft zu betteln. Am Utsu-Berg sind ihr Regenkleid und ihr Strohhut klatschnass, und anderswo »gab es kein Brennholz und nichts zum Wassersammeln, sodass keine Möglichkeit bestand, die Haare zu waschen«, was in einer die Haare vergötternden Welt mit Sicherheit der Gipfel der Erniedrigung war. Auch wenn das Manuskript später als Fälschung identifiziert wurde – oder für möglicherweise von einer anderen Nonne geschrieben oder für das Fragment eines anderen fiktiven Werks –, blieb seine Wirkung wie die der anderen Geschichten lebendig und führte uns immer weiter von der Wahrheit weg.

Die gute Seite besteht darin, dass die religiöse Botschaft der Geschichte über die Suche nach Amida Buddha einen Hinweis auf den Ursprung des Textes liefert. Mit den über dich, Sei, über Izumi Shikibu und Ono no Komachi erzählten Moralitäten wurde nämlich in buddhistischen Tempeln während des Spendensammelns das Publikum unterhalten, und die Erzählung könnte als Teil dieser Tradition entstanden sein. So spannten dich beispielsweise die Mönche und Nonnen des Seigan-ji-Tempels in Kyōto für ihre Marketingzwecke ein. Ein aus der Kamakura-Zeit stammendes Predigtheft behauptet, dir sei die Wiedergeburt im Paradies von Amida Buddha gerade in Seigan-ji widerfahren: Du bautest dir angeblich vor dem Tempel eine Hütte, in der du die letzten Jahre deines Lebens damit verbrachtest, *Nembutsu* zu deklamieren. Wahrscheinlich wurde die Geschichte nach dem Brand von 1467 entwickelt, als man eine effektive Spendenkampagne für den Wiederaufbau des Tempels brauchte. Die fiktive Geschichte von einer dekadenten Hofdame, die sich in Seigan-ji besserte, war eindeutig gewinnbringend.

Sei, aus so banalen Situationen entsteht also »Geschichte«. Irgendwo wird Geld gebraucht, und deine fiktive Vom-Hochmut-zum-Fall-und-schließlich-zur-Rettung-Geschichte hat gerade den passenden verkäuflichen und herzzerreißenden Charakter, der die Menschen dazu bringt, die Schnüre ihrer Geldbeutel zu lockern. Und wenn zwei Jahrhunderte vergangen sind, erinnert sich niemand mehr daran, dass die Geschichte gar nicht stimmt. Dass sie ein Marketingtrick war!

Sei, auch wenn die Geschichten noch so oft als erfunden erklärt worden sind, so wird man ihre Wirkung nicht los. Man hat dich über die Jahrhunderte hinweg durch diese Geschichten hindurch gelesen – Geschichten, die vielleicht ihren Anfang in der »Weissagung« fanden, die Murasaki halb achtlos (oder auf Befehl Michinagas) in ihrem Tagebuch festgehalten hat.

Wie hätte es mit so einem Menschen gut ausgehen können?

Fassade, Fantasie, Ruf, Moralgeschichten, Verkaufsslogans, Abwertungen. Was, wenn die Wirklichkeit eine ganz andere war?

Sei, ist es nicht schlicht und einfach möglich, dass du nach dem Verlassen des Hofes ein glückliches Leben führtest und vielleicht in dem von deinem Vater geerbten schönen, von einem Garten umgebenen Landhaus am Berghang wohntest? Vielleicht lebte dort mit dir ein wunderbarer Mann, vielleicht gab es auch Kinder. Vielleicht gelang es dir, mit Hilfe deiner Beziehungen, Papier von bester Qualität zu beschaffen, sodass du weiterschreiben konntest – zuerst schriebst du deine Geschichte über die Jahre am Hof zu Ende, aber später hatten deine Aufzeichnungen nichts mehr mit der kaiserlichen Welt zu tun (macht nichts, von den Zeremonien habe ich allmählich auch genug), sondern mit etwas ganz anderem, mit dem normalen Leben, seiner Schönheit und Sonderbarkeit. Ich weiß nicht, wohin dieses Manuskript geraten ist, vielleicht ist es verschollen, vielleicht bei einem Brand oder einem Erdbeben vernichtet worden. Oder du hast es der Tochter deines Ehemannes gegeben, die du zu lieben gelernt hast, wie deine eigene, und deren Geschlecht diesen Schatz bis auf den heutigen Tag bewahrt, auf den Augenblick wartend, an dem die Welt das Ende deiner Geschichte hören darf ... Vielleicht, Sei.

. . .

[Sei Shōnagon schreibt]

Im Frühling der Tagesanbruch – wenn es allmählich hell wird, die Bergkämme sich leicht rot färben und tiefpurpurne Wölkchen über sie hinwegziehen.
Im Herbst die Abenddämmerung – wenn die Sonne bis zum Rand der Berge sinkt und die Krähen zu dritt und zu viert, zu zweit und zu dritt zu ihren Schlafplätzen zurückkehren, rührt einen ihr eiliger Flug zutiefst. Und wie bezaubernd erst die Wildenten, da sie so winzig klein aussehen, wie entzückend. Nach Sonnenuntergang das Geräusch des Windes und das Sirren der Insekten, das ist klar, auch ohne dass man es sagt.

. . .

Vor mir liegt die letzte Woche in Kyōto, auch wenn es mir so vorkommt, als hätte ich ganz und gar noch nicht genug von der Stadt.
Ich schaffe es, an Miika P. zu mailen, um nach der fin-

nischen Übersetzung des *Kopfkissenbuchs* zu fragen, von der ich weiß, dass sie in Arbeit ist. Miika meint, ich hätte mir durchaus sämtliche Literatur zum Thema aus seiner Bibliothek leihen können, ich hätte dafür nicht nach Kyōto und London fliegen müssen. Natürlich hätte ich das tun können, darum habe ich mich auch nicht gemeldet. Es ist unumgänglich, den schwierigeren Weg zu nehmen, allein der dramatische Bogen verlangt das. Was für ein Abenteuer wäre mein freies Jahr geworden, wenn ich bloß in Helsinki gesessen und einen Stapel Bücher gelesen hätte, die jemand vor mich hingelegt hat?

Miika konstatiert auch, dass in Kyōto nichts mehr übrig sei aus der Zeit Heian-kyōs. Wie das? Und ob etwas übrig ist! Es gibt die Berge exakt an denselben Stellen, purpurn bei Sonnenuntergang, mehrschichtig und grobrandig wie aus verschiedenfarbigem Seidenpapier ausgeschnitten und übereinandergelegt. Es gibt den Dunst, der nach dem Regen von den Bergen aufsteigt wie Rauch von Lagerfeuern, es gibt den Fluss, die Kraniche am Fluss, und die Krähen, die Raben und die Greifvögel, gewiss zogen sie dort auch vor tausend Jahren schon ihre Kreise. Es gibt die Sonnenuntergänge, die Himmelsrichtungen, die Winde, den Reis, den Reiswein, die Kirschblüten und den Blauregen. Es gibt das Klima, die heftige Hitze des Sommers, wie man sie fühlt, wenn man in die Sauna kommt, nachdem jemand ständig Aufgüsse gemacht hat, die glühenden Ahornbäume im Herbst, den Regen, der schwallweise herabfließt wie das Haar der Heian-Frauen, eine solche Feuchtigkeit, dass ein Handtuch, das man im Bad liegen gelassen hat, nie trocken wird. Es gibt den Vollmond, das Hippodamische Schema und die Namen der Tempel, und

wenn man auf dem Hiei-Berg steht und ins Tal blickt,

sieht man gegen den Himmel exakt dieselbe Bergsilhouette wie damals. Und auch wenn das Straßengitter nicht genau über dem alten liegt, ist der Eindruck doch der gleiche: Man zählt Nummer für Nummer die Querstraßen vom Palast her nach Süden, und auch von den senkrechten Straßen sind viele bekannt. Wir sehen uns an der Ecke von Nijō und Omiyan, mochtest du gesagt haben, Sei, und dich mit deinem Ochsenkarren in Bewegung gesetzt haben – auch wenn du weit zurückbleibst, wenn ich auf meinem Fahrrad vorbeisause. Fast alles Wichtige ist noch immer da.

Und dennoch, Sei, ärgert es mich, dass ich nicht alles erleben kann, was du erlebt hast. Wie zum Beispiel alle Jahreszeiten oder den Schnee auf den Dächern gewöhnlicher Häuser, der deiner Meinung nach so unpassend war. Ich erlebe diese Stadt in Abschnitten von drei Monaten, wo hingegen deine berühmten Eingangssätze, diejenigen, die Schülerinnen und Schüler auswendig lernen müssen und über deren Bedeutung noch immer gestritten wird, sich gerade mit den Jahreszeiten und ihren besten Momenten befassen. *Haru wa akebono – yo yo shiroku nariyuku yamagiwa wa sukoshi akarite…*

Sei, den Frühling und den Herbst habe ich gesehen, aber beispielsweise von den Sommernächten, die du beschreibst, weiß ich nichts, nichts von denen, die der Vollmond erleuchtet, und auch nichts von den dunklen, in denen man den Tanz der Glühwürmchen beobachten kann, oder von den Woche um Woche anhaltenden Regennächten, die deiner Meinung nach ebenfalls schön sind. Ich absichtlich vor dem Sommer geflohen, denn ich befürchte, seine gewaltsame Hitze könnte mich zermürben, sodass mich die durch sie verursachte Stumpfheit endgültig auslaugt.

Und auch den Winter floh ich, denn nirgendwo ist es so kalt wie in dieser Stadt, nicht einmal in meiner Heimat, wo die Temperatur noch um dreißig Grad tiefer fallen kann. Ich floh die feuchte, schneidende Kälte, die sich tage- und wochenlang im Mark festsetzt, ich mied mein eiskaltes Zimmer, dessen Temperatur der kleine elektrische Radiator nur um ein oder zwei Grad über die Außentemperatur zu bringen vermochte, ich floh den Überlebenskampf nach der Dusche, die eiskalte Körperlotion und die eiskalte Unterwäsche, die Wassergläser, in denen die Oberfläche am Morgen erstarrt ist ... Ich floh und bekam nicht die frühen Wintermorgen zu Gesicht, wenn es in der Nacht geschneit hat oder wenn das Land weiß bereift ist, ich kenne es nicht, obwohl du schriebst, dass es dir sogar gefällt, wenn alles einfach nur sehr kalt ist und die Diener von Raum zu Raum eilen, das Feuer zu schüren und Kohlen zu bringen – wie gut das deiner Meinung nach zur Stimmung der Jahreszeit passte.

Sei, deine Jahreszeiten gibt es hier sehr wohl, ganz unverändert.

Dinge, die einen wehmütig werden lassen:
Wenn man am einzigen sonnigen, heißen Tag der letzten Woche mit einem finnisch-japanischen Barbesitzer zum Biwa-See geht. Der von Kiefern beschattete weiße Strand von Omi-Maiko ist menschenleer, der See spiegelglatt, und blaugraue dunstige Berge fassen ihn ein – der eigentlich riesige See sieht nach einem Meer aus, denn das Ufer gegenüber verbirgt sich hinter Nebeldunst. Es duftet nach Kiefernnadeln, das silbern blitzende Planschen kleiner Fische bricht die Stille. Der Horizont ist verschwunden, und das Unwirkliche des Anblicks trübt auch die Gedanken ein.

Wenn man zwischen dem Packen seiner Sachen zu einem Yakiniku-Mittagessen in seinem nahe gelegenen Stammlokal radelt, mit dem Koch plaudert (von dem man immer noch nicht weiß, ob er Mann oder Frau ist), obwohl ihr keine gemeinsame Sprache habt, und der Koch oder die Köchin dir dann eine *Pointokaado* gibt, eine Karte, auf der man Stempel für ein kostenloses Mittagessen sammelt.

Wenn vor dem Lebensmittelladen ein Junge chinesische Delikatessen verkauft und auch mir, *onee-chan*, der großen Schwester, zuruft, ich solle etwas kaufen. Wenn man in den Teeladen nebenan geht, wo einen ein alter Mann an den Tresen setzt und einem grünen Tee serviert, zuerst heiß und dann kalt mit Eis, und fragt, welcher besser ist.

Wenn dich Marcos daheim ein letztes Mal bittet, ihm die Haare zu schneiden, und er dir zum Dank eine selbst gemachte Origamirose schenkt.

Am vorletzten Abend bin ich mit Olivia und ihrem Bruder im Gaea verabredet. Sonst ist niemand da – eigentlich ist die Tür geschlossen, als wir kommen, und Rei ruft von innen, er koche gerade nackt, ob wir kurz warten könnten… Aus den Boxen kommen Jimi Hendrix und Pink Floyd, und der (inzwischen bekleidete) Rei serviert uns Nudeln, Cracker mit Emmentaler sowie Haferbrei mit einem Klecks Butter. Ich bestelle mir dazu Rotwein.

Später kommen ein amerikanisches Mädchen und Jesus herein, der vorführt, wie man sich durch Veränderung der Frisur von Jesus in einen Juden oder einen indischen Yogi verwandeln kann. Olivia schmeckt ihr Drink nicht mehr, als sie kapiert, dass sie neben Jesus sitzt. Trotzdem beschließen wir, Brot und Wein zu teilen und das letzte Abendmahl zu genießen. Rei fragt die Amerikanerin aus Versehen, ob sie ihren Drink mit Kohlenhydraten oder ohne will, obwohl er Kohlensäure meint, und wir lachen mit Tränen in den Augen, als Jesus vorschlägt, zum Beispiel eine Kartoffel ins Glas zu werfen. Wie kann ich je von hier weggehen?

Gegen elf gehen wir in eine schwarze Bar im Zentrum, wo Rei ab Mitternacht Dienst hat – die Schicht endet um fünf, um sieben oder um neun, je nachdem wann die letzten Gäste gehen. Als sich Olivia mit ihrem Bruder auf den Heimweg macht, bleibe ich noch für eine Weile am Tresen hängen.

Dann beschließt Kyōto, mir zum vorletzten Abend ein Geschenk zu machen. Um zwei Uhr setzt sich ein sechzigjähriger *Salaryman* neben mich an den Tresen. Es stellt sich heraus, dass sich dieser Unternehmensjurist aus Osaka in seiner Freizeit mit klassischer Literatur beschäftigt und dass er die erste, einzige und vermutlich auch die letzte japanische Person ist, die ich in Japan treffe, die Sei Shōnagons *Kopfkissenbuch* ganz gelesen hat und findet, dass das Buch nicht langweilig, sondern glänzend ist. Der Mann sagt aus dem Gedächtnis die berühmten Eingangssätze in klassischem Japanisch auf und reicht auch noch die englische Übersetzung nach.

Plötzlich öffnet sich meine verbale Truhe, und ich merke, wie ich dem Mann mit sprühendem Speichel Vorträge über alle möglichen Themen halte: über klassische Literatur, Yoshida Kenkō (von dem der Mann ebenfalls Passagen auswendig kann), Genji (von dem der Mann eine ganze Werkreihe besaß, ich bin nicht ganz sicher, welche, vielleicht eine illustrierte, die jedoch vor fünfzehn Jahren beim Erdbeben von Kobe vernichtet wurde), über Ikebana (der Mann bittet mich, ihm die Unterschiede zwischen dem klassischen Ikebana und der Sogetsu-Schule zu erläutern, und ich tue mein Bestes), über das Erdbeben und seine Auswirkungen auf den Tourismus. Der Mann lacht zufrieden in sich hinein, weil er endlich einmal über sein literarisches Hobby reden kann, und erkundigt sich nach allen möglichen Einzelheiten meines Projekts. Rei fragt zwischendurch, worüber wir eigentlich reden, und der Mann zählt ein Thema nach dem anderen auf, bis Rei genug davon hat.

Um drei kommt Jesus herein. Ich habe mehrere Gläser Rotwein und zwei Gin Tonic getrunken, bin umgekippt und habe ein Glas mit einem Drink zerbrochen sowie fast eine Schachtel Zigaretten geraucht. Jesus fragt, was die größte Lehre Japans für mich gewesen ist. Ich weiß nicht, warum ich solche Fragen immer so schwierig finde: Lieblingsbücher, Lieblingsfilme, Lieblingssongs, die besten Sachen hier und dort – ich kann nie eine Antwort geben, denn vielerlei Dinge sind auf ihre je eigene Art wichtig, sodass ich nicht fähig bin, sie in eine Reihenfolge zu bringen, aber ich wirke nur wie eine autistische Idiotin, die während der ganzen Reise oder im Leben überhaupt nicht aufgewacht ist. Ich überlege lange, während mich Jesus intensiv anstarrt – das dauert jetzt ein bisschen, sage ich, und Jesus hört auf zu starren. Als ich endlich antworte, das Wichtigste, das ich in Japan gelernt hätte, sei, dass herabgefallene Blüten mindestens genauso schön und bedeutungsvoll sind, wie die an den Bäumen, ist er des Wartens überdrüssig geworden und unterhält sich bereits mit jemand anderem.

Ich kapiere, dass mir übel ist, und nachdem ich zum Abschied alle umarmt habe, mache ich mich auf den Heimweg. Es gelingt mir, ein Taxi zu bitten, mich nach Konoe-Higashioji zu bringen und von dort noch die Konoe Dori entlang zum Family Mart in der Nähe meines Hauses. Ich denke an den aufsässigen, das Leben genießenden Zen-Mönch Ikkyuta, der im 15. Jahrhundert schrieb: *Why is it all so beautiful this fake dream this craziness why?*

. . .

[Sei Shōnagon schreibt]

Es wird allmählich so dunkel, dass ich kaum noch schreiben kann, und die Tinte meines Pinsels ist aufgebraucht. Dennoch möchte ich noch ein paar Dinge anfügen, bevor ich aufhöre.

Ich habe diese Aufzeichnungen zu Hause gemacht, weil ich Zeit hatte und mir vorstellte, dass niemand meinem Tun Beachtung schenken würde. Ich habe über alles geschrieben, was ich gesehen und empfunden habe. Ich befürchte trotzdem, dass manche meiner Bemerkungen unangemessen oder ungehörig sind, weshalb ich mein Büchlein sorgfältig versteckt gehalten habe. Aber jetzt ist es in die Öffentlichkeit gelangt, was das Letzte ist, das ich erwartete.

Eines Tages brachte der zentrale Minister Korechika der Kaiserin einen Stoß Papier. »Was machen wir damit?«, fragte mich ihre Majestät. »Der Kaiser hat das Kopieren des ›Zeitbuchs eines Historikers‹ bereits veranlasst.«

»Lass mich daraus ein Kissen machen«, sagte ich.

»Also gut, du sollst es haben«, sagte ihre Majestät.

Nun stand mir eine riesige Menge Papier zur
Verfügung, und ich fing an, mein Notizbuch mit
allerlei Dingen zu füllen, mit Erzählungen aus der
Vergangenheit und mit etlichen anderen Dingen,
oft auch mit ganz alltäglichen Geschichten. Alles
in allem konzentrierte ich mich auf Dinge und
Menschen, die meiner Meinung nach reizend
und beeindruckend waren – mit dabei sind
auch Gedichte und Beobachtungen über Bäume,
Pflanzen, Vögel und Insekten. Ich bin sicher, die
Menschen werden enttäuscht sein, wenn sie mein
Buch zu Gesicht bekommen, weil es nur meine
Mangelhaftigkeit beweist. Schließlich ist es nur zu
meinem eigenen Vergnügen geschrieben worden,
und ich habe die Dinge so notiert, wie sie mir in
den Sinn kamen – wie könnte man mein alltägliches Gekritzel nicht jemals mit vielen eindrucksvollen Werken unserer Zeit vergleichen? – –

Was immer die Menschen auch über mein Buch
denken mögen, ich bereue es, dass es je ans Tageslicht gekommen ist.

· · ·

Sei, während ich mich darauf vorbereite, Heian-kyō zu verlassen, denke ich noch über die letzte, wichtigste Frage nach. Was brachte dich dazu, das *Kopfkissenbuch* zu schreiben? Was war der Zweck? Was war *Makura no sōshi*?

Sei, das letzte Kapitel wirkt wie eine geradezu rührend aufrichtige und bescheidene Geschichte über die Entstehung deines Buchs, aber ich habe schon seit einiger Zeit den Verdacht, dass du vielleicht doch nicht ganz ehrlich bist. Sei, ich glaube nicht, dass dein Buch ein geheimes Tagebuch war.

Und wenn ich nun die letzten Forschungsartikel durchblättere, bin ich endlich bereit, die Wahrheit in mein Bewusstsein zu lassen. Nämlich die, dass dein Werk wahrscheinlich eine *Auftragsarbeit* war. Sei, man glaubt, dass du dein Buch auf Wunsch von Kaiserin Teishi geschrieben hast, sogar auf ihren Befehl.

Natürlich, Sei – warum habe ich das nicht begriffen? Wenn Murasakis Tagebuch mit seinen Lobpreisungen des Hofs und der Anschwärzung deiner Person eine Auftragsarbeit war, warum sollte dein Buch es nicht sein? Schließlich hast du am Hof gearbeitet! Du sagst selbst, dass das Kopieren des *Zeitbuchs eines Historikers* im Gange war, aber es war genug überzähliges Papier vorhanden, um ein zweites solches Buch zu schreiben, sodass man es dir gab. Warum? Damit du ein konkurrierendes Zeitbuch schriebst, eines, das die herrlichen und bezaubernden Stunden am Hof von Kaiserin Teishi festhielte, all das, was bald Geschichte sein würde. Du hast kein geheimes Tagebuch geschrieben, sondern einen Lobpreis von Teishis Hof, da du nun einmal darum gebeten wurdest!

Ich bin sauer und enttäuscht. Sei, du kannst mit dem Gejammer über den Diebstahl deines geheimen Notizbuchs aufhören, denn es liegt hier inzwischen einiges an Indizien vor. Verflixt, Sei, hast du gar nicht ernsthaft geschrieben? Ist alles nur Lüge, die von oben befohlen wurde?

Ich rege mich darüber auf, Sei, weil das Wort *Auftragsarbeit* heutzutage einen ziemlich unschönen Klang hat. Es kommen einem dabei die Werbetexte von Versandkatalogen in den Sinn, aalglatte, stubenreine Kundenzeitschriften und trockene, aber dicke Firmenchroniken, und niemand legt in eine solche Schreibarbeit sein ganzes Inneres hinein oder alle tiefen Gedanken, die er Zeit seines Lebens gehabt hat, ganz gleich wie hoch das Honorar ist. Und niemand will als Seelenschwester die Verfasserin einer Auftragsarbeit!

Sei, ich möchte mir ernsthaft vorstellen, dass Auftragsarbeit zu deiner Zeit etwas anderes bedeutete. Deine Schilderungen von Zeremonien sind zwar genau so, wie man es von einer Auftragsarbeit erwarten kann – vor Propaganda strotzende Verherrlichung der kaiserlichen Familie und ermüdende Dokumentation glanzvoller Details –, aber deine poetischen Listen oder deine Beschreibungen von Liebhabern, die zarten Momentaufnahmen von Morgenstunden nach dem Regen und von Mondnächten, die von

Flötenspiel begleitet werden, so etwas kann doch keine schreiben, die nur Lohnarbeiterin ist?

Interessanterweise findet sich das wichtigste Beweismaterial dafür, dass du eine zweckgebundene Auftragsarbeit geschrieben hast, in dem, was du *nicht* schreibst.

Sei, dein Buch sieht aus wie eine authentische Beschreibung des Lebens am Heian-Hof, und viele halten es sogar für das wichtigste Dokument, das aus deiner Epoche überliefert ist. Aber wenn man es mit anderen Quellen vergleicht, die die gleichen Ereignisse schildern, stellt man fest, dass deine Perspektive ganz und gar eigenständig ist. Du hast Dinge weggelassen. Du hast vielleicht nicht direkt gelogen, aber die Wirklichkeit zumindest für deine Zwecke *modifiziert*. Du hast gekonnt ein Werk geschaffen, das nach einem historischen Dokument aussieht, aber eigentlich ein völlig verzerrtes Bild der Ereignisse abgibt.

Sei, die anderen Quellen berichten, in was für einer heiklen Lage Michitakas Tod seine Tochter Teishi zurückließ. Wie Teishi zur Spielfigur in den Machtkämpfen ihres Onkels Michinaga wurde, wie ihr Bruder Korechika aus der Hauptstadt vertrieben wurde, wie man Teishi demütigte, indem man sie zwang, an Orten zu wohnen, die ihrem Rang nicht entsprachen, wie Michinagas Tochter Shōshi mit großem Tamtam an den Hof geholt und auf nie da gewesene Weise zur zweiten Kaiserin ernannt wurde, wie die verdrängte Teishi schließlich gebrochen von alldem an Geburtskomplikationen starb.

Diese Qual begann mit Michitakas Tod im Jahr 995 und endete mit Teishis Tod Anfang des Jahres 1001. Sie dauerte über fünf Jahre, fast die ganze Zeit, in der du an deinem *Kopfkissenbuch* schreibst. Und du lässt darüber kein einziges Wort fallen.

Sei, dafür gibt es keine andere Erklärung, als die, dass du absichtlich nicht über all das Unschöne schriebst. Dass du mit Absicht eine Beschreibung des höfischen Lebens auf Papier banntest, in der alles großartig, sorgenfrei, herrlich und glücklich war. Dass du für die Nachwelt absichtlich ein aufpoliertes Fantasiebild schufst. Und dass du das tatest, weil dich jemand darum gebeten hatte.

Verdammt noch mal; Sei, du warst eine aus der Marketingabteilung! Du machtest am Hof exakt das, was ich in der Granitburg gemacht habe: Du warst Werbetexterin, eine Copywriterin, die dafür sorgte, dass ein Produkt gut klang, sogar besser, als es war, nicht indem sie log, sondern indem sie etwas hervorhob und etwas anderes wegließ, sodass das Publikum gar nicht anders konnte, als *okashi* zu rufen, toll, und es kaufen! Sei, dein Status-Update schreit in katzengroßen Buchstaben, dass es an Teishis Hof *toll* war!

Überdies führtest du deine Mission gut aus: Wenn die Leserin nicht über Vorwissen über das politische Klima in Heian-kyō im 10. Jahrhundert verfügt, erhält sie bei der Lektüre deines Buchs keinerlei Hinweis auf Teishis verzweifelte Lage.

Und dennoch könnte ich schwören, dass das, was du schreibst, wahr ist. Je mehr ich darüber nachdenke, Sei, desto klarer komme ich zu diesem Schluss: Ich muss an dich glauben, ganz gleich, was über dich enthüllt worden ist. Denn sollte nicht auch eine Werbetexterin aus dem Herzen heraus schreiben können?

Sei, vielleicht begannst du ja ganz zu Anfang, ein privates Tagebuch zu schreiben. Vielleicht sah dann jemand, was du schriebst, sah, dass du etwas kannst und scharfsinniger bist als jede andere. (Ich bin sicher, dass auch deine offensichtlichen komischen Fähigkeiten ihre Wirkung hatten, der Umstand, dass du über die Kunst verfügtest, Menschen zum Lachen zu bringen.) Dann sagte die Kaiserin: »Shōnagon, ich will, dass du über all das schreibst. Notiere alles, was hier toll ist. Erzähle, wie großartig unsere Welt war.« Dann sahst du dich von Neuem um, schautest dir alles an, Männer und Frauen, wie sie sich benahmen und kleideten, was sie bewunderten und hassten, was für ein Ochsenwagenstau beim Kamo-Fest herrschte, was dir in den Kopf schoss, wenn du im Tempel dem Priester zuhörtest, der zufällig gutaussehend war. Du schautest dir eure Welt an, die in Gedichten festgehalten worden war. Wenn man deren *Utamakura*-Wörter las, musste man überhaupt nicht reisen, du schautest dir deren Berge, Vögel, blühenden Bäume und Poststationen an und schriebst darüber, denn sie waren ein wichtiger Bestandteil eures Universums. Du schriebst über alles, was des Erinnerns wert war, mit deinem ganzen Herzen, so gut du nur konntest.

Vielleicht ließest du etwas unerwähnt, aber das, was du erzähltest, war wahr.

Aber wie hast du das gemacht? Wie hast du ein Buch geschrieben, das sich rund um den faszinierenden Schnittpunkt von Fiktion und historischer Wirklichkeit bewegt?

Hier kommt das erste Indiz: das Präsens. Ein Wissenschaftler meint, die von dir verwendete Zeitform schaffe den Eindruck der Unmittelbarkeit, als würdest du die Geschehnisse im Moment der Niederschrift bezeugen, obwohl du in Wirklichkeit womöglich Ereignisse schilderst, die Jahre zurückliegen. Wenn man das Präsens mit einer zufälligen Chronologie zusammenbringt und aus den Kapiteln nicht hervorgeht, ob sie Vergangenheit oder Gegenwart sind, entsteht der Eindruck des ewigen Glanzes von Teishis Hof, der in der Zeitform der Gegenwart erstarrt ist. Unter anderem aus diesem Grund ist mir beim Lesen deines Buches nie so recht klargeworden, was dort am Hof eigentlich vorging.

Zweitens spielt ein Adjektiv bei deinem Betrug eine lebenswichtige Rolle, und dieses lautet *okashi*: reizend, amüsant, elegant, schön, faszinierend. Die typische Stimmung in den Texten der anderen Hofdamen ist das melancholische *aware*, und du, Sei, hattest Material in den Händen, aus dem du die traurigste Geschichte der Welt hättest schaffen können, aber nein: Kein Tropfen *aware*, dafür *okashi* in Hülle und Fülle. Ein Wissenschaftler hat denn auch gezählt, dass die Worte *okashi*, lachen oder lächeln vor Michitakas Tod 85 Mal vorkommen und danach sogar doppelt so oft. Du gabst dir Mühe, die heitere Stimmung zu wahren. In deiner Darstellung sind die allerdüstersten Jahre nach Michitakas Tod voller Lachen und Freude, aber der normale Leser merkt das nicht, denn die nicht chronologische Reihenfolge macht es unmöglich, die Ereignisse zeitlich einzuordnen.

Drittens lässt du kein einziges Wort über die politischen Umwälzungen fallen, die Teishi bedrohen. Als die schwangere Teishi auf demütigende Weise in das Haus des niedrig gestellten Narimasa expediert wurde, konzentrierst du dich darauf, witzig die Dummheit eures Gastgebers zu schildern. Du quittierst peinliche Situationen mit anhaltendem Lachen, und dein geschickter *okashi*-Effekt irritiert den Leser so, dass er gar nicht dazu kommt, die Demütigung zu bemerken. Du bist unendlich loyal gegenüber Teishi und stellst sie in jeder Situation als starke, intelligente und humorvolle Frau dar, die ihren Hofdamen erlesene Worte der Weisheit zu bieten hat.

Und vielleicht dienen auch die hässlichen Geschichten, in denen du die Armen verspottest und Bettelnonnen herabsetzt, diejenigen, deretwegen du zur gefühllosen Bestie abgestempelt worden bist, dem selben Zweck. Clowns und Narren bringen durch das Lachen Befreiung von den Sorgen, und du, Sei, spannst die Menschen vom Rand der höfischen Welt als Narren ein: die Bettelnonne, die den Palast aufsucht, niedere Höflinge und andere arbeitende Männer. Indem du dich über Außenstehende lustig machtest, schufst du den Eindruck von Harmonie innerhalb des Salons, obwohl die Bettelnonne für die schlimmsten Ängste von euch Hofdamen stand, was die Zukunft betraf. Du lachtest die Beklemmung weg, Sei.

Sei, vielleicht trug sich alles so zu: Du kamst an den Hof, um der jungen Teishi zu dienen, die du sehr bewundertest und die dich bewunderte. Ihr wurdet Vertraute. Dann starb Teishis Vater, ihr Onkel griff nach der Macht, und alles änderte sich. Der Onkel verheiratete den Kaiser mit seiner Tochter Shōshi, einem kaum zwölfjährigen Mädchen, das mit überbordender Zeremonie an den Hof kam. Allmählich gingen alle dazu über, Shōshi zu unterstützen, weil auf der Hand lag, dass die Macht gewechselt hatte und natürlich niemand im Lager der Verliererin bleiben wollte. Teishi und du bliebt allein zurück. Teishi verbrachte viel Zeit außerhalb des Palasts und wurde immer deprimierter. Du versuchtest die Stimmung hochzuhalten wie ein Zirkusaffe, machtest auf den Gängen Witze, lachtest laut, betörtest die Höflinge und schriebst fieberhaft Beschreibungen davon, wie entzückend und glanzvoll, wie *okashi* alles war. Besonders viel schriebst du über Liebhaber, über deine eigenen und über die von anderen, denn die Liebe, oh, die Liebe sorgt dafür, dass die Gedanken anderswo bleiben! Du tatst alles, um die Stimmung hoch- und die Düsternis fernzuhalten. Dann starb Teishi, und du konntest von da an nichts weiter tun, als ihren Lobpreis zu Ende schreiben. Den letzten Schliff für den »ehrlichen« Eindruck deines Werks war deine Beteuerung, dass du nicht die Absicht gehabt hättest, dein geheimes Tagebuch zu veröffentlichen. Die Nebelwolke war perfekt.

Sei, du warst die Hofnärrin der Kaiserin. Eine wie Shakespeares Narren, die sorglos wirken, sich aber immer am stärksten der vorliegenden Tragödie bewusst sind. Sei, du warst die Schutznärrin, diejenige, die um ihr Leben schreibt, die sich vor die Kaiserin wirft, um die Kugeln in Empfang zu nehmen. Teishis Beschützerin, das warst du, und darum schriebst du dein Werk, ohne dich darum zu kümmern, für was für eine oberflächliche, unmoralische, gefühllose oder pathologische Bewunderin der kaiserlichen Familie man dich in den Augen der Nachwelt halten würde.

Eine fröhliche, feixende, anmaßende Närrin, Sei.

Teishis Ruf konntest du retten. Deinen nicht.

. . .

[Sei Shōnagon schreibt]

Es ist bewegend, dünnen Wolkenflaum vor einem
sehr hellen Mond zu sehen.

. . .

Die Zeit wird knapp, Sei. Am letzten Tag meiner Reise
steht nur ein Punkt auf dem Programm: deine Kleider an-
zuziehen.

Ich habe von Anfang an gewusst, Sei, dass man über
dein Aussehen nichts weiß. Dennoch denke ich ständig
darüber nach. Ich dachte darüber nach, wenn ich auf
der Fahrt zum Nichibunker und zurück im Zug saß. Ich
dachte darüber nach, wenn ich an Bushaltestellen stand,
in Restaurants, am Fluss oder beim Friseur saß. Ich denke
immer daran, wenn ich japanische Frauen ansehe, aber
auch wenn ich in den Spiegel schaue. Ich denke an dein
Gesicht, an deine physischen Eigenschaften und an deine
Körperlichkeit, an all das, was hinter Wandschirmen und
unter mehreren Lagen von Seide verborgen war. Wie sahst
du hinter und unter alldem aus, so wie du warst, als du
selbst?

Sei, wenn ich mich in einem nur für Frauen vorgesehe-
nen Zugwaggon umsehe, ärgert es mich ernsthaft, dass
ich es nicht weiß. Du könntest jede von ihnen sein. Wärst
du wie diese zarte Frau mit den feinen Zügen, schön wie
eine Puppe? Oder so eine Breitgesichtige, deren Stirn sich
wölbt und deren Gesicht beim Lächeln leuchtet wie die
Sonne? Oder jene Schönheit dort, die eine vorstehende
Zahnreihe hat? Die mit der frechen Frisur, die ein bisschen verschlagen aussieht und so, als hätte sie einen star-

ken Willen? Oder die Normale mit der Brille, die schlechte Haut und einwärts gerichtete Füße hat? Warst du klein oder groß? (Ich fange an, ein Meter fünfzig große Frauen mit diesem Blick zu betrachten – was für eine seltsame Vorstellung, dass du so winzig gewesen sein solltest.) Und falls du dick warst? Mollige Frauen wurden ja wohl bewundert. Und was für eine Stimme hattest du? War es bei euch üblich, höher und kindlicher zu sprechen, so wie bei den japanischen Frauen heute? Hattest du lange, schmale Finger oder kurze, dicke? Warst du der Typ, der Kopf- und Bauchschmerzen bekommt? Schliefst du gut oder schlecht? Warst du stark oder schwächlich, kurz- oder weitsichtig, plattfüßig oder x-beinig? Ich weiß nichts über dich!

Aus irgendeinem Grund sind die Forscher zu dem Schluss gekommen, dass du wohl kaum eine Schönheit warst. Sie begründen ihre Ansicht mit der Stelle, an der du vor Yukinari über deine angebliche Hässlichkeit witzelst. Stell dir vor, sie haben deine Worte ernst genommen!

Sei, es ist paradox: Ich möchte dich entkleiden, um zu sehen, wie du wirklich aussahst, aber stattdessen ist das Einzige, was ich tun kann, mich wie du zu kleiden. Und heute tue ich es.

Oder na ja, es ist meine *Absicht*, mich wie du zu kleiden, aber ich dürfte mich wohl eher als Kaiserin ausstaffiert haben, als deine Chefin. Verzeih mir, Sei, aber ich habe keine Wahl: Im Erlebniskatalog der Seidenfabrik kann man wählen, ob man sich als Maiko oder Geisha verkleiden oder einen zwölflagigen *Junihitoe*-Kimono aus der Heian-Zeit anlegen will, und dabei wird nicht spezifiziert, um wessen Kimono es sich handelt. Ich begreife es erst, als man mir eine Krone und einen Fächer, der aussieht wie ein Zepter, reicht, und die Ankleidehelferinnen sich bis zum Fußboden vor mir verbeugen.

Als die Metamorphose beginnt, fordern mich die Ankleidehelferinnen auf, mich auszuziehen. Man zieht mir ein weißes Unterhemd, einen Unterrock und Tabi-Strümpfe an, und meine Haare werden mit einem breiten Seidenband fest nach hinten gebunden. Eine Mama-san kalkt mein Gesicht mit mehreren Schichten von weißer Farbe und Puder, und als ich mich im Spiegel betrachte, sehe ich aus wie die Kabuki-Schauspieler vor dem Auftritt. Ich bin eine haarlose Blanko-Frau, aus der man alles machen kann.

Die Mama-san färbt mir die Augenwinkel dunkel, zieht mir Kajalstriche um die Augen und malt mir die Lippen zu einer kleinen roten Rosenknospe. Das Make-up ist keine echte Schminke aus der Heian-Zeit, aber in gewisser Weise bin ich dafür dankbar. Sei, das Schwärzen der Zähne wäre noch gegangen, wenn die Farbe wasserlöslich gewesen wäre (wie könnte sie das sein), aber wenn die Mama-san sich angeschickt hätte, mir die Augenbrauen zu rasieren und mir senkrechte Balken auf die Stirn zu malen, hätte ich mir vielleicht überlegt, ob das nun zehntausend Yen wert war. Für dich wäre es das mit Sicherheit gewesen.

Als das eigentliche Ankleiden beginnt, darf, oder wie ich später feststelle, kann ich mich nicht mehr bewegen, sondern man stellt mich gleich zwischen Spiegel und Bildhintergrund. Ich steige in Hakama-Hosen, in diese sonderbar überlangen, breiten Hosenbeine, die unter den Füßen nach hinten geschlagen werden und beim Gehen hinterherschleifen, obwohl ich nicht verstehe, wie ich darin fähig sein sollte, auch nur einen Schritt zu machen. Dann wird mir eine Perücke aufgesetzt: Ihre langen schwarzen Strähnen reichen bis zum Boden, auf der Stirn trage ich die goldene Krone der Kaiserin und an den Schläfen lange, weiße Blumenverzierungen.

Neben mir sind zwölf fein säuberlich gefaltete Seidenkimonos auf den Fußboden gelegt worden, und die werden mir jetzt einer nach dem anderen angezogen. Eine Ankleidehelferin legt mir den Kimono über die Schultern, die andere bewegt meine Hände zur Seite, winkelt sie an und streckt sie aus, während sie einen bis zum Boden reichenden Ärmel über den anderen schiebt und ich auf der Stelle stehe wie eine willenlose Puppe. Jeder Kimono wird mit einem Gürtel geknotet, und nach jeder neuen Schicht und jedem Gürtel wird der untere Gürtel herausgezogen. Der Stapel aus zwölf Kimonos schrumpft langsam, dementsprechend nehmen die Hitze und das Gewicht auf meinen Schultern zu. Neben mir bläst ein Ventilator, damit ich die Kleider nicht kaputt schwitze.

Als ich so in der Aufmachung einer Heian-Frau starr dastehe und die Ankleiderinnen sich an mir zu schaffen machen, betrachte ich mein Spiegelbild, das ich ohne Brille nicht besonders deutlich sehe. Sei, unsere Bilder im Spiegel fangen an sich zu vermischen. Hier sind du und ich, in einer Gestalt. Unsere Schicksale laufen in dem Frauenbild, das mein getrübter Blick erfasst, ineinander wie Wasserfarben auf feuchtem Papier.

Als die Ankleidehelferin mir den ersten Kimono anlegt, frage ich mich, Sei, warum es mir so wichtig ist herauszufinden, wie es dir am Ende ergangen ist. Warum will ich unbedingt wissen, wie dein Leben aussah, nachdem du im Jahr 1001, nach dem Tod der Kaiserin, verschwandst.

Nachdem du mit 36 arbeitslos wurdest und in den weißen Nebel hineingingst. Warum suche ich so verzweifelt und zwanghaft nach Hinweisen darauf, dass dein Ende doch ein glückliches war?

Als mir der zweite Kimono übergezogen wird, begreife ich, warum. Weil dein Ende mit meinem Ende verbunden ist, Sei. Wenn ich uns beide im Spiegel anschaue, begreife ich, dass du ich bist und ich du bin. Ja, ich will wissen, was mit einer unverheirateten, schreibenden, vierzigjährigen Frau auf dieser Welt passiert, wenn sie das Leben, wie sie es kennt, hinter sich lässt. Ich will wissen, wie es mir ergeht, wenn ich meinen Job aufgebe und in den weißen Nebel hineingehe. Kann mein Ende ein glückliches sein? Oder ist es schlicht und einfach unvermeidlich, dass ich als arme, einsame Bettelnonne ende, über deren Hochmut man späteren Generationen warnende Geschichten erzählt? Was wird aus uns, Sei?

Beim dritten Kimono liste ich unsere Möglichkeiten auf. Die erste Möglichkeit für dich, Sei: Du bliebst am Hof im Dienst von Teishis Schwester, bis diese ein Jahr später starb. Oder du bliebst am Hof und tratst in den Dienst von Kaiserin Shōshi ein und warst noch bis Murasakis Zeit am Hof, in der vollen Blüte deiner Genialität, mit Murasaki konkurrierend.

Der vierte Kimono, meine erste Möglichkeit: Ich kehre in den Dienst in der Granitburg zurück, wo ich entweder einigermaßen zufrieden bin oder innerhalb eines Jahres an Beklemmung sterbe. Hof oder Granitburg, Sei, unser Leben dort, sicher oder beklemmend unter dem Druck politischer Umwälzungen oder Umstrukturierungen.

Die nächsten Kimonos. Die zweite Möglichkeit: Du verließest den Hof, bliebst aber in Heian-kyō, wo du im Haus deiner Familie wohntest, ein angenehmes, normales Leben führtest und vielleicht auch noch schriebst. Ich verlasse die Granitburg, bleibe aber in der Hauptstadt oder in der Dachkammer meiner Eltern, führe ein angenehmes, normales Leben und ernähre mich mit freiberuflichem Schreiben.

Ich schaue auf den Kimono, der mir entgegengeflogen kommt, es geht nun von Rottönen zu Violett über. Die dritte Möglichkeit: Du verließest den Hof, heiratetest und bekamst vielleicht auch noch ein Kind. Du wohntest mit deinem Mann entweder in der Hauptstadt oder in einer fernen Provinz, mehr oder weniger glücklich, so wie man nun mal mit einer Familie lebt, aber doch einer Einheit angehörend. Ich verlasse die Granitburg, heirate, bekomme vielleicht sogar ein Kind und führe für den Rest meines Lebens ein Leben, wie man es mit Familie nun einmal führt.

Der Kimonostapel auf dem Boden nimmt ab, auf meinen Schultern nimmt er zu. Die vierte Möglichkeit: Du verließest den Hof, wurdest Nonne und führtest ein bescheidenes, aber ehrenhaftes, kurzhaariges, von religiösen Übungen erfülltes Leben in einem der buddhistischen Tempel von Heian-kyō oder weiter weg in den Bergen. Ich verlasse die Granitburg, werde Forschungsreisende, reise um die Welt, schreibe Bücher und wundere mich für den Rest meines Lebens darüber, so viel Schwein gehabt zu haben.

Der elfte Kimono, schon steht mir der Schweiß auf der Stirn. Deine letzte Möglichkeit, Sei: Du verließest den Hof, erlebtest den totalen Abstieg und endetest als arme, umherziehende Bettelnonne, die halb den Verstand verloren hatte und in Lumpen gekleidet um Almosen bettelte, sich vielleicht sogar selbst verkaufte, bis sie – verdientermaßen – starb.

Als die Ankleidehelferin mir den zwölften Kimono über die Schultern legt, stehe ich stocksteif wie in einem Panzer da, unfähig mich zu rühren. Die Bekleidung hat ein Gewicht von achtzehn Kilo, und ich weiß, dass ich herausgefunden habe, was ich wissen wollte: In dieser Aufmachung ist es heiß und beengend wie in einem Gefängnis. Es verhält sich genauso, wie eine Wissenschaftlerin es poetisch formulierte: Ihr wart gekleidet wie Schmetterlinge, konntet euch aber nur bewegen wie Raupen. Als der Fotograf das offizielle Porträt von mir macht, zittern meine Beine unter dem Gewicht der Kimonos, und die schwere Perücke mit den schweren, bis zum Boden reichenden, dicken Haaren, drückt mir den Kopf zusammen. Der Fotograf bittet mich, das Kinn zu heben, aber später merke ich, dass ich unter all dem Gewicht nicht in der Lage gewesen bin zu gehorchen: Ich habe ein pralles Doppelkinn und sehe wie ein Mumin mit Krone aus.

Meine letzte Möglichkeit, Sei: Ich verlasse die Granitburg, erlebe den totalen Abstieg und ende als arme, umherziehende alte Jungfer, die halb den Verstand verloren hat und in Lumpen gekleidet um Almosen bettelt, bei Freunden übernachtet, aber sich immerhin nicht selbst verkauft.

Die Frauen helfen mir, auf die Knie zu gehen, indem sie mich unter den Achseln stützen, allein hätte ich es nicht gekonnt. Für das Foto im Sitzen wird der Fächer in meiner Hand geöffnet, und die Ärmel und Säume werden so um mich herum drapiert, dass alle Seidenschichten zu sehen sind. Es wundert mich überhaupt nicht, dass ihr eure Tage im Sitzen beim Schmieden von Versen verbracht habt: In diesen Klamotten könnte man gar nichts anderes tun. Auch wenn mir absolut nichts Poetisches in den Sinn kommt.

Sei, welche dieser Möglichkeiten stimmt? Oder ist wenigstens wahrscheinlich?

Schließlich werde ich entkleidet. Die Frauen helfen mir auf und nehmen mir dann eine Schicht nach der anderen ab. Ich fühle mich unglaublich leicht, wie kurz vorm Abheben. Ich frage mich, wie oft du, Sei, diese Befreiung erleben durftest.

Als ich aus den Kleidern heraussteige, bleiben die Kimonos in einem schönen Haufen auf dem Tatami liegen, wie eine Seidenskulptur. Diese hat etwas Bewegendes: Sie ist eine zeremonielle Hülle, der ein Mensch entstiegen ist. Und dieser Mensch ohne diese Seidenschichten, die ihn reglos, machtvoll und fern machen, ist vollkommen normal, so wie du und ich.

Sei, ich begreife, dass es keine Bedeutung hat, wie du eigentlich aussahst. Das Wichtigste ist, dass du ohne deinen Rahmen – deine Kleider, deine Schminke und dein künstliches Haar – ganz genauso warst, wie ich es bin: eine normale, halb nackte, dunkelhaarige, blasse Frau, und ohne die achtzehn Kilo Seidenschichten leicht wie eine Seele.

Frei, in den weißen Nebel zu treten.

. . .

[Sei Shōnagon schreibt]

Dinge, durch die man sich rein fühlt

Eine Tontasse. Eine neue Metallschale.
Eine Schilfmatte.

Das Spiel des Lichts im Wasser, wenn man es in ein Gefäß gießt.

Eine neue Truhe aus Holz.

. . .

Der dreizehnte Tag in der Normandie, in dem winzigen Dorf Villerville am Atlantik. Ich habe den ganzen Sommer kein einziges Mal die Textdatei geöffnet.

Ärgerliche Dinge:

Ein perfekter Sommertag.

Grüner Rasen.

Weiße Birken.

Blaue See.

Eine Flagge, die noch nicht gehisst ist.

Fisch auf dem Tisch.

Grillen zum Abendessen.

Mittsommersauna.

Birkenquasten und Leintücher.

Sieben blühende Wildblumenarten.

Pfingstrosen aus dem eigenen Garten.

Vor Freude kreischende Kinder.

Erwachsene, die Calvados genießen.

Also genau dann, wenn man mit dem Schreiben in Fahrt kommen müsste, das Gehirn aber ganz woanders ist.

Nun bin ich vom finnischen Sommer in die Normandie gekommen. Ich verschanze mich ganz allein im Haus meiner Schwägerin und habe vor, volle sechs Wochen allein hierzubleiben, denn meine Absicht ist es, ein Buch über uns zu schreiben, Sei. Ein bisschen habe ich Angst davor, einen Lagerkoller zu bekommen, darum möchte ich dich bitten, dass du mir Gesellschaft leistest.

Das hier ist mein Arbeitszimmer, Sei. Das ganze Haus ist leer, und ich hätte mir jedes Zimmer aussuchen können, aber irgendwie erscheint es mir am besten, mich in dem winzigen Dachzimmer im zweiten Stock dieses schmalen Hauses niederzulassen. Vielleicht weil hier ein Schreibtisch steht, ein massiver, etwas zu hoher Eichentisch aus der Zeit der Jahrhundertwende, oder ist der Stuhl zu niedrig – jedenfalls muss ich drei Kissen auf den Stuhl legen, wie die Prinzessin auf der Erbse, damit ich mit den Fingern an die Tastatur komme. Den Tisch hat der Vater meiner Schwägerin, ein Meister im Restaurieren und ein Kenner von Antiquitäten, von Helsinki hierhergeschleppt. Genau genommen ist das ganze über zweihundert Jahre alte Fischerhaus mit Möbeln vom Ende des 19. Jahrhunderts möbliert – Neorenaissance, der Lieblingsstil des Vaters meiner Schwägerin –, sie sind mit dem Lkw von Finnland hierhergebracht und mit einem Kran durchs Fenster gehievt worden, weil sie nicht durch die Tür gepasst hätten und weil die beiden Treppen des Hauses schmal, steil und gewunden sind.

Der Schreibtisch steht unter dem schrägen Dachfenster, und wenn ich auf ihn steige, kann ich in den großen grünen Garten spähen, in den man vom Haus aus nicht hineinkommt und den ich von nirgendwo sonst sehen kann. Beim Schauen aus dem Dachfenster tut sich eine andere Welt auf, eine, die man in den stillen, von Hausmauern gesäumten Gassen des Dorfes nicht erahnt. Für mich symbolisiert der Garten die andere Welt, in die ich durch dich, Sei, hineinzuspähen versuche, um wenigstens einen Schimmer von ihrem Reichtum (oder ihrer Kargheit, ich weiß es nicht) zu sehen, um mir vorstellen zu können, wie es wäre, ein Mensch zu sein, der dort wohnte.

Es ist ein gutes Gefühl, zu dem Dachzimmer hinaufzusteigen und auf den Treppenstufen zu spüren, wie man sich in eine andere Zeit begibt. Möchtest du nicht mitkommen, Sei?

Wenn ich zum Dachzimmer hinaufsteige, denke ich an die vor mir liegenden Wochen und stelle mir vor, wie die Stille und das Alleinsein für Klarheit in meinem Innern sorgen und wie aus seinem Universum Wörter aufs Papier fließen, Seite für Seite, und sich ganz natürlich zu einer Geschichte fügen. Ich stelle mich mir als Frau vor, die ruhigen Sinnes morgens ihren Pinsel in die Tinte taucht und mit einem schiefen Lächeln auf den Lippen weiterschreibt, abends zufrieden auf den Papierstapel blickt, der sich auf dem Tisch gebildet hat, und dann in aller Ruhe die Schönheit der blauen Stunde genießt. Ihr Leben ist erfüllt und voller Tiefe, und sie kennt den Sinn des Daseins.

Da wusste ich noch nicht, dass das ganze Vorhaben in den Wochen in der Normandie unbeherrschbar wie die Gezeiten über mich hinwegrollen würde. An der windigen Atlantikküste, wo die Luft dick vor Salz ist und weiße Schaumkronen in armeehaften Frontlinien aufs Ufer zulaufen, ohne Vorwarnung Gischt in die Höhe schleudernd und dann mit mächtigem Brausen auf die Ufersteine schlagend, stürzte das ganze Heian-Japan auf mich ein, mit allen Forschungen, Gesichtspunkten, Themen und Einzelheiten, und ich konnte nichts weiter tun, als mich im

Kampf ums Überleben an einen Faden nach dem anderen zu klammern, in der Hoffnung, er wäre stark genug, mich über Wasser zu halten. Ich wusste wirklich nicht, ob ich gut genug schwimmen konnte, um die Lage in den Griff zu bekommen, um auf die andere Seite zu gelangen. Aber ich konnte die über mich hinwegflutende Masse auch nicht mehr aufhalten.

Aber jetzt bin ich erst am Anfang meines Vorhabens – meines neuen Lebens –, in seliger Unwissenheit über die Verrücktheit, über das alles schluckende Schwarze Loch, über den besessenen, physisch qualvollen und äußerste Einsamkeit erfordernden Skilauf durch einen Sumpf, den man das Schreiben eines Buches nennt.

Ich steige zum Dachzimmer des Hauses in der Normandie hinauf, setze mich an den Schreibtisch unter dem Dachfenster, nehme mein Tagebuch und meine Notizen zur Hand. Ich genieße es, dass es still ist, dass ich den Pinsel in die Tinte tauchen und anfangen darf zu schreiben. *Bekommt man weißes Michinoku-Papier oder irgendein anderes Papier in die Hände, hat man wieder Lust, eine Weile zu leben...*

Dann drehe ich mich um, und auf dem niedrigen Sofa unter der schrägen Decke bist du, Sei. Deine langen schwarzen Haare wogen um dich herum, und dein Kimono bedeckt den Boden wie ein stürmisches Meer. Du siehst mich an und lächelst.

Sei, ich habe eine Kanne grünen Tee gekocht und zwei Tassen mitgebracht, fangen wir an.

DANK

Jenny und Antti
Wihuri Stiftung
Förderstiftung für journalistische Kultur
Kone Stiftung
Otava Buchstiftung
Finnische Sachbuchautoren e. V.

Dank an meine Mutter und meinen Vater für das Zimmer
für mich allein im Dachgeschoss in Vihti sowie für den
perfekten Mahlzeitenservice. An meinen Bruder O-P und
meine Schwägerin Hanna, u. a. für das Haus in der Normandie und für die zwei kleinen Mädchen. An Hx und
Möykky, an Hanna & Johnny, an Tiina & Timo sowie an
Riia für die Gastfreundschaft in Finnland und London.
An Buz für die beste Hilfe und Unterstützung, die man
sich nur wünschen kann, und an Asko. An Jonna, die Vor-
sitzende des aus zwei Personen bestehenden Klubs für
Lebensänderung. An Maria, die Seelenschwester, anno
dazumal. An meine Ikebana-Sensei Liisa »Die Strenge«
Nurminen. An Miika Pölkki M. A. für wertvolle Experten-
Hilfe, ebenso wie an Dr. Anna Kuismin und Prof. Dr. Judit

Árokay. An die Mitbewohner und Freunde in Kyōto, an Seb, Reina, Nino, Marcos, Dom, Emma, Sonja, Olivia, Beatrice, Kim, Rei und Chris, *thanks, merci, danke, gracias, grazie, kiitti, tack, arigato gozaimasu*, sowie an Päivi für die Reisebegleitung. An die vielen Freundinnen, Freunde, Kolleginnen und Kollegen in der Granitburg, vor allem an Jouni, Mari, Piia, Emma, Ulla und Johanna. Und an zahlreiche andere, die auf vielfältige Art geholfen und mitgelebt haben: Ihr wisst, wer ihr seid. Und an Sei, in Liebe.

Die Übersetzungen der Zitate von Sei Shōnagon sind meine eigenen und beruhen hauptsächlich auf Ivan Morris' englischer Übersetzung *The Pillow Book of Sei Shōnagon*, wobei ich mir stellenweise Freiheiten herausgenommen und teils mit der Übersetzung von Meredith McKinney verglichen habe. Die wichtigste Quelle für die Kapitel, die die Welt der Heian-Zeit beschreiben, ist Ivan Morris' Buch *The World of the Shining Prince* gewesen, dessen Wissen ich viel schulde. Die Nachforschungen über Sei Shōnagon beruhen zum größten Teil auf den im Literaturverzeichnis genannten Artikeln von Zwetana Kristeva, Naomi Fukumori, Mark Morris, Valerie Henitiuk, Penny Weiss und R. Keller Kimbrough.

LITERATUR

Anthology of Japanese Literature from the Earliest Era to the Mid-Nineteenth Century. Edited by Donald Keene, London 1956.

Árokay, Judit: *Poetik und Weiblichkeit – Japans klassische Dichterinnen in Poetiken des 10. bis 15. Jahrhunderts.* Gesellschaft für Natur- und Völkerkunde Ostasiens, 2001.

A Tale of Flowering Fortunes I-II: Annals of Japanese Aristocratic Life in the Heian Period. Translated, with an Introduction and Notes by William H. and Helen Craig McCullough, Stanford University Press, 1980.

Aston, W. G.: *A History of Japanese Literature.* D. Appleton and Company, 1899.

Barry, Gerald: *Things that gain by being painted: for singer, speaker, cell and piano.* Goodmusic Publishing, Oxford University Press, 2002.

Bowring, Richard: »The Female Hand in Heian-Japan: A First Reading.« *The Female Autograph. Theory and Practice of Autobiography from the Tenth to the Twentieth Century.* Edited by Donna C. Stanton. The University of Chicago Press, 1987.

Cavaye, Ronald: *Kabuki – A Pocket Guide.* Charles E. Tuttle Company, 1993.

Chance, Linda H.: »Zuhitsu and Gender: Tsurezuregusa and The Pillow Book.« *Inventing the Classics. Modernity, National Identity, and Japanese Literature.* Edited by Haruo Shirane and Tomi Suzuki. Stanford University Press, 2000.

Classical Japanese Prose. An Anthology. Compiled and edited by Helen Craig McCullough, Stanford University Press, 1990.

Das Kopfkissenbuch der Dame Sei Shonagon. Nach dem um das Jahr 1000 von der japanischen Hofdame Sei Shonagon verfassten »Skizzenbuch unterm Kopfkissen« in freier Auswahl und Ordnung herausgegeben von Helmut Bode. Insel Verlag 1975 (1944).

Das Kopfkissenbuch der Hofdame Sei Shonagon. Aus dem Japanischen übertragen und herausgegeben von Mamoru Watanabe. Mit Illustrationen von Masami Iwata. Manesse Verlag 1992 (1952).

Dalby, Liza: *Kimono – Fashioning Culture.* Vintage, 2001 (1993).

Dalby, Liza: *The Tale of Murasaki. A Novel.* Chatto & Windus, 2000.

D'Etcheverry, Charo B.: *Love after The Tale of Genji. Rewriting the World of the Shining Prince.* Harvard University Asia Center, 2007.

Diaries of Court Ladies of Old Japan – Lady Murasaki Shikibu and Others. Introduction by Amy Lowell. Translated by Annie Shepley Omori and Kochi Doi. Dover Publications, Inc. 2003 (originally Houghton Mifflin, 1920).

Douglas, Nik and Slinger, Penny: *The Pillow Book – The Erotic Sentiment and the Paintings of India, Nepal, China & Japan.* Destiny Books, 1981.

Erotic Art of Japan – The Pillow Poem. Edited by Beurdeley, Michel et al. Leon Amiel Publisher. O. J.

Fell, Alison: *The Pillow Book of the Lady Onogoro.* Harvest 1997.

Fukumori, Naomi: »Sei Shonagon's Makura no sōshi: A Re-Visionary History.« *The Journal of the*

Association of Teachers of Japanese, Vol. 31, No. 1 (Apr 1997), 1–44.

Greenaway, Peter: *The Pillow-Book*. Dis Voir, 1996.

Henig, Suzanne: »Virginia Woolf and Lady Murasaki.« *Literature East and West*, Vol. 11, No. 4, 1967, 421–427. [Enthält Virginia Woolfs Besprechung von *Tale of Genji*, *Vogue*, July 1925.]

Henitiuk, Valerie: »Easyfree translation? How the modern West knows Sei Shōnagon's Pillow Book.« *Translation Studies*, Vol. 1, No. 1, 2008, 2–17.

Henitiuk, Valerie: *Worlding Sei Shōnagon. The Pillow Book in Translation*. University of Ottawa Press, 2012.

Jackson, Reginald: »Scripting the Moribund: The Genji Scrolls' Aesthetics of Decomposition.« *Reading the Tale of Genji. It's Picture Scrolls, Texts and Romance*. Edited by Richard Stanley-Baker, Murakami Fuminobu, Jeremy Tambling. Global Oriental, 2009.

Janeira, Armando Martins: *Japanese and Western Literature: A Comparative Study*. Charles E. Tuttle Company, 1970.

Japanese Literature, New and Old. Edited and translated by Eyozo Matsumoto. The Hokuseido Press, 1961.

Japanese Women Writers: A Bio-Critical Sourcebook. Edited by Chieko Irie Mulhern, Greenwood Press, 1994.

Kato, Surichi: *A History of Japanese Literature. The First Thousand Years*. Translated by David Chibett. Kodansha International, 1979.

Kawashima, Terry: *Writing Margins. The Textual Construction of Gender in Heian and Kamakura Japan*. Harvard University Asia Center, 2001.

Keene, Donald: *The Pleasures of Japanese Literature*. Columbia University Press, 1988.

Keene, Donald: *Landscapes and Portraits – Appreciations of Japanese Culture*. Kodansha, 1971.

Kenkō, Yoshida: *Betrachtungen aus der Stille: Das Tsuretsuregusa*, Insel Verlag 1991.

Kimbrough, R. Keller: »Apocryphal Texts and Literary Identity: Sei Shōnagon and ›The Matsushima Diary‹.« *Monumenta Nipponica*, Vol. 57, Mo. 2 (Summer 2002), 133–171.

Kominz, Laurence R.: *The Stars Who Created Kabuki – Their Lives, Loves and Legacy*. Kodansha International, 1997.

Konishi Jin'ichi: *A History of Japanese Literature. Volume Two – The Early Middle Age*. Translated by Aileen Gatten, edited by Earl Miner. Princeton University Press, 1986.

Kristeva, Tzvetana: »Murasaki Shikibu vs. Sei Shōnagon: A classical case of envy in medieval Japan.« *Semiotica*, Volume 117 – 2/4 Jul. 1997, La Haye Then Berlin, 201–226.

Kristeva, Tzvetana: »The Pillow Hook (The Pillow Book as an ›open work‹).« *Japan Review* 1994, 5, 15–54.

Levine, Carole et al: *Extraordinary Women of the Medieval and Renaissance World. A Biographical Dictionary*. Greenwood Press, 2000.

Madly Singing in the Mountains. An Appreciation and Anthology of Arthur Waley. Edited with a Preface by Ivan Morris. George Allen & Unwin Ltd, 1970.

Massy, Patricia: »The Fragrance of Colors – Heian Period«. *Ikebana International*, Vol 48, Issue 3, 2003–2004.

McKinney, Meredith: »Pillow Book Talk.« *Meanjin – On Translation*, Volume 64, Number 4, 2005.

Midorikawa, Machiko: »Reading a Heian Blog: A New Translation of *Makura no sōshi*.« Monumenta Nipponica 63.1 (2008), 143–160.

Miner, Earl – Odagiri, Hiroko – Morrell, Robert E.: *The Princeton Companion to Classical Japanese Literature*. Princeton University Press, 1985.

Morita, Kyoko: *The Book of Incense – Enjoying the Tra-*

ditional Art of Japanese Scents. Kodansha International, 1992.

Morris, Mark: »Sei Shōnagon's Poetic Catalogues.« Harvard Journal of Asiatic Studies, Vol. 40, No. 1 (Jun., 1980), 5–54.

Morris, Ivan: The Tale of Genji Scroll. Introduction by Yoshinobu Tokugawa. Kodansha International Ltd., 1971.

Morris, Ivan: The World of the Shining Prince – Court Life in Ancient Japan. Kodansha International, 1994 (1964).

Mostow, Joshua S.: »Mother Tongue and Father Script: The Relationship of Sei Shōnagon and Murasaki Shikubu to Their Fathers and Chinese Letters.« The Father-Daughter Plot: Japanese Literary Women and the Law of the Father. Edited by Rebecca L. Copeland and Esperanza Ramirez-Christensen. University of Hawai'I Press, 2001.

Murasaki Shikibu – The Greatest Lady Writer in Japanese Literature. Japanese National Commission for Unesco, 1970.

Oba Minako: »Special Address: Without Beginning, Without End.« The Woman's Hand. Gender and Theory in Japanese Women's Writing. Edited by Schalow, Paul Gordon & Walker, Janet. Stanford University Press, 1996.

Nicolson, Nigel: Virginia Woolf, übersetzt von Monika Noll, Claassen 2002.

Okada, Richard H: Figures of Resistance. Language, Poetry, and Narrating in The Tale of Genji and Other Mid-Heian-Texts. Duke University Press, 1991.

Okudeira Hideo: Emaki. Japanese Picture Scrolls. Charles E. Tuttle Company, 1962.

Pover, Caroline: Being A Broad in Japan – Everything am Western woman needs to survive and thrive. Alexandra Press, 2001.

Principles of Classical Japanese Literature. Edited by Earl Miner. Princeton University Press, 1985.

Puette, William J.: The Tale of Genji – A Reader's Guide. Tuttle Publishing, 1983.

Rimer, J. Thomas: *A Reader's Guide to Japanese Literature. From the Eight Century to the Present*. Kodansha International, 1988.

Sarra, Edith: *Fictions of Feminity. Literary Inventions of Gender in Japanese Court Women's Memoirs*. Stanford University Press, 1999.

Seidensticker, Edward G.: *Genji Days*. Kodansha International, 1977.

Sei Shōnagon: The Pillow Book. Translated with notes by Meredith McKinney. Penguin Books, 2006.

Shikibu, Murasaki: *Die Geschichte vom Prinzen Genji: Altjapanischer Liebesroman*, übersetzt von Oscar Benl, Manesse Verlag 2014.

Shirane Haruo: *The Bridge of Dreams. A Poetics of the Tale of Genji*. Stanford University Press, 1987.

The Cambridge History of Japan. Volume 2: Heian-Japan. Edited by Donald H. Shively and William McCullough. Cambridge University Press, 1999.

The Diary of Lady Murasaki. Translated and introduction by Richard Bowring. Penguin Books, 1996.

The Gossamer Years. The Diary of a Noblewoman of Heian Japan. Translated by Edward Seidensticker. Tuttle Publishing, 2001 (1964).

The Pillow Book of Sei Shōnagon – The Diary of a Courtesan in Tenth Century Japan. Translated by Artur Waley. With an Foreword by Dennis Washburn. Tuttle Publishing, 2011.

The Pillow Book of Sei Shōnagon. Vol. 1 & 2 (A Companion Volume). Translated and edited by Ivan Morris. Oxford University Press, 1967.

The Pillow Book of Sei Shōnagon. Translated and edited by Ivan Morris. Penguin Books 1971.

The Sketch Book of the Lady Sei Shōnagon. Translated from the Japanese by Nobuko Kobayashi. With Introduction by L. Adams Beck. London, 1930.

Traditional Japanese Litera-ture – An Anthology. Be-ginnings to 1600. Edited by Haruo Shirane. Columbia University Press, 2007.

Tsui Yee: *Recapturing the Past: The Pillow Book in the Present Age.* For the de-gree of Master of Arts at the University of Hong Kong, 2009.

Wallace, John R.: *Objects of Discourse. Memoirs by Women of Heian Japan.* Center for Japanese Stu-dies, The University of Michigan, 2005.

Weiss, Penny: »Sei Shōnagon and the Politics of Form.« *The Journal of Political Philosophy*: Volume 16, Number 1, 2008, 26–47.

Women's Political and Social Thought: An Anthology. Edited by Hilda L. Smith and Berenice A. Carroll. Indiana University Press, 2000.

Woolf, Virginia: *Ein Zimmer für sich allein*, übersetzt von Axel Monte, Reclam 2012.

Woolf, Virginia: *Tagebücher 3 1925–1930)*, übersetzt von Maria Bosse Sporleder, herausgegeben von Klaus Reichert, S. Fischer 1999.

Woolf, Virginia: *Tagebücher 5 (1936–1941)*, übersetzt von Claudia Wenner, herausge-geben von Klaus Reichert, S. Fischer 1999.

Yoda, Tomiko: *Gender and National Literature. Heian Texts in the Constructions of Japanese Modernity.* Duke University Press, 2004.

NACHWORT

Ich fahre noch einmal für einen Herbst nach Kyōto zurück, und auch für einen Frühling. Ich lerne, die Hiragana-Silbenzeichen – die *Kana*-Schrift – zu lesen, innerhalb von einer Woche, wie mir einst prophezeit wurde. Ich sehe endlich den Schnee auf den Häusern der gewöhnlichen Leute, den, über den du, Sei, schriebst. In dunklen Juninächten sehe ich den Tanz der Glühwürmchen, wie langsam angehende und erlöschende Sterne über dem Kanal.

Als ich dann endlich in einem erstickend heißen Frühsommer in Kyoto diese letzten Seiten schreibe, fragt mich ein Bekannter, ob ich dich, Sei, gefunden hätte. Ich bin irritiert. Ich meine, hast du das Wohnhaus von Sei Shōnagon gefunden, fragt er, oder Kleider von ihr oder sonstige Sachen, oder wenigstens das ursprüngliche Manuskript des Buches, schließlich hast du doch die letzten zwei Jahre hier nach ihr gesucht? Als Antwort nuschle ich etwas über Berge, Wetterlage und so etwas, und höre den Frager ungläubig lachen.

Sei, dies ist fast zu ironisch, aber als konkreten Gegenstand, der dir am nächsten war, gelingt es mir schließlich das Tagebuch von Michinaga zu finden. Des großen, machthungrigen Michinaga! Ich stoße nämlich im Frühling im Nationalmuseum von Kyōto auf eine Ausstellung, in der dieser Schatz zu sehen ist. Ich habe nicht einmal gewusst, dass er existiert, geschweige denn, dass davon ganze *vierzehn ursprüngliche, von Michinaga selbst mit eigener Hand beschriebene Schriftrollen* erhalten sind, was vierzehn Mal mehr ist, als von dem Manuskript einer einzigen Frau der Heian-Zeit übrig ist. Michinagas Werk ist – wie es in der Ausstellung heißt – das älteste überlieferte Tagebuch Japans. Sei, wir können den Sieger küren, auch wenn ich nicht sicher bin, um was für einen Wettbewerb es sich handelt.

Sei, ich habe dich verzweifelt gesucht, und dies habe ich gefunden. Mir wird schwindlig, wenn ich den Anblick sehe, der sich vor meinen Augen auftut, die von Fujiwara no Michinaga eigenhändig vor tausend Jahren beschriebenen Seiten, die, über mehrere Räume verteilt, in den sanft beleuchteten Vitrinen des Museums ruhen. Von einem Mann, der verantwortlich war für Kaiserin Teishis Schicksal und später auch für deines, Sei. Von einem Mann, den du kanntest, einem Mann, der dein politischer Feind war, aber dessen unbestreitbares Charisma du bewundert hast. Einem Mann, der irgendwo ganz in deiner Nähe im Palast saß, um diese Seiten zu schreiben, der zur gleichen Zeit wie du über tägliche Ereignisse und über seine Gedanken schrieb … Auf solches weißes Papier schrieb Michinaga also, mit solcher Tinte – wie haben Papier und Tinte nur so gut erhalten bleiben können –, mit dieser exakten und gleichzeitig eleganten, zarten Handschrift, die das Bild eines Menschen vermittelt, der sich und seine Umgebung vollständig beherrschte (in dieser Welt, in der die Handschrift mehr als alles andere über einen Menschen verrät, verliebe ich mich fast in Michinaga) … Dieses Papier hat er berührt, seine Fingerabdrücke sind darauf, das Aroma seiner parfümierten Kleider blieb daran haften, dasselbe, das du riechen konntest, wenn er an dir vorbeiging…

Kalte Schauer laufen mir über den Rücken, Sei. Dieser Mensch hat existiert. Dieser Mensch ist keine Fiktion. Auch du bist es nicht, Sei. Dieser Mensch *kannte* dich. Ihr *habt* existiert. Michinaga, Murasaki, Shōshi, Teishi und du, Sei.

INHALT

Die finnische Originalausgabe erschien 2013 unter dem
Titel »Asioita jotka saavat sydämen lyömään nopeammin«
bei Otava, Helsinki.

F | **L** **I** Dieses Buch wurde mit der Unterstützung von FILI
veröffentlicht. Der Verlag bedankt sich.

Dieses Buch ist auch als E-Book erhältlich.

MIX
Papier aus verantwor-
tungsvollen Quellen
FSC® C083411

Penguin Random House Verlagsgruppe FSC® N001967

1. Auflage
Deutsche Erstausgabe Mai 2021
by btb Verlag in der Penguin Random House Verlagsgruppe GmbH,
Neumarkter Str. 28, 81673 München
Copyright der Originalausgabe © 2013 by Mia Kankimäki und
Kustannusosakeyhtiö Otava
Covergestaltung: semper smile, München
nach einem Entwurf von Piia Aho
Covermotiv: Sei Shōnagonin a Japanese Furoshiki Scarf;
the Japanese Writing in the Sleeve National Diet Library.
Satz: Uhl + Massopust, Aalen
Druck und Einband: CPI books GmbH, Leck
mr · Herstellung: sc
Printed in Germany
ISBN 978-3-442-71934-1

www.btb-verlag.de
www.facebook.com/btbverlag